KB177481

쿠버네티스 입문

90가지 예제로 배우는 컨테이너 관리 자동화 표준

쿠버네티스 입문

90가지 예제로 배우는 컨테이너 관리 자동화 표준

1판 1쇄 발행 | 2020년 1월 3일
1판 5쇄 발행 | 2022년 10월 25일

지은이 | 정원천, 공용준, 홍석용, 정경록
발행인 | 김태웅
기획편집 | 이중민
디자인 | 책돼지
마케팅 총괄 | 나재승
마케팅 | 서재욱, 김귀찬, 오승수, 조경현
온라인 마케팅 | 김철영, 최윤선, 변혜경
인터넷 관리 | 김상규
제 작 | 현대순
총 무 | 윤선미, 안서현, 지이슬
관 리 | 김훈희, 이국희, 김승훈, 최국호

발행처 | (주)동양북스
등 록 | 제2014-000055호
주 소 | 서울시 마포구 동교로22길 14 (04030)
구입 문의 | 전화 (02)337-1737 팩스 (02)334-6624
내용 문의 | 전화 (02)337-1734 이메일 dybooks2@gmail.com

ISBN 979-11-5768-575-2 93000

이 도서의 국립중앙도서관 출판예정도서목록(CIP)은 서지정보유통지원시스템 홈페이지(http://seoji.nl.go.kr)와
국가자료공동목록시스템(http://www.nl.go.kr/kolisnet)에서 이용할 수 있습니다. (CIP제어번호:CIP2019051356)

쿠버네티스 입문

90가지 예제로 배우는 컨테이너 관리 자동화 표준

정원천, 공용준, 홍석용, 정경록 지음

📖 동양북스

지은이 소개

지은이 **정원천**(arisu1000@gmail.com)

국내 최대 메신저 회사의 컨테이너 클라우드 플랫폼 엔지니어입니다. 최근에는 어떻게 유용한 컨테이너 플랫폼을 만들지와 효율적이고 안정적으로 운영할 수 있을지를 깊이 고민하는 중입니다. 업무에 오픈 소스를 활용해서 받은 도움을 오픈 소스 생태계에 환원하고 그 이상으로 기여하는 방법을 항상 고민하고 있습니다.

옮긴 책으로 『클라우드 컴퓨팅 바이블』(길벗, 2012), 『자바 프로그래밍 면접, 이렇게 준비한다』(한빛미디어, 2015), 『클라우드 네이티브』(한빛미디어, 2020)가 있습니다.

지은이 **공용준**(sstrato.kong@gmail.com)

국내 최대 메신저 회사에서 클라우드 서비스 개발 리딩을 맡고 있으며 데이터 센터 자동화, 프라이빗/퍼블릭 클라우드 서비스와 그에 필요한 기술을 연구, 개발해서 실제 서비스에 적용하고 있습니다. 2015년에는 캐나다 밴쿠버에서 열린 오픈스택 서밋에서 국내 개발자 중 최초로 'SDN without SDN'이라는 제목으로 발표했고, 2016년(도쿄)과 2017년(몬트리올) Netdev 콘퍼런스에서도 국내 최초로 확장 가능한 컨테이너 네트워크에 관해 발표했습니다. 한국 데이터베이스 진흥원 자문위원, 클라우드컴퓨팅조합에서 멘토로도 활동 중입니다.

지은 책으로 『카프카, 데이터 플랫폼의 최강자』(책만, 2018), 『클라우드 API를 활용한 빅데이터 분석』(에이콘출판사, 2015), 『클라우드 전환 그 실제 이야기』(에이콘출판사, 2020) 등이 있으며 옮긴 책으로 『클라우드 네이티브 인프라스트럭처』(책만, 2018), 『실전 클라우드 인프라 구축 기술』(한빛미디어, 2014) 등이 있습니다.

지은이 **홍석용**(dennis2dev@gmail.com)

기술이 사용자들에게 가치 있게 전달되는 방법에 관심이 많은 클라우드 개발자입니다. L사에서 처음 클라우드를 시작했고, 지금은 국내 최대 메신저 회사에서 컨테이너 클라우드 플랫폼을 개발하고 있습니다. 인프라부터 프런트엔드를 모두 아우르는 'IT 사람'이 되려고 항상 연구를 멈추지 않습니다.

지은이 **정경록**(acadx0@gmail.com)

국내 최대 메신저 회사에서 컨테이너 클라우드 플랫폼 개발 및 운영 업무를 담당하고 있습니다. 현업 프로그래머가 되면서 처음 접한 Go 프로그래밍 언어에 매력을 느꼈고, 부끄럽지 않은 코드를 작성하는 개발자가 되고자 더 나은 프로그래밍 방법을 찾는 데 몰두하고 있습니다.

지은이의 말

쿠버네티스는 다른 여러 경쟁자를 제치고 컨테이너 오케스트레이터 분야의 사실상 표준으로 자리 잡고 있습니다. 이제는 컨테이너를 도입한다고 했을 때 자연스레 쿠버네티스도 같이 고민해야 하는 단계까지 온 것 같습니다.

이 책은 처음 쿠버네티스를 사용하려는 분에게 필요한 지식을 익히는 입문서입니다. 국내 최대 메신저 회사에서 쿠버네티스를 실무에 도입하고 운영하면서 얻은 저자들의 경험을 담았습니다. 처음으로 컨테이너를 쿠버네티스에 배포할 때 무엇을 해야 하는지부터 쿠버네티스 사용 중 알아야 하는 시스템 관련 정보까지 가능하면 자세히 다루려고 노력했습니다. 또한 어려운 이론 설명보다는 여러 가지 실습을 하면서 쿠버네티스의 기초와 운영 방법을 자연스럽게 습득할 수 있도록 구성했습니다.

또한 쿠버네티스를 이용한 서비스 운용의 핵심은 빠르게 발전하는 오픈 소스의 특성상 앞으로도 계속 바뀌는 부분이 생길 것입니다. 이 책을 읽은 후에는 쿠버네티스 공식 문서(https://kubernetes.io/ko/docs/home)를 참고하기 바랍니다.

이 책을 출간하는 데 오랜 시간 동안 꾸준히 함께해 노력한 이중민 편집자님께 감사드립니다. 처음 초안을 작성할 때 챙기지 못했던 부족한 부분을 채워준 공저자들께도 감사드립니다. 덕분에 책 내용이 훨씬 풍부해졌습니다. 베타리더로 이 책을 꼼꼼하게 검토한 신정섭 님, 김덕수 님, 송지현 님, 최승안 님, 임성국 님, 황연주 님, 이성주 님, 조세민 님, 이용규 님에게도 감사드립니다.

집필하는 동안 옆에서 많은 응원을 아끼지 않은 아내 영란과 아들 수인에게도 항상 사랑하고 고맙다는 말을 전합니다.

2019년 12월

지은이 **정원천**

한 회사에 오래 근무하면서 쿠버네티스를 일찍 도입한 경험을 돌이켜보면 사실 쿠버네티스 이외의 컨테이너 오케스트레이션 도구도 충분히 좋은 점이 많다고 생각합니다. 또 시대의 흐름에 따라 쿠버네티스도 언젠가 다른 도구로 대체될 것으로도 생각합니다. 그런데도 쿠버네티스는 현재 많은 개발 현장에서 관심을 두는 컨테이너 오케스트레이션 도구임이 분명합니다. 이 책과 함께 쿠버네티스를 배워두면 앞으로 등장할 다른 인프라 관련 도구를 이해하는 바탕이 될 것으로 생각합니다. 이 책을 읽은 후 컨테이너나 모니터링 관련한 다른 인프라 관련 책들도 읽기를 권합니다. 그럼 앞서가는 인프라 엔지니어로 활동할 수 있지 않을까 생각합니다.

번역과 집필 등을 포함해 이 책이 아마 아홉 번째로 작업한 책으로 기억합니다. 책과 관련한 작업은 큰돈을 버는 것은 아니지만 그간 관계를 맺고 지내왔던 다른 사람과 함께 지식을 나누고 전파한다는 측면에서 항상 보람을 느낍니다. 앞으로 얼마나 번역이나 집필 작업을 지속할지는 알 수 없지만 이러한 결과를 내는 데 도움을 준 많은 분께 감사 인사를 드립니다. 그리고 이 책을 함께 집필한 다른 공저자분께 수고했다고 전하고 싶고, 항상 도움을 아끼지 않는 가족에게 감사 인사를 전하고 싶습니다.

2019년 12월

지은이 **공용준**

지은이의 말

지금까지 쿠버네티스와 관련한 번역서들이 출간되었지만, 이 책은 한국 개발자가 현업에서 쿠버네티스를 운영한 경험을 녹인 '국내 첫 집필서'입니다. 실제 출간 후에도 첫 집필서일지 알 수 없으나 의미 있는 첫걸음이라고 생각합니다.

이 책은 쿠버네티스의 개념을 처음 접하는 학생, 온프레미스 환경에서 쿠버네티스 클러스터를 직접 구축하려는 클러스터 운영자, 쿠버네티스 기반의 서비스를 운영하는 데브옵스(DevOps) 담당자에게 유용한 내용을 담았습니다. 쿠버네티스 설치, 애플리케이션 배포, 로깅, 모니터링, 오토스케일링 환경 구성에 관한 실습을 하면서 쿠버네티스를 쉽게 이해할 수 있도록 구성했습니다.

또한 단순히 기술 각각의 기능과 구현만 다루지 않고 등장 배경과 변화 과정도 소개해서 오픈 소스 커뮤니티와 클라우드 기술의 변화 흐름을 알 수 있도록 했습니다.

이런 훌륭한 기회를 함께 할 수 있도록 제안한 정원천 님과 주변에서 항상 저를 지지하는 가족, 친구, 선배, 동료에게 감사의 말을 전합니다.

2019년 겨울, '구름 짓는 데니스'

지은이 **홍석용**

"Kubernetes is cloud native kernel."

쿠버네티스는 클라우드 환경에서 앱, 네트워크, 스토리지 등 모든 자원을 정의해 API로 제어할 수 있게 해줍니다. 컨테이너 오케스트레이터의 표준으로 자리 잡은 이후 CNCF 프로젝트 중 상당수가 쿠버네티스를 하나의 OS처럼 생각합니다. 실제로 CNCF에서 주도하는 프로젝트는 쿠버네티스의 사용자 정의 자원으로 사용할 수 있고, 이는 쿠버네티스의 확장성을 높이는 데 기여합니다.

쿠버네티스는 방대한 프로젝트입니다. 처음 배울 때는 어렵다고 느끼더라도 곧 재밌다는 느낌도 받을 것입니다. 지금까지 쿠버네티스를 공부하며, 복잡한 시스템을 구성하는 것에 대한 많은 인사이트를 얻을 수 있었습니다. 이 책에서 여러분도 저자가 얻은 인사이트와 감동을 함께 느끼길 바랍니다.

끝으로 좋은 기회를 주신 정원천 님, 이 책이 나오기까지 많은 도움을 준 이중민 님, 마지막으로 사랑하는 가족에게 감사 인사를 전합니다.

2019년 12월

지은이 **정경록**

베타리더의 말

컨테이너와 쿠버네티스의 개요, 쿠버네티스 환경 설치, 파드/컨트롤러/서비스 등 쿠버네티스의 핵심 개념, 실제 운영에 필요한 클러스터 네트워킹과 모니터링 등을 간결하고 묵직한 설명과 함께 배울 수 있습니다. 컨테이너와 컨테이너 오케스트레이션의 개념을 접해보았지만 어려움을 겪는 입문자에게 더할 나위 없는 최고의 책입니다. 대화 방식으로 실습을 구성해 책을 넘기며 실습을 따라 하는 것만으로도 쿠버네티스를 자연스럽게 이해할 수 있습니다.

조세민(하성정보 인프라 엔지니어)

실제 쿠버네티스 클러스터를 도입한 경험을 기반으로 쿠버네티스의 클러스터 구조, 자원별 특징과 고려해야 할 점, 모니터링, 서비스 배포 등 쿠버네티스 기반 서비스를 제공하는 데 필요한 내용을 충실하게 설명하는 책입니다. 쿠버네티스 도입을 검토하거나 운영하면서 여러 가지 문제가 발생하는 분이라면 일독을 권합니다.

임성국(카카오 개발자)

쿠버네티스는 다양한 클라우드 네이티브 앱을 지원하는 수많은 기능이 있고, 현재도 지속해서 기능을 확장하는 중입니다. 그런데 다양한 기능이 쿠버네티스를 배우기 어렵게 하는 원인이 되기도 합니다. 이 책은 실습을 하나하나 진행하면서 쿠버네티스 구축부터 실제 쿠버네티스 운영에 꼭 필요한 기능을 자연스럽게 익히도록 구성했습니다. 또한 쿠버네티스와 함께 이용하는 모니터링 도구인 프로메테우스나 템플릿 관리에 도움을 주는 헬름 등의 부가 기능도 빠짐없이 설명합니다. 쿠버네티스의 전반적인 에코 시스템을 경험할 기회를 제공하는 셈입니다. 쿠버네티스를 시작하려는 분이라면 이 책으로 충분한 자신감을 얻을 것으로 확신합니다.

신정섭(카카오 개발자)

이 책을 읽기 전까지 쿠버네티스가 무엇인지 정도만 알았던 상태라 읽기 전에는 살짝 두려움이 있었습니다. 하지만 읽다 보니 인프라 관련 개념을 안다면 큰 어려움은 없었습니다. 특히 관련 내용을 그림과 함께 친절하게 설명해 이해하기 쉬웠습니다. 단, 아는 내용이라고 3부부터 바로 읽기 시작하면 어려움이 있을지도 모릅니다. 최소한 2부부터 차근차근 이 책을 읽기를 추천합니다. 쿠버네티스는 기존의 인프라 기술을 조합해 내가 원하는 서버 상태를 유지하는 개념이라고 정리할 수 있을 듯합니다. 이 책은 실습 위주라 책을 읽기 싫어하는 분도 빠르게 따라 해볼 수 있는 장점이 있습니다. 나중에 다시 찾아보는 레퍼런스로 활용할 수도 있으므로 쿠버네티스를 배우는 분께 많은 도움이 될 것으로 생각합니다.

이용규(LG전자 개발자)

서문

현재 다양한 인프라 구축의 핵심 기술은 컨테이너입니다. 운영체제, 데이터베이스, 웹 서버 등 인프라 구축에 필요한 컨테이너 이미지 각각을 조합해 인프라 환경을 손쉽게 설정할 수 있습니다. 그런데 이러한 컨테이너 각각을 사용자가 수동으로 관리하려면 적지 않은 수고를 들여야 합니다.

쿠버네티스는 자동으로 컨테이너를 관리하는 여러 가지 도구 중 사실상 표준으로 인정받는 검증된 플랫폼입니다. 이 책은 상용 서비스에 쿠버네티스를 도입하면서 얻은 저자들의 노하우를 바탕으로 쿠버네티스의 핵심 개념, 다양한 운영 방법, 쿠버네티스를 이용한 웹 서비스 구축 등의 내용을 엄선해서 담았습니다. 쿠버네티스를 처음 접한다면 더는 고민하지 말고 이 책으로 시작하세요!

이 책의 구성

이 책은 크게 3부, 21장으로 구성되어 있습니다. 각 부와 장은 다음 내용을 담았습니다.

Part I. 쿠버네티스 시작하기

1부에서는 쿠버네티스를 처음 접하는 사람이 꼭 알아야 할 내용을 다룹니다.

1장 쿠버네티스 소개

쿠버네티스와 컨테이너가 무엇인지 소개하고 쿠버네티스의 주요 특징을 소개합니다.

2장 쿠버네티스 설치하기

실제 여러분의 컴퓨터에 도커와 쿠버네티스를 설치하는 방법을 소개합니다. 또한 클라우드 서비스에서 제공하는 쿠버네티스 도구에 무엇이 있는지 소개하고, 클라우드 서비스 이외의 환경에 쿠버네티스 클러스터를 구성하는 방법을 소개합니다.

3장 쿠버네티스로 컨테이너 실행하기

이 책의 실습 기반인 쿠버네티스 커맨드라인 인터페이스 kubectl 기본 사용법과 이를 이용한 컨테이너 실행 방법을 살펴봅니다.

Part II. 쿠버네티스 기본 개념

쿠버네티스의 기본이자 핵심인 주요 아키텍처, 컴포넌트, 구성 요소를 소개합니다.

4장 쿠버네티스 아키텍처

쿠버네티스 전반을 이해할 수 있는 주요 컴포넌트들을 소개합니다. 쿠버네티스를 본격적으로 이해하기 전 큰 그림에 해당하니 꼭 읽어보기 바랍니다.

5장 파드

쿠버네티스에서 컨테이너를 관리하는 기본 단위인 파드를 자세히 살펴봅니다. 먼저 파드의 생명 주기를 살펴본 후 컨테이너 상태 확인 방법, 초기화 및 파드 인프라 컨테이너, 스태틱 파드 등을 살펴봅니다. 이후 파드 구성 패턴에는 무엇이 있는지도 소개합니다.

6장 컨트롤러

컨트롤러는 파드들을 관리하는 역할을 합니다. 다양한 목적에 맞게 사용할 수 있는 컨트롤러가 있다는 것이 쿠버네티스의 큰 장점이기도 합니다. 여기에서는 레플리케이션 컨트롤러, 레플리카세트, 디플로이먼트, 데몬세트, 스테이트풀세트, 잡, 크론잡 등 쿠버네티스의 다양한 컨트롤러를 살펴봅니다.

7장 서비스

서비스는 여러 개 파드에 접근할 수 있는 IP 하나를 제공합니다. 다양한 기능을 제공하지만 본질적으로 로드밸런서 역할이라고 생각하면 됩니다. 여기서는 서비스의 개념, 종류, 사용 방법들을 알아봅니다. 그리고 실제 서비스를 처리하는 kube-proxy도 소개합니다.

8장 인그레스

인그레스는 주로 클러스터 외부에서 안에 있는 파드에 접근할 때 사용하는 방법입니다. 서비스와의 차이점은 주로 L7 영역의 통신을 담당해서 처리한다는 것입니다. 인그레스의 기본 개념부터 다양한 활용 방법과 실무에서 인그레스를 사용할 때의 주의점 등을 소개합니다.

9장 레이블과 애너테이션

레이블과 애너테이션은 쿠버네티스에서 자원들의 메타데이터를 관리하는 데 사용합니다. 레이블은 셀렉터와 함께 특정 레이블이 있는 자원들을 선택할 때 주로 사용합니다. 애너테이션은 주석 성격의 메타데이터를 기록하는 데 사용합니다. 여기에서는 이러한 레이블과 애너테이션의 다양한 사용 방법과 레이블을 이용한 카나리 배포 방법도 살펴봅니다.

10장 컨피그맵

컨피그맵은 컨테이너에 필요한 환경 설정 내용을 컨테이너와 분리해서 제공하는 기능입니다. 개발용과 서비스용에서 다른 설정으로 컨테이너를 실행할 때 유용합니다. 여기에서는 컨피그맵 설정의 일부나 전체를 불러와서 사용하는 방법, 볼륨에 불러와서 사용하는 방법 등을 다룹니다.

11장 시크릿

시크릿은 비밀번호, OAuth 토큰, SSH 키 같은 민감한 정보들을 저장하는 용도로 사용합니다. 여기에서는 시크릿의 종류에 무엇이 있는지 살펴보고 파드의 환경 변수, 볼륨, 프라이빗 컨테이너 이미지 등을 이용해 시크릿을 사용하는 방법을 살펴봅니다.

Part III. 쿠버네티스 한 걸음 더 들어가기

실제로 쿠버네티스를 운영하는 데 필요한 방법들과 내부 구성을 살펴봅니다. 파드를 스케줄링할 방법들, 인증과 권한 관리, 데이터를 좀 더 안정적으로 저장하는 방법, 파드가 클러스터 안에서 IP를 이용해 어떻게 통신하는지 등입니다.

12장 파드 스케줄링

쿠버네티스는 파드를 어떤 노드에 실행할 것인지에 관한 다양한 옵션을 조합해 사용자가 원하는 구조대로 파드들을 클러스터 안에 배치할 수 있습니다. 이러한 파드 스케줄링 관련 옵션과 명령을 알아봅니다.

13장 인증과 권한 관리

쿠버네티스 클러스터에 접근할 때 허가받은 사용자인지 확인하는 인증 방법을 설명합니다. 그리고 인증받은 사용자에게 특정 자원의 사용 권한을 부여하는 방법인 권한 관리도 다룹니다.

14장 데이터 저장

컨테이너 안에 저장한 데이터는 해당 컨테이너가 삭제됐을 때 모두 사라집니다. 여기에서는 컨테이너가 삭제되더라도 데이터는 보존할 수 있도록 컨테이너 외부에 데이터를 저장하는 방법을 알아봅니다. 볼륨과 퍼시스턴트 볼륨을 사용하는 방법을 알아보고 그와 관련한 다양한 설정도 살펴봅니다.

15장 클러스터 네트워킹 구성

도커 컨테이너의 네트워킹과 쿠버네티스의 파드가 어떤 방식으로 서로 네트워킹하는지를 살펴봅니다. 그 후 쿠버네티스 서비스의 네트워킹도 살펴봅니다. 마지막에는 이러한 네트워킹에 사용하는 플러그인에 무엇이 있는지 간략하게 살펴봅니다.

16장 쿠버네티스 DNS

쿠버네티스는 클러스터 안에서만 사용하는 DNS를 설정할 수 있습니다. 그럼 파드 사이에 통신할 때 IP가 아닌 도메인을 사용할 수 있습니다. 여기에서는 클러스터 안에서 DNS를 사용하는 방법과 쿠버네티스 1.11부터 도입된 CoreDNS의 질의 구조, 파드 안에 DNS를 직접 설정하는 방법 등을 살펴봅니다.

17장 로깅과 모니터링

클러스터를 운영하면서 현재 상태가 어떤지 확인하는 것은 중요한 일입니다. 여기에서는 클러스터의 상태를 확인하는 여러 가지 방법을 설명합니다. 여러 대 서버에 분산된 로그를 어떻게 수집하는지 살펴보고, 쿠버네티스에서 서버나 파드 상태를 확인하는 모니터링 구조를 살펴봅니다.

18장 오토스케일링

클라우드 컴퓨팅의 유용한 기능 중 가장 많이 언급하는 것은 오토스케일링입니다. 컨테이너 오케스트레이션에서는 컨테이너만 잘 준비되었다면 오토스케일링이 더 쉽습니다. 여기에서는 쿠버네티스의 수평적 파드 오토스케일러[HPA]라는 기본 오토스케일링 기능을 자세히 살펴봅니다. 또한 실제로 오토스케일링을 테스트해봅니다.

19장 사용자 정의 자원

쿠버네티스는 잘 구조화한 API를 정의했으므로 뛰어난 확장성이 있습니다. 그래서 쿠버네티스에서 제공하는 내장 자원뿐만 아니라 사용자에게 필요한 자원을 쿠버네티스 안에 정의해 사용할 수 있습니다. 이를 사용자 정의 자원이라고 합니다. 여기에서는 사용자 정의 컨트롤러와 컨피그맵 등으로 사용자 정의 자원을 다루는 7가지 방법을 소개합니다.

20장 쿠버네티스 기반으로 워드프레스 앱 실행하기

2부의 마지막으로 쿠버네티스 기반으로 워드프레스 사이트를 구축하는 실습을 해봅니다. 프런트엔드 웹 페이지와 백엔드 데이터베이스로 구성된 멀티티어 앱인 워드프레스를 쿠버네티스 기반으로 배포하고 서비스 중단없이 스케일 업/아웃하는 방법 등을 살펴봅니다.

21장 헬름

쿠버네티스의 템플릿 파일들을 모아 관리하는 헬름이라는 패키지 매니저 도구를 살펴봅니다. 또한 헬름에서 생성한 차트와 차트 압축 파일 등으로 필요한 애플리케이션을 빠르게 설치하는 방법도 살펴봅니다.

실습 환경 소개

이 책은 윈도우와 macOS에 설치하는 도커 데스크톱의 쿠버네티스를 이용해 실습할 수 있도록 구성했습니다. 주요 실습 환경은 다음과 같습니다.

- 윈도우 10, macOS 하이 시에라(10.13) 이상

- 도커 데스크톱 버전 3.4.0

- 쿠버네티스 서버 및 클라이언트 버전: 1.21.1

가능하면 이 책의 실습은 macOS에서 진행하기를 권합니다. 윈도우에서 실습할 때는 이 책에서 제공하는 예제 파일을 이용하고, 실습 중간에 설명하는 TIP을 꼭 참고하기 바랍니다. 또한 이 책의 실습 일부는 구글 클라우드 플랫폼에 구축한 Kubespray를 이용할 수도 있습니다. 도커 데스크톱과 함께 요긴하게 활용하기 바랍니다.

예제 템플릿 사용 방법

이 책에서 소개하는 예제 템플릿은 저자 깃허브의 kubernetes-book-sample 저장소(https://github.com/arisu1000/kubernetes-book-sample)와 동양북스 깃허브의 kubernetes-book 저장소(https://github.com/dybooksIT/kubernetes-book)에서 다운로드할 수 있습니다. 동양북스 홈페이지(https://www.dongyangbooks.com)에서 '쿠버네티스'라고 검색한 후 '도서 검색' 항목에서 이 책을 선택해 예제 템플릿을 다운로드할 수도 있습니다.

예제 템플릿(YAML)은 다음 디렉터리 구조로 구성했습니다.

```
├── addon                              ├── job
├── annotation                         ├── label
├── autoscaling                        ├── logging
├── canary                             ├── monitoring
├── configmap                          │   ├── metrics-server
├── cronjob                            │   └── prometheus
├── customresourcedefinition           ├── networking
│   └── kube-prometheus                ├── pod
├── daemonset                          ├── rbac
├── deployment                         ├── replicaset
├── helm                               ├── scheduling
│   ├── chartstorage                   ├── secret
│   ├── mysql                          ├── service
│   └── sample                         ├── statefulset
├── ingress                            ├── volume
│   ├── ingress-nginx                  └── wordpress
│   ├── nonstop
│   └── ssl
```

디렉터리 이름은 이 책의 주요 주제 이름으로 정했습니다. 장 번호로 구성하지 않은 이유는 실습할 때 어떤 개념을 배우는지 명확하게 이해하길 원하는 바람 때문입니다. 책 안 코드 캡션에 '주제이름/파일이름.yaml' 형태로 디렉터리 안 어떤 파일을 실행하면 되는지 표기해두었습니다. 참고하기 바랍니다.

셸에서 해당 템플릿 파일(*.yaml)이 위치한 디렉터리로 이동한 후 kubectl apply -f 파일이름.yaml 명령으로 템플릿 설정을 쿠버네티스에 적용할 수 있습니다.

⊏ 참고 사항

이 책에서는 대부분 nginx 컨테이너 이미지를 활용하지만 부족한 부분도 있습니다. 그래서 저자의 도커 허브 저장소(https://hub.docker.com/r/arisu1000/simple-container-app)에 간단한 웹 서버 컨테이너 이미지를 만들어 두었습니다. 다음 명령을 실행해 컨테이너 이미지를 다운로드해서 사용할 수 있습니다.

```
$ docker pull arisu1000/simple-container-app
```

웹 서버 컨테이너를 만드는 데 사용한 소스 코드는 저자 깃허브의 simple-container-app 저장소(https://github.com/arisu1000/simple-container-app)에 있습니다. Go 프로그래밍 언어로 작성했습니다. Dockerfile도 포함했으므로 필요하다면 소스 코드를 변경한 후 직접 컨테이너 이미지를 만들어 사용하기 바랍니다.

차례

차례

차례

쿠버네티스 시작하기

1부에서는 쿠버네티스를 소개하고 여러분의 컴퓨터에 쿠버네티스를 설치하는 방법,
쿠버네티스 클러스터를 구성하는 도구 소개, 간단하게 컨테이너를 실행하는 방법 등을
살펴보겠습니다. 쿠버네티스를 본격적으로 알아보기 전 꼭 필요한 과정들이니
빠짐없이 살펴보기 바랍니다.

Part I.

쿠버네티스 시작하기

1 쿠버네티스 소개

쿠버네티스는 2021년 기준 컨테이너 오케스트레이션 시스템^{Container Orchestration System} 세계의 사실상 표준입니다. 몇 년 전까지 컨테이너 오케스트레이션 시스템에는 도커 스웜^{Docker swarm}, 코어OS 플리트^{CoreOS fleet}, D2iQ의 DC/OS 등 여러 가지가 있었습니다. 하지만 처음 컨테이너의 대중화를 이끌었던 도커^{docker}가 자사에서 개발한 스웜^{swarm}뿐만 아니라 쿠버네티스를 지원하기 시작했고 코어OS는 플리트 개발을 종료했습니다. D2iQ의 DC/OS 역시 자체 오케스트레이터였던 마라톤^{marathon} 외에 쿠버네티스를 지원합니다. 그렇기에 컨테이너 오케스트레이션을 처음 배우는 분이라면 다른 것을 고민할 필요 없이 쿠버네티스를 배워야 합니다.

1.1 컨테이너

리눅스는 원래 프로세스별로 자원을 격리해서 사용하는 cgroup과 특정 디렉터리로 권한을 제한하는 chroot 등으로 격리 환경을 구성할 수 있었습니다. 여기에 디스크의 파일 변경 사항을 레이어 형태로 저장하는 파일 시스템을 합해 컨테이너라는 개념이 탄생했습니다. 도커는 방금 소개한 기능들을 모아서 컨테이너를 손쉽게 사용할 수 있도록 한 것으로 주목받았습니다. 도커 이후에는 containerd, runc, cri-o 같은 다양한 컨테이너 런타임들이 등장했습니다.

기존에 가상화나 클라우드 컴퓨팅을 설명할 때는 가상 머신Virtual Machine, VM을 많이 언급했습니다. 하지만 컨테이너가 널리 알려지면서는 컨테이너에 많은 관심이 쏠리기 시작했습니다. [그림 1-1]처럼 내부 구조의 차이가 있기 때문입니다.

그림 1-1 컨테이너와 가상 머신의 차이(출처: https://www.docker.com/resources/what-container)

그림 왼쪽은 컨테이너의 구조고, 오른쪽은 가상 머신의 구조입니다. 컨테이너에는 호스트 운영체제 위에 도커가 있고 바로 앱(애플리케이션)이 위치합니다. 반면 가상 머신은 하이퍼바이저 위에 가상 머신마다 게스트 운영체제가 있고 그 위에 앱이 위치합니다. 즉, 컨테이너가 구조상 레이어가 더 간단하므로 가상 머신보다 성능을 높이기 쉽습니다.

도커를 이용하면 [그림 1-2]처럼 간단한 명령으로 컨테이너 이미지를 만들고 저장소registry에 저장할 수 있습니다. 그리고 도커를 설치한 호스트에 해당 컨테이너 이미지를 다운로드해서 컨테이너를 실행할 수 있습니다. 화물 선박의 컨테이너처럼 규격화한 컨테이너를 만든 후 실행하려는 호스트로 옮겨서 그대로 사용하는 것입니다.

그림 1-2 도커의 개념(출처: https://docs.docker.com/engine/docker-overview/)

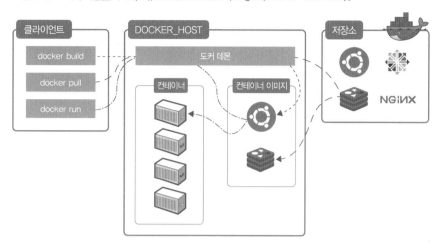

컨테이너가 등장하기 전에는 호스트에도 개발 환경에 필요한 설정을 똑같이 해야 했습니다. 이 과정에서 여러 가지 장애 요소가 많이 발생해서 어려움이 있기도 했습니다. 이런 불편한 점을 컨테이너와 곧 소개할 컨테이너 오케스트레이션 시스템을 함께 사용하면서 해결할 수 있습니다. 앱을 배포하고 관리하기가 더 편하고 강력해진 것입니다.

1.2 컨테이너 오케스트레이션 시스템

컨테이너가 새로운 것은 아니지만 도커가 컨테이너를 사용하기 편하게 만들면서 애플리케이션 개발 과정 전체에 혁신을 가져왔습니다. 컨테이너를 이용하면 개발 환경과 운영 환경의 차이 때문에 일어나는 많은 장애를 막을 수 있습니다. 개발 환경에서 실행했던 컨테이너를 컨테이너 런타임(예: 도커)만 있다면 실제 서버 어디에서든지 실행할 수 있기 때문입니다. 하지만 컨테이너만으로 실제 상용 서비스를 운영하기에는 부족한 부분이 있습니다. 컨테이너 오케스트레이션 시스템은 컨테이너의 부족한 부분을 채워주는 역할입니다.

여러분이 실제 상용 서비스를 운영할 때는 보통 서버 하나만 운영하지 않습니다. 서버 하나에 장애가 발생했을 때 그 장애 때문에 상용 서비스에 영향을 받지 않도록 여러 대 서버를 이용해서 상용 서비스 하나를 구성합니다. 이런 상용 서비스 구성에서 컨테이너만 단독으로 사용한다고 생각해보죠. [그림 1-3]처럼 컨테이너 이미지를 만들고 여러 대 서버에 컨테이너를 배포하는 전체 과정을 수동으로 제어해야 합니다. 서버에 장애가 발생했을 때 해당 서버의 컨테이너를 다른 서버로 옮기는 등의 작업도 직접 해야 합니다.

그림 1-3 기존 컨테이너 기반 상용 서비스의 여러 가지 수동 제어

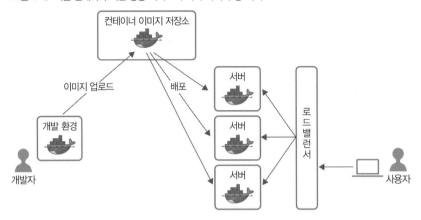

하지만 컨테이너 오케스트레이션 시스템을 사용하면 수동 제어 부분 모두를 자동화하므로 시스템 운영이 훨씬 수월해집니다.

그림 1-4 쿠버네티스의 구조로 보는 컨테이너 오케스트레이션 시스템

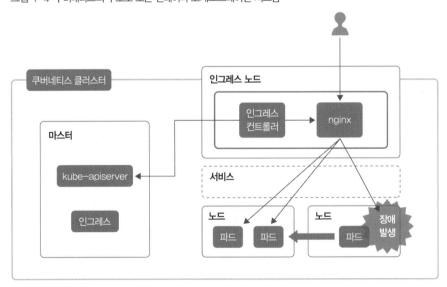

컨테이너 오케스트레이션 시스템으로 상용 서비스에 사용할 서버들을 클러스터[1]로 구성하면, 서버 1대든 100대든 컨테이너를 한 번의 명령으로 자동 배포할 수 있습니다. 그리고 사용 중인 클러스터 일부에 장애가 발생하면 오케스트레이션 시스템은 알아서 장애가 발생한 서버에 있는 컨테이너들을 정상 운영 중인 다른 서버로 옮겨서 실행시킵니다. 장애가 발생한 서버로 향하는 트래픽도 자동으로 중지시키고 새로 옮긴 컨테이너로 보냅니다. 개발자는 상용 서비스의 안정성을 컨테이너 오케스트레이터에 맡겨 두고 장애가 발생한 서버를 고치면 됩니다.

1.3 쿠버네티스

쿠버네티스[Kubernetes]는 배의 조타수란 그리스 단어에서 유래했습니다. 2014년 구글 안에서 사용하던 컨테이너 오케스트레이션 시스템 보그[borg][2]를 오픈 소스 소프트웨어로 공개한 것입니다. 10년 이상 대규모 시스템을 운영해오면서 쌓은 노하우를 녹인 것이기도 합니다. 쿠버네티스의 영문 표기는 Kubernetes고, k와 s사이의 글자 개수가 8개이므로 k8s라고도 표기합니다.

그림 1-5 쿠버네티스 공식 사이트(https://kubernetes.io/ko)

---

1 여러 대의 서버를 묶어 시스템 하나로 구성하는 방식을 말합니다.
2 https://ai.google/research/pubs/pub43438

구글은 2015년 리눅스 재단Linux Foundation과 협업해서 클라우드 네이티브 컴퓨팅 재단Cloud Native Computing Foundation을 만들고 쿠버네티스를 기부했습니다. 그 이후로 쿠버네티스는 커뮤니티의 힘으로 더 많은 성장을 이뤘습니다. 예를 들어 2016년에는 전 세계적인 인기가 있었던 게임 포켓몬고를 쿠버네티스에서 성공적으로 운영했다는 사례[3]가 발표되었습니다. 2017년에는 깃허브GitHub가 웹 서비스와 API를 쿠버네티스로 옮겼다는 사례[4]를 발표했습니다. 2021년 기준 국내에서는 카카오의 카카오톡, 다음, 멜론, 카카오택시 등의 서비스가 쿠버네티스를 이용합니다.

이후 원래 쿠버네티스를 처음 개발했던 구글의 구글 클라우드 플랫폼Google Cloud Flatform, GCP뿐만 아니라 마이크로소프트 애저Microsoft Azure에서도 쿠버네티스를 지원하기 시작했고, 아마존 웹 서비스Amazon Web Service, AWS에서도 쿠버네티스 관리형 서비스인 EKS를 출시했습니다.

이러한 성공 사례들과 함께 쿠버네티스는 지금도 성장을 거듭하는 중입니다.

1.4 쿠버네티스의 특징

쿠버네티스가 많은 인기를 얻은 이유는 사용하기 간편한 선언적 API, 처음 쿠버네티스를 사용할 때의 손쉬운 접근성, 문제가 있을 때 도움을 얻을 수 있는 강력한 커뮤니티 등이 있습니다.

1.4.1 선언적 API

쿠버네티스의 가장 큰 설계 원칙은 API가 '선언적declarative'이라는 것입니다. 컨테이너가 어떤 상태이길 원하는지만 쿠버네티스에 설정하면 지속해서 컨테이너의 상태를 확인합니다. 그리고 설정한 상태가 아니라면 그것에 맞게 맞춘다는 개념입니다.

---

3 https://cloud.google.com/blog/products/gcp/bringing-pokemon-go-to-life-on-google-cloud
4 https://githubengineering.com/kubernetes-at-github

그림 1-6 쿠버네티스의 '선언적' 특징

예를 들어 어떤 앱[5]의 컨테이너가 항상 10개 실행되길 원한다고 설정한 상황을 생각해보겠습니다. 평소에는 이상이 없겠지만 서버 장애 등으로 컨테이너를 실행할 자원이 부족해져서 8개만 실행될 수도 있습니다. 이때 서버 장애를 처리하고 다시 클러스터에 서버를 추가하면 쿠버네티스는 추가된 서버에 컨테이너 2개를 자동 실행시켜서 컨테이너 10개 실행이 유지될 수 있도록 합니다. 사용자가 별도로 컨테이너 2개를 추가하라고 따로 명령할 필요가 없습니다.

이런 '선언적' 특징이 없다면 사용자가 컨테이너 2개를 추가하는 명령을 직접 실행해야 하며, 컨테이너 10개가 정상 실행 중인지도 직접 확인해야 합니다. 하지만 쿠버네티스의 '선언적' 특징을 이용하면 원하는 상태만 쿠버네티스에 정의해 유지할 수 있으므로 관리 비용이 많이 줍니다.

사용자가 설정한 명령이 없어지는 것 등을 염려하지 않아도 됩니다. 예를 들어 클러스터에 명령을 내렸는데 당시 네트워크 상태 때문에 해당 명령이 쿠버네티스 클러스터에 전달되지 않을 수 있습니다. 명령은 전달받았으나 클러스터의 일시적인 문제 때문에 전달한 명령이 제대로 실행되지 않을 수도 있습니다. 쿠버네티스를 사용하면 이런 문제를 걱정하지 않아도 됩니다. 클러스터가 동작 중이라면 항상 원하는 상태로 자동 복구할 것입니다.

이 때문에 쿠버네티스에서 사용하는 컴포넌트들의 구현 또한 단순합니다. 또한 컴포넌트를 여러 개 실행해둘 수 있으므로 단일 장애점Single Point Of Failure, SPOF[6]이 없습니다.

하지만 '선언적' 특징 때문에 때로 불편한 점도 생깁니다. 컨테이너가 몇 개 실행되어야 한다거나 앱이 없어야 할 때는 설정하기 쉽지만, 앱 재시작 같은 단순한 작업은 쿠버네티스에서 할 수 없습니다. 앱 재시작은 쿠버네티스 시스템 내부 동작으로 사용자가 제어할 수 없기 때문입니다.

---

5 보통 단일 배포로 구성한 파드(pod, 쿠버네티스의 기본 구성 요소)나 컨테이너는 앱이라고 하고 여러 개 앱을 합한 것은 서비스라고 합니다. 이 책에서는 쿠버네티스 내부의 서비스 개념과 구분하려고 대부분 앱이라고 하겠습니다.
6 시스템 구성 요소 중 동작하지 않으면 전체 시스템이 중단되는 요소를 말합니다.

쿠버네티스 입장에서는 같은 설정, 즉 기존 설정과 비교했을 때 변경 사항이 없는 앱은 재시작 하지 않아도 된다고 생각합니다. 하지만 앱 재시작 기능을 넣어달라는 사용자 요청이 많아지면 서 쿠버네티스 CLI인 kubectl 1.15부터는 디플로이먼트, 스테이트풀셋, 데몬셋에 재시작 기능이 추가됐습니다. 쿠버네티스 컴포넌트들의 선언적 특징은 그대로지만, kubectl이 직접 애 너테이션을 변경하면서 재시작 동작을 제어하는 방식으로 바뀌었습니다.

1.4.2 워크로드 분리

쿠버네티스를 사용하면 분산 시스템을 개발하고 어떻게 실행할지에 관한 고민을 많이 덜어 줍 니다. 분산 시스템을 개발할 때는 분산된 프로세스 각각이 잘 실행되는지, 이상이 생겼을 때는 어떻게 처리해야 하는지 등 시스템 안정성에 관한 고민을 많이 해야 합니다. 이때 쿠버네티스는 운영체제처럼 분산된 프로세스의 관리를 추상화하는 레이어가 되므로 시스템 운영에 관한 고민 을 많이 덜어 줍니다. 이 때문에 최근에는 쿠버네티스를 클라우드의 리눅스라고 말하는 상황도 생기고 있습니다.

1.4.3 어디서나 실행 가능

쿠버네티스가 지금처럼 인기를 얻게 된 주요 원인 중 하나는 어디서나 실행할 수 있다는 점입니 다. 개인 컴퓨터에 쿠버네티스를 설치해서 사용해 볼 수 있고, 여러 대 서버에 설치해서 사용할 수 있습니다. 퍼블릭 클라우드에서도 쿠버네티스를 실행할 수 있고, 단순한 테스트라면 쿠버네 티스 설치 없이 웹에서도 사용[7]해 볼 수 있습니다. 즉, 처음 쿠버네티스를 접하려는 사람이 접근 하기 쉬워 많은 사용자가 모이는 원동력이 되었습니다.

그림 1-7 웹 기반으로 실습하는 쿠버네티스

---

7 https://www.katacoda.com/courses/kubernetes/playground

1.4.4 커뮤니티

앞서 설명한 구조적인 특징뿐만 아니라 활성화된 커뮤니티도 쿠버네티스의 또 다른 장점입니다. 쿠버네티스는 2021년 6월 기준 약 3,000명의 기여자와 101,000개의 커밋이 있었습니다. 많은 사람이 참여하기에 커뮤니티에서 언제든지 필요한 지원을 받을 수 있습니다. 또한 커뮤니티에 누구나 참여할 수 있으므로 얼마든지 쿠버네티스에 기여할 수도 있습니다.

대표적인 쿠버네티스 커뮤니티로는 쿠버네티스 공식 깃허브의 [Issues][8]가 있습니다. 쿠버네티스 공식 슬랙 채널[9]도 있습니다. 슬랙에서 사용자들이 모이는 주요 채널은 Kubernetes-users 채널입니다. 한국 사용자들이 모이는 kr-users 채널도 있습니다.

그림 1-8 쿠버네티스 깃허브 Issues

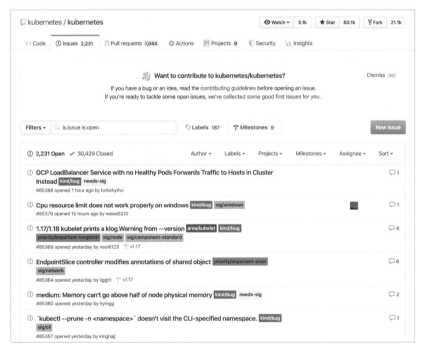

페이스북 그룹 Kubernetes Korea Group[10]에서도 많은 도움을 받을 수 있습니다. 한국 기준으로는 앞서 이야기한 슬랙의 한국 채널보다 페이스북 그룹의 활동이 좀 더 활발합니다.

---

8 https://github.com/kubernetes/kubernetes/issues
9 http://slack.k8s.io
10 https://www.facebook.com/groups/k8skr

그림 1-9 Kubernetes Korea Group

2 쿠버네티스 설치하기

이 장에서는 본격적으로 쿠버네티스를 사용하기 전 필요한 쿠버네티스 설치 과정을 다룹니다. 운영체제별 쿠버네티스 설치 방법과 클라우드 서비스의 쿠버네티스 소개, 쿠버네티스 클러스터를 직접 구성하는 방법을 소개합니다.

2.1 설치 없이 쿠버네티스 사용하기

쿠버네티스는 별도로 설치하지 않고 웹 브라우저에서 사용해볼 수 있습니다. 다음 소개하는 웹 사이트를 잘 살펴보기 바랍니다.

2.1.1 카타코다 쿠버네티스 플레이그라운드

카타코다[Katacoda]에서 제공하는 쿠버네티스 플레이그라운드[1]에 접속하면 [그림 2-1] 같은 화면을 볼 수 있습니다.

그림 2-1 카타코다 쿠버네티스 플레이그라운드

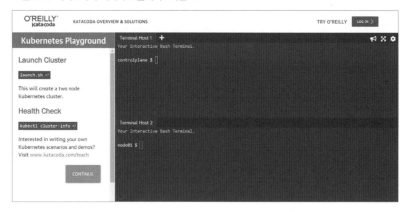

4.1에서 설명할 마스터와 노드가 이미 설정되었고 플레이그라운드에서 제공하는 커맨드라인 툴을 이용할 수 있습니다. 쿠버네티스 커맨드라인 인터페이스[Command Line Interface]인 kubectl 관련 명령을 실행할 수 있습니다.

2.1.2 Play with Kubernetes

Play with Kubernetes[2]는 도커에서 제공하는 쿠버네티스 실습용 웹 환경입니다. 첫 화면에서 〈Login〉을 눌러 깃허브나 도커허브[dockerhub][3]계정으로 로그인한 후 〈Start〉을 눌러 사용합니다.

---

1 https://www.katacoda.com/courses/kubernetes/playground

2 https://labs.play-with-k8s.com

3 http://hub.docker.com

그림 2-2 Play with Kubernetes

카타코다와의 차이는 왼쪽의 〈ADD NEW INSTANCE〉로 직접 노드를 여러 대 추가할 수 있다는 것입니다. 쿠버네티스 클러스터를 자동으로 구성하지 않는 것입니다.

노드 추가 후에는 커맨드라인 툴에서 안내하는 명령을 실행해서 직접 쿠버네티스 클러스터를 구성할 수 있습니다. 개인이 여러 대 서버를 이용한 쿠버네티스 환경을 구성해 실습하기 어렵다는 현실적인 문제를 해결할 수 있습니다.

2.2 도커 데스크톱을 이용한 쿠버네티스 설치

설치 없이 쿠버네티스를 사용할 수도 있지만 아무래도 쿠버네티스를 제대로, 편하게 다루려면 실습 환경을 설치해야 합니다. 쿠버네티스는 여러 대 서버를 클러스터 하나로 구성해서 사용하는 시스템이지만 여러분의 컴퓨터에 설치해서 사용할 수도 있습니다.

실습용으로 여러분의 컴퓨터에 쿠버네티스를 설치할 때는 미니큐브^{Minikube}를 이용하는 방법과 도커허브의 도커 데스크톱^{Docker Desktop}에서 제공하는 쿠버네티스를 사용하는 방법을 선택할 수 있습니다. 이 책에서는 더 설정이 간편한 도커 데스크톱에서 쿠버네티스를 사용할 것입니다. 예제 대부분도 macOS와 윈도우에 설치한 도커 데스크톱의 쿠버네티스에서 실행했습니다.

2.2.1 윈도우에 도커와 쿠버네티스 설치하기

먼저 윈도우용 도커와 쿠버네티스를 설치해보겠습니다. 도커허브의 윈도우용 도커 데스크톱 다운로드 사이트[4]에 접속합니다. 참고로 2021년 6월 기준 쿠버네티스 실행 환경은 윈도우 10, 도커 데스크톱 버전 3.4.0입니다. 〈Get Docker〉를 눌러 다운로드합니다.

그림 2-3 도커 데스크톱 다운로드 사이트

다운로드한 Docker Desktop Installer.exe 파일을 실행해 도커와 쿠버네티스 설치를 시작합니다. 설치하기 전 'Configuration' 창에 있는 [Install required Windows components for WSL 2] 옵션을 선택하면 리눅스 컨테이너 대신 윈도우 컨테이너를 사용합니다. 여기에서는 선택하지 않은 상태로 설치합니다.

그림 2-4 도커 및 쿠버네티스 설치 1

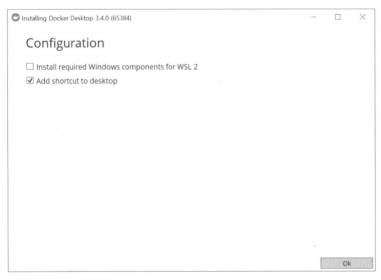

---

4 https://hub.docker.com/editions/community/docker-ce-desktop-windows

도커를 설치합니다.

그림 2-5 도커 및 쿠버네티스 설치 2

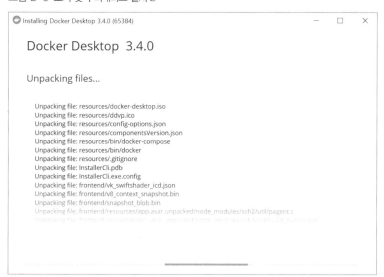

설치를 완료하면 〈Close〉를 누릅니다. 상황에 따라서 〈Close and log out〉이 나타날 수도 있습니다. 이때는 윈도우를 로그아웃하므로 다른 작업을 하는 중이라면 작업하는 프로그램을 실행 종료한 후 버튼을 누르기 바랍니다.

그림 2-6 도커 및 쿠버네티스 설치 3

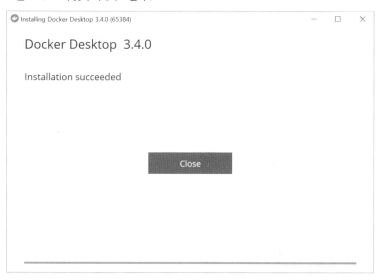

윈도우의 가상화 관련 옵션이 켜져 있지 않다면 [그림 2-7] 같은 옵션 창이 열립니다. 해당 창에 있는 인터넷 주소를 눌러 나오는 'Windows 10에 Hyper-V 설치[5]'를 참고해 윈도우의 Hyper-V를 활성화합니다. 그리고 [시작] → [Docker Desktop]을 선택해 도커 데스크톱을 다시 실행합니다.

그림 2-7 가상화 옵션 활성

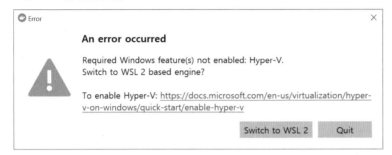

첫 시작 화면이 등장하면 아래에 있는 [Skip tutorial]을 누릅니다. 이후에 [Containers/Apps]가 실행되면 오른쪽 위 종료 버튼을 선택해 화면을 닫습니다

그림 2-8 도커 첫 실행 화면

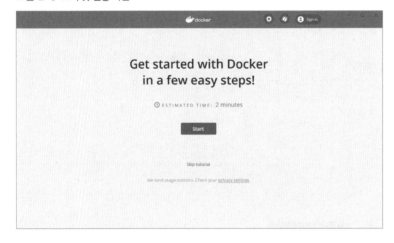

---

5 https://docs.microsoft.com/ko-kr/virtualization/hyper-v-on-windows/quick-start/enable-hyper-v

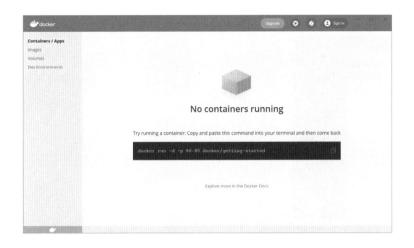

이제 [시작] – [Windows PowerShell]을 선택해 윈도우 파워셸을 실행한 후 docker version 명령을 실행합니다. 도커 명령이 잘 동작하는지 확인하는 것입니다. 다음과 같은 결과가 나오면 정상적으로 동작하는 것입니다.

```
PS > docker version
Client: Docker Engine - Community
 Cloud integration: 1.0.17
 Version:          20.10.7
 API version:      1.41

# 중간 생략

Server: Docker Engine - Community
 Engine:
  Version:         20.10.7

# 이후 생략
```

쿠버네티스를 활성화하려면 시스템 트레이에 있는 도커 아이콘을 오른쪽 마우스 버튼으로 눌러 나오는 바로 가기 메뉴에서 [Settings]를 선택합니다.

그림 2-9 Settings 선택

그리고 왼쪽 메뉴에서 [Kubernetes]를 선택한 다음 [Enable Kubernetes]를 선택해서 쿠버네티스를 사용할 수 있게 설정합니다.

그림 2-10 쿠버네티스 사용 설정

〈Apply & Restart〉를 누른 후 'Kubernetes Cluster Installation' 창이 열리면 〈Install〉을 눌러 쿠버네티스를 설치합니다. 위쪽 아래 [Kubernetes]가 Running이면 쿠버네티스를 사용할 수 있습니다.

다시 윈도우 파워셸에서 kubectl version 명령을 실행합니다. 어떤 버전의 쿠버네티스를 설치했는지 확인할 수 있습니다.

```
PS > kubectl version
Client Version: version.Info{Major:"1", Minor:"21", GitVersion:"v1.21.1", Git
Commit:"5e58841cce77d4bc13713ad2b91fa0d961e69192", GitTreeState:"clean",
BuildDate:"2021-05-12T14:18:45Z", GoVersion:"go1.16.4", Compiler:"gc",
Platform:"windows/amd64"}
Server Version: version.Info{Major:"1", Minor:"21", GitVersion:"v1.21.1", Git
Commit:"5e58841cce77d4bc13713ad2b91fa0d961e69192", GitTreeState:"clean",
BuildDate:"2021-05-12T14:12:29Z", GoVersion:"go1.16.4", Compiler:"gc",
Platform:"linux/amd64"}
```

kubectl get pods -n kube-system 명령으로는 실행 중인 시스템 파드[pod](5장 참고)들을 확인

할 수 있습니다.

```
PS > kubectl get pods -n kube-system
NAME                                      READY    STATUS    RESTARTS    AGE
coredns-fb8b8dccf-b4vb8                    1/1      Running   0           6m18s
coredns-fb8b8dccf-h9dxs                    1/1      Running   0           6m18s
etcd-docker-desktop                       1/1      Running   0           5m25s
kube-apiserver-docker-desktop             1/1      Running   0           5m5s
kube-controller-manager-docker-desktop    1/1      Running   0           5m5s
kube-proxy-ns82q                          1/1      Running   0           6m18s
kube-scheduler-docker-desktop             1/1      Running   0           5m29s
storage-provisioner                       1/1      Running   0           74s
vpnkit-controller                         1/1      Running   0           73s
```

2.2.2 macOS에 도커와 쿠버네티스 설치하기

이번에는 macOS에 도커와 쿠버네티스를 설치하는 방법을 알아보겠습니다. 도커허브의
macOS용 도커 데스크톱 다운로드 사이트[6]에 접속한 후 macOS용 설치 파일을 다운로드합니
다. 참고로 2021년 6월 기준에서 쿠버네티스 실행 환경은 macOS 빅서(Big Sur), 도커 데스크
톱 버전 3.4.0입니다. 인텔 CPU 기반의 macOS를 사용하는 분은 〈Mac with Intel chip〉을
누르고, Apple M1 기반의 macOS를 사용하는 분은 〈Mac with Apple chip〉을 눌러 도커 데
스크톱 설치 파일을 다운로드합니다.

---

6 https://hub.docker.com/editions/community/docker-ce-desktop-mac

그림 2-11 도커 데스크톱 다운로드 사이트

다운로드한 Docker.dmg 파일을 실행합니다. 그리고 [그림 2-12]를 참고해 도커 실행 파일을
[응용 프로그램] 폴더에 드래그 & 드롭해 설치합니다.

그림 2-12 도커 및 쿠버네티스 설치

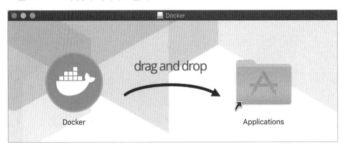

[응용 프로그램] 폴더로 이동해 도커를 실행합니다. 처음 도커를 실행하면 도커 데스크톱에서
네트워킹 구성 요소와 애플리케이션 링크를 설치하는 접근 권한을 요청합니다. 〈OK〉를 누른
후 여러분의 macOS 사용자 이름과 암호를 입력해서 접근 권한을 부여합니다.

그림 2-13 도커 접근 권한 설정

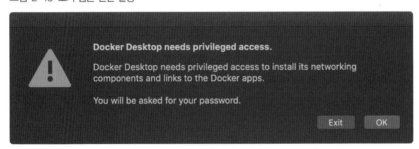

첫 시작 화면이 등장하면 아래에 있는 [Skip tutorial]을 누릅니다. 이후에 [Containers/Apps]
가 실행되면 오른쪽 위 종료 버튼을 선택해 화면을 닫습니다.

그림 2-14 도커 첫 실행 화면

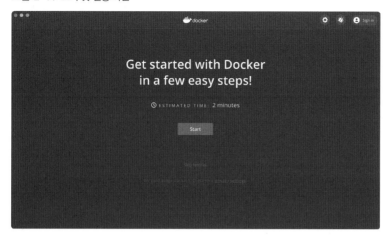

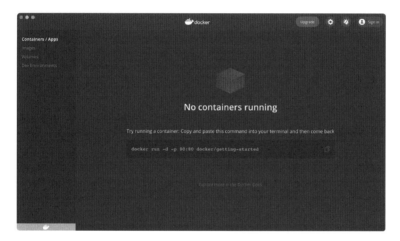

[응용 프로그램] → [유틸리티] → [터미널]을 실행한 후 docker version 명령을 실행해 도커를
제대로 설치했는지 확인합니다.

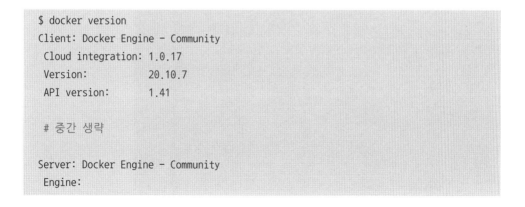

```
$ docker version
Client: Docker Engine - Community
 Cloud integration: 1.0.17
 Version:           20.10.7
 API version:       1.41

 # 중간 생략

Server: Docker Engine - Community
 Engine:
```

```
Version:        20.10.7
API version:    1.41 (minimum version 1.12)

# 이후 생략
```

앞 실행 결과와 비슷하다면 도커를 정상적으로 설치한 것입니다.

다음으로 쿠버네티스를 활성화하겠습니다. 상단 메뉴 바에 있는 도커 아이콘을 누른 후 [Prefer
ences]를 선택합니다.

그림 2-15 Preferences 선택

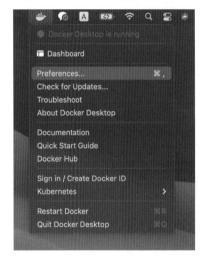

[Kubernetes] 탭을 선택하고 [Enable Kubernetes]를 선택합니다.

그림 2-16 쿠버네티스 활성화 설정

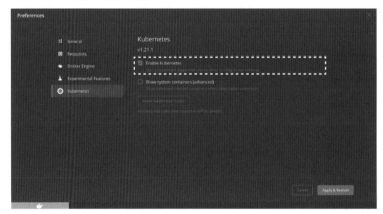

〈Apply & Restart〉를 눌러서 'Kubernetes Cluster Installation' 창이 열리면 〈Install〉을 눌러 쿠버네티스를 설치합니다. 자동으로 쿠버네티스가 설치됩니다.

설치를 완료하면 왼쪽 위 빨간색 버튼을 눌러 창을 닫습니다. 그리고 kubectl version 명령을 실행해서 쿠버네티스 버전이 나타나는지 확인합니다.

```
$ kubectl version
Client Version: version.Info{Major:"1", Minor:"21", GitVersion:"v1.21.1", Git
Commit:"5e58841cce77d4bc13713ad2b91fa0d961e69192", GitTreeState:"clean",
BuildDate:"2021-05-12T14:18:45Z", GoVersion:"go1.16.4", Compiler:"gc",
Platform:"darwin/arm64"}
Server Version: version.Info{Major:"1", Minor:"21", GitVersion:"v1.21.1", Git
Commit:"5e58841cce77d4bc13713ad2b91fa0d961e69192", GitTreeState:"clean",
BuildDate:"2021-05-12T14:12:29Z", GoVersion:"go1.16.4", Compiler:"gc",
Platform:"linux/arm64"}
```

2.3 클라우드 서비스에서 제공하는 쿠버네티스 도구

쿠버네티스를 제대로 활용하려면 여러 대 서버를 클러스터로 구성해 사용해야 합니다. 근래에는 여러 대 서버를 쿠버네티스 클러스터 하나로 구성하는 도구가 많습니다. 처음 쿠버네티스가 등장했을 때보다는 고도화되어 아주 편해졌습니다. 하지만 여전히 쿠버네티스 클러스터를 구성하는 건 쉽지 않은 작업입니다. 구성 이후에도 증설, 업그레이드, 백업, 복구 등 지속해서 클러스터를 관리해야 하는 어려움이 있습니다.

실제 상용 서비스에 쿠버네티스 클러스터를 구성하고 관리하는 가장 간단한 방법은 각 클라우드 서비스에서 제공하는 관리형 쿠버네티스 도구를 이용하는 것입니다. 쿠버네티스 클러스터를 전반적으로 관리(업그레이드, 백업, 복구 등)해주므로 번거로운 인프라 구성과 클러스터 관리를 신경 쓰지 않고 쿠버네티스의 기능만 사용하면 됩니다.

2.3.1 구글 쿠버네티스 엔진

쿠버네티스와 가장 잘 호환되는 클라우드 서비스는 아무래도 쿠버네티스를 처음 개발해서 오픈 소스로 만든 구글 클라우드 플랫폼입니다. 구글 쿠버네티스 엔진Google Kubernetes Engine, GKE[7]이라는 관리형 쿠버네티스 클러스터를 제공합니다. 사이트에서 제공하는 한글 사용자 문서[8]를 참고하면 손쉽게 쿠버네티스 클러스터를 이용할 수 있습니다.

'리전별 제공 제품[9]'에서 현재 사용 가능한 쿠버네티스 리전을 확인할 수 있습니다. 'Measure your latency to GCP regions[10]'에서는 리전별 실시간 응답 시간을 확인할 수 있습니다.

그림 2-17 Measure your latency to GCP regions

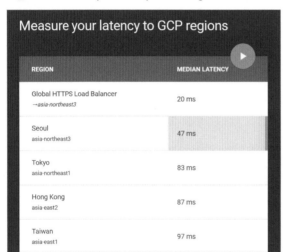

2.3.2 아마존 쿠버네티스 일래스틱 컨테이너 서비스

클라우드 서비스의 선두주자인 아마존 웹 서비스에서도 아마존 쿠버네티스 일래스틱 컨테이너 서비스Amazon Elastic Container Service for Kubernetes, Amazon EKS[11]라는 관리형 쿠버네티스 도구를 제공합니다. 서울 리전에서도 사용할 수 있으므로 국내 사용자를 대상으로 운영하는 상용 서비스에 도입하기

---

7 https://cloud.google.com/kubernetes-engine

8 https://cloud.google.com/kubernetes-engine/docs

9 https://cloud.google.com/about/locations/?region=asia-pacific#region

10 http://www.gcping.com

11 https://aws.amazon.com/ko/eks

좋습니다. 역시 한글 문서[12]를 참고하면 손쉽게 쿠버네티스 클러스터를 만들 수 있습니다. '리전 표[13]'에서 현재 사용 가능한 리전을 확인할 수 있습니다.

2.3.3 애저 쿠버네티스 서비스

마이크로소프트 애저에도 한국 리전에 애저 쿠버네티스 서비스Azure Kubernetes Service, AKS[14]를 제공합니다. 한글 문서[15]를 참고하면 손쉽게 사용할 수 있습니다. 또한 '지역별 사용 가능한 제품[16]'에서 사용 가능한 리전을 확인할 수 있습니다.

2.4 쿠버네티스 클러스터를 직접 구성하는 도구

클라우드 서비스에서 제공하는 쿠버네티스 도구를 이용하더라도 여러 가지 사정 때문에 직접 쿠버네티스 클러스터를 구성해야 할 때도 있습니다. 여기에서는 사내 서버 자원에 쿠버네티스 클러스터를 직접 구성하거나, 규칙 준수compliance 이슈를 해결할 때 활용하는 대표적인 도구인 Kubeadm, Kubespray를 살펴보겠습니다.

2.4.1 Kubeadm

Kubeadm[17]은 쿠버네티스에서 공식 제공하는 클러스터 생성/관리 도구입니다. 여러 대 서버를 쿠버네티스 클러스터로 손쉽게 구성할 수 있습니다. 초기에는 고가용성High Availability, HA을 갖춘 클러스터를 구성하기 어려워 테스트용 클러스터 구성에 주로 사용했습니다. 하지만 점점 발전을 거듭하면서 최근에는 고가용성을 제공하는 클러스터까지 구성할 수 있습니다.

---

12 https://aws.amazon.com/ko/eks/getting-started
13 https://aws.amazon.com/ko/about-aws/global-infrastructure/regional-product-services
14 https://azure.microsoft.com/ko-kr/services/kubernetes-service
15 https://docs.microsoft.com/ko-kr/azure/aks
16 https://azure.microsoft.com/ko-kr/global-infrastructure/services/?products=kubernetes-service
17 https://github.com/kubernetes/kubeadm

Kubeadm에서 제공하는 클러스터 고가용성은 [그림 2-18] 같은 구조입니다.

그림 2-18 Kubeadm에서 제공하는 클러스터 고가용성 구조

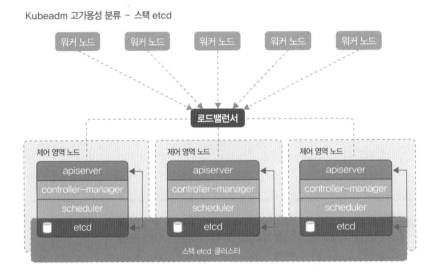

여러 대의 마스터 노드를 구성하고 그 앞에 로드밸런서를 두었습니다. 워커 노드들이 마스터 노드에 접근할 때는 로드밸런서를 거쳐 접근합니다. 마스터 노드 1대에 장애가 발생하더라도 로드밸런서에서 다른 마스터 노드로 접근할 수 있게 해서 클러스터의 신뢰성을 유지합니다.

참고로 [그림 2-18]은 쿠버네티스 클러스터의 데이터 저장소 역할을 하는 etcd(4.2 참고) 클러스터를 마스터 노드에 함께 설치해서 운용하는 방법입니다. 스택^{stacked} etcd라고 합니다. 필요에 따라 etcd 클러스터를 마스터 노드가 아닌 다른 곳에 구성해두고 사용할 수 있습니다.

지원하는 명령어로는 `init`, `join`, `upgrade`, `config`, `reset`, `token`, `version` 등이 있습니다.

2.4.2 Kubespray

Kubespray[18]는 상용 서비스에 적합한 보안성과 고가용성이 있는 쿠버네티스 클러스터를 배포하는 오픈 소스 프로젝트입니다. 처음에는 kargo라는 이름으로 시작했다가 Kubespray로 프로젝트 이름이 변경되었습니다.

---

18 https://github.com/kubernetes-sigs/kubespray

Kubespray는 서버 환경 설정 자동화 도구인 앤서블[ansible] 기반으로 개발했습니다. 설정에 따라 사용자에게 맞는 다양한 형식으로 쿠버네티스 클러스터를 구성할 수 있으므로 온프레미스 환경에서 상용 서비스의 쿠버네티스 클러스터를 구성할 때 유용합니다. 또한 설치 이후에 ingress-nginx 컨트롤러(8.2 참고), 헬름[helm](21장 참고), 볼륨 플러그인(14.1 참고) cephfs를 프로비저닝하는 cephfs-provisioner, SSL 인증서를 관리하는 cert-manager 등의 추가 구성 요소를 클러스터에 실행하는 역할도 합니다. 공식 문서[19]에서 더 자세한 내용을 참고할 수 있습니다.

Kubespray에서 제공하는 클러스터 고가용성 구조는 Kubeadm과 약간 다릅니다. [그림 2-19]와 같습니다.

그림 2-19 Kubespray에서 제공하는 클러스터 고가용성 구조

쿠버네티스 API 서버 클라이언트 연결

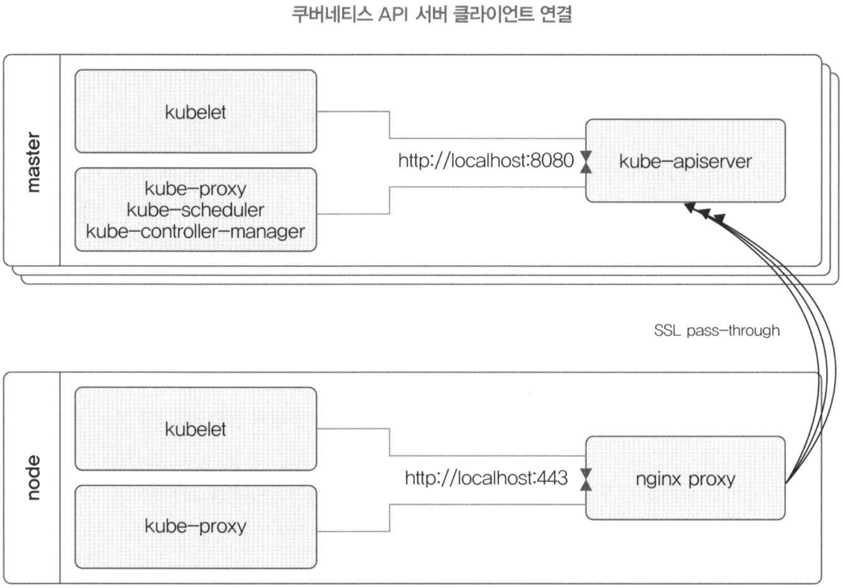

Kubeadm처럼 별도의 로드밸런서를 사용하지 않고 노드 각각의 nginx가 리버스 프록시로 실행됩니다. 이 nginx-proxy가 전체 마스터 노드를 바라보는 구조입니다. 그래서 쿠버네티스의 컴포넌트들은 직접 마스터 노드와 통신하지 않고 자신의 서버 안 nginx와 통신합니다. 마스터 노드의 장애 감지는 헬스 체크[health check][20]를 이용해 nginx가 알아서 처리합니다.

---

19 https://kubespray.io/#/?id=documents
20 서버에 일정한 간격으로 신호를 보내고 응답이 오는지 확인해 정상 가동 중인지 판단하는 것을 뜻합니다.

쿠버네티스는 CNI[Container Network Interface]를 만족하는 다양한 네트워크 플러그인을 지원합니다. 따라서 Kubespray를 이용하면 간단한 설정으로 클러스터 네트워크를 자동 구성할 수 있습니다. Kubespray는 버전 2.16 기준으로 [표 2-1] 열 가지 네트워크 플러그인을 지원합니다.

표 2-1 Kubespray가 지원하는 네트워크 플러그인

플러그인 이름	설명
플라넬 (flannel)	GRE/VXLAN(layer 2) 기반 오버레이 네트워킹을 지원합니다. 레드햇 주도로 개발하고 있으며 가장 오래되어 안정성이 높은 플러그인입니다. 기능과 구조가 간단하므로 네트워크 정책 기능을 지원하지 않습니다. 네트워크 주소가 제한되었거나 네이티브 라우팅이 불가능한 환경에서 좋은 옵션으로 고려할 수 있습니다.
cni-plugins	CNCF에서 관리하는 네트워크 플러그인입니다. 상호 운용성을 위해 설계된 컨테이너 네트워크 인터페이스(CNI) 명세를 준수합니다.
kube-ovn	오픈 가상 네트워크(Open virtual network, OVN)기반 네트워크 가상화를 쿠버네티스와 통합합니다. 기업용 고급 컨테이너 네트워크 패브릭도 제공합니다.
ovn4nfv	OVN 기반의 CNI 컨트롤러 플러그인입니다. 클라우드 네이티브 기반 서비스 기능 체인(Service function chaining, SFC), 다중 OVN 오버레이 네트워킹, 동적 서브넷 생성, 동적 가상 네트워크 생성, VLAN 공급자 네트워크, 직접 공급자 네트워크와 멀티 클러스터 네트워킹의 엣지 기반 클라우드 등 네이티브 워크로드에 이상적인 멀티 네트워크 플러그인입니다.
칼리코(calico)	BGP(layer 3) 기반 네트워킹을 지원하고, IPinIP 터널링 기능을 옵션으로 사용할 수 있습니다. 티제라(Tigera)라는 회사의 주도로 개발하고 있으며 아마존 웹 서비스, 구글 클라우드 플랫폼 등 관리형 쿠버네티스 서비스를 제공하는 회사 대부분에서 칼리코를 기본 네트워크 플러그인으로 사용합니다. Kubespray의 기본 설정이기도 합니다. 클러스터 당 최대 5,000개 노드까지 사용할 수 있으며 클러스터 규모가 크다면 성능과 안정성을 보장하도록 라우팅 정보 공유를 매개하는 라우트 리플렉터 노드(Route Reflector Node)를 둘 것을 권장합니다. 온프레미스 환경에서 네이티브 라우팅을 지원하는 좋은 옵션으로 고려할 수 있습니다.
캐널(canal)	칼리코(Layer 3)와 플라넬(Layer 2)을 혼합한 플러그인입니다.
실리엄(cilium)	BPF(Layer 3/4) 기반 네트워킹을 이용하므로 iptables 규칙[21]보다 훨씬 복잡하고 다양한 네트워크 정책 기능을 실행할 수 있습니다. 따라서 가장 다양한 기능과 높은 보안성이 있습니다. 하지만 다소 높은 커널 버전[22]을 요구한다는 단점이 있습니다. 코밸런트(Covalent)라는 회사의 주도로 개발하고 있습니다.

---

21 iptables는 리눅스 커널 안 네트워크 프레임워크인 넷필터 모듈을 이용한 패킷 필터입니다. 리눅스에 방화벽을 설정하는 데 주로 사용되며 패킷 포워딩, 필터링, 로드밸런싱 등 다양하게 활용됩니다.
22 실리엄 v1.4.0 기준, 리눅스 커널 v4.9.17 이상이 필요합니다.

플러그인 이름	설명
위브넷 (weavenet)	외부 키/값(key/value) 데이터베이스 클러스터(etcd)가 필요 없는 경량 컨테이너 오버레이 네트워킹을 지원합니다. 최대 500개 노드까지 지원하므로 작거나 중규모의 클러스터 운영에 적합합니다. 위브웍스(WeaveWorks)라는 회사의 주도로 개발하고 있습니다.
kube-router	IPVS(layer 3) 기반의 네트워킹을 지원하며 가장 최근 시작한 프로젝트입니다. IPVS/LVS 커널 기능을 이용하여 쿠버네티스의 서비스(Service, 7장 참고) 로드밸런싱 성능을 향상시켰습니다. 또한 DSR(Direct Server Return) 기능으로 응답 시간을 향상시켰다는 장점이 있습니다. 클라우드 네이티브 랩스(CloudNative Labs) 주도로 개발하고 있습니다.
멀터스 (multus)	메타 CNI 플러그인으로 칼리코, 플라넬 등과 함께 사용할 수 있습니다. 파드에 2개 이상의 네트워크 인터페이스(multi NIC)를 부여할 수 있도록 합니다. 멀터스가 사용하는 데이터는 쿠버네티스의 CRDs(Custom Resource Define)으로 저장/관리합니다. 인텔 주도로 개발하고 있습니다.

실습에서는 퍼블릭 클라우드에서 기본 네트워크 플러그인으로 삼는 칼리코를 사용할 것입니다.

Kubespray가 지원하는 주요 리눅스 배포판은 다음과 같습니다. 여기에서는 우분투 16.04 기준으로 설명할 것입니다.

- 플랫카 컨테이너 리눅스Flatcar Container Linux by Kinvolk

- 데비안Debian Buster, Jessie, Stretch, Wheezy

- 우분투Ubuntu 16.04, 18.04, 20.04

- 센트OSCentOS/RHEL 7, 8

- 페도라Fedora 33, 34

- 페도라 코어OS

- 오픈수세openSUSE Leap 15.x/Tumbleweed

- 오라클 리눅스Oracle linux 7, 8

그럼 Kubespray를 사용해서 분산 서버 환경에 쿠버네티스 클러스터를 구성해보겠습니다. 실습에 필요한 사항을 정리하면 다음과 같습니다.

- 코어 1개 이상 CPU, 2GB RAM 이상의 서버 5대(마스터 노드 3대/워커 노드 2대)로 구성하는 클러스터

- 우분투 16.04

- Kubespray v2.16.0

- Git 및 python-pip

- sudo 권한이 있는 운영체제 사용자 계정

Kubespray 2.16.0[23]에서 설치할 수 있는 쿠버네티스 주요 구성 요소의 버전은 다음과 같습니다.

- **클러스터:** 쿠버네티스 v1.21.1, etcd v3.4.13, 도커 v19.03

- **네트워크 플러그인:** 칼리코 v3.7.4

- **추가 애플리케이션:** coredns v1.7.0, ingress-nginx v0.43.0

쿠버네티스 클러스터 구성은 마스터 노드 (서버) 3대, 워커 노드 (서버) 2대로 하겠습니다. 노드 각각의 역할은 다음과 같습니다.

- **마스터 노드(Master Node):** 노드들의 상태를 관리하고 제어합니다. 쿠버네티스의 데이터 저장소로 사용하는 etcd를 함께 설치하거나 별도 노드에 분리해서 설치하기도 합니다. 이 실습에서는 함께 설치하겠습니다.

  마스터 노드를 1대만 설치할 수도 있지만 상용 서비스라면 보통 고가용성을 고려해 3대나 5대로 구성합니다. 홀수로 구성한다면 7대 이상도 가능하지만 kube-controller-manager가 활성화[Active] 상태로 동작할 수 있는 리더 마스터 노드는 1대입니다. 마스터 노드가 많다고 성능이 크게 향상되지는 않으므로 3~5대 정도가 적당합니다.

- **워커 노드(Worker Node):** kubelet(4.2.2 참고)이라는 프로세스(에이전트)가 동작하며, 마스터 노드의 명령을 받아 사용자가 선언한 파드나 잡[ob]을 실제 실행합니다.

지금까지 설명한 내용은 [그림 2-20]처럼 나타낼 수 있습니다.

---

23 일반적으로 버전 2.16.x 사이에는 설치 과정의 큰 차이가 없으므로 x에 해당하는 숫자가 좀 더 높은 버전으로 진행해도 무방합니다.

그림 2-20 실습의 쿠버네티스 클러스터 구성

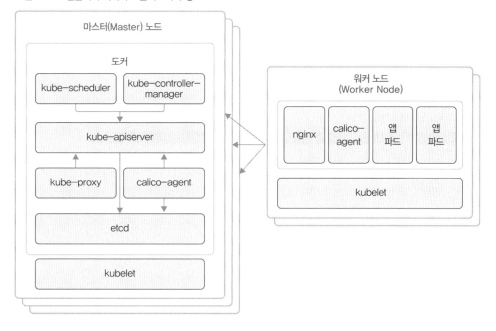

실습 인프라 구성

실습할 서버는 구글 클라우드 플랫폼에서 제공하는 무료 평가판 서비스[24]로 구성하겠습니다.

Column 구글 클라우드 플랫폼의 무료 평가판

구글 클라우드 플랫폼은 회원 가입 후 12개월 동안 사용할 수 있는 $300 상당의 무료 평가판을 제공합니다. $300 안에서 사용할 서버의 스펙과 개수에 상관없이 자유롭게 이용할 수 있습니다. 가입 과정에서 신용카드를 등록해야 하는 번거로움이 있지만 이는 자동 가입을 방지하려는 것이고, 사용자가 유료 계정으로 직접 업그레이드하지 않는 한 요금을 청구하지 않습니다. 기존에 사용하던 지메일[Gmail] 계정이 있다면 그대로 사용하면 됩니다. 물론 실습이 끝나면 사용한 자원은 반드시 모두 삭제해야 불필요한 요금 발생을 미연에 막을 수 있습니다.

---

24 https://console.cloud.google.com/freetrial

웹 브라우저에서 구글 계정으로 로그인한 후 Compute Engine[25]에 접속합니다. Compute Engine에 접속했을 때 〈결제 사용 설정〉을 누르면 VM 인스턴스(가상 서버)를 사용할 수 있도록 준비합니다. 일정 시간이 지나면 VM 인스턴스를 사용할 수 있습니다. VM 인스턴스 만들기 화면이 나오면 〈만들기〉를 누릅니다.

그림 2-21 VM 인스턴스 만들기 1

┌─TIP─┐
이 책에서 설명하는 부분 이외 Compute Engine의 자세한 사용법은 Google Compute Engine 문서[26]를 참고합니다.

VM 인스턴스의 상세 정보를 입력합니다. 실습 목적이므로 [리전] 등의 설정은 모두 그대로 둔 채 운영체제 설정만 변경합니다. [부팅 디스크] 오른쪽 아래 〈변경〉을 누릅니다.

그림 2-22 부팅 디스크 설정 1

---

25 https://console.cloud.google.com/compute
26 https://cloud.google.com/compute/docs/?hl=ko

부팅 디스크 항목이 등장하면 여러 [공개 이미지] 중 [Ubuntu 16.04 LTS]를 선택한 후 〈선택〉
을 누릅니다. 그리고 화면 아래의 〈만들기〉를 눌러 VM 인스턴스를 만듭니다.

그림 2-23 부팅 디스크 설정 2

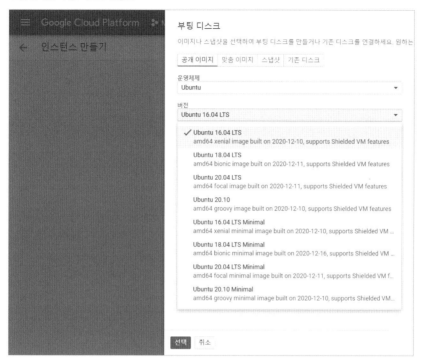

[그림 2-24]처럼 instance-1이라는 VM 인스턴스가 만들어진 것을 확인할 수 있습니다. 관련
정보도 목록 형태로 확인할 수 있습니다.

그림 2-24 VM 인스턴스 확인

이제 화면 위에 있는 〈인스턴스 만들기〉를 누른 다음 [그림 2-22] 및 [그림 2-23]과 같은 설정
([부팅 디스크]에서 [공개 이미지]만 [Ubuntu 16.04 LTS]로 변경)으로 VM 인스턴스 4개를 더
만듭니다.

그림 2-25 VM 인스턴스 4개 더 만들기

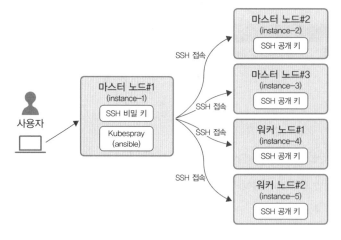

[그림 2-25]처럼 VM 인스턴스 5개가 준비되면 다음 과정에 따라 Kubespray로 쿠버네티스 클러스터 구성을 진행합니다.

1 마스터 노드 #1인 instance-1 서버에서 다른 서버에 원격 접속(SSH)이 가능하도록 설정

2 Kubespray 설치

3 클러스터로 구성할 서버 정보를 설정

4 클러스터 설치 옵션 확인

5 Kubespray가 제공하는 앤서블 플레이북$^{ansible\ playbook}$을 실행

SSH 키 생성과 배포

앤서블을 이용한 원격 서버 접근은 SSH로 이루어지므로 접속 전 [그림 2-26]처럼 모든 VM 인스턴스에 SSH 키를 전송할 필요가 있습니다.

그림 2-26 SSH 접속 설정 구조

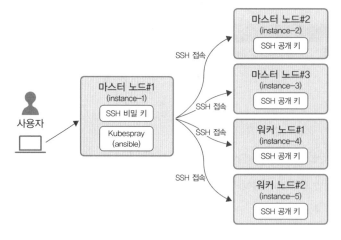

먼저 마스터 노드 #1에 접속하겠습니다. VM 인스턴스 목록에서 [instance-1] 오른쪽의
〈SSH〉를 누릅니다. 새 웹 브라우저 창이 열리면서 해당 서버에 SSH로 접속할 수 있습니다.

그림 2-27 instance-1에 SSH로 접속

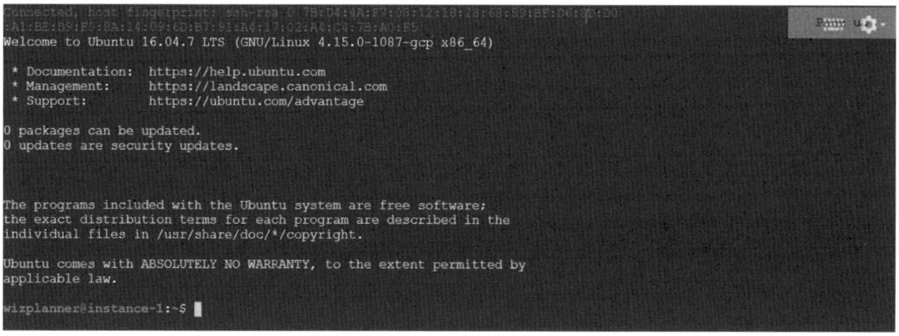

다른 서버에 SSH로 접속하도록 설정한 후 테스트를 해보겠습니다. 지금 접속한 instance-1에
서 SSH 공개 키와 비밀 키를 생성합니다. 여기서 생성한 공개 키를 다른 서버에 모두 배포할 것
입니다. SSH 키를 생성하는 명령은 ssh-keygen -t rsa입니다. -t rsa 옵션은 RSA 방식의 암
호화 키를 만들겠다는 뜻입니다.

명령을 실행하면 키를 생성할 위치와 최초 생성할 때 사용할 비밀번호passphrase를 묻습니다. 아무
것도 입력하지 않고 [Enter] 키를 눌러서 기본값으로 생성합니다.

```
$ ssh-keygen -t rsa
Generating public/private rsa key pair.
Enter file in which to save the key (/home/dennis2dev/.ssh/id_rsa):
Enter passphrase (empty for no passphrase):
Enter same passphrase again:
Your identification has been saved in /home/dennis2dev/.ssh/id_rsa.
Your public key has been saved in /home/dennis2dev/.ssh/id_rsa.pub.
The key fingerprint is:
SHA256:vR3+Jcqw01oBQRqXBnDz6E5PPtpo1XnazaP1lHmoqXw dennis2dev@instance-1
The key's randomart image is:
+---[RSA 2048]----+
|       ..=o+.    |
|       . Bo.     |
|        o.o      |
|       . . .     |
|        S o.o.   |
|       o +.+oo..o|
```

```
|      . .*.++o*+|
|       .=.*E=o==|
|      .o *=.o o|
+----[SHA256]-----+
```

성공적으로 생성했다면 .ssh 디렉터리 안에 비밀 키 id_rsa 파일과 공개 키 id_rsa.pub 파일을
생성했을 것입니다. ls -al .ssh/ 명령으로 확인합니다.

```
$ ls -al .ssh/
total 16
drwx------ 2 dennis2dev dennis2dev 4096 Mar  3 08:50 .
drwxr-xr-x 6 dennis2dev dennis2dev 4096 Mar  3 08:49 ..
-rw------- 1 dennis2dev dennis2dev  770 Mar  3 08:50 authorized_keys
-rw------- 1 dennis2dev dennis2dev 1675 Mar  3 08:50 id_rsa
-rw-r--r-- 1 dennis2dev dennis2dev  403 Mar  3 08:50 id_rsa.pub
```

이제 생성한 공개 키를 다른 서버에 배포해봅니다. cat .ssh/id_rsa.pub 명령으로 생성한 공
개 키의 내용을 확인할 수 있습니다. 해당 내용을 클립보드에 복사해놓습니다.

```
$ cat .ssh/id_rsa.pub
ssh-rsa AAAAB3NzaC1yc2EAAAADAQABAAABAQCyR7kJM7W8V58lqKDi+7qRpttExF0vMyS0oZrx
m/3qSy5EGFmL+B3yDl9dzFRstyuAdMzGQVGQp17oHIz77MG2lgefHJVQdY3zGaX3pdNxNFmsTVLuOw2
o3JfDj+YFB14/zXmMqIT8VhO6mhc5rSs71+tnNJ2DtENvGbOuPPnnTTSdOPUYgkUj4JYjGgTps4X4x
f2BfgcN8UDRrGCALLiF8f2KOaXPtKSU77TT+6PgHIgCydYDpK+yqThRYQe5BAzh0PiDMRA7Y7M01ztyf
mJ2/dG9Fg94EWjTEwejsFAg8KJtHBcsyMq9jnFYIKM9kzPPvrSMrQAfxL3es5llh27B dennis2dev@
instance-1
```

구글 클라우드에서 제공하는 메타데이터 기능을 이용하면 프로젝트 안 모든 VM 인스턴스에
SSH 공개 키를 간단하게 배포할 수 있습니다.

Compute Engine의 [메타데이터] 메뉴를 실행합니다. 왼쪽 위에서 [SSH 키] 탭을 누른 후 〈수정〉을 누릅니다.

그림 2-28 메타데이터 메뉴를 이용한 SSH 키 수정 1

[그림 2-29]처럼 SSH 키 화면 아래에 있는 〈항목 추가〉를 누르면 입력 상자가 나타납니다. 여기에 아까 복사해놓은 SSH 공개 키를 붙여넣고 〈저장〉을 눌러 등록합니다.

그림 2-29 메타데이터 메뉴를 이용한 SSH 키 수정 2

그림 2-30 메타데이터 메뉴를 이용한 SSH 키 수정 3

[그림 2-31]처럼 SSH 키 목록에 방금 등록한 공개 키가 나타납니다. 이제 생성한 모든 서버에
SSH 공개 키를 자동으로 배포할 것입니다.

그림 2-31 메타데이터 메뉴를 이용한 SSH 키 수정 4

만약 구글 클라우드 플랫폼의 VM 인스턴스가 아니라 자체 준비한 서버에서 이 과정을 실습한
다면 다음 명령을 이용하여 준비한 5대의 서버에 SSH 공개 키를 배포해야 합니다.

```
$ ssh-copy-id 계정이름@서버IP
```

실제 사용 예는 다음과 같습니다.

```
$ ssh-copy-id root@192.168.0.2
$ ssh-copy-id root@192.168.0.3
$ ssh-copy-id root@192.168.0.4
$ ssh-copy-id root@192.168.0.5
$ ssh-copy-id root@192.168.0.6
```

ssh-copy-id 명령어로 원격 접근하기 어려운 환경이라면 대상 서버들에 직접 접속해 vi .ssh/
authorized_keys 명령 등으로 authorized_keys 파일 안에 공개 키를 복사합니다.

이제 [VM 인스턴스] 메뉴를 선택한 후 instance-1 이외 다른 인스턴스의 〈SSH〉를 눌러 해당
인스턴스에 접속합니다. 그리고 cat .ssh/authorized_keys 명령을 실행합니다. 해당 파일 안
에 다음 예처럼 공개 키가 이미 배포되었을 것입니다.

```
$ cat .ssh/authorized_keys
# Added by Google
ssh-rsa AAAAB3NzaC1yc2EAAAADAQABAAAABAQCyR7kJM7W8V58lqKDi+7qRpttExF0vMyS0oZrx
m/3qSy5EGFmL+B3yDl9dzFRstyuAdMzGQVGQp17oHIz77MG2lgefHJVQdY3zGaX3pdNxNFmsTVLuOw2
o3JfDj+YFB14/zXmMqIT8VhO6mhc5rSs71+tnNJ2DtENvGbOuPPnnTTSdOPUYgkUj4JYjGgTps4X4x
f2BfgcN8UDRrGCALLiF8f2KOaXPtKSU77TT+6PgHIgCydYDpK+yqThRYQe5BAzh0PiDMRA7Y7M01ztyf
mJ2/dG9Fg94EWjTEwejsFAg8KJtHBcsyMq9jnFYIKM9kzPPvrSMrQAfxL3es5llh27B dennis2dev@
instance-1
```

이제 등록한 공개 SSH 키로 서버 사이에 SSH 원격 접속이 되는지 확인하겠습니다. 여러분이
접속해서 작업 중인 instance-1에서 SSH 비밀 키를 생성했으므로 instance-1에는 나머지 다
른 서버에 원격으로 SSH 명령을 실행할 준비가 되었을 것입니다.

인스턴스 목록에서 생성한 VM 인스턴스들의 호스트네임과 내부 IP를 확인합니다.

그림 2-32 다른 VM 인스턴스의 내부 IP 확인

이름 ^	영역	권장사항	다음에서 사용	내부 IP	외부 IP
✓ instance-1	us-central1-a			10.128.0.7 (nic0)	34.69.222.142
✓ instance-2	us-central1-a			10.128.0.8 (nic0)	35.239.99.206
✓ instance-3	us-central1-a			10.128.0.9 (nic0)	35.238.211.184
✓ instance-4	us-central1-a			10.128.0.10 (nic0)	34.66.39.221
✓ instance-5	us-central1-a			10.128.0.11 (nic0)	104.154.48.53

해당 호스트네임으로 SSH 원격 명령을 실행합니다. 여기에서는 instance-2에만 실행해봤습니다. 같은 방식으로 instance-5까지 실행해보기 바랍니다.

```
dennis2dev@instance-1:~$ ssh instance-2 hostname
The authenticity of host 'instance-2 (10.142.0.7)' can't be established.
ECDSA key fingerprint is SHA256:PBpGe3RVUK5iZPU6hnoRv9Q2toaC50fd9BYDz0cJU6U.
Are you sure you want to continue connecting (yes/no)? yes
Warning: Permanently added 'instance-2' (ECDSA) to the list of known hosts.
instance-2
```

처음 SSH로 접속할 때는 핑거프린트^{Fingerprint}**27**를 남길 것인지 묻는 창이 나올 수 있습니다. yes를 입력하고 [Enter] 키를 누릅니다. 앞 실행 결과처럼 호스트네임 응답(instance-2)을 출력한다면 원격 설치에 필요한 SSH 설정이 끝난 것입니다.

Kubespray 설치

이제 본격적으로 Kubespray 설치를 시작합니다. 마스터 노드 #1 역할인 instance-1에서 계속 진행합니다. 설치에 앞서 sudo apt update 명령으로 우분투 패키지 매니저를 최신 상태로 업데이트합니다.

Kubespray는 필요한 관련 패키지를 파이썬 패키지 매니저인 pip로 설치합니다. pip는 우분투 16.04에 기본 설치되지 않으므로 sudo apt -y install python-pip 명령으로 설치합니다.

설치된 이후에는 pip --version 명령으로 설치한 pip 버전을 확인할 수 있습니다.

```
$ pip --version
pip 8.1.1 from /home/dennis2dev/.local/lib/python2.7/site-packages/pip
(python 2.7)
```

다음으로 git clone https://github.com/kubernetes-sigs/kubespray.git 명령을 실행해 Kubespray를 깃허브^{GitHub}에서 클론합니다.

---

27 암호 알고리즘이나 해시 알고리즘으로 도출된 암호 키나 해시값을 뜻합니다.

```
$ git clone https://github.com/kubernetes-sigs/kubespray.git
Cloning into 'kubespray'...
remote: Enumerating objects: 8, done.

# 이후 생략
```

다음으로 cd kubespray/ 명령으로 kubespray 디렉터리로 이동한 후 git checkout -b v2.16
.0 명령을 실행합니다. 여기에서 설치할 2.16.0으로 체크아웃합니다. git status 명령의 실행
결과가 On branch v2.16.0이라고 나온다면 성공적으로 해당 버전이 지정된 것입니다.

```
$ cd kubespray/
~/kubespray$ git checkout -b v2.16.0
Switched to a new branch 'v2.16.0'
~/kubespray$ git status
On branch v2.16.0
nothing to commit, working directory clean
```

ls -al 명령으로 클론한 파일들을 확인합니다.

```
~/kubespray$ ls -al
total 224

# 중간 생략

-rw-rw-r--  1 dennis2dev dennis2dev 3272 Jan  4 02:07 RELEASE.md
-rw-rw-r--  1 dennis2dev dennis2dev 1867 Jan  4 02:07 remove-node.yml
-rw-rw-r--  1 dennis2dev dennis2dev   94 Jan  4 02:07 requirements.txt
-rw-rw-r--  1 dennis2dev dennis2dev 1211 Jan  4 02:07 reset.yml

# 이후 생략
```

파일들 중 requirements.txt에는 pip로 설치할 패키지 정보가 있습니다. Kubespray가 필요
로 하는 관련 파이썬 패키지입니다. cat requirements.txt으로 확인합니다.

```
~/kubespray$ cat requirements.txt
ansible==2.9.20
cryptography==2.8
jinja2==2.11.3
netaddr==0.7.19
```

```
pbr==5.4.4
jmespath==0.9.5
ruamel.yaml==0.16.10
MarkupSafe==1.1.1
```

앞 결과를 살펴보면 설치에 핵심이 될 앤서블 버전도 있습니다. 2.9.20 버전을 설치합니다.

이제 sudo pip install -r requirements.txt 명령으로 Kubespray에서 필요한 패키지를 설치합니다. 그리고 앤서블을 제대로 설치했는지 확인하는 ansible --version 명령을 실행합니다. 참고로 실행 결과를 출력하는 데 오랜 시간이 걸릴 수 있으니 기다리기 바랍니다.

```
~/kubespray$ ansible --version
ansible 2.9.20
  config file = /home/dennis2dev/kubespray/ansible.cfg
  configured module search path = [u'/home/dennis2dev/kubespray/library']
  ansible python module location = /usr/local/lib/python2.7/dist-packages/ansible
  executable location = /usr/local/bin/ansible
  python version = 2.7.12 (default, Oct  5 2020, 13:56:01) [GCC 5.4.0 20160609]
```

앤서블 2.9.20을 제대로 설치했습니다.

Kubespray 설정

이제 마스터 노드 #1(instance-1)을 포함해 클러스터로 구성할 모든 서버의 정보와 설치 옵션을 설정합니다. 여기에는 클러스터 이름(새로 만들 디렉터리 이름)을 mycluster로 할 것입니다.

inventory/sample 디렉터리에는 설정에 필요한 기본 템플릿(4.3.2 참고)이 있습니다. 기본 템플릿을 별도 디렉터리로 복사해서 mycluster 클러스터 설정에 사용하도록 cp -rfp inventory/sample inventory/mycluster 명령을 실행합니다.

```
~/kubespray$ cp -rfp inventory/sample inventory/mycluster
```

복사가 끝나면 ls inventory/mycluster 명령을 실행해 mycluster 디렉터리 안을 확인합니다. group_vars라는 디렉터리와 inventory.ini라는 파일이 있습니다.

```
~/kubespray$ ls inventory/mycluster
group_vars  inventory.ini
```

group_vars 디렉터리 안에는 클러스터 설치에 필요한 설정 내용이 있고, inventory.ini 파일에는 설치 대상 서버들의 정보를 설정합니다. 여기에서는 group_vars 디렉터리에 별도의 클러스터 설치 옵션들을 설정하지 않고 바로 쿠버네티스 클러스터를 구성하므로 group_vars 디렉터리는 어떤 역할을 하는지 살펴보기만 하겠습니다.

sudo apt install tree 명령으로 tree 명령어를 설치한 후 tree inventory/mycluster/group_vars/ 명령으로 group_vars 디렉터리의 구조를 확인합니다.

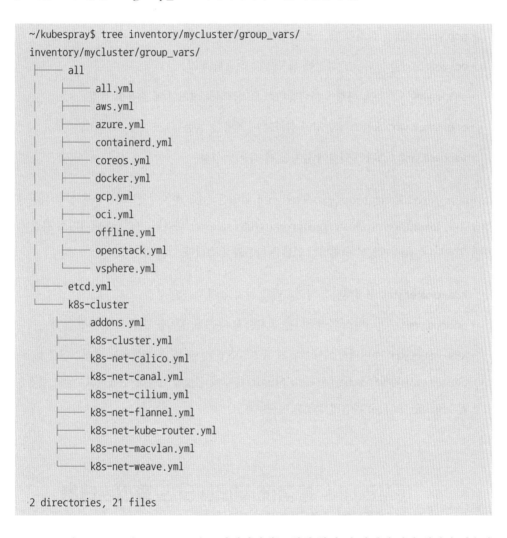

```
~/kubespray$ tree inventory/mycluster/group_vars/
inventory/mycluster/group_vars/
├── all
│   ├── all.yml
│   ├── aws.yml
│   ├── azure.yml
│   ├── containerd.yml
│   ├── coreos.yml
│   ├── docker.yml
│   ├── gcp.yml
│   ├── oci.yml
│   ├── offline.yml
│   ├── openstack.yml
│   └── vsphere.yml
├── etcd.yml
└── k8s-cluster
    ├── addons.yml
    ├── k8s-cluster.yml
    ├── k8s-net-calico.yml
    ├── k8s-net-canal.yml
    ├── k8s-net-cilium.yml
    ├── k8s-net-flannel.yml
    ├── k8s-net-kube-router.yml
    ├── k8s-net-macvlan.yml
    └── k8s-net-weave.yml

2 directories, 21 files
```

inventory/mycluster/group_vars/all 디렉터리에는 설치 환경 및 방법에 관한 설정이 있습니다. yml 파일의 구체적인 역할은 다음과 같습니다.

- **all.yml**: Kubespray의 설치 및 설정

- **aws.yml**: AWS 환경에 설치할 때 적용할 설정

- **azure.yml**: 애저 환경에 설치할 때 적용할 설정

- **containerd.yml**: 컨테이너디 환경에 설치할 때 적용할 설정

- **coreos.yml**: 코어OS 환경에 설치할 때 적용할 설정

- **docker.yml**: 도커를 설치할 때 적용할 설정

- **gcp.yml**: GCP를 설치할 때 적용할 설정

- **oci.yml**: 오라클 클라우드 환경에 설치할 때 적용할 설정

- **offline.yml**: 오프라인 환경에 쿠버네티스 클러스터를 설치할 때 적용할 설정

- **openstack.yml**: 오픈스택 환경에 설치할 때 적용할 설정

- **vsphere.yml**: v스피어 환경에 설치할 때 적용할 설정

inventory/mycluster/group_vars/etcd.yml 파일은 etcd 설치에 필요한 상세 설정 내용을 넣습니다. inventory/mycluster/group_vars/k8s-cluster 디렉터리에는 쿠버네티스 관련 설정이 있습니다. yml 파일의 구체적인 역할은 다음과 같습니다.

- **k8s-cluster.yml**: 쿠버네티스 클러스터를 설치할 때 적용할 설정

- **addons.yml**: 쿠버네티스 클러스터를 설치한 후 추가로 설치할 구성 요소 관련 설정

- **k8s-net-*.yml**: 쿠버네티스 네트워크 플러그인별 상세 설정. 네트워크 플러그인은 k8s-cluster.yml 파일의 kube_network_plugin 변수에 설정한 내용을 적용하고, 상세 설정은 본 k8s-net-*.yml 파일의 설정을 따릅니다.

Column **온프레미스 환경에 쿠버네티스 클러스터를 구성할 때 변경해야 할 점**

온프레미스 환경에 쿠버네티스 클러스터를 구성할 때는 필수적으로 변경해야 할 설정이 있습니다. 대상 파일은 all.yml과 k8s-cluster.yml입니다.

첫 번째로 all.yml 파일 안의 http_proxy, https_proxy, no_proxy 필드를 살펴봐야 합니다. Kubespray는 클러스터를 구성하는 데 필요한 패키지들과 도커 이미지들을 인터넷에서 다운로드합니다. 인터넷에 직접 접근할 수 없는 온프레미스 환경에서는 다음 예처럼 http_proxy, https_proxy 필드에 프록시 설정을 해주어야 합니다. no_proxy 필드에는 프록시를 거치지 않을 내부 도메인 등을 명시합니다.

```
## Set these proxy values in order to update package manager and docker
## daemon to use proxies
http_proxy: "http://example.proxy.tld:port"
https_proxy: "http://example.proxy.tld:port"
## Refer to roles/kubespray-defaults/defaults/main.yml before modifying
## no_proxy
no_proxy: "internal.docker-repo.com, internal.apt-repo.com"
```

두 번째로는 k8s-cluster.yml 파일 안 kube_service_addresses, kube_pods_subnet 필드를 살펴봐야 합니다.

kube_service_addresses 필드에는 쿠버네티스의 서비스 IP(클러스터 IP)로 할당할 대역을 설정합니다.

```
# Kubernetes internal network for services, unused block of space.
kube_service_addresses: 10.233.0.0/18
```

kube_pods_subnet 필드에는 쿠버네티스 클러스터에 생성되는 파드들이 할당받을 IP 대역을 설정합니다.

```
# internal network. When used, it will assign IP
# addresses from this range to individual pods.
# This network must be unused in your network infrastructure!
kube_pods_subnet: 10.233.64.0/18
```

두 가지 필드의 IP 대역이 온프레미스 환경의 네트워크에서 이미 사용 중이라면 변경해줘야 합니다.

다음으로 inventory.ini 파일에 설치 대상 서버들의 정보를 설정하겠습니다. vi inventory/mycluster/inventory.ini 명령으로 inventory.ini 파일을 열고 다음처럼 설치 대상 서버 정보를 설정합니다.

```
~/kubespray$ vi inventory/mycluster/inventory.ini
# ## Configure 'ip' variable to bind kubernetes services on a
# ## different ip than the default iface
# ## We should set etcd_member_name for etcd cluster. The node that is not a etcd
# ## member do not need to set the value, or can set the empty string value.
[all]
instance-1 ansible_host=10.128.0.17 ip=10.128.0.17 etcd_member_name=etcd1
instance-2 ansible_host=10.128.0.18 ip=10.128.0.18 etcd_member_name=etcd2
instance-3 ansible_host=10.128.0.19 ip=10.128.0.19 etcd_member_name=etcd3
instance-4 ansible_host=10.128.0.20 ip=10.128.0.20
instance-5 ansible_host=10.128.0.21 ip=10.128.0.21

# ## configure a bastion host if your nodes are not directly reachable
# bastion ansible_host=x.x.x.x ansible_user=some_user

[kube_control_plane]
instance-1
instance-2
instance-3

[etcd]
instance-1
instance-2
instance-3

[kube_node]
instance-4
instance-5

[calico_rr]

[k8s_cluster:children]
kube_control_plane
kube_node
calico_rr
```

설정 각각의 구체적인 사항은 다음과 같습니다.

- **[all]**: 클러스터로 구성될 서버들의 호스트네임과 IP(이 예에서는 VM 인스턴스의 내부 IP) 를 설정합니다. 참고로 앤서블에서 해당 서버에 접근할 IP(ansible_host)와 설정값으로 사용하는 IP(ip)가 같으면 호스트네임만 입력해 SSH로 통신할 수 있습니다.

- **[kube_control_plane]:** 마스터 노드로 사용할 서버의 호스트네임을 설정합니다. 참고로 [all]에서 호스트네임의 IP 정보 등을 설정했다면 호스트네임만 입력해도 됩니다.

- **[etcd]:** 쿠버네티스의 클러스터 데이터를 저장하는 etcd를 설치할 노드의 호스트네임을 설정합니다. etcd와 마스터 노드를 별도로 구성할 수도 있지만 여기에서는 마스터 노드와 etcd를 같은 노드로 설정했습니다.

- **[kube_node]:** 워커 노드로 사용할 서버의 호스트네임을 설정합니다.

- **[k8s_cluster:children]:** 쿠버네티스를 설치할 노드들을 설정합니다. etcd가 설치될 노드를 제외하는 것이므로 보통 기본 설정 그대로 사용합니다.

구성할 서버 설정이 끝났으니 쿠버네티스 클러스터를 구성하는 명령을 실행시켜보겠습니다. ansible-playbook -i inventory/mycluster/inventory.ini -v --become --become-user =root cluster.yml 명령으로 cluster.yml 스크립트 파일을 실행합니다. 클러스터 구성 대상은 inventory/mycluster/inventory.ini의 설정에 따릅니다. 필요한 패키지를 설치하고 컨테이너 이미지 등을 다운로드하므로 구성 시간은 20분 이상 걸립니다.

```
~/kubespray$ ansible-playbook -i inventory/mycluster/inventory.ini -v --become
          --become-user=root cluster.yml


# 중간 생략


PLAY RECAP ***********************************************************************
instance-1                 : ok=605   changed=121   unreachable=0     failed=0
instance-2                 : ok=552   changed=105   unreachable=0     failed=0
instance-3                 : ok=554   changed=106   unreachable=0     failed=0
instance-4                 : ok=451   changed=83    unreachable=0     failed=0
instance-5                 : ok=414   changed=81    unreachable=0     failed=0
localhost                  : ok=1     changed=0     unreachable=0     failed=0
Saturday 07 September 2019  23:54:59 +0000 (0:00:00.227)          0:19:45.787 ****
===============================================================================
kubernetes/master : kubeadm | Init other uninitialized masters --------- 56.01s
kubernetes/master : kubeadm | Initialize first master ------------------ 27.84s
container-engine/docker : ensure docker packages are installed --------- 25.70s
bootstrap-os : Install dbus for the hostname module -------------------- 17.02s
download : download_container | Download image if required ------------- 9.89s
download : download | Download files / images ------------------------- 9.18s
etcd : Gen_certs | Write etcd master certs ---------------------------- 9.00s
```

```
kubernetes/preinstall : Install packages requirements ------------------ 8.43s
kubernetes-apps/ansible : Kubernetes Apps | Start Resources ------------ 8.08s
etcd : Install | Copy etcdctl binary from docker container ------------ 7.98s
container-engine/docker : ensure docker-ce repository is enabled ------- 7.76s
download : download_container | Download image if required ------------ 7.69s
download : download_container | Download image if required ----------- 7.41s
download : download | Sync files / images from ansible host to nodes --- 7.24s
etcd : Gen_certs | Gather etcd master certs --------------------------- 7.20s
download : download_container | Download image if required ------------ 7.11s
download : download_container | Download image if required ----------- 6.69s
download : download_container | Download image if required ----------- 6.69s
download : download_container | Download image if required ------------ 6.34s
kubernetes/master : kubeadm | write out kubeadm certs ----------------- 6.32s
```

앞 실행 결과처럼 완료 화면에 구성 과정별 소요 시간과 instance-1 같은 호스트네임 옆에
failed=0이 표시된다면 실패 없이 정상적으로 구성한 것입니다.

클러스터 구성을 완료한 이후에는 마스터 노드에서 root 계정으로 kubectl 관련 명령을 사용할
수 있습니다. sudo -i 명령으로 root 계정으로 변경합니다.

```
~/kubespray$ sudo -i
root@instance-1:~#
```

이제 kubectl get node 명령으로 모든 노드가 사용할 수 있는 상태인지 확인해봅시다.

```
root@instance-1:~# kubectl get node
NAME         STATUS   ROLES                   AGE   VERSION
instance-1   Ready    control-plane,master    13m   v1.21.1
instance-2   Ready    control-plane,master    12m   v1.21.1
instance-3   Ready    control-plane,master    12m   v1.21.1
instance-4   Ready    <none>                  11m   v1.21.1
instance-5   Ready    <none>                  11m   v1.21.1
```

모든 노드의 STATUS 항목 값이 Ready라면 클러스터 구성을 완료한 것입니다. 워커 노드의 기
본 역할은 〈none〉으로 표시합니다. 설치 후 역할은 사용자가 설정할 수 있습니다. 특별한 역할
을 설정하지 않으면 워커 노드로 인식합니다. 쿠버네티스 동작에는 영향이 없습니다.

3 쿠버네티스로 컨테이너 실행하기

새로운 기술을 배울 때는 어떻게 사용하는지 먼저 실습해보면 개념이나 아키텍처를 이해하는 데 도움을 받습니다. 이 장에서는 먼저 쿠버네티스를 관리하는 기본 커맨드라인 인터페이스인 kubectl을 살펴보겠습니다. 파드로 컨테이너를 실행하고, 상태를 살펴보고, 컨테이너를 삭제하는 등의 기본 사용법과 주요 활용법을 소개할 것입니다.

이어서 6장에서 소개할 컨트롤러 중 하나인 디플로이먼트를 이용해 쿠버네티스에 컨테이너로 구성된 간단한 앱을 실행하고 외부에서 앱에 접근할 수 있게 설정해보겠습니다. 쿠버네티스로 컨테이너를 배포할 때는 주로 디플로이먼트를 사용하므로 중요한 부분입니다.

3.1 kubectl

쿠버네티스 클러스터를 관리하는 동작은 대부분이 kubectl이라는 커맨드라인 인터페이스 _{Command Line Interface, CLI}로 실행할 수 있습니다. kubectl에서 지원하는 명령은 다음처럼 구분할 수 있습니다.

- 쿠버네티스 자원들의 생성, 업데이트, 삭제(create, update, delete)
- 디버그, 모니터링, 트러블 슈팅(log, exec, cp, top, attach, …)
- 클러스터 관리(cordon, top, drain, taint, …)

kubectl는 이외에도 수많은 기능을 제공하는 강력한 도구로 이 책 전체에서 다양한 활용법을 살펴볼 것입니다. 여기에서는 기본적으로 알아야 할 내용만 소개합니다. 더 자세한 kubectl 사용법은 쿠버네티스 공식 문서의 'kubectl Cheat Sheet[1]'를 참고하세요.

3.1.1 설치

Kubespray, Kubeadm 등은 마스터 노드에 kubectl이 설치되어 있으며, 마스터 노드에 직접 접근해 클러스터 관리자_{cluster-admin} 권한으로 kubectl 관련 명령들을 사용할 수 있습니다. 그런데 이 방식으로는 여러 사용자의 권한을 제어할 수 없다는 문제가 있습니다. 클러스터 사용자 각각은 클러스터 외부에 kubectl을 설치하고 인증 정보를 설정해야 합니다.

셸에서 다음 운영체제별 명령으로 클러스터 외부의 사용자 컴퓨터에 kubectl을 설치할 수 있습니다. 참고로 도커 데스크톱에는 이미 kubectl이 설치되어 있습니다.

```
# 리눅스
$ curl -LO https://dl.k8s.io/release/v클러스터버전번호/bin/linux/amd64/kubectl
$ chmod +x ./kubectl
$ sudo mv ./kubectl /usr/local/bin/kubectl

# macOS
```

---

1 https://kubernetes.io/docs/reference/kubectl/cheatsheet

```
# Intel
$ curl -LO https://dl.k8s.io/release/v클러스터버전번호/bin/darwin/amd64/kubectl

# Apple M1
$ curl -LO https://dl.k8s.io/release/v클러스터버전번호/bin/darwin/arm64/kubectl
$ chmod +x ./kubectl
$ sudo mv ./kubectl /usr/local/bin/kubectl

# 윈도우
> curl -LO https://dl.k8s.io/release/v클러스터버전번호/bin/windows/amd64/
  kubectl.exe
```

혹은 운영체제 각각의 패키지 매니저(우분투: apt, 맥: brew, 윈도우: chocolatey)로 최신 버전의 kubectl을 설치할 수 있습니다.

```
# 우분투 리눅스
$ sudo apt-get update && sudo apt-get install -y apt-transport-https ca-certificates curl
$ sudo curl -fsSLo /usr/share/keyrings/kubernetes-archive-keyring.gpg
  https://packages.cloud.google.com/apt/doc/apt-key.gpg
$ echo "deb [signed-by=/usr/share/keyrings/kubernetes-archive-keyring.gpg]
  https://apt.kubernetes.io/ kubernetes-xenial main" |
  sudo tee /etc/apt/sources.list.d/kubernetes.list
$ sudo apt-get update
$ sudo apt-get install -y kubectl

# macOS(homebrew)
$ brew install kubernetes-cli

# 윈도우
> choco install kubernetes-cli
```

단, 패키지 매니저로 kubectl을 설치한다면 이전 버전의 kubectl 설치가 어렵습니다. 또한 클러스터 버전과 kubectl의 버전에 차이가 있으면 예상하기 어려운 다양한 문제가 발생할 수도 있습니다. 클러스터 버전과 일치하는 kubectl 바이너리를 다운로드해 사용할 것을 권합니다.

더 자세한 내용은 'Install and Set Up kubectl[2]' 문서를 참고하세요.

---

2 https://kubernetes.io/docs/tasks/tools/install-kubectl

클라우드 서비스의 쿠버네티스 도구용 kubectl 설치

2.3에서 소개한 주요 클라우드 서비스의 쿠버네티스 도구에는 클러스터 외부에 kubectl을 설치해서 사용하는 방법을 제공합니다. 클라우드 서비스별 kubectl 설치 방법은 다음 문서에서 확인할 수 있습니다.

- **Amazon EKS:** Installing kubectl(https://docs.aws.amazon.com/eks/latest/userguide/install-kubectl.html)
- **GKE:** 셸 선택(https://cloud.google.com/kubernetes-engine/docs/quickstart)
- **AKS:** Kubernetes CLI 설치(https://docs.microsoft.com/ko-kr/azure/aks/tutorial-kubernetes-deploy-cluster#install-the-kubernetes-cli)

3.1.2 기본 사용법

kubectl은 다음 형식으로 명령을 작성합니다.

```
kubectl [command] [TYPE] [NAME] [flags]
```

항목 각각은 다음 역할을 합니다.

- **command:** 자원에 실행하려는 동작입니다. create, get, delete 등을 사용할 수 있습니다.
- **TYPE:** 자원 타입입니다. pod, service, ingress 등을 사용할 수 있습니다.
- **NAME:** 자원 이름입니다.
- **FLAG:** 부가적으로 설정할 옵션을 입력합니다.

간단한 에코 서버[3]를 동작시키는 kubectl 명령 예에서 kubectl의 기본 사용법을 살펴보겠습니다. 먼저 echoserver라는 이름의 파드를 하나 생성하겠습니다.

---

3 클라이언트가 전송해주는 데이터를 그대로 되돌려 전송하는 서버를 말합니다.

```
$ kubectl run echoserver --image="k8s.gcr.io/echoserver:1.10" --port=8080
pod/echoserver created
```

이어서 쿠버네티스의 파드들에 접근할 때 필요한 echoserver라는 이름의 서비스를 생성합니다.

```
$ kubectl expose po echoserver --type=NodePort
service/echoserver exposed
```

파드가 정상적으로 생성되었는지 확인해보겠습니다. kubectl get은 쿠버네티스에 있는 자원 상태를 확인할 때 가장 많이 사용하는 명령입니다. get 뒤에 확인하려는 자원 이름과 옵션을 설정해 자원 상태를 확인할 수 있습니다. 여기서는 파드(5장 참고)를 뜻하는 pods를 입력해 kubectl get pods라는 명령을 실행합니다.

```
$ kubectl get pods
NAME         READY   STATUS    RESTARTS   AGE
echoserver   1/1     Running   0          9s
```

실행 결과의 항목 각각은 다음과 같은 뜻입니다.

- **NAME:** 파드 이름을 표시합니다. 여기에서는 echoserver라는 이름의 파드가 생성된 것을 확인할 수 있습니다.

- **READY:** 숫자/숫자 형태로 파드의 준비 상태를 표시합니다. 0/1이면 현재 파드는 생성되었으나 사용할 준비가 되지 않았다는 뜻입니다. 1/1이면 파드가 생성되었고 사용할 준비가 끝났다는 뜻입니다.

- **STATUS:** 파드의 현재 상태를 나타냅니다. Running은 파드가 실행되었다는 뜻입니다. 새로운 파드를 생성하는 중에는 Terminating(컨테이너 접속 중)이나 ContainerCreating(컨테이너 생성 중) 등으로 표시됩니다.

- **RESTARTS:** 해당 파드가 몇 번 재시작했는지를 표시합니다. 여기서는 아직 재시작하지 않았으므로 0입니다.

- **AGE:** 파드를 생성한 후 얼마나 시간이 지났는지 나타냅니다.

다음으로 서비스가 정상적으로 생성되었는지 확인해보겠습니다. kubectl get services 명령을 실행합니다.

```
$ kubectl get services
NAME         TYPE        CLUSTER-IP      EXTERNAL-IP   PORT(S)          AGE
echoserver   NodePort    10.97.101.251   <none>        8080:32538/TCP   31s
kubernetes   ClusterIP   10.96.0.1       <none>        443/TCP          3m2s
```

실행 결과의 항목 각각은 다음과 같은 뜻입니다.

- **NAME:** 서비스의 이름을 표시합니다. 여기에서는 echoserver라는 이름의 서비스가 있는 것을 확인할 수 있습니다.

- **TYPE:** 서비스 타입을 뜻합니다. 7.2에서 자세히 설명할 것입니다.

- **CLUSTER-IP:** 현재 클러스터 안에서 사용되는 IP입니다.

- **EXTERNAL-IP:** 클러스터 외부에서 접속할 때 사용하는 IP로 현재는 별도로 설정하지 않았으므로 〈none〉입니다.

- **PORT(S):** 해당 서비스에 접속하는 포트를 표시합니다.

- **AGE:** 자원을 생성한 후 얼마나 시간이 지났는지 나타냅니다.

참고로 kubernetes라는 이름의 서비스는 kube-apiserver 관련 파드들을 가리킵니다.

다음으로 에코 서버에 접근할 수 있도록 로컬 컴퓨터로 포트포워딩하겠습니다.

```
$ kubectl port-forward svc/echoserver 8080:8080
Forwarding from 127.0.0.1:8080 -> 8080
Forwarding from [::1]:8080 -> 8080
```

> **TIP**
> 만약 앞 명령이 정상적으로 실행되지 않으면 컴퓨터를 재부팅한 후 다시 실행해보기 바랍니다.

여기까지 명령을 실행한 후 웹 브라우저에서 http://localhost:8080으로 접속하면 다음 메시지를 확인할 수 있습니다.

그림 3-1 에코 서버 실행

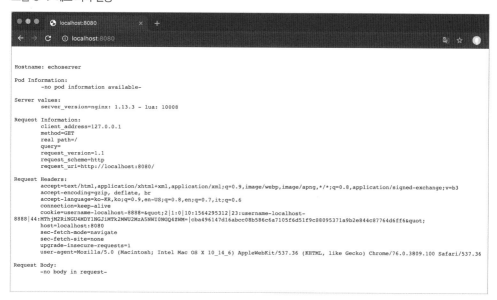

에코 서버를 실행한 후 테스트할 때는 다른 셸을 하나 실행한 후 curl http://localhost:8080
명령을 실행합니다.

```
$ curl http://localhost:8080
Hostname: echoserver

Pod Information:
        -no pod information available-

# 중간 생략

Request Headers:
        accept=*/*
        host=localhost:8080
        user-agent=curl/7.64.1

Request Body:
        -no body in request-
```

이후 에코 서버의 실행 중 로그를 수집할 때는 kubectl logs -f 파드이름 명령(17.1.1 참고)
을 실행합니다.

```
$ kubectl logs -f echoserver
Generating self-signed cert
Generating a 2048 bit RSA private key
...+++
.............+++
writing new private key to '/certs/privateKey.key'
-----
Starting nginx
127.0.0.1 - - [19/Aug/2019:00:28:12 +0000] "GET / HTTP/1.1" 200 1040 "-"
"Mozilla/5.0 (Macintosh; Intel Mac OS X 10_14_6) AppleWebKit/537.36 (KHTML, like
Gecko) Chrome/76.0.3809.100 Safari/537.36"
127.0.0.1 - - [19/Aug/2019:00:28:13 +0000] "GET /favicon.ico HTTP/1.1" 200
992 "http://localhost:8080/" "Mozilla/5.0 (Macintosh; Intel Mac OS X 10_14_6)
AppleWebKit/537.36 (KHTML, like Gecko) Chrome/76.0.3809.100 Safari/537.36"
127.0.0.1 - - [19/Aug/2019:00:31:06 +0000] "GET / HTTP/1.1" 200 416 "-"
"curl/7.54.0"
```

시간, HTTP 버전, 웹 브라우저와 운영체제 버전 등의 정보를 확인할 수 있습니다.

마지막으로 실습했던 파드와 서비스를 삭제하겠습니다. 먼저 셸에서 에코 서버 로그 수집과 에코 서버 실행을 중지합니다. 그리고 kubectl delete pod 파드이름, kubectl delete service 서비스이름 명령을 실행합니다.

```
$ kubectl delete pod echoserver
pod "echoserver" deleted
$ kubectl delete service echoserver
service "echoserver" deleted
```

파드와 서비스 정보를 확인하는 kubectl get pods 명령과 kubectl get service 명령을 실행해 파드와 서비스가 정상적으로 삭제되었는지 확인합니다.

```
$ kubectl get pods
No resources found in default namespace.
$ kubectl get services
NAME         TYPE        CLUSTER-IP    EXTERNAL-IP    PORT(S)    AGE
kubernetes   ClusterIP   10.96.0.1     <none>         443/TCP    11m
```

앞과 같은 실행 결과라면 정상적으로 삭제된 것입니다.

3.1.3 POSIX/GNU 스타일의 명령 작성 규칙

kubectl은 기본적으로 POSIX/GNU 스타일의 명령 작성 규칙을 따릅니다. 많은 CLI 도구가 이 규칙을 준수하므로 익숙해지면 도움이 됩니다. 주요 규칙은 다음과 같습니다.

- -과 함께 사용하는 옵션은 단일 알파벳/숫자 문자 인자는 짧은 옵션Short option입니다.

- 일부 옵션은 인자를 필요로 합니다.

- --과 함께 사용하는 옵션은 알파벳 두 글자 이상으로 구성한 긴 옵션long options입니다.

- -- 이후에 작성하는 인자가 있다면 쿠버네티스 관련 옵션들을 모두 옵션을 종료합니다.

다음 명령 예를 살펴보겠습니다.

```
$ kubectl -n default exec my-pod -c my-container -- ls /
```

명령 안 옵션 각각은 다음과 같은 뜻입니다.

- **-n default**: -n은 네임스페이스를 지정하는 옵션입니다. 짧은 옵션은 -n, 긴 옵션은 --namespace로 표기합니다. default는 default 네임스페이스를 뜻합니다. 따라서 -n default는 쿠버네티스 클러스터의 네임스페이스를 default로 설정한다는 뜻입니다.

- **exec my-pod**: my-pod라는 이름의 파드에 해당 명령을 실행하라는 뜻입니다. 필수 인자입니다.

- **-c my-container**: 컨테이너를 지정하는 옵션입니다. 짧은 옵션은 -c, 긴 옵션은 -container로 표기합니다. 파드 안에 여러 개 컨테이너가 실행되었을 때 특정 컨테이너를 지정하는 옵션입니다. my-container는 사용자가 만든 컨테이너를 뜻합니다.

- **-- ls /**: 쿠버네티스 관련 옵션들을 모두 종료한다는 뜻입니다. -- 이후에 컨테이너에서 실행할 명령을 설정할 수 있습니다.

POSIX/GNU 스타일의 더 자세한 사항은 'Program Argument Syntax Conventions[4]'를 참고하기 바랍니다.

---

4 https://www.gnu.org/software/libc/manual/html_node/Argument-Syntax.html

3.1.4 플래그

kubectl의 플래그^{flag}는 모든 명령에서 사용할 수 있는 전역 플래그와 개별 명령에서만 사용할 수 있는 개별 플래그로 구분합니다. 전역 플래그는 kubectl options, 명령별 플래그는 명령 각각의 도움말에서 확인할 수 있습니다.

기억해둘 만한 전역 플래그는 다음과 같습니다.

- **−h(−−help)**: kubectl [command] −−help 형태로 사용합니다. 개별 명령의 도움말을 출력합니다.
- **−v [log level]**: 명령을 실행하는 과정의 로그를 출력하거나 로그 레벨을 설정합니다. 디버깅할 때 유용합니다.

3.1.5 kubeconfig 환경 변수

kubectl은 기본적으로 $HOME/.kube/config 파일에서 클러스터, 인증, 컨텍스트 정보를 읽어 들입니다. 이러한 클러스터 구성 정보를 kubeconfig라고 칭합니다.

클러스터에서 사용할 수 있는 자원들은 kubectl api-resources 명령으로 확인할 수 있습니다.

```
$ kubectl api-resources
NAME                 SHORTNAMES    APIGROUP          NAMESPACED   KIND
bindings                                             true         Binding
componentstatuses    cs                              false        ComponentStatus

# 중간 생략

csinodes                           storage.k8s.io    false        CSINode
storageclasses       sc            storage.k8s.io    false        StorageClass
volumeattachments                  storage.k8s.io    false        VolumeAttachment
```

SHORTNAMES(자원의 단축 이름), APIGROUP(함께 노출되는 자원 집합), NAMESPACED (특정 네임스페이스에 속하는 자원인지), KIND(객체 스키마) 등의 정보를 제공합니다. 자원을 사용하기 전 반드시 확인하는 것이 좋습니다.

도커 데스크톱으로 쿠버네티스를 사용한다면 자동으로 kubeconfig가 설정됩니다. 다음 명령을 실행해 사용할 수 있습니다.

```
$ kubectl config use-context docker-desktop
```

--kubeconfig 옵션으로 다른 설정 파일을 지정할 수 있습니다.

```
$ kubectl -kubeconfig=AWSconfig get pods
$ kubectl -kubeconfig=GCPconfig get pods
```

다중 클러스터에 다른 인증/클러스터 정보로 접근할 때 사용합니다.

Kubespray로 클러스터를 구성했다면 먼저 마스터 노드에 직접 접근해 ~/.kube/config 내용을 클러스터 외부의 사용자 컴퓨터 ~/.kube/config에 그대로 복사해 관리자 권한으로 kubespray 클러스터 구성을 사용할 수 있습니다. 이는 이후에 별도의 사용자/권한 생성을 진행한 후 대체하여야 합니다.

Column 클라우드 서비스의 쿠버네티스 도구용 kubeconfig 설정

클라우드 서비스 각각은 kubeconfig를 설정하는 도구들을 제공합니다. 클라우드 서비스별 kubeconfig 설정 방법은 다음 문서를 참고합니다.

- **Amazon EKS:** Amazon EKS에 대한 kubeconfig 생성(https://docs.aws.amazon.com/ko_kr/eks/latest/userguide/create-kubeconfig.html)
- **GKE:** kubectl에 대한 클러스터 액세스 구성 → Kubernetes 구성 파일(https://cloud.google.com/kubernetes-engine/docs/how-to/cluster-access-for-kubectl)
- **AKS:** Azure 역할 기반 액세스 제어를 사용하여 AKS(Azure Kubernetes Service)의 Kubernetes 구성 파일에 대한 액세스 정의(https://docs.microsoft.com/ko-kr/azure/aks/control-kubeconfig-access)

3.1.6 자동 완성

kubectl은 배시bash, Z 셸에서의 자동 완성을 공식적으로 지원합니다. 두 셸에서 자동 완성 기능을 설정하는 명령은 다음과 같습니다.

```
# 배시 셸
$ echo 'source <(kubectl completion bash)' >>~/.bashrc

# Z 셸
$ echo 'source <(kubectl completion zsh)' >>~/.zshrc
```

kubectl completion --help 명령을 실행하면 자동 완성 기능을 설정하는 방법을 소개하니 참고하기 바랍니다.

Z 셸을 사용한다면 셸 프레임워크인 Oh My Zsh[5]을 사용할 것을 추천합니다. kubectl 플러그인을 지원하고, 자동 완성 및 유용한 별칭alias 설정을 지원합니다.

그림 3-2 Oh My Zsh 사용 예

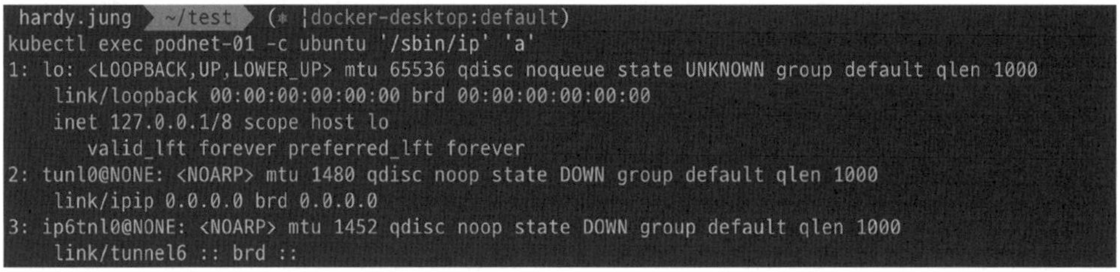

```
hardy.jung  ~/test  (* ¦docker-desktop:default)
kubectl exec podnet-01 -c ubuntu '/sbin/ip' 'a'
1: lo: <LOOPBACK,UP,LOWER_UP> mtu 65536 qdisc noqueue state UNKNOWN group default qlen 1000
   link/loopback 00:00:00:00:00:00 brd 00:00:00:00:00:00
   inet 127.0.0.1/8 scope host lo
      valid_lft forever preferred_lft forever
2: tunl0@NONE: <NOARP> mtu 1480 qdisc noop state DOWN group default qlen 1000
   link/ipip 0.0.0.0 brd 0.0.0.0
3: ip6tnl0@NONE: <NOARP> mtu 1452 qdisc noop state DOWN group default qlen 1000
   link/tunnel6 :: brd ::
```

3.1.7 다양한 사용 예

kubectl은 단순히 명령을 실행하는 것뿐만 아니라, 셸 스크립트의 일부분으로 사용하여 클러스터의 많은 동작을 자동화할 수 있습니다.

여기에서는 확인할 수 있는 클러스터 노드들의 내부Internal IP 정보들을 얻는 예에서 kubectl의 다양한 사용 방법을 확인하겠습니다(윈도우에서는 Gawk for Windows[6]를 설치해야 합니다).

```
$ kubectl get nodes -o wide --no-headers | awk '{print $6}'
```

---

5 https://github.com/robbyrussell/oh-my-zsh/blob/master/plugins/kubectl/kubectl.plugin.zsh
6 http://gnuwin32.sourceforge.net/packages/gawk.htm

--no-headers 옵션과 파이프(|)를 이용해 awk, sed 등의 UNIX 도구들을 사용하는 명령입니다. 이런 방식은 다양한 상황에 유용하게 활용할 수 있습니다.

명령의 출력 결과를 JSON 포맷으로 지정하고 json 파일을 다루는 데 유용한 jq[7]를 이용해 원하는 값을 얻습니다(Download jq[8] 웹 페이지를 참고해 jq를 설치해야 합니다).

```
$ kubectl get nodes -o json | jq -r '.items[].status.addresses[] | select(.type==
    "InternalIP") | .address'
```

JSONPath 템플릿[9]으로 지정할 수도 있습니다.

```
$ kubectl get nodes -o jsonpath='{.items[*].status.addresses[?(@.type==
    "InternalIP")].address}'
```

JSONPath는 JSON 문서의 특정 요소나 속성에 접근하는 경로를 지정합니다. 파이프를 이용하지 않으므로 kubectl의 종료 코드$^{exit-code}$를 그대로 전달받는 스크립트를 작성할 수도 있습니다.

터미널에서 작업하는 과정에서 json 파일을 탐색할 때는 VIM 편집기를 활용하면 편리합니다.

```
$ kubectl get nodes -o json | vim -c 'set ft=json' -
```

gron[10]과 jid[11]은 복잡한 JSON 구조를 파악해 JSONPath에 인자로 전달할 값을 찾을 때 유용한 도구입니다.

```
$ kubectl get pods 파드이름 -o json | gron
# 이전 생략
json.apiVersion = "v1";
json.kind = "Pod";
json.status.hostIP = "10.195.53.100";
json.status.phase = "Running";
json.status.podIP = "10.230.5.35";
# 이후 생략
```

---

7 https://stedolan.github.io/jq
8 https://stedolan.github.io/jq/download
9 https://kubernetes.io/docs/reference/kubectl/jsonpath
10 https://github.com/tomnomnom/gron
11 https://github.com/simeji/jid

gron을 활용하면, 원하는 값(value)의 키(key)를 알고 싶을 때 grep을 활용하여 키를 식별할 수 있습니다. jq, JSONPath로 전달할 값을 찾을 때 꼭 필요합니다.

이외에도 go-template을 통한 결과 출력을 지원합니다.

```
$ kubectl get nodes -o go-template --template="{{range .items}}{{printf "%s\n"
   .metadata.name}}{{end}}"
```

Column netshoot 컨테이너

보통 컨테이너 이미지를 만들 때는 용량을 줄이고 보안을 강화하려고 실행에 필요한 최소한의 환경만 설정합니다. 그래서 여러 가지 테스트용 명령어들을 제외합니다. 이 때문에 쿠버네티스 클러스터에서 직접 네트워크 문제들을 추적하기는 어렵습니다. 그래서 네트워크 문제를 추적할 때 필요한 여러 가지 도구를 포함한 별도의 컨테이너인 netshoot[12]가 있습니다. 컨테이너 안에서 네트워크 환경을 테스트 하는 데 필요한 다양한 명령어들이 포함되었습니다.

다음은 이름이 worker-1인 호스트에 netshoot 컨테이너를 실행하는 명령입니다.

```
$ kubectl run netshoot --rm -i --tty --overrides='{"spec": {"nodeSelector":
   {"kubernetes.io/hostname": "worker-1"}}}' --image nicolaka/netshoot
   -- /bin/bash
```

run 명령어는 한 줄로 파드나 디플로이먼트(6.3 참고)를 만들 수 있습니다. 매번 디플로이먼트를 만드는 것은 번거로운 작업이니 활용도가 높은 명령어 중 하나입니다.

run 명령어가 파드를 생성한다면 expose 명령어로는 서비스를 생성할 수 있습니다.

```
$ kubectl expose deployment hello-kube --type=NodePort --name=hello-kube-
   service
```

run 명령어와 마찬가지로 템플릿(4.3.2 참고)을 이용하는 것보다 간단하게 서비스를 만들 수 있습니다.

---

12 https://github.com/nicolaka/netshoot

3.2 디플로이먼트를 이용해 컨테이너 실행하기

쿠버네티스를 이용해서 컨테이너를 실행할 때는 크게 두 가지 방법을 사용할 수 있습니다. 하나는 kubectl run 명령으로 직접 컨테이너를 실행하는 것이고 다른 하나는 컨테이너를 어떻게 실행할지 세부 내용을 담은 YAML 형식의 템플릿으로 컨테이너를 실행하는 것입니다. 특히 템플릿으로 컨테이너를 관리하면 버전 관리 시스템과 연동해서 자원 정의 변동 사항을 추적하기 쉽다는 장점이 있습니다.

여기에서는 디플로이먼트를 이용해 두 가지 방법으로 컨테이너를 실행하는 방법을 살펴보겠습니다.

3.2.1 kubectl run으로 컨테이너 실행하기

쿠버네티스는 파드를 실행하는 여러 가지 컨트롤러(6장 참고)를 제공합니다. kubectl run으로 파드를 실행시킬 때 기본 컨트롤러는 디플로이먼트^{deployment}(6.3 참고)입니다.

여기에서는 디플로이먼트를 이용해 nginx 컨테이너를 실행시키겠습니다. 각 운영체제의 셸에서 kubectl run 디플로이먼트이름 --image 컨테이너이미지이름 --port=포트번호 명령을 실행합니다.

```
$ kubectl create deployment nginx-app --image nginx --port=80
deployment.apps/nginx-app created
```

kubectl create deployment 명령 다음에 생성하려는 디플로이먼트 이름을 입력하고 --image 옵션에 실행할 컨테이너 이미지를 입력합니다. --port 옵션은 해당 컨테이너가 사용할 포트를 지정합니다. 여기서는 nginx-app이라는 디플로이먼트 이름으로 nginx 컨테이너를 실행하도록 했습니다.

[그림 3-3]은 이러한 명령이 전달되는 구조를 나타냅니다.

그림 3-3 kubectl run 명령을 전달하는 구조

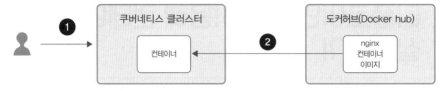

사용자가 쿠버네티스 클러스터에 컨테이너를 실행하라고 명령하면 지정된 컨테이너 이미지를 가져와 쿠버네티스 클러스터 안에서 실행하는 것입니다. nginx 컨테이너가 제대로 실행됐는지 확인하는 kubectl get pods 명령을 실행합니다.

```
$ kubectl get pods
NAME                          READY   STATUS    RESTARTS   AGE
nginx-app-7bdbd99ff-gbkvm     1/1     Running   0          7s
```

실행 결과의 NAME 항목을 보면 nginx-app-xxxxxxxxxx-xxxxx라는 이름의 파드가 생성된 것을 확인할 수 있습니다.

다음으로 디플로이먼트의 상태를 확인하는 kubectl get deployments 명령을 실행하겠습니다.

```
$ kubectl get deployments
NAME        READY   UP-TO-DATE   AVAILABLE   AGE
nginx-app   1/1     1            1           56s
```

실행 결과의 항목 각각은 다음 뜻이 있습니다.

- **NAME:** 클러스터에 배포한 디플로이먼트 이름입니다.
- **READY:** 사용자가 최종 배포한 파드 개수와 디플로이먼트를 이용해 현재 클러스터에 실제로 동작시킨 파드 개수를 X/X 형태로 표시합니다. 여기에서는 1/1입니다. 디플로이먼트를 새로 생성하거나 디플로이먼트 설정을 변경했다면 새로운 버전의 파드를 배포합니다. 이때 이전 버전과 신규 버전의 파드 개수 합을 표시합니다. 배포 전략 설정에 따라 앞의 X에서 표시하는 파드 개수보다 뒤의 X에서 파드 개수가 더 많거나 적을 수 있습니다.
- **UP-TO-DATE:** 디플로이먼트 설정에 정의한 대로 동작 중인 신규 파드 개수입니다.
- **AVAILABLE:** 서비스 가능한 파드 개수입니다. 파드를 실행한 후 설정된 헬스 체크로 서비스 가능한 상태라고 판단하면 AVAILABLE 항목의 파드 개수에 포함시킵니다.

- **AGE:** 디플로이먼트를 생성한 후 얼마나 지났는지 시간을 나타냅니다.

디플로이먼트를 이용해서 실행 중인 파드 개수를 늘려보겠습니다. kubectl scale deploy 디플로이먼트이름 --replicas=2 명령을 실행합니다.

```
$ kubectl scale deploy nginx-app --replicas=2
deployment.apps/nginx-app scaled
```

약간의 시간이 지난 후 kubectl get pods 명령을 실행하면 파드가 2개로 늘어난 것을 확인할 수 있습니다.

```
$ kubectl get pods
NAME                         READY   STATUS    RESTARTS   AGE
nginx-app-7bdbd99ff-gbkvm    1/1     Running   0          112s
nginx-app-7bdbd99ff-pk5mw    1/1     Running   0          19s
```

kubectl get deployments 명령을 실행하면 다음과 같은 결과가 출력됩니다.

```
$ kubectl get deployments
NAME        READY   UP-TO-DATE   AVAILABLE   AGE
nginx-app   2/2     2            2           2m20s
```

READY 항목의 출력 결과가 2/2입니다. 이는 사용자가 최종 배포한 파드 개수와 실제로 동작하는 파드 개수가 각각 2개라는 뜻입니다.

마지막으로 다음 실습이 원활하도록 파드와 디플로이먼트를 삭제해 두겠습니다. kubectl delete deployment 디플로이먼트이름 명령을 실행합니다.

```
$ kubectl delete deployment nginx-app
deployment.apps "nginx-app" deleted
```

kubectl get deployments 명령을 실행하면 디플로이먼트를 삭제했음을 알 수 있습니다. 또한 디플로이먼트를 삭제하면 파드도 함께 삭제합니다. kubectl get pods 명령을 실행하면 확인할 수 있습니다.

```
$ kubectl get deployments
No resources found in default namespace.
$ kubectl get pods
No resources found in default namespace.
```

3.2.2 템플릿으로 컨테이너 실행하기

이번에는 디플로이먼트 설정이 담긴 템플릿(yaml 파일)으로 컨테이너를 실행하는 방법을 살펴보겠습니다. 3.2.1에서 생성한 nginx-app 디플로이먼트와 같은 설정의 템플릿을 사용할 것입니다. [코드 3-1]과 같습니다.

코드 3-1 디플로이먼트를 이용한 컨테이너 설정 예(deployment/nginx-app.yaml)

```yaml
apiVersion: apps/v1
kind: Deployment
metadata:
  name: nginx-app
  labels:
    app: nginx-app
spec:
  replicas: 1
  selector:
    matchLabels:
      app: nginx-app
  template:
    metadata:
      labels:
        app: nginx-app
    spec:
      containers:
      - name: nginx-app
        image: nginx
        ports:
        - containerPort: 80
```

템플릿의 자세한 설정은 앞으로 차차 살펴볼 것이므로 여기에서는 [코드 3-1]을 nginx-app.yaml이라는 이름으로 저장한 후 해당 파일을 저장한 디렉터리에서 kubectl apply -f nginx-app.yaml 명령을 실행합니다.

```
$ kubectl apply -f nginx-app.yaml
deployment.apps/nginx-app created
```

kubectl get pods와 kubectl get deployments 명령을 차례로 실행해보겠습니다.

```
$ kubectl get pods
NAME                             READY     STATUS     RESTARTS     AGE
nginx-app-5db59df485-gblrk       1/1       Running    0            109s
$ kubectl get deployments
NAME         READY     UP-TO-DATE     AVAILABLE     AGE
nginx-app    1/1       1              1             2m23s
```

실행 결과의 NAME 항목을 보면 nginx-app-xxxxxxxxxx-xxxxx라는 이름의 파드가 생성된 것을 확인할 수 있습니다. 또한 nginx-app이라는 디플로이먼트가 생성된 것도 확인할 수 있습니다.

쿠버네티스의 자원들은 관련 설정을 정의한 템플릿(매니페스트manifest)과 kubectl apply 명령을 이용해 선언적 형태로 관리할 것을 권장합니다. 또한 자원을 생성할 때 사용한 템플릿 파일들은 앱 소스 코드와 함께 깃Git 등의 버전 관리 시스템으로 이력과 변경 사항을 추적하는 것이 좋습니다.

3.3 클러스터 외부에서 클러스터 안 앱에 접근하기

이제 실행 중인 nginx 컨테이너에 접속하는 방법을 살펴보겠습니다. 3.2에서 80번 포트를 이용하도록 설정해서 컨테이너를 실행했지만 여러분의 컴퓨터 웹 브라우저에서 localhost:80으로 접속하면 사이트에 연결할 수 없다는 메시지만 볼 수 있을 뿐입니다. 이는 쿠버네티스 내부에서 사용하는 네트워크가 외부와 격리되었기 때문입니다. 쿠버네티스 내부에서 실행한 컨테이너를 외부에서 접근하려면 [그림 3-4]처럼 쿠버네티스의 서비스service를 사용해야 합니다.

그림 3-4 서비스를 이용한 클러스터 접근 구조

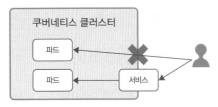

서비스 타입에는 ClusterIP, NodePort, LoadBalancer, ExternalName이 있습니다. 서비스 타입의 자세한 내용은 7.2에서 살펴볼 것이며, 여기에서는 서비스 하나에 모든 노드의 지정된 포트를 할당하는 NodePort를 설정하겠습니다. kubectl expose deployment 컨테이너이름 --type=NodePort 명령을 실행합니다.

```
$ kubectl expose deployment nginx-app --type=NodePort
service/nginx-app exposed
```

서비스가 생성되고 kubectl get service 명령을 실행하면 nginx-app이라는 서비스가 생성된 것을 확인할 수 있습니다.

```
$ kubectl get service
NAME          TYPE        CLUSTER-IP       EXTERNAL-IP    PORT(S)         AGE
kubernetes    ClusterIP   10.96.0.1        <none>         443/TCP         16m
nginx-app     NodePort    10.108.168.246   <none>         80:31572/TCP    26s
```

실행 결과 중 PORT(S) 항목을 살펴보면 80:31572라는 내용을 확인할 수 있습니다. 이는 쿠버네티스 내부의 80번 포트가 31572라는 외부 포트와 연결되었다는 뜻입니다.

kubectl describe service 컨테이너이름 명령으로 좀 더 상세한 내용을 확인할 수 있습니다.

```
$ kubectl describe service nginx-app
Name:                   nginx-app
Namespace:              default
Labels:                 app=nginx-app
Annotations:            <none>
Selector:               app=nginx-app
Type:                   NodePort
IP:                     10.108.168.246
LoadBalancer Ingress:   localhost
Port:                   <unset>  80/TCP
```

```
TargetPort:              80/TCP
NodePort:                <unset>  31572/TCP
Endpoints:               10.1.0.136:80
Session Affinity:        None
External Traffic Policy: Cluster
Events:                  <none>
```

Endpoints 항목을 보면 서비스에 컨테이너 1개가 연결되어 있는 것을 확인할 수 있습니다.

이제 웹 브라우저에서 localhost:31572로 접속하면 nginx 기본 페이지를 확인할 수 있습니다.
클러스터 안 앱에 접근한 것입니다.

그림 3-5 클러스터 안 nginx-app에 접속

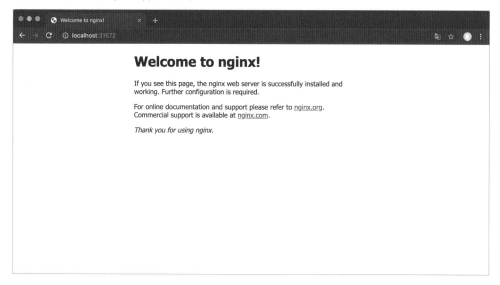

여기까지 실습했다면 3.2.1의 마지막처럼 kubectl delete deployment 디플로이먼트이름 명
령을 실행해 실행 중인 컨테이너를 삭제하기 바랍니다.

Part II.

쿠버네티스 기본 개념

2부에서는 쿠버네티스 클러스터를 구성하는 데 필요한 여러 가지 요소를 알아봅니다.
먼저 쿠버네티스 클러스터를 구성하는 서버의 종류와 클러스터를 실행하는 데
어떤 컴포넌트가 필요한지 등 아키텍처를 살펴봅니다.
그리고 쿠버네티스를 사용하는 데 필요한 기본 개념도 자세하게 다룹니다.

이후에는 쿠버네티스의 주요 요소를 설명합니다. 컨테이너를 실행하는 기본 단위인 파드를
알아보고, 파드를 관리하는 다양한 컨트롤러를 소개합니다. 다음에는 파드 여러 개를 묶어서
접속할 수 있는 서비스와 인그레스를 소개합니다. 파드를 그룹으로 묶어 사용할 때 필요한
레이블, 파드에 필요한 추가 정보를 제공하는 애너테이션도 알아봅니다.
마지막으로 실행할 때 파드에 환경 설정 변수를 제공하는 컨피그맵과 보안이 필요한 암호나
인증서 정보를 저장할 때 사용하는 시크릿을 알아봅니다.

Part II.

쿠버네티스 기본 개념

4 쿠버네티스 아키텍처

이 장에서는 쿠버네티스 전반을 이해할 수 있는 주요 아키텍처를 소개합니다. 쿠버네티스를 본격적으로 이해하기 전 큰 그림에 해당하니 꼭 읽어 보기 바랍니다.

4.1 쿠버네티스 클러스터의 전체 구조

쿠버네티스 클러스터는 크게 두 종류의 서버로 구성합니다. 클러스터를 관리하는 마스터[master]와 실제 컨테이너를 실행시키는 노드[node]입니다. 구성도는 [그림 4-1]과 같습니다.

그림 4-1 쿠버네티스 클러스터의 기본 구성

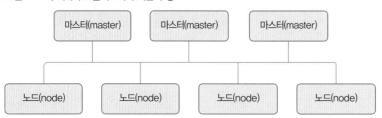

마스터에는 etcd, kube-apiserver, kube-scheduler, kube-controller-manager, kubelet, kube-proxy, docker 등의 컴포넌트가 실행됩니다(각 컴포넌트는 4.2.1에서 자세히 설명합니다). 컴포넌트 각각이 다른 마스터나 노드 서버에서 별개로 실행되어도 실제 쿠버네티스 클러스터를 운영하는 데 이상은 없습니다. 하지만 마스터가 서버 1대라면 방금 소개한 프로세스 한 묶음을 해당 서버에서 같이 실행하는 것이 일반적인 구성입니다.

마스터는 보통 고가용성을 만족하고자 서버 3대 정도 구성해서 운영합니다. 평소 실제 클러스터를 관리하는 리더 마스터는 1대고 나머지 2대는 대기합니다. 리더 마스터에 장애가 발생하면 자연스럽게 나머지 2대 중 1대가 리더 역할을 맡습니다. 클러스터를 좀 더 안정적으로 운영하려면 마스터를 서버 5대로 구성할 수도 있습니다.

노드에는 kubelet, kube-proxy, docker 등의 컴포넌트가 실행됩니다(각 컴포넌트는 4.2.2에서 자세히 설명합니다). 실제 사용하는 컨테이너 대부분은 노드에서 실행됩니다. 참고로 노드는 쿠버네티스 초기에 미니언[minion]이라고 했었습니다. 그래서 쿠버네티스의 소스 코드[1]나 데이터 저장 구조를 보면 아직까지 미니언이라는 이름을 사용하는 부분이 남아 있습니다.

[그림 4-2]는 마스터와 노드가 어떤 구조로 통신하는지 소개합니다.

---

1 https://github.com/kubernetes/kubernetes

그림 4-2 마스터와 노드의 구성과 통신 구조

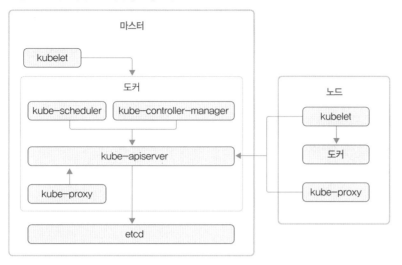

각 컴포넌트의 중심에 kube-apiserver가 있습니다. 쿠버네티스의 모든 통신은 kube-apiserver가 중심입니다. kube-apiserver를 거처 다른 컴포넌트가 서로 필요한 정보를 주고받습니다. 특히 etcd에는 kube-apiserver만 접근할 수 있습니다.

마스터를 보면 kubelet이 마스터에 있는 도커를 관리합니다. 도커 안에는 앞에서 소개한 쿠버네티스 관리용 컴포넌트 kube-scheduler, kube-controller-manager, kube-apiserver, kube-proxy가 있습니다. 초기 쿠버네티스는 관리용 컴포넌트들을 컨테이너가 아니라 직접 서버 프로세스로 실행했었는데 최근에는 컨테이너로 실행합니다. 관리용 컴포넌트 모두는 하이퍼큐브hyperkube라는 바이너리 파일로 컴파일되었고 실행할 때 옵션을 설정해 각 컴포넌트의 역할을 수행합니다.

etcd는 컨테이너가 아니라 별도의 프로세스로 설정되어 있습니다. 사실 etcd까지 컨테이너로 설정할 수 있지만 컨테이너가 아닌 서버 프로세스로 실행하도록 구성할 수 있음을 알리려고 [그림 4-2]처럼 소개했습니다.

노드 역시 kubelet으로 도커를 관리합니다. kubelet은 마스터의 kube-apiserver와 통신하면서 파드의 생성, 관리, 삭제를 담당합니다. 노드의 kube-proxy는 마스터와는 다르게 컨테이너가 아니라 서버 프로세스로 실행할 수 있습니다. 물론 마스터처럼 컨테이너로도 실행할 수 있습니다.

4.2 쿠버네티스의 주요 컴포넌트

쿠버네티스는 근본적으로 클러스터를 관리합니다. 클러스터는 원래 단일 컴퓨터가 아니라 여러 대 컴퓨터를 하나의 묶음으로 다루는 것을 뜻하므로 여러 가지 컴포넌트를 포함합니다.

쿠버네티스의 컴포넌트는 세 가지로 구분합니다. 클러스터를 관리하는 데 필수인 마스터^{master}용 컴포넌트, 노드^{node}용 컴포넌트, 필수는 아니지만 추가로 사용할 수 있는 애드온^{addon}용 컴포넌트입니다.

4.2.1 마스터용 컴포넌트

마스터용 컴포넌트들은 실제 클러스터 전체를 관리합니다. etcd, kube-apiserver, kube-scheduler, kube-controller-manager, cloud-controller-manager 등이 마스터용 컴포넌트입니다.

etcd

etcd는 코어OS에서 개발한 고가용성을 제공하는 키-값^{key-value} 저장소입니다. 분산 시스템에서 노드 사이의 상태를 공유하는 합의^{consensus} 알고리즘 중 하나인 raft 알고리즘을 구현한 것입니다. 쿠버네티스에서는 필요한 모든 데이터를 저장하는 데이터베이스 역할을 합니다.

쿠버네티스는 처음에 구글 내부의 보그^{borg}라는 컨테이너 오케스트레이션 도구의 오픈소스화를 진행하면서 등장한 것입니다. 보그를 사용할 때는 처비^{chubby}라는 별도의 분산 저장소를 사용했었는데, 오픈소스화하면서 이와 비슷한 도구가 필요해 처비를 대신할 etcd를 사용하는 것입니다.

etcd는 서버 하나당 프로세스 1개만 사용할 수 있습니다. 보통 etcd 자체를 클러스터링[2]한 후 여러 개 마스터 서버에 분산해서 실행해 데이터의 안정성을 보장하도록 구성합니다. etcd 자체는 꽤 안정적이지만 더 안정적으로 쿠버네티스를 운영하려면 주기적으로 etcd에 있는 데이터를 백업할 것을 권합니다.

---

2 여러 대 컴퓨터를 연결해 시스템 하나처럼 구성하는 것입니다. 구성 요소들은 고속의 근거리 통신망으로 연결되어 있습니다.

kube-apiserver

kube-apiserver는 쿠버네티스 클러스터의 API를 사용할 수 있도록 하는 컴포넌트입니다. 클러스터로 온 요청이 유효한지 검증합니다. 예를 들어 쿠버네티스 API 스펙에 맞춰 클러스터의 특정 네임스페이스에 존재하는 디플로이먼트 목록 조회 요청을 받으면, 이 요청에 사용된 토큰이 해당 네임스페이스와 자원을 대상으로 요청을 실행할 권한이 있는지 검사하고 권한이 있다면 디플로이먼트 목록을 조회하여 되돌려줍니다.

쿠버네티스는 마이크로서비스 아키텍처Micro Service Architecture, MSA**3**이므로 [그림 4-2]처럼 서로 분리된 컴포넌트 여러 개로 구성되어 있습니다. 쿠버네티스에 보내는 모든 요청은 kube-apiserver를 이용해서 다른 컴포넌트로 전달합니다.

kube-apiserver는 수평적으로 확장할 수 있도록 설계했으므로 서버 여러 대에 여러 개 kube-apiserver를 실행해 사용할 수 있습니다.

kube-scheduler

kube-scheduler는 현재 클러스터 안에서 자원 할당이 가능한 노드 중 알맞은 노드를 선택해서 새롭게 만든 파드를 실행합니다(그래서 스케줄러입니다). 파드는 처음 실행할 때 여러 가지 조건을 설정하며, kube-scheduler가 조건에 맞는 노드를 찾습니다. 조건에는 하드웨어 요구 사항, 함께 있어야 하는 파드들을 같은 노드에 실행하는 어피니티affinity와 파드를 다양한 노드로 분산해서 실행하는 안티 어피니티anti-affinity 만족 여부, 특정 데이터가 있는 노드에 할당 등이 있습니다.

kube-controller-manager

쿠버네티스는 파드들을 관리하는 컨트롤러controller가 있습니다. 컨트롤러 각각은 논리적으로 개별 프로세스지만 복잡도를 줄이려고 모든 컨트롤러를 바이너리 파일 하나로 컴파일해 단일 프로세스로 실행됩니다.

---

3 애플리케이션을 느슨하게 결합한 서비스 모음으로 구조화하는 서비스 지향 아키텍처(SOA) 스타일의 소프트웨어 개발 기법입니다.

kube-controller-manager는 컨트롤러 각각을 실행하는 컴포넌트입니다. 쿠버네티스는 Go 언어로 개발되었는데, 클러스터 안에서 새로운 컨트롤러를 사용할 때는 컨트롤러에 해당하는 구조체를 만듭니다. 이 구조체를 kube-controller-manager가 관리하는 큐에 넣어서 실행하는 방식으로 동작합니다.

cloud-controller-manager

cloud-controller-manager는 쿠버네티스의 컨트롤러들을 클라우드 서비스와 연결해 관리하는 컴포넌트입니다. 관련 컴포넌트의 소스 코드는 각 클라우드 서비스에서 직접 관리합니다.

보통 네 가지 컨트롤러 컴포넌트를 관리합니다.

- **노드 컨트롤러(Node Controller)**: 클라우드 서비스 안에서 노드를 관리하는 데 사용합니다.
- **라우트 컨트롤러(Route Controller)**: 각 클라우드 서비스 안의 네트워크 라우팅을 관리하는 데 사용합니다.
- **서비스 컨트롤러(Service Controller)**: 각 클라우드 서비스에서 제공하는 로드밸런서를 생성, 갱신, 삭제하는 데 사용합니다.
- **볼륨 컨트롤러(Volume Controller)**: 클라우드 서비스에서 생성한 볼륨을 노드에 연결하거나 마운트하는 등에 사용합니다.

4.2.2 노드용 컴포넌트

노드용 컴포넌트는 쿠버네티스 실행 환경을 관리합니다. 대표적으로 각 노드의 파드 실행을 관리하는 것이 있습니다. 컴포넌트에는 kubelet, kube-proxy, 컨테이너 런타임 등이 있습니다.

kubelet

kubelet은 클러스터 안 모든 노드에서 실행되는 에이전트입니다. 파드 컨테이너들의 실행을 직접 관리합니다. kubelet은 파드스펙^{PodSpecs}이라는 조건이 담긴 설정을 전달받아서 컨테이너를 실행하고 컨테이너가 정상적으로 실행되는지 헬스 체크를 진행합니다. 단, 노드 안에 있는 컨테이너라도 쿠버네티스가 만들지 않은 컨테이너는 관리하지 않습니다.

kube-proxy

쿠버네티스는 클러스터 안에 별도의 가상 네트워크를 설정하고 관리합니다. kube-proxy는 이런 가상 네트워크의 동작을 관리하는 컴포넌트입니다. 호스트의 네트워크 규칙을 관리하거나 연결을 전달할 수도 있습니다.

컨테이너 런타임

컨테이너 런타임Container Runtime은 실제로 컨테이너를 실행시킵니다. 가장 많이 알려진 런타임으로는 도커Docker가 있고 containerd[4], runc[5] 같은 런타임도 지원합니다. 보통 컨테이너 표준을 정하는 OCIOpen Container Initiative[6]의 런타임 규격runtime-spec을 구현한 컨테이너 런타임이라면 쿠버네티스에서 사용할 수 있습니다. 쿠버네티스 버전 1.10부터는 쿠버네티스와 같은 클라우드 네이티브 컴퓨팅 재단Cloud Native Computing Foundation, CNCF 소속인 containerd를 도커 없이 기본 런타임으로 사용할 수도 있습니다.

4.2.3 애드온

애드온Addons은 클러스터 안에서 필요한 기능을 실행하는 파드입니다. 네임스페이스는 kube-system며 애드온으로 사용하는 파드들은 디플로이먼트, 리플리케이션 컨트롤러 등으로 관리합니다. 대표적인 애드온은 다음과 같습니다.

네트워킹 애드온

쿠버네티스는 클러스터 안에 가상 네트워크를 구성해 사용할 때 kuby-proxy 이외에 네트워킹 에드온(네트워크 플러그인)을 사용합니다. 아마존 웹 서비스, 애저, 구글 클라우드 플랫폼 같은 클라우드 서비스에서 제공하는 쿠버네티스를 사용한다면 별도의 네트워킹 애드온을 제공하니 신경 쓰지 않아도 됩니다. 하지만 쿠버네티스를 직접 서버에 구성한다면 네트워킹 관련 애드온을 설치해서 사용해야 합니다. 쿠버네티스를 직접 서버에 구성할 때 가장 까다로운 부분이기도 합니다.

---

4 https://github.com/containerd/containerd
5 https://github.com/opencontainers/runc
6 https://www.opencontainers.org

네트워킹 애드온의 종류는 [표 2-1]에서 소개했듯이 다양합니다(자주 사용하는 네트워킹 애드온은 15.3에서 설명합니다). OCI의 CNI 규격을 구현한 다른 애드온도 사용할 수 있습니다.

DNS 애드온

DNS 애드온은 클러스터 안에서 동작하는 DNS 서버입니다. 쿠버네티스 서비스에 DNS 레코드를 제공합니다. 쿠버네티스 안에 실행된 컨테이너들은 자동으로 DNS 서버에 등록됩니다.

주로 사용하는 DNS 애드온에는 kube-dns[7]와 CoreDNS[8]가 있습니다. 쿠버네티스 초기에는 kube-dns를 기본 DNS 애드온으로 이용했는데 여러 가지 버그 등 문제가 많았습니다. 최근에는 CoreDNS를 기본 DNS 애드온으로 사용합니다. 쿠버네티스 1.11부터 CoreDNS를 GA(General Availibility[9])로 사용할 수 있게 되었고, 1.13부터는 CoreDNS가 기본 DNS 애드온이 되었습니다. 16장에서 더 자세히 설명합니다.

대시보드 애드온

쿠버네티스는 kubectl이라는 CLI를 많이 사용합니다. 하지만 웹 UI로 쿠버네티스를 사용할 필요도 있을 것입니다. 이때 쿠버네티스에서 제공하는 대시보드 애드온을 사용할 수 있습니다. [그림 4-3]처럼 클러스터 현황이나 파드 상태를 한눈에 쉽게 파악하는 기능 등이 있습니다.

그림 4-3 대시보드 애드온

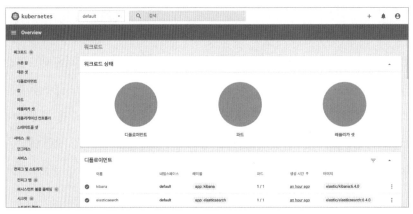

---

7 http://bit.ly/2E6Gv3V
8 https://github.com/coredns/coredns
9 웹이나 물리적 매체로 실제 서비스에서 이용할 수 있는 상태를 뜻합니다.

대시보드 애드온의 자세한 사용 방법은 '17.2 쿠버네티스 대시보드'에서 설명합니다.

컨테이너 자원 모니터링

컨테이너 자원 모니터링은 클러스터 안에서 실행 중인 컨테이너의 상태를 모니터링하는 애드온입니다. CPU 및 메모리 사용량 같은 데이터들을 시계열 형식으로 저장해서 볼 수 있습니다. [그림 4-4]처럼 kubelet 안에 포함된 cAdvisor라는 컨테이너 모니터링 도구를 사용합니다. cAdvisor에서는 자원 사용량 데이터를 수집하는 메트릭metrics 서버를 손쉽게 모니터링에 이용합니다. 17.3에서 더 자세히 살펴볼 것입니다.

그림 4-4 cAdvisor의 동작 원리

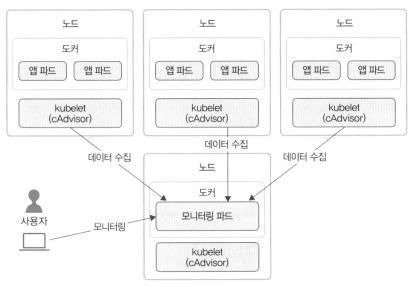

클러스터 로깅

클러스터 안 개별 컨테이너의 로그와 쿠버네티스 구성 요소의 로그들을 중앙화한 로그 수집 시스템에 모아서 보는 애드온입니다. [그림 4-5]처럼 클러스터 안 각 노드에 로그를 수집하는 파드를 실행해서 로그 중앙 저장 파드로 로그를 수집합니다.

그림 4-5 클러스터 로깅의 동작 원리

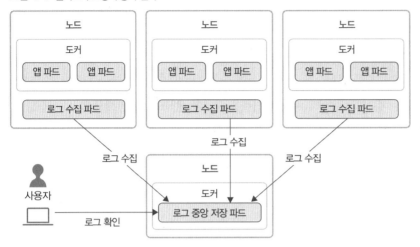

클라우드 서비스를 이용 중이라면 네트워킹 애드온처럼 클라우드 서비스에서 제공하는 로깅 서비스들과 잘 연동되겠지만 직접 쿠버네티스를 설치해서 사용할 때는 애드온 사용을 고려해야 합니다.

로그를 수집해서 보여줄 때는 ELK$^{ElasticSearch, Logstash, Kibana}$나 EFK$^{ElasticSearch, Fluentd, Kibana}$를 많이 사용합니다.

4.3 오브젝트와 컨트롤러

쿠버네티스는 크게 오브젝트^{Object}와 오브젝트를 관리하는 컨트롤러^{Controller}로 나눕니다. 사용자는 템플릿 등으로 쿠버네티스에 자원의 '바라는 상태$^{desired\ state}$'를 정의하고 컨트롤러는 바라는 상태와 현재 상태가 일치하도록 오브젝트들을 생성/삭제합니다. 오브젝트에는 파드^{pod}, 서비스^{service}, 볼륨^{volume}, 네임스페이스^{namespace} 등이 있습니다. 컨트롤러에는 레플리카세트^{ReplicaSet}, 디플로이먼트^{Deployment}, 스테이트풀세트^{StatefulSet}, 데몬세트^{DaemonSet}, 잡^{Job} 등이 있습니다.

방금 소개한 오브젝트와 컨트롤러는 뒤이어서 소개할 장에서 다룰 것입니다. 이 절에서는 클러스터를 논리적인 단위로 나누는 네임스페이스와 오브젝트 및 컨트롤러가 어떤 상태여야 하는지 설정하는 템플릿을 살펴보겠습니다.

4.3.1 네임스페이스

네임스페이스는 쿠버네티스 클러스터 하나를 여러 개 논리적인 단위로 나눠서 사용하는 것입니다. 네임스페이스 덕분에 쿠버네티스 클러스터 하나를 여러 개 팀이나 사용자가 함께 공유할 수 있습니다.

또한 클러스터 안에서 용도에 따라 실행해야 하는 앱을 구분할 때도 네임스페이스를 사용합니다. 네임스페이스별로 별도의 쿼터를 설정해서 특정 네임스페이스의 사용량을 제한할 수도 있습니다.

쿠버네티스를 처음 설치하면 기본으로 몇 개의 네임스페이스가 생성됩니다. `kubectl get namespaces` 명령으로 현재 생성되어 있는 네임스페이스들을 확인할 수 있습니다.

```
$ kubectl get namespaces
NAME              STATUS    AGE
default           Active    32m
kube-node-lease   Active    32m
kube-public       Active    32m
kube-system       Active    32m
```

default, kube-system, kube-public, kube-node-lease 등은 쿠버네티스가 기본으로 생성하는 네임스페이스입니다.

기본 네임스페이스별 의미는 다음과 같습니다.

- **default:** 기본 네임스페이스입니다. 쿠버네티스에서 명령을 실행할 때 별도의 네임스페이스를 지정하지 않는다면 항상 default 네임스페이스에 명령을 적용합니다.
- **kube-system:** 쿠버네티스 시스템에서 관리하는 네임스페이스입니다. 이 네임스페이스에는 쿠버네티스 관리용 파드나 설정이 있습니다.
- **kube-public:** 클러스터 안 모든 사용자가 읽을 수 있는 네임스페이스입니다. 보통 클러스터 사용량 같은 정보를 이 네임스페이스에서 관리합니다. 클러스터를 사용하는 모두가 볼 수 있기 때문입니다.
- **kube-node-lease:** 각 노드의 임대 오브젝트Lease object들을 관리하는 네임스페이스입니다. 쿠버네티스 1.13 이후 알파 기능으로 추가되었습니다.

kubectl로 네임스페이스를 지정해서 사용할 때는 --namespace=kube-system처럼 네임스페이스를 명시해야 합니다. 그런데 default 이외의 네임스페이스를 사용할 때 매번 옵션을 입력하는 것은 번거롭습니다. 이때는 기본 네임스페이스를 변경해 사용하면 됩니다.

기본 네임스페이스를 변경하려면 먼저 컨텍스트 정보를 확인해야 합니다. 여기에서는 현재 컨텍스트 정보를 확인하는 kubectl config current-context 명령을 실행합니다.

```
$ kubectl config current-context
docker-desktop
```

현재 컨텍스트는 docker-desktop입니다(사용자의 환경에 따라 현재 컨텍스트는 다를 수 있습니다).

다음으로 컨텍스트의 정보를 확인하겠습니다. kubectl config get-contexts 컨텍스트이름 명령을 실행합니다.

```
$ kubectl config get-contexts docker-desktop
CURRENT   NAME             CLUSTER          AUTHINFO         NAMESPACE
*         docker-desktop   docker-desktop   docker-desktop
```

NAMESPACE 부분이 비어 있습니다. 이는 기본 네임스페이스가 default라는 뜻입니다. 이제 kubectl config set-context 컨텍스트이름 --namespace=kube-system 명령으로 기본 네임스페이스를 kube-system으로 변경합니다.

```
$ kubectl config set-context docker-desktop --namespace=kube-system
Context "docker-desktop" modified.
```

다시 kubectl config get-contexts 컨텍스트이름 명령을 실행하면 NAMESPACE 부분이 kube-system으로 변경된 것을 확인할 수 있습니다.

```
$ kubectl config get-contexts $(kubectl config current-context) --namespace=kube-
   system
CURRENT   NAME             CLUSTER          AUTHINFO         NAMESPACE
*         docker-desktop   docker-desktop   docker-desktop   kube-system
```

기본 네임스페이스가 제대로 변경됐는지는 다음 명령으로 확인할 수 있습니다.

```
# 윈도우
> kubectl config view | findstr namespace
    namespace: kube-system

# macOS 및 리눅스
$ kubectl config view | grep namespace
    namespace: kube-system
```

namespace: kube-system라는 메시지로 kube-system이 기본 네임스페이스라는 것을 확인할 수 있습니다.

한편 처음 쿠버네티스를 사용하다 보면 어떤 파드의 기본 네임스페이스를 어떻게 설정했는지 헷갈릴 때가 종종 있습니다. 이때는 kubectl get pods --all-namespaces 명령을 실행하면 전체 네임스페이스를 한번에 찾아볼 수 있습니다.

```
$ kubectl get pods --all-namespaces
NAMESPACE     NAME                                    READY STATUS   RESTARTS AGE
kube-system   coredns-fb8b8dccf-l52jq                 1/1   Running  0        47m
kube-system   coredns-fb8b8dccf-swbdw                 1/1   Running  0        47m
kube-system   etcd-docker-desktop                     1/1   Running  0        46m
kube-system   kube-apiserver-docker-desktop           1/1   Running  0        46m
kube-system   kube-controller-manager-docker-desktop  1/1   Running  0        46m
kube-system   kube-proxy-vnt89                        1/1   Running  0        47m
kube-system   kube-scheduler-docker-desktop           1/1   Running  0        46m
kube-system   storage-provisioner                     1/1   Running  0        47m
kube-system   vpnkit-controller                       1/1   Running  0        47m
```

기본 네임스페이스를 다시 default로 바꿀 때는 kubectl config set-context 컨텍스트이름 --namespace=default 혹은 kubectl config set-context 컨텍스트이름 --namespace="" 명령을 실행합니다. 앞은 기본 네임스페이스를 명시적으로 default로 설정하는 것이고 뒤는 기본 네임스페이스 설정을 비워서 묵시적으로 기본 네임스페이스를 default로 설정하는 것입니다.

```
$ kubectl config set-context $(kubectl config current-context) --namespace=default
Context "docker-desktop" modified.
```

```
$ kubectl config get-contexts $(kubectl config current-context)
CURRENT   NAME             CLUSTER          AUTHINFO         NAMESPACE
*         docker-desktop   docker-desktop   docker-desktop   default
$ kubectl config set-context $(kubectl config current-context) --namespace=""
Context "docker-desktop" modified.
$ kubectl config get-contexts $(kubectl config current-context)
CURRENT   NAME             CLUSTER          AUTHINFO         NAMESPACE
*         docker-desktop   docker-desktop   docker-desktop
```

앞으로의 실습에서는 default 네임스페이스를 사용할 것입니다. 혹시 네임스페이스가 kube-system으로 설정되었다면 변경하기 바랍니다.

Column 네임스페이스 변경을 돕는 kubens

네임스페이스를 변경할 때 앞에서 설명했던 긴 명령을 직접 입력하기는 번거롭습니다. 이때 네임스페이스 변경을 돕는 도구인 kubens[10]를 사용할 수 있습니다.

배시 스크립트 기반(윈도우에서는 사용 불가)이므로 다음 명령으로 스크립트를 다운로드하고 실행 권한을 설정하면 바로 사용할 수 있습니다.

```
# macOS
$ brew install kubectx

# 리눅스
$ wget https://raw.githubusercontent.com/ahmetb/kubectx/master/kubens

$ kubens
default
kube-node-lease
kube-public
kube-system
```

kubens라는 명령어로 현재 클러스터에서 선택할 수 있는 네임스페이스 목록을 확인할 수 있습니다.

현재 컨텍스트의 기본 네임스페이스를 변경할 때는 kubens kube-system 명령을 실행합니다. 간단하게 현재 컨텍스트의 네임스페이스를 변경할 수 있습니다.

---

10 https://github.com/ahmetb/kubectx

```
$ kubens kube-system
Context "docker-desktop" modified.
Active namespace is "kube-system".
```

kubens가 있는 깃허브 저장소의 이름은 kubectx입니다. 참고로 kubectx는 kubeconfig에 저장된 클러스터가 여러 개일 때 클러스터 사이를 빠르게 변경하도록 돕는 도구입니다. 실무에서 여러 개 클러스터를 관리하다 보면 유용하게 사용할 수 있습니다.

4.3.2 템플릿

쿠버네티스 클러스터의 오브젝트나 컨트롤러가 어떤 상태여야 하는지를 적용할 때는 YAML 형식의 템플릿^{Template}을 사용합니다.

템플릿의 내용을 표현하는 YAML은 JSON과 비교했을 때 간결하며, 주석도 지원하므로 가독성이 좋습니다. 단, 들여쓰기에 따라 구조가 바뀌므로 작성할 때 올바르게 들여쓰기했는지 반드시 확인해야 합니다.

YAML은 'Scalars(strings/numbers)', 'Sequences(arrays/lists)', 'Mappings(hashes/dictionaries)'라는 세 가지 기초 요소로 표현합니다. 주석은 '#'로 시작하며, 여러 줄 주석은 지원하지 않습니다. '---'은 성격이 다른 YAML 형식의 문서 여러 개가 있을 때 구분자로 사용합니다. YAML의 시작을 알리는 용도로도 사용합니다.

표 4-1 YAML의 기초 요소와 사용 예

Scalars (strings/numbers)	Sequences (arrays/lists)	Mappings (hashes/dictionaries)

Name: kim
Birth: 2019
	ProgrammingSkills:
	  − java
	  − python
	  − c
		Data:
		  Height : 170
		  Weight : 80

템플릿의 기본 형식은 다음과 같습니다.

```
---
apiVersion: v1
kind: Pod
metadata:
spec:
```

각 항목은 필드라고 합니다. 필드 각각은 다음 같은 설정을 합니다.

- **apiVersion:** 사용하려는 쿠버네티스 API 버전을 명시합니다. 쿠버네티스는 버전 변경이 빠른 편이므로 여러 가지 API 버전이 있습니다. 그래서 API 버전을 정확하게 지정하는 것이 중요합니다. kubectl api-versions 명령으로 현재 클러스터에서 사용 가능한 API 버전을 확인할 수 있습니다.

- **kind:** 어떤 종류의 오브젝트 혹은 컨트롤러에 작업인지 명시합니다. Pod라고 설정하면 파드에 관한 템플릿입니다. 여기에는 Pod, Deployment, Ingress 등의 다양한 오브젝트나 컨트롤러를 설정할 수 있습니다.

.apiVersion과 .kind 필드 다음에는 .kind에서 지정한 오브젝트나 컨트롤러에 필요한 옵션을 설정합니다. 보통 .metadata와 .spec을 설정합니다.

- **metadata:** 메타데이터를 설정합니다. 해당 오브젝트의 이름이나 레이블(9.1 참고) 등을 설정합니다.

- **spec:** 파드가 어떤 컨테이너를 갖고 실행하며, 실행할 때 어떻게 동작해야 할지 명시합니다.

.metadata와 .spec은 각각 다양한 하위 필드가 있습니다.

어떤 필드가 있고 어떤 역할을 하는지는 kubectl explain 명령으로 살펴볼 수 있습니다. 예를 들어 kubectl explain pods 명령을 실행하면 파드 템플릿에서 사용하는 하위 필드로 무엇이 있는지 출력합니다.

```
$ kubectl explain pods
KIND:     Pod
VERSION:  v1
```

```
DESCRIPTION:
    Pod is a collection of containers that can run on a host. This resource is
    created by clients and scheduled onto hosts.

FIELDS:
  apiVersion <string>
    APIVersion defines the versioned schema of this representation of an
    object. Servers should convert recognized schemas to the latest internal
    value, and may reject unrecognized values. More info:
    https://git.k8s.io/community/contributors/devel/sig-architecture/api-
    conventions.md#resources

  # 중간 생략

  status     <Object>
    Most recently observed status of the pod. This data may not be up to date.
    Populated by the system. Read-only. More info:
    https://git.k8s.io/community/contributors/devel/sig-architecture/api-
    conventions.md#spec-and-status
```

실행 결과에는 각 필드의 데이터 타입도 확인할 수 있습니다.

여기서 .metadata처럼 데이터 타입이 Object라면 다시 kubectl explain pods.metadata라는 명령을 실행해 .metadata의 하위 필드로 무엇이 있는지 자세한 설명과 함께 살펴볼 수 있습니다.

```
$ kubectl explain pods.metadata
KIND:     Pod
VERSION:  v1

RESOURCE: metadata <Object>

DESCRIPTION:
    Standard object's metadata. More info:
    https://git.k8s.io/community/contributors/devel/sig-architecture/api-
    conventions.md#metadata

    ObjectMeta is metadata that all persisted resources must have, which
    includes all objects users must create.

FIELDS:
  annotations  <map[string]string>
```

```
    Annotations is an unstructured key value map stored with a resource that
    may be set by external tools to store and retrieve arbitrary metadata. They
    are not queryable and should be preserved when modifying objects. More
    info: http://kubernetes.io/docs/user-guide/annotations

# 중간 생략

uid  <string>
    UID is the unique in time and space value for this object. It is typically
    generated by the server on successful creation of a resource and is not
    allowed to change on PUT operations.

    Populated by the system. Read-only. More info:
    http://kubernetes.io/docs/user-guide/identifiers#uids
```

이러한 방식으로 하위 필드 각각이 어떤 역할을 하는지 알 수 있습니다.

하위 필드를 포함해 특정 필드를 커맨드라인에서 지정할 때는 보통 필드 이름을 '.'으로 연결해 표현합니다. 예를 들어 방금 소개한 .metadata 필드 하위에 있다고 나온 .annotations 필드라면 .metadata.annotations라고 지정합니다. 이 책에서도 특정 필드를 표기할 때는 이러한 방식을 사용할 것입니다. 참고로 필드 표기 앞에도 '.'을 붙인다는 점을 기억하기 바랍니다.

필드 설명 없이 특정 필드와 그 아래에 속한 모든 하위 필드를 한꺼번에 보려면 --recursive 옵션을 사용합니다. 예를 들어 파드 아래에 속한 모든 필드를 보고 싶다면 kubectl explain pods --recursive 명령을 실행합니다.

```
$ kubectl explain pods --recursive
KIND:    Pod
VERSION: v1

DESCRIPTION:
    Pod is a collection of containers that can run on a host. This resource is
    created by clients and scheduled onto hosts.

FIELDS:
   apiVersion   <string>
   kind <string>
   metadata     <Object>
      annotations       <map[string]string>
```

```
    clusterName      <string>
    creationTimestamp <string>

# 중간 생략

    resourceVersion   <string>
    selfLink  <string>
    uid       <string>
spec <Object>
    activeDeadlineSeconds     <integer>
    affinity  <Object>
      nodeAffinity   <Object>

# 중간 생략

          storagePolicyID     <string>
          storagePolicyName   <string>
          volumePath  <string>
status       <Object>
    conditions         <[]Object>
      lastProbeTime  <string>
      lastTransitionTime     <string>

# 중간 생략

    qosClass  <string>
    reason    <string>
    startTime <string>
```

파드 아래에 속한 모든 필드가 데이터 타입과 함께 트리tree 형식으로 출력됩니다. 이 책에서는 중간 결과를 생략했는데 실제로는 700개가 넘는 필드가 있습니다.

이러한 모든 필드를 설명하기에는 내용이 많으므로 이 책에서는 쿠버네티스를 사용하면서 자주 사용하는 필드 위주로 설명할 것입니다.

5 파드

이 장에서는 쿠버네티스에서 컨테이너를 관리하는 기본 단위인 파드를 자세히 살펴봅니다. 먼저 파드의 생명 주기를 살펴본 후 컨테이너 상태 확인 방법, 초기화 및 파드 인프라 컨테이너, 스태틱 파드 등을 살펴봅니다. 이후 파드 구성 패턴에는 무엇이 있는지도 소개합니다.

5.1 파드 개념

쿠버네티스는 실제로 파드라는 단위로 컨테이너를 묶어서 관리하므로 보통 컨테이너 하나가 아닌 여러 개 컨테이너로 구성됩니다. 3장에서 살펴봤던 예제들도 단일 컨테이너를 관리하는 것 같지만 실제로는 컨테이너를 직접 관리하지 않고 파드 단위로 관리하는 것입니다. 물론 파드에 단일 컨테이너만 있을 때는 일반적인 방식으로 컨테이너를 관리해도 됩니다.

파드로 컨테이너 여러 개를 한꺼번에 관리할 때는 컨테이너마다 역할을 부여할 수 있습니다. 파드 하나에 속한 컨테이너들은 모두 노드 하나 안에서 실행(여러 노드에 흩어져서 실행되는 일은 없습니다)됩니다. 파드의 역할 중 하나가 컨테이너들이 같은 목적으로 자원을 공유하는 것이므로 가능한 일입니다.

파드 안 여러 개 컨테이너에 역할을 부여하는 예는 [그림 5-1]과 같습니다.

그림 5-1 파드 안 컨테이너들의 역할 예

파드: 192.168.10.10

파드 안에 컨테이너가 3개 있고 웹 서버, 로그 수집기, 볼륨 컨테이너라는 역할을 부여했습니다. 그리고 파드 하나 안에 있는 컨테이너들이 IP 하나를 공유합니다. 즉, 외부에서 이 파드에 접근할 때는 그림의 192.168.10.10이라는 IP로 접근하며 파드 안 컨테이너와 통신할 때는 컨테이너마다 다르게 설정한 포트를 사용합니다.

컨테이너 하나에 앞 그림의 세 가지 역할 모두를 부여할 수도 있지만, 실제로 컨테이너 하나 안에 프로세스를 2개 실행하도록 설정하는 것 자체도 간단치 않습니다. 시스템 신호나 종료 코드 처리도 프로세스마다 설정해줘야 하는 등의 번거로움이 뒤따릅니다. 컨테이너의 관리 효율도 낮습니다.

5.2 파드 사용하기

[코드 5-1]에서 기본적인 파드의 템플릿 설정 예를 살펴보겠습니다.

코드 5-1 파드 설정 예(pod/pod-sample.yaml)

```
apiVersion: v1
kind: Pod
metadata:
  name: kubernetes-simple-pod -------------------- ❶
  labels:
    app: kubernetes-simple-pod -------------- ❷
spec:
  containers:
  - name: kubernetes-simple-pod --------------- ❸
    image: arisu1000/simple-container-app:latest ---- ❹
    ports:
    - containerPort: 8080 -------------------- ❺
```

[코드 5-1]은 메시지를 출력하는 컨테이너를 포함하는 파드 설정입니다. 주요 부분의 설명은 다음과 같습니다.

❶ `.metadata.name` 필드는 파드 이름을 설정합니다. 여기에서는 kubernetes-simple-pod라고 설정했습니다.

❷ `.metadata.labels.app` 필드는 오브젝트를 식별하는 레이블을 설정합니다. 여기에서는 해당 파드가 앱 컨테이너고 kubernetes-simple-pod라고 식별한다고 설정했습니다.

❸ `.spec.containers[].name` 필드는 컨테이너의 이름을 설정합니다. 여기에서는 kubernetes-simple-pod라고 설정했습니다. 참고로 name 앞에 설정한 '-'은 `.spec.containers`의 하위 필드를 배열 형태로 묶겠다는 뜻입니다. 그래서 `.spec.containers[]`라고 표기합니다.

127

❹ .spec.containers[].image 필드는 컨테이너에서 사용할 이미지를 정합니다. 여기에서는 저자가 컨테이너 환경 테스트용으로 만든 arisu1000/simple-container-app:latest[1] 라는 컨테이너 이미지를 설정했습니다.

❺ .spec.containers[].ports[].containerPort 필드는 해당 컨테이너에 접속할 포트 번호를 설정합니다. 여기에서는 8080으로 설정했습니다.

[코드 5-1]을 pod.yaml로 저장하고 kubectl apply -f pod-sample.yaml 명령을 실행해 클러스터에 적용해보겠습니다.

```
$ kubectl apply -f pod-sample.yaml
pod/kubernetes-simple-pod created
```

kubectl get pods 명령을 실행해 STATUS 항목이 Running이면 정상적으로 파드를 실행한 것입니다.

```
$ kubectl get pods
NAME                    READY   STATUS    RESTARTS   AGE
kubernetes-simple-pod   1/1     Running   0          29s
```

5.3 파드 생명 주기

파드는 생성부터 삭제까지의 과정에 생명 주기Lifecycle가 있습니다. 파드 생명 주기는 다음과 같습니다.

• **Pending:** 쿠버네티스 시스템에 파드를 생성하는 중임을 뜻합니다. 이 상태는 컨테이너 이미지를 다운로드한 후 전체 컨테이너를 실행하는 도중이므로 파드 안의 전체 컨테이너가 실행될 때까지 시간이 걸립니다.

---

1 https://hub.docker.com/r/arisu1000/simple-container-app

- **Running**: 파드 안 모든 컨테이너가 실행 중인 상태입니다. 1개 이상의 컨테이너가 실행 중이거나 시작 또는 재시작 상태일 수 있습니다.

- **Succeeded**: 파드 안 모든 컨테이너가 정상 실행 종료된 상태로 재시작되지 않습니다.

- **Failed**: 파드 안 모든 컨테이너 중 정상적으로 실행 종료되지 않은 컨테이너가 있는 상태입니다. 컨테이너 종료 코드가 0이 아니면 비정상 종료(예: Out of memory는 종료 코드 137)이거나 시스템이 직접 컨테이너를 종료한 것입니다.

- **Unknown**: 파드의 상태를 확인할 수 없는 상태입니다. 보통 파드가 있는 노드와 통신할 수 없을 때입니다.

현재 파드 생명 주기는 kubectl describe pods 파드이름 명령을 실행한 후 Status 항목을 살펴보면 확인할 수 있습니다. 여기에서는 5.2에서 만든 파드 이름으로 명령을 실행합니다.

```
$ kubectl describe pods kubernetes-simple-pod
Name:           kubernetes-simple-pod
Namespace:      default
Priority:       0
Node:           docker-desktop/192.168.65.3
Start Time:     Mon, 19 Aug 2019 10:58:06 +0900
Labels:         app=kubernetes-simple-pod
Annotations:    <none>
Status:         Running
IP:             10.1.0.137

# 중간 생략

Conditions:
  Type              Status
  Initialized       True
  Ready             True
  ContainersReady   True
  PodScheduled      True

# 이후 생략
```

Status 항목을 보면 현재 파드가 Running 상태입니다. Conditions 항목은 파드의 현재 상태 정보를 나타내며 Type과 Status로 구분되어 있습니다.

Type에는 다음 같은 정보를 나타냅니다.

- **Initialized:** 모든 초기화 컨테이너가 성공적으로 시작 완료되었다는 뜻입니다.
- **Ready:** 파드는 요청들을 실행할 수 있고 연결된 모든 서비스의 로드밸런싱 풀에 추가되어 야 한다는 뜻입니다.
- **ContainersReady:** 파드 안 모든 컨테이너가 준비 상태라는 뜻입니다.
- **PodScheduled:** 파드가 하나의 노드로 스케줄을 완료했다는 뜻입니다.
- **Unschedulable:** 스케줄러가 자원의 부족이나 다른 제약 등으로 지금 당장 파드를 스케줄 할 수 없다는 뜻입니다.

Status는 Type의 상태를 나타내는 True(상태 활성화), False(상태 비활성화), Unknown(상태 알 수 없음) 값을 출력합니다.

5.10에서 해당 파드를 다시 적용할 것이므로 kubectl delete pod kubernetes-simple-pod 명령을 실행해 해당 파드를 삭제해둡니다.

5.4 kubelet으로 컨테이너 진단하기

컨테이너가 실행된 후에는 kubelet가 컨테이너를 주기적으로 진단합니다. 이때 필요한 프로브 Probe에는 다음 세 가지가 있습니다.

- **livenessProbe:** 컨테이너가 실행됐는지 확인합니다. 이 진단이 실패하면 kubelet은 컨테 이너를 종료시키고, 재시작 정책에 따라서 컨테이너를 재시작합니다. 컨테이너에 liveness Probe를 어떻게 할지 명시되지 않았다면 기본 상태 값은 Success입니다.
- **readinessProbe:** 컨테이너가 실행된 후 실제로 서비스 요청에 응답할 수 있는지 진단합니 다. 이 진단이 실패하면 엔드포인트 컨트롤러endpoint controller는 해당 파드에 연결된 모든 서비 스를 대상으로 엔드포인트 정보를 제거합니다. 첫 번째 readinessProbe를 하기 전까지의

기본 상태 값은 Failure입니다. readinessProbe를 지원하지 않는 컨테이너라면 기본 상태 값은 Success입니다.

- **startupProbe:** 컨테이너 안 애플리케이션이 시작되었는지 나타냅니다. 스타트업 프로브는 진단이 성공할 때까지 다른 나머지 프로브는 활성화되지 않으며, 진단이 실패하면 kubelet이 컨테이너를 종료시키고, 컨테이너를 재시작 정책에 따라 처리합니다. 컨테이너에 스타트업 프로브가 없으면 기본 상태 값은 Success입니다.

앞 세 가지 프로브가 있는 것이 쿠버네티스의 장점입니다. readinessProbe를 지원하는 컨테이너라면 컨테이너가 실행된 다음 바로 서비스에 투입되어서 트래픽을 받지 않습니다. 실제 트래픽을 받을 준비가 되었음을 확인한 후 트래픽을 받을 수 있습니다. 자바 애플리케이션처럼 프로세스가 시작된 후 앱이 초기화될 때까지 시간이 걸리는 상황에 유용합니다. 그뿐만 아니라 앱을 실행할 때 대용량 데이터를 불러와야 하거나, 컨테이너 실행은 시작됐지만 앱의 환경 설정 실수로 앱이 실행되지 않는 상황 등에 대비할 수 있습니다.

참고로 컨테이너 진단은 컨테이너가 구현한 핸들러^{handler}를 kubelet이 호출해서 실행합니다. 핸들러에는 세 가지가 있습니다.

- **ExecAction:** 컨테이너 안에 지정된 명령을 실행하고 종료 코드가 0일때 Success라고 진단합니다.
- **TCPSocketAction:** 컨테이너 안에 지정된 IP와 포트로 TCP 상태를 확인하고 포트가 열려 있으면 Success라고 진단합니다.
- **HTTPGetAction:** 컨테이너 안에 지정된 IP, 포트, 경로로 HTTP GET 요청을 보냅니다. 응답 상태 코드가 200에서 400 사이면 Success라고 진단합니다.

진단 결과도 세 가지가 있습니다.

- **Success:** 컨테이너가 진단에 성공
- **Failure:** 컨테이너가 진단에 실패
- **Unknown:** 진단 자체가 실패해서 컨테이너 상태를 알 수 없음

5.5 초기화 컨테이너

초기화 컨테이너[init container]는 앱 컨테이너[app container]가 실행되기 전 파드를 초기화합니다. 보안상 이유로 앱 컨테이너 이미지와 같이 두면 안 되는 앱의 소스 코드를 별도로 관리할 때 유용합니다. 다음 특징이 있습니다.

- 초기화 컨테이너는 여러 개를 구성할 수 있습니다. 초기화 컨테이너가 여러 개 있다면 파드 템플릿에 명시한 순서대로 초기화 컨테이너가 실행됩니다.

- 초기화 컨테이너 실행이 실패하면 성공할 때까지 재시작합니다. 이런 초기화 컨테이너의 특성을 이용하면 쿠버네티스의 '선언적'이라는 특징에서 벗어날 수 있습니다. 즉, 필요한 명령들을 순서대로 실행하는 데 사용하는 것입니다.

- 초기화 컨테이너가 모두 실행된 후 앱 컨테이너 실행이 시작됩니다.

이러한 특징을 이용하면 파드를 실행할 때 앱 컨테이너가 외부의 특정 조건을 만족할 때까지 기다렸다가 실행하도록 만들 수 있습니다. 예를 들어 초기화 컨테이너가 외부의 특정 조건을 만족할 때까지 대기하고 있다가 조건이 충족된 후 앱 컨테이너를 실행하는 것입니다.

초기화 컨테이너는 앱 컨테이너와 비슷하게 동작하지만 몇 가지 다른 점이 있습니다. 그중 5.4에서 소개한 프로브를 지원하지 않는다는 것을 꼭 기억하기 바랍니다. 파드가 모두 준비되기 전에 실행한 후 종료되는 컨테이너이기 때문입니다.

[코드 5-2]는 초기화 컨테이너를 설정한 파드 설정의 예입니다.

코드 5-2 초기화 컨테이너 설정 예(pod/pod-init.yaml)

```
apiVersion: v1
kind: Pod
metadata:
  name: kubernetes-simple-pod
  labels:
    app: kubernetes-simple-pod
spec:
  initContainers:
```

```
  - name: init-myservice
    image: arisu1000/simple-container-app:latest                    ❶
    command: ['sh', '-c', 'sleep 2; echo helloworld01;']
  - name: init-mydb
    image: arisu1000/simple-container-app:latest                    ❷
    command: ['sh', '-c', 'sleep 2; echo helloworld02;']
containers:
  - name: kubernetes-simple-pod
    image: arisu1000/simple-container-app:latest                    ❸
    command: ['sh', '-c', 'echo The app is running! && sleep 3600']
```

초기화 컨테이너를 설정하는 부분은 .spec.initContainers[]의 하위 필드입니다.

❶ 첫 번째 초기화 컨테이너의 .spec.initContainers[].name 필드 값으로는 init-service
라는 이름을 설정했고 .image 필드 값으로는 이 책에서 필요할 때 실습에 사용할 컨테이
너 이미지로 만든 arisu1000/simple-container-app:latest를 설정했습니다. .command
필드 값으로는 해당 컨테이너를 실행할 때 2초 대기한 후 helloworld01라는 메시지를 출
력하라고 설정했습니다.

❷ 두 번째 초기화 컨테이너의 .spec.initContainers[].name 필드 값으로는 init-mydb라
는 이름을 설정했고 .image 필드 값으로는 이 책에서 필요할 때 실습에 사용할 컨테이너
이미지로 만든 arisu1000/simple-container-app:latest를 설정했습니다. .command 필
드 값으로는 해당 컨테이너를 실행할 때 2초 대기한 후 helloworld02라는 메시지를 출력
하라고 설정했습니다.

❸ .spec.containers[]의 하위 필드는 실제로 생성할 파드를 설정했습니다. .spec.contai
ners[].name 필드 값으로는 kubernetes-simple-pod라는 이름을 설정했고 .image 필드
값으로는 역시 arisu1000/simple-container-app:latest를 설정했습니다. .command 필
드 값으로는 해당 컨테이너를 실행할 때 The app is running!라는 메시지를 출력하고
3600초 대기하라고 설정했습니다.

즉, [코드 5-2]는 kubernetes-simple-pod라는 파드를 생성하기 전 초기화 컨테이너로
init-service와 init-mydb를 실행합니다. 여기에서는 간단한 메시지를 출력하는 설정을 했지
만 상황에 따라 필요한 설정을 추가해 사용하면 됩니다.

5.6 파드 인프라 컨테이너

쿠버네티스에는 모든 파드에서 항상 실행되는 pause라는 컨테이너가 있습니다. 이 pause를 '파드 인프라 컨테이너[Pod infrastructure container]'라고 합니다.

그림 5-2 파드 인프라 컨테이너의 구조

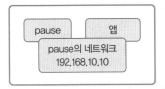

pause는 파드 안 기본 네트워크로 실행되며, 프로세스 식별자가 1(PID 1)로 설정되므로 다른 컨테이너의 부모 컨테이너 역할을 합니다. 파드 안 다른 컨테이너는 pause 컨테이너가 제공하는 네트워크를 공유해서 사용합니다. 그래서 파드 안 다른 컨테이너가 재시작됐을 때는 파드의 IP를 유지하지만, pause 컨테이너가 재시작되면 파드 안 모든 컨테이너도 재시작합니다.

kubelet에는 명령 옵션으로 --pod-infra-container-image가 있습니다. pause가 아닌 다른 컨테이너를 파드 인프라 컨테이너로 지정할 때 사용합니다.

5.7 스태틱 파드

kube-apiserver를 통하지 않고 kubelet이 직접 실행하는 파드들이 있습니다. 이를 스태틱 파드[static pod]라고 합니다. kubelet 설정의 --pod-manifest-path라는 옵션에 지정한 디렉터리에 스태틱 파드로 실행하려는 파드들을 넣어두면 kubelet이 그걸 감지해서 파드로 실행합니다.

스태틱 파드는 kubelet이 직접 관리하면서 이상이 생기면 재시작합니다. 또한 kubelet이 실행 중인 노드에서만 실행되고 다른 노드에서는 실행되지 않습니다. kube-apiserver로 파드를 조회할 수 있지만 스태틱 파드에 어떤 명령을 실행할 수는 없습니다. 보통 스태틱 파드는 kube-apiserver라던가 etcd 같은 시스템 파드를 실행하는 용도로 많이 사용합니다.

쿠버네티스에서 파드를 실행하려면 kube-apiserver가 필요한데 kube-apiserver 자체를 처음 실행하는 별도의 수단으로 스태틱 파드를 이용하는 것입니다.

macOS 도커 데스크톱의 리눅스 가상 머신 안에 접속해서 스태틱 파드의 설정을 변경해보겠습니다. [그림 5-3]은 현재 macOS에 설치된 도커 데스크톱 안 kube-apiserver의 위치입니다.

그림 5-3 도커 데스크톱 안 kube-apiserver의 위치

리눅스에 바로 도커를 설치했다면 가상 머신이 없겠지만 macOS는 도커 데스크톱을 설치할 때 가상 머신을 먼저 만든 후 그 안에 도커를 설치합니다.

> **TIP**
> 윈도우의 도커 데스크톱 가상 머신은 하이퍼-V(Hyper-V)로 만듭니다. 그런데 일반적인 설정으로는 해당 가상 머신을 셸에서 접속할 수 없습니다. 이럴 때는 2.4.2에서 만든 Kubespray에서 해당 실습을 진행해보기 바랍니다.

스태틱 파드의 경로는 /etc/kubernetes/manifests입니다. 도커 데스크톱의 쿠버네티스에서 이를 확인해보겠습니다. 다음 명령을 참고해 도커에서 실행한 리눅스 가상 머신에 접속합니다.

```
$ docker run -it --privileged --pid=host debian nsenter -t 1 -m -u -n -i sh
Unable to find image 'debian:latest' locally
latest: Pulling from library/debian
6c33745f49b4: Pull complete
Digest: sha256:22d4552b9f96fd0ea943cb846d58b069d4df297673636055a3d984b3ccac6a28
Status: Downloaded newer image for debian:latest
/ # cd /etc/kubernetes/manifests
/var/lib/kubeadm/manifests # ls -alF
total 24
```

```
drwx------    2 root      root      4096 Aug 19 00:51 ./
drwxr-xr-x    4 root      root      4096 Aug 19 00:51 ../
-rw-------    1 root      root      1877 Aug 19 00:51 etcd.yaml
-rw-------    1 root      root      3064 Aug 19 00:51 kube-apiserver.yaml
-rw-------    1 root      root      2871 Aug 19 00:51 kube-controller-manager.yaml
-rw-------    1 root      root       990 Aug 19 00:51 kube-scheduler.yaml
```

접속한 다음 /etc/kubernetes/manifests 디렉터리에서 쿠버네티스 시스템용 파드들의 템플릿 파일들을 확인할 수 있습니다.

TIP

Kubespray에서 실습한다면 바로 cd /etc/kubernetes/manifests 명령을 실행하기 바랍니다.

이제 kube-apiserver.yaml의 내용을 수정해보겠습니다. 다른 옵션을 수정하면 쿠버네티스 시스템에 영향을 줄 수 있으니 env 필드를 이용해 컨테이너 환경 변수를 추가하겠습니다. vi kube-apiserver.yaml 명령을 실행해 다음처럼 컨테이너 환경 변수로 .name 필드 값에 "TEST"를 설정하고 .value 필드 값으로 test를 설정합니다. TEST는 단지 환경 변수가 적용되는지 확인하려고 넣는 테스트용입니다. 실제로 kube-apiserver에 아무 영향을 미치지 않습니다.

```
image: k8s.gcr.io/kube-apiserver:v1.21.1
env:
- name: "TEST"
  value: test
imagePullPolicy: IfNotPresent
```

수정 내용을 저장하면 kube-apiserver를 재시작합니다. kube-apiserver.yaml이 변경된 것을 kubelet가 감지하고 재시작한 것입니다.

재시작 후 셸을 종료해 리눅스 가상 머신에서 나옵니다. 그리고 다시 셸을 열고 다음 명령을 실행하면 TEST: test라는 환경 변수가 추가된 것을 확인할 수 있습니다.

```
$ kubectl describe pods kube-apiserver-docker-desktop -n kube-system | grep TEST
    TEST:   test
```

이제 kubectl edit pods kube-apiserver-docker-desktop -n kube-system 명령으로 kube-apiserver-docker-desktop 파드를 직접 수정하겠습니다. 앞에서 추가했던 환경 변수인 TEST를 삭제하고 저장하는 것입니다.

```
$ kubectl edit pods kube-apiserver-docker-desktop -n kube-system
error: pods "kube-apiserver-docker-desktop" is invalid
A copy of your changes has been stored to "/var/folders/y1/5w7_qhyx3pg_23y02k4rz2qw
0000gn/T/kubectl-edit-r9qvs.yaml"
error: Edit cancelled, no valid changes were saved.
```

명령이 실행되지 않고 에러가 발생하는 것을 확인할 수 있습니다. kube-apiserver-docker-desktop 파드는 스태틱 파드이므로 kube-apiserver의 기능을 이용하는 edit 명령으로 수정할 수 없기 때문입니다.

5.8 파드에 CPU와 메모리 자원 할당

마이크로서비스 아키텍처 기반으로 여러 개 작은 프로세스를 실행하면 노드 하나에 여러 개 파드를 실행하는 일이 자주 있습니다. 이때 자원 사용량이 많은 파드가 노드 하나에 모여 있다면 파드들의 성능이 나빠집니다. 또한 전체 클러스터의 자원 사용 효율도 낮습니다. 예를 들어 어떤 노드에는 파드가 없어서 CPU나 메모리 같은 자원이 남고, 어떤 노드에는 파드들이 많아서 파드에서 사용해야 하는 CPU나 메모리가 부족한 현상이 발생할 수도 있습니다.

쿠버네티스에는 이런 상황을 막는 여러 가지 방법이 있습니다. 가장 기본적인 방법으로는 파드를 설정할 때 파드 안 각 컨테이너가 CPU나 메모리를 얼마나 사용할 수 있을지 조건을 지정하는 것입니다.

파드에는 CPU와 메모리를 대상으로 자원 사용량을 설정하도록 .limits와 .requests 필드를 준비해두었습니다. 다음 4개의 필드를 사용할 수 있습니다.

- .spec.containers[].resources.limits.cpu

- .spec.containers[].resources.limits.memory

- .spec.containers[].resources.requests.cpu

- .spec.containers[].resources.requests.memory

[코드 5-3]은 자원 사용량을 설정하는 예입니다.

코드 5-3 자원 사용량 설정 예(pod/pod-resource.yaml)

```
apiVersion: v1
kind: Pod
metadata:
  name: kubernetes-simple-pod
  labels:
    app: kubernetes-simple-pod
spec:
  containers:
  - name: kubernetes-simple-pod
    image: arisu1000/simple-container-app:latest
    resources:
      requests:
        cpu: 0.1
        memory: 200M
      limits:
        cpu: 0.5
        memory: 1G
    ports:
    - containerPort: 8080
```

.spec.containers[].resources.limits 필드와 .spec.containers[].resources.requests 필드를 어떻게 설정하는지 알 수 있습니다.

.spec.containers[].resources.requests 필드는 최소 자원 요구량을 나타냅니다. 파드가 실행될 때 최소한 .spec.containers[].resources.requests에 설정된 만큼의 자원 여유가 있는 노드가 있어야 파드를 그곳에 스케줄링해 실행합니다. .spec.containers[].resources.requests에서 요구하는 만큼의 여유 자원이 있는 노드가 없다면 파드는 Pending 상태로 실행되지 않습니다. 클러스터 안에 자원 여유가 생길 때까지 대기합니다.

.spec.containers[].resources.limits 필드는 자원을 최대로 얼마까지 사용할 수 있는지 제한하는 설정입니다. 웹 서비스를 제공하는 컨테이너가 있다고 생각해보죠. 평소에는 사용량이 적더라도 어떤 이벤트 때문에 갑자기 사용량이 늘어날 수도 있습니다. 이때 .spec.containers[].resources.limits 설정이 따로 없다면 해당 컨테이너가 노드의 모든 자원을 사용할 수 있습니다. 그러면 같은 노드에 실행된 다른 컨테이너가 모두 영향을 받아 최악의 상황에는 클러

스터 안 모든 서비스에 영향을 끼칠 수도 있습니다. 이 때문에 특정 컨테이너에 `.spec.containers[].resources.limits`를 설정해서 노드의 모든 자원을 사용하는 것을 막습니다. 즉, CPU는 최대 0.5, 메모리는 최대 1GB까지 사용할 수 있도록 제한했습니다.

쿠버네티스가 파드를 스케줄링할 때는 노드의 현재 사용량을 보는 것이 아닙니다. `.spec.containers[].resources.requests`와 `.spec.containers[].resources.limits`만을 확인합니다. 예를 들어 메모리가 4GB인 노드에 `.spec.containers[].resources.requests.memory` 필드 값을 2GB로 설정하고 `.spec.containers[].resources.limits.memory` 필드 값을 설정하지 않았다면 실제로 파드가 메모리를 3GB 혹은 4GB 전부를 사용할 수도 있습니다.

여기에 추가로 `.spec.containers[].resources.requests.memory` 필드 값을 1.5GB로 설정한 파드를 할당하면 쿠버네티스는 노드 전체의 메모리 4GB에서 현재 `.spec.containers[].resources.requests.memory` 필드 값 2GB를 제외한 나머지 2GB가 할당할 수 있는 메모리라고 생각합니다. 따라서 해당 노드에 추가로 파드를 실행할 것입니다. 그런데 실제 파드가 사용하는 메모리양이 많아서 1.5GB를 사용할 수 없을 때도 있습니다. 컨테이너가 실행되려다가 Out of memory 에러를 발생시키면서 실행하지 못합니다.

이를 막으려고 `.spec.containers[].resources.limits.memory` 필드 값을 설정해서 파드가 `.spec.containers[].resources.limits.memory` 필드에 설정된 값 이상의 메모리를 사용하지 못하게 하는 것입니다. 물론 `.spec.containers[].resources.limits.memory` 필드 없이 `.spec.containers[].resources.requests.memory` 필드 값을 설정하면 이런 예상치 못한 오류를 만날 수도 있지만 노드의 자원을 최대한 많이 사용할 수 있다는 장점이 있습니다.

자원 사용량을 할당할 때의 단위는 어떨까요? 메모리는 바이트 단위로 측정됩니다. 별도로 용량을 나타내는 기호를 사용하지 않는다면 기본 단위는 바이트입니다. 하지만 대용량을 바이트로 표기하기에는 불편하므로 보통 바이트 단위 용량을 나타내는 기호인 십진법 접두어 E^{exa}, P^{peta}, T^{tera}, G^{giga}, M^{mega}, K^{kilo}를 사용합니다. 이진법 접두어인 Ei^{exbi}, Pi^{pebi}, Ti^{tebi}, Gi^{gibi}, Mi^{mebi}, Ki^{kibi} 같은 기호도 그대로 사용할 수 있습니다.

CPU는 메모리와 좀 다릅니다. 보통 본인이 사용할 수 있는 자원의 코어 개수로 표시합니다. 그래서 할당할 수 있는 CPU 자원을 1, 2, 3, 4처럼 정수로만 설정할 수 있다고 생각하는 분이 있을 것입니다. 그런데 앞 템플릿을 살펴보면 `.spec.containers[].resources.requests.cpu`

필드 값은 0.1이고 `.spec.containers[].resources.limits.cpu` 필드 값은 0.5입니다. 처음 컨테이너 오케스트레이터 도구를 사용하는 분들이 의아해하는 부분이기도 합니다.

그럼 소수점은 어떤 뜻일까요? CPU 코어 하나의 연산 능력을 기준으로 하는 것입니다. 예를 들어 1을 설정했다면 코어 하나의 연산 능력을 온전히 사용할 수 있도록 설정했다는 뜻입니다. 앞 예제처럼 0.1로 설정했을 때는 CPU 코어 하나의 연산량을 100이라고 했을 때 10%만큼 연산 능력을 할당한다는 뜻입니다. `.spec.containers[].resources.limits.cpu` 필드 값이 0.5라면 코어 하나의 50% 연산 능력까지만 활용할 수 있도록 제한한다는 뜻입니다.

5.9 파드에 환경 변수 설정하기

컨테이너를 사용할 때의 장점 중 하나는 개발 환경에서 만든 컨테이너의 환경 변수만 변경해 실제 환경에서 실행하더라도 개발 환경에서 동작하던 그대로 동작한다는 점입니다. 이번에는 파드에 환경 변수를 설정하는 방법을 살펴보겠습니다.

[코드 5-4]는 파드의 환경 변수를 설정하는 예입니다.

코드 5-4 파드 환경 변수 설정 예(pod/pod-env.yaml)

```
apiVersion: v1
kind: Pod
metadata:
  name: kubernetes-simple-pod
  labels:
    app: kubernetes-simple-pod
spec:
  containers:
  - name: kubernetes-simple-pod
    image: arisu1000/simple-container-app:latest
    ports:
    - containerPort: 8080
    env:
```

```
    - name: TESTENV01
      value: "testvalue01"                          ❶
    - name: HOSTNAME
      valueFrom:
        fieldRef:                                    ❷
          fieldPath: spec.nodeName
    - name: POD_NAME
      valueFrom:
        fieldRef:                                    ❸
          fieldPath: metadata.name
    - name: POD_IP
      valueFrom:
        fieldRef:                                    ❹
          fieldPath: status.podIP
    - name: CPU_REQUEST
      valueFrom:
        resourceFieldRef:                            ❺
          containerName: kubernetes-simple-pod
          resource: requests.cpu
    - name: CPU_LIMIT
      valueFrom:
        resourceFieldRef:                            ❻
          containerName: kubernetes-simple-pod
          resource: limits.cpu
```

.spec.containers[]의 하위 필드를 살펴보면 .spec.containers[].env[]라는 하위 필드를 확인할 수 있습니다. 다음과 같은 뜻이 있습니다.

- **name:** 사용할 환경 변수의 이름을 설정합니다.

- **value:** 문자열이나 숫자 형식의 값을 설정합니다.

- **valueFrom:** 값을 직접 할당하는 것이 아니라 어딘가 다른 곳에서 참조하는 값을 설정합니다.

- **fieldRef:** 파드의 현재 설정 내용을 값으로 설정한다는 선언입니다.

- **fieldPath:** .fieldRef에서 어디서 값을 가져올 것인지를 지정합니다. 즉, 값을 참조하려는 항목의 위치를 지정합니다.

- **resourceFieldRef:** 컨테이너에 CPU, 메모리 사용량을 얼마나 할당했는지에 관한 정보를 가져옵니다.

- **containerName:** 환경 변수 설정을 가져올 컨테이너 이름을 설정합니다.

- **resource:** 어떤 자원의 정보를 가져올지 설정합니다.

그럼 차례로 환경 변수의 설정 내용을 살펴보겠습니다.

❶ 첫 번째 환경 변수는 .name 필드에 TESTENV01, .value 필드에 testvalue01이라는 값을 설정했습니다.

❷ 두 번째 환경 변수부터는 .name 필드 다음에 .value가 아니라 .valueFrom 필드를 사용했습니다. 여기에서는 파드가 실행되는 호스트네임을 파드 안에서 확인하는 설정입니다. .name 필드 값을 HOSTNAME이라고 설정했고, .fieldRef의 하위 .fieldPath 필드 값으로 현재 노드를 뜻하는 spec.nodeName을 설정했습니다.

❸ 세 번째 환경 변수에는 파드의 이름을 설정합니다. .name 필드 값을 POD_NAME이라고 설정했고, .fieldRef의 하위 .fieldPath 필드 값으로 metadata.name 필드를 설정했습니다.

❹ 네 번째 환경 변수에는 IP를 설정합니다. .name 필드 값을 POD_IP라고 설정했고, .fieldRef의 하위 .fieldPath 필드 값으로 현재 파드에 할당된 IP인 status.podIP를 설정했습니다.

❺ 다섯 번째 환경 변수에는 .valueFrom의 하위 필드로 .resourceFieldRef를 사용했습니다. CPU의 최소 자원 요구량을 가져와서 환경 변수 CPU_REQUEST로 설정합니다. .name 필드 값을 CPU_REQUEST라고 설정했고, .resourceFieldRef의 하위 .containerName 필드 값으로 .spec.containers.name 필드 값인 kubernetes-simple-pod, .resource 필드 값으로 [코드 5-3]에서 살펴본 requests.cpu 필드(.spec.containers[].resources.requests.cpu)를 설정했습니다.

❻ 여섯 번째 환경 변수에는 CPU의 자원 제한량을 가져와서 환경 변수 CPU_LIMIT로 설정합니다. .name 필드 값을 CPU_LIMIT라고 설정했고, .resourceFieldRef의 하위 .containerName 필드 값으로 .spec.containers.name 필드 값인 kubernetes-simple-pod를 설정했고, resource 필드 값으로 역시 [코드 5-3]에서 살펴본 limits.cpu 필드(.spec.containers[].resources.limits.cpu)를 설정했습니다.

이렇게 파드와 관련 있는 여러 가지 정보를 환경 변수로 설정해서 파드에 적용할 수 있습니다.

5.10 파드 환경 설정 내용 적용하기

파드는 환경 설정 내용을 템플릿 하나에 모두 작성한 후 적용해야 합니다. 여기에서는 [코드 5-1]~[코드 5-4]에서 살펴본 설정을 모두 적용하겠습니다. 책에 따로 소개하지는 않겠습니다. 예제 파일의 pod/pod-all.yaml에서 자세한 템플릿 설정을 확인할 수 있습니다.

kubectl apply -f pod-all.yaml 명령을 실행합니다.

```
$ kubectl apply -f pod-all.yaml
pod/kubernetes-simple-pod created
```

초기화 컨테이너 설정에는 시간이 소요되므로 kubectl get pods 명령을 실행했을 때 해당 파드의 STATUS 항목이 Running으로 바뀔 때까지 잠깐 기다립니다.

제대로 환경 변수가 설정됐는지 확인하려면 kubectl exec -it kubernetes-simple-pod -- sh 명령을 실행해 컨테이너 안으로 접속해야 합니다. 그리고 env 명령어를 실행해 5.9에서 설정했던 환경 변수들을 확인합니다.

```
$ kubectl exec -it kubernetes-simple-pod -- sh
~ # env
POD_IP=10.1.0.5
KUBERNETES_SERVICE_PORT=443
KUBERNETES_PORT=tcp://10.96.0.1:443
CPU_REQUEST=1
HOSTNAME=docker-desktop
TESTENV01=testvalue01
SHLVL=1
HOME=/root
TERM=xterm
POD_NAME=kubernetes-simple-pod
KUBERNETES_PORT_443_TCP_ADDR=10.96.0.1
PATH=/usr/local/sbin:/usr/local/bin:/usr/sbin:/usr/bin:/sbin:/bin
KUBERNETES_PORT_443_TCP_PORT=443
KUBERNETES_PORT_443_TCP_PROTO=tcp
CPU_LIMIT=1
KUBERNETES_SERVICE_PORT_HTTPS=443
```

```
KUBERNETES_PORT_443_TCP=tcp://10.96.0.1:443
KUBERNETES_SERVICE_HOST=10.96.0.1
PWD=/root
~ # exit
```

참고로 KUBERNETES_라는 접두어를 사용하는 환경 변수들은 쿠버네티스 안에서 현재 사용 중인 자원 관련 정보가 있습니다. 이런 정보들은 쿠버네티스가 파드를 실행할 때 기본적으로 설정하는 것입니다.

exit 명령어를 실행해 컨테이너 외부로 나옵니다.

> **TIP**
>
> 파드의 환경 설정 내용을 바꾼 후 다시 적용하려면 kubectl delete pod 파드이름 명령을 실행해 기존 파드를 삭제해야 합니다. 그리고 환경 설정 내용을 수정한 후 다시 kubectl apply -f 파일이름.yaml 명령을 실행해야 합니다. 또한 CPU와 메모리 자원 할당 등을 확인할 때는 컨테이너 안을 접속하는 것이 아니라 기존 셸에서 kubectl describe pods 파드이름 명령을 실행해서 확인합니다.

컨피그맵이나 시크릿도 환경 변수를 설정할 수 있습니다. 이는 10장과 11장에서 살펴볼 것입니다.

5.11 파드 구성 패턴

파드로 여러 개의 컨테이너를 묶어서 구성하고 실행할 때 몇 가지 패턴을 적용할 수 있습니다.

구글에서는 실제 시스템에서 수년간 컨테이너를 운영해온 경험을 정리해서 '컨테이너 기반의 분산 시스템 디자인 패턴Design patterns for container-based distributed systems[2]'이라는 자료를 공개했습니다. 단일 노드에서 여러 개 컨테이너를 구성할 때의 패턴들이 소개되어 있습니다. 이를 참고해서 파드 안 컨테이너를 어떻게 구성할지 정할 수 있습니다.

---

[2] https://www.usenix.org/system/files/conference/hotcloud16/hotcloud16_burns.pdf

5.11.1 사이드카 패턴

사이드카^{Sidecar} 패턴은 원래 사용하려던 기본 컨테이너의 기능을 확장하거나 강화하는 용도의 컨테이너를 추가하는 것입니다. 기본 컨테이너는 원래 목적의 기능에만 충실하도록 구성하고, 나머지 공통 부가 기능들은 사이드카 컨테이너를 추가해서 사용합니다.

일반적인 웹 서버의 예라면 [그림 5-4]처럼 웹 서버 컨테이너는 웹 서버 역할만 하고 로그는 파일로 남깁니다. 그럼 사이드카 역할인 로그 수집 컨테이너는 파일 시스템에 쌓이는 로그를 수집해서 외부의 로그 수집 시스템으로 보냅니다.

그림 5-4 사이드카 패턴의 구조

이렇게 구성하면 웹 서버 컨테이너를 다른 역할을 하는 컨테이너로 변경했을 때도 로그 수집 컨테이너는 그대로 사용할 수 있습니다. 즉, 공통 역할을 하는 컨테이너의 재사용성을 높일 수 있습니다.

5.11.2 앰배서더 패턴

앰배서더^{Ambassador} 패턴은 파드 안에서 프록시 역할을 하는 컨테이너를 추가하는 패턴입니다. 파드 안에서 외부 서버에 접근할 때 내부 프록시에 접근하도록 설정하고 실제 외부와의 연결은 프록시에서 알아서 처리합니다. 구조는 [그림 5-5]와 같습니다.

그림 5-5 앰배서더 패턴의 구조

웹 서버 컨테이너는 캐시에 localhost로만 접근하고 실제 외부 캐시 중 어디로 접근할지는 프록시 컨테이너가 처리합니다.

이런 방식으로 파드의 트래픽을 더 세밀하게 제어할 수 있습니다. 트래픽을 세밀하게 제어하는 서비스 메시service mesh용 오픈 소스인 이스티오Istio 공식 문서의 'What is Istio' 아래 'architecture[3]'에서 이 과정을 [그림 5-6]처럼 설명합니다.

그림 5-6 앰배서더 패턴을 이용한 파드 트래픽 제어

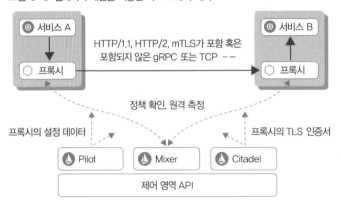

파드마다 프록시를 추가해서 트래픽을 처리하도록 구성하는 것임을 알 수 있습니다.

5.11.3 어댑터 패턴

어댑터Adapter 패턴은 파드 외부로 노출되는 정보를 표준화하는 어댑터 컨테이너를 사용한다는 뜻입니다. 주로 어댑터 컨테이너로 파드의 모니터링 지표를 표준화한 형식으로 노출시키고, 외부의 모니터링 시스템에서 해당 데이터를 주기적으로 가져가서 모니터링하는데 이용합니다. 구조는 [그림 5-7]과 같습니다.

그림 5-7 어댑터 패턴의 구조

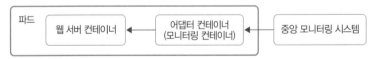

어댑터 패턴은 17.3.3에서 소개할 오픈 소스 모니터링 시스템인 프로메테우스에서도 사용합니다.

---

3 https://istio.io/docs/concepts/what-is-istio/#architecture

6 컨트롤러

컨트롤러^{Controller}는 파드들을 관리하는 역할을 합니다. 다양한 목적에 맞게 사용할 수 있는 컨트롤러가 있다는 것이 쿠버네티스의 큰 장점이기도 합니다.

예를 들어 웹 서비스처럼 오랜 시간동안 계속 실행되어야 하는 파드들을 관리할 때는 레플리케이션 컨트롤러, 레플리카세트, 디플로이먼트 등을 사용합니다. 클러스터의 전체 노드에 같은 파드를 실행할 때는 데몬세트를 사용합니다. 보통 상태가 없는^{stateless} 앱을 실행하는데 사용하는 컨테이너를 상태가 있는^{statefull} 앱을 실행할 때 사용하도록 만드는 스테이트풀세트도 있습니다. 1회성 작업을 할 때 사용하는 잡, 주기적인 배치 작업을 실행할 때 사용하는 크론잡^{cronjob}도 있습니다.

이 장에서는 이런 다양한 컨트롤러를 자세히 살펴보겠습니다.

6.1 레플리케이션 컨트롤러

레플리케이션 컨트롤러^{Replication Controller}는 쿠버네티스 프로젝트의 초기부터 있었던 가장 기본적인 컨트롤러입니다. 지정한 숫자만큼의 파드가 항상 클러스터 안에서 실행되도록 관리합니다. 예를 들어 파드 2개를 명시해둔 레플리케이션 컨트롤러가 있다면 장애나 다른 이유로 파드 개수가 2개보다 적을 때 다시 새로운 파드를 실행해서 파드 개수를 2개로 맞춥니다. 또한 파드가 2개보다 많아졌을 때도 파드를 줄여서 2개만큼만 실행되도록 조정합니다.

컨트롤러를 사용하지 않고 파드를 직접 실행하면 파드에 이상이 생겨서 종료되거나 삭제됐을 때 재시작하기 어렵습니다. 파드를 실행하던 노드에 장애가 발생해서 파드가 종료되었을 때, 레플리케이션 컨트롤러를 이용해서 실행한 파드라면 클러스터 안 다른 노드에 다시 파드를 실행시킵니다.

레플리케이션 컨트롤러는 쿠버네티스에 처음부터 있었지만 요즘은 비슷한 역할을 하는 레플리카세트를 사용하는 추세입니다. 앱의 배포에는 디플로이먼트를 주로 사용합니다. 레플리케이션 컨트롤러가 무엇인지만 잘 기억해두기 바랍니다.

6.2 레플리카세트

레플리카세트^{replicaset}는 레플리케이션 컨트롤러의 발전형입니다. 레플리케이션 컨트롤러와 같은 동작을 하지만 집합 기반^{set-based}의 셀렉터^{selector}를 지원하는 차이점이 있습니다. 예를 들어 레플리케이션 컨트롤러는 셀렉터가 등호 기반^{equality-based}이므로 레이블을 선택할 때 같은지(=) 다른지(!=)만 확인합니다. 하지만 집합 기반의 셀렉터는 in, notin, exists 같은 연산자를 지원합니다.

또한 레플리케이션 컨트롤러는 kubectl에서 rolling-update 옵션을 사용할 수 있지만 레플리카세트는 사용할 수 없다는 차이도 있습니다. rolling-update 옵션이 필요할 때는 디플로이먼트를 사용해야 합니다.

6.2.1 레플리카세트 사용하기

레플리카세트를 이용해 파드를 관리하는 예를 살펴보겠습니다. [코드 6–1]은 레플리카세트를 사용하도록 설정하는 템플릿의 예입니다.

코드 6–1 레플리카세트 설정 예(replicaset/replicaset–nginx.yaml)

```
apiVersion: apps/v1
kind: ReplicaSet
metadata:
  name: nginx-replicaset
spec:
  template:
    metadata:
      name: nginx-replicaset        ❶
      labels:
        app: nginx-replicaset
    spec:
      containers:
      - name: nginx-replicaset       ❷
        image: nginx
        ports:
        - containerPort: 80
  replicas: 3                        ❸
  selector:
    matchLabels:                     ❹
      app: nginx-replicaset
```

레플리카세트 템플릿의 주요 설정은 다음과 같습니다.

❶ 자세한 명세는 .spec 필드에 설정합니다. .spec.template 필드에는 레플리카세트가 어떤 파드를 실행할지에 관한 정보를 설정합니다. 그래서 .spec.template 하위에 다시 .metadata와 .spec이라는 필드가 있습니다. 여기에서는 파드 이름으로 nginx-replicaset, 오브젝트를 식별하는 레이블이 앱 컨테이너고 nginx-replicaset라고 식별한다고 설정했습니다. 파드 템플릿에서 설정하는 내용과 같습니다.

❷ .spec.template.spec.containers[] 필드는 하위에 .name, .image, .ports[], .containerPort 필드를 이용해 컨테이너의 구체적인 명세를 설정합니다. 여기에서는 컨테이너의

이름을 nginx-replicaset, 사용할 컨테이너 이미지는 nginx, 해당 컨테이너에 접속할 포트 번호는 80으로 설정했습니다.

❸ .spec.replicas는 파드를 몇 개 유지할지 개수를 설정하는 필드입니다. 따로 설정하지 않으면 기본값은 1입니다. 앞 예에서는 3으로 설정했습니다.

❹ .spec.selector는 어떤 레이블(.labels)의 파드를 선택^{select}해서 관리할지를 설정합니다. 레이블을 기준으로 파드를 관리하므로 실행 중인 파드를 중단하거나 재시작하지 않고 레플리케이션 컨트롤러가 관리하는 파드를 변경할 수 있습니다. 그래서 처음 레플리케이션 컨트롤러를 생성할 때 .spec.template.metadata.labels의 하위 필드 설정과 .spec.selector.matchLabels의 하위 필드 설정이 같아야 합니다. 다르면 kube-apiserver에서 유효하지 않은 요청이라고 판단해서 파드 변경을 거부합니다. 템플릿에 별도의 .spec.selector 설정이 없으면 .spec.template.metadata.labels.app에 있는 내용을 기본값으로 설정합니다.

이제 [코드 6-1]을 replicaset-nginx.yaml로 저장하고 kubectl apply -f replicaset-nginx.yaml 명령으로 클러스터에 적용합니다. 그리고 kubectl get pods 명령으로 현재 파드 정보를 확인합니다.

```
$ kubectl apply -f replicaset-nginx.yaml
replicaset.apps/nginx-replicaset created
$ kubectl get pods
NAME                     READY   STATUS    RESTARTS   AGE
kubernetes-simple-pod    1/1     Running   0          72s
nginx-replicaset-9k82d   1/1     Running   0          13s
nginx-replicaset-b9kv6   1/1     Running   0          13s
nginx-replicaset-vbpqp   1/1     Running   0          13s
```

.spec.replicas를 3으로 설정했으므로 nginx-replicaset-9k82d, nginx-replicaset-b9kv6, nginx-replicaset-vbpqp라는 파드가 실행되는 것을 확인할 수 있습니다.

이 상태에서 kubectl delete pod 삭제하려는파드이름 명령으로 파드 1개를 임의로 삭제하겠습니다.

```
$ kubectl delete pod nginx-replicaset-vbpqp
pod "nginx-replicaset-vbpqp" deleted
```

다시 kubectl get pods 명령을 실행합니다.

```
$ kubectl get pods
NAME                        READY   STATUS    RESTARTS   AGE
kubernetes-simple-pod       1/1     Running   0          2m39s
nginx-replicaset-9k82d      1/1     Running   0          100s
nginx-replicaset-b9kv6      1/1     Running   0          100s
nginx-replicaset-gclnr      1/1     Running   0          7s
```

파드 개수를 3개로 유지하려고 nginx-replicaset-gclnr라는 파드 1개를 추가로 실행하는 것을 확인할 수 있습니다.

파드 개수를 조절하려면 replicaset-nginx.yaml 안 .spec.replicas 필드 값을 원하는 숫자로 수정한 후 다시 kubectl apply -f replicaset-nginx.yaml 명령을 실행합니다.

6.2.2 레플리카세트와 파드의 연관 관계

파드는 레이블 기준으로 관리하므로 레플리카세트와 파드는 느슨하게 결합되어 있습니다. 즉, 레플리카세트와 파드를 한꺼번에 삭제할 때는 kubectl delete replicaset 컨테이너이름 명령을 실행하지만, --cascade=orphan 옵션을 사용하면 레플리카세트가 관리하는 파드에 영향을 끼치지 않고 레플리카세트만 삭제할 수 있습니다. 그럼 현재 실행 중인 파드들을 관리하는 레플리카세트를 추가로 만들 수도 있습니다.

다음은 --cascade=orphan의 사용 예입니다. 레플리카세트를 삭제할 때 파드는 남겨두고 컨트롤러만 삭제하는 것입니다. kubectl delete replicaset 컨테이너이름 --cascade=orphan 명령으로 레플리카세트를 삭제합니다.

```
$ kubectl delete replicaset nginx-replicaset --cascade=orphan
replicaset.apps "nginx-replicaset" deleted
```

다음으로 레플리카세트와 파드의 정보를 한꺼번에 보여주는 kubectl get replicaset,pods 명령을 실행해 레플리카세트를 삭제한 후의 파드 상태를 확인합니다.

```
$ kubectl get replicaset,pods
NAME                        READY   STATUS    RESTARTS   AGE
pod/kubernetes-simple-pod   1/1     Running   0          3m21s
```

```
pod/nginx-replicaset-9k82d     1/1     Running   0          2m22s
pod/nginx-replicaset-b9kv6     1/1     Running   0          2m22s
pod/nginx-replicaset-gclnr     1/1     Running   0          49s
```

이제 kubectl apply -f replicaset-nginx.yaml 명령을 다시 실행해 남아 있는 파드들을 관리하는 레플리카세트를 만듭니다.

```
$ kubectl apply -f replicaset-nginx.yaml
replicaset.apps/nginx-replicaset created
```

다시 kubectl get replicaset,pods 명령을 실행해 레플리카세트를 생성한 후의 파드 상태를 확인합니다.

```
$ kubectl get replicaset,pods
NAME                                   DESIRED   CURRENT   READY   AGE
replicaset.apps/nginx-replicaset       3         3         3       8s


NAME                             READY   STATUS    RESTARTS   AGE
pod/kubernetes-simple-pod        1/1     Running   0          3m56s
pod/nginx-replicaset-9k82d       1/1     Running   0          2m57s
pod/nginx-replicaset-b9kv6       1/1     Running   0          2m57s
pod/nginx-replicaset-gclnr       1/1     Running   0          84s
```

이때 레플리카세트의 상태도 확인할 수 있습니다. 레플리카세트 상태 항목 중 DESIRED와 CURRENT는 다음 뜻이 있습니다.

- **DESIRED**: 레플리카세트 설정에 지정한 파드 개수입니다.
- **CURRENT**: 레플리카세트를 이용해 현재 클러스터에서 동작하는 실제 파드 개수입니다.

그럼 새로 만든 레플리카세트가 정상적으로 동작하는지 확인해보겠습니다. kubectl delete pods 삭제하려는파드이름 명령으로 파드 하나를 삭제합니다.

```
$ kubectl delete pods nginx-replicaset-gclnr
pod "nginx-replicaset-gclnr" deleted
```

kubectl get replicaset,pods 명령을 다시 실행합니다.

```
$ kubectl get replicaset,pods
NAME                             DESIRED     CURRENT    READY    AGE
replicaset.apps/nginx-replicaset 3           3          3        50s

NAME                          READY    STATUS    RESTARTS   AGE
pod/kubernetes-simple-pod     1/1      Running   0          4m38s
pod/nginx-replicaset-9k82d    1/1      Running   0          3m39s
pod/nginx-replicaset-b9kv6    1/1      Running   0          3m39s
pod/nginx-replicaset-fsd4z    1/1      Running   0          6s
```

새롭게 nginx-replicaset-fsd4z라는 파드를 생성한 것을 확인할 수 있습니다.

이번에는 실행 중인 파드의 .metadata.labels.app 필드를 수정했을 때 어떤 상황이 발생하는
지 살펴봅니다. 먼저 kubectl get pods 명령으로 실행 중인 파드 목록을 확인합니다.

```
$ kubectl get pods
NAME                       READY    STATUS    RESTARTS   AGE
kubernetes-simple-pod      1/1      Running   0          5m9s
nginx-replicaset-9k82d     1/1      Running   0          4m10s
nginx-replicaset-b9kv6     1/1      Running   0          4m10s
nginx-replicaset-fsd4z     1/1      Running   0          37s
```

kubectl edit pod 수정하려는파드이름 명령을 실행합니다.

```
$ kubectl edit pod nginx-replicaset-fsd4z
```

vi 편집기(윈도우는 메모장)가 실행되면서 현재 실행 중인 파드 정보를 수정할 수 있습니다. 여기
에서는 .metadata.labels.app 필드를 nginx-replicaset에서 nginx-other라고 변경합니다.

```
# Please edit the object below. Lines beginning with a '#' will be ignored,
# and an empty file will abort the edit. If an error occurs while saving this file
# will be reopened with the relevant failures.
#
apiVersion: v1
kind: Pod
metadata:
  creationTimestamp: "2019-08-19T07:57:47Z"
  generateName: nginx-replicaset-
  labels:
    app: nginx-other
```

153

```
    name: nginx-replicaset-fsd4z
    namespace: default
```

수정한 내용을 저장하고 편집기를 종료하면 다음 메시지를 출력합니다.

```
pod/nginx-replicaset-fsd4z edited
```

다시 kubectl get pods 명령을 실행하면 nginx-replicaset-fhhf6이라는 파드가 추가되어 파드 4개가 실행되는 것을 확인할 수 있습니다.

```
$ kubectl get pods
NAME                      READY   STATUS    RESTARTS   AGE
kubernetes-simple-pod     1/1     Running   0          6m37s
nginx-replicaset-9k82d    1/1     Running   0          5m38s
nginx-replicaset-b9kv6    1/1     Running   0          5m38s
nginx-replicaset-fhhf6    1/1     Running   0          18s
nginx-replicaset-fsd4z    1/1     Running   0          2m5s
```

다음으로 각 파드의 .metadata.labels.app 필드 설정을 확인하는 kubectl get pods -o=jsonpath="{range .items[*]}{.metadata.name}{'\t'}{.metadata.labels}{'\n'}{end}" 명령을 실행하겠습니다.

```
$ kubectl get pods -o=jsonpath="{range .items[*]}{.metadata.name}{'\t'}
  {.metadata.labels}{'\n'}{end}"
kubernetes-simple-pod  {"app":"kubernetes-simple-pod"}
nginx-replicaset-9k82d {"app":"nginx-replicaset"}
nginx-replicaset-b9kv6 {"app":"nginx-replicaset"}
nginx-replicaset-fhhf6 {"app":"nginx-replicaset"}
nginx-replicaset-fsd4z {"app":"nginx-other"}
```

nginx-replicaset-fsd4z 파드의 .metadata.labels.app 필드 값이 다른 것을 알 수 있습니다. 즉, 해당 파드는 nginx-replicaset라는 레플리카세트에서는 분리되었음을 뜻합니다. 하지만 nginx-replicaset 레플리카세트는 파드 3개를 실행해야 하므로 nginx-replicaset-fhhf6이라는 파드 하나를 생성한 것입니다.

> **TIP**
> kubectl get의 -o=jsonpath는 파드의 전체 내용 중에서 원하는 부분만 선택해서 확인하는 옵션입니다. 확인할 필드를 설정해 명령을 실행하면 됩니다.

이러한 레이블의 설정 변경 방법은 실행 중인 파드를 재시작하지 않고 실제 서비스에서 분리해 디버깅하는 용도 등으로 다양하게 활용할 수 있습니다.

6.3 디플로이먼트

디플로이먼트Deployment는 쿠버네티스에서 상태가 없는stateless 앱을 배포할 때 사용하는 가장 기본적인 컨트롤러입니다. 쿠버네티스가 처음 등장했을 때는 레플리케이션 컨트롤러에서 앱을 배포했는데 최근에는 디플로이먼트를 기본적인 앱 배포에 사용합니다.

디플로이먼트는 레플리카세트를 관리하면서 앱 배포를 더 세밀하게 관리합니다. 디플로이먼트라는 이름처럼 배포 기능을 세분화한 것입니다. 단순히 실행시켜야 할 파드 개수를 유지하는 것뿐만 아니라 앱을 배포할 때 롤링 업데이트하거나, 앱 배포 도중 잠시 멈췄다가 다시 배포할 수있습니다. 앱 배포 후 이전 버전으로 롤백할 수도 있습니다.

6.3.1 디플로이먼트 사용하기

[코드 6-2]는 디플로이먼트에 사용하는 템플릿 예입니다.

코드 6-2 디플로이먼트 설정 예(deployment/deployment-nginx.yaml)

```
apiVersion: apps/v1
kind: Deployment
metadata:
  name: nginx-deployment
  labels:
    app: nginx-deployment
spec:
  replicas: 3 -------------------- ❶
  selector:
    matchLabels:
      app: nginx-deployment ----- ❷
  template:
    metadata:
```

```
        labels:
            app: nginx-deployment
        spec:
          containers:
          - name: nginx-deployment  ┄┄┄┄┄┐
              image: nginx  ┄┄┄┄┄┄┄┄┄┄┄┄┄┄┤ ❸
              ports:
              - containerPort: 80
```

❶ 파드를 몇 개 실행할 것인지는 레플리케이션 컨트롤러나 레플리카세트와 마찬가지로 .sp
ec.replicas 필드에 지정하며 여기서는 3으로 설정했습니다.

❷ .spec.selector.matchLabels의 하위 필드는 .metadata.labels의 하위 필드와 같은 설
정을 해야 합니다. 여기에서는 .spec.selector.matchLabels.app 필드를 .metadata.la
bels.app 필드와 같은 nginx-deployment로 설정했습니다.

❸ 파드의 설정 정보가 있는 .spec.template.spec.containers[] 필드를 살펴보면 실제 사
용하려는 컨테이너의 이름(name: nginx-deployment)과 이미지(image: nginx) 정보가
있습니다.

이제 [코드 6-2]를 deployment-nginx.yaml로 저장합니다. 그리고 kubectl apply -f depl
oyment-nginx.yaml 명령으로 클러스터에 적용한 후 디플로이먼트가 제대로 실행됐는지는
kubectl get deploy,rs,rc,pods 명령으로 확인합니다. 참고로 deploy는 디플로이먼트, rs는
레플리카세트, pods는 파드를 뜻합니다. rc는 레플리케이션 컨트롤러를 뜻하며 여기에서는 해
당 컨트롤러를 사용하지 않는다는 사실을 알려주려고 넣었습니다.

```
$ kubectl get deploy,rs,rc,pods
NAME                                    READY   UP-TO-DATE   AVAILABLE   AGE
deployment.apps/nginx-deployment        3/3     3            3           18s


NAME                                        DESIRED   CURRENT   READY   AGE
replicaset.apps/nginx-deployment-795f6645f5  3         3         3       18s
replicaset.apps/nginx-replicaset            3         3         3       4m49s


NAME                                      READY   STATUS    RESTARTS   AGE
pod/kubernetes-simple-pod                 1/1     Running   0          8m37s
pod/nginx-deployment-795f6645f5-bdq6v     1/1     Running   0          18s
```

```
pod/nginx-deployment-795f6645f5-bt7dh    1/1    Running   0    18s
pod/nginx-deployment-795f6645f5-vflvk    1/1    Running   0    18s

# 이후 생략
```

실행 결과를 살펴보면 nginx-deployment라는 디플로이먼트가 있고, 이 디플로이먼트가 관리하는 nginx-deployment-795f6645f5라는 레플리카세트도 생성되었습니다. 795f6645f5는 레플리카세트를 구분하는 UUID 해시 문자입니다. 마지막으로 레플리카세트가 관리하는 nginx-deployment-795f6645f5-xxxxx 형식의 파드들이 생성되었습니다.

> **TIP**
> 앞으로 템플릿 설정이나 명령의 실행 결과는 점점 길어질 것입니다. 꼭 필요한 상황이 아니면 가급적 생략이라는 문구를 넣지 않고 핵심 결과만 싣도록 하겠습니다. 실제 예제나 실행 결과와 다르더라도 당황하지 않길 바랍니다.

이 상태에서 nginx-deployment의 컨테이너 이미지 설정 정보를 업데이트해보겠습니다. 업데이트하는 방법에는 크게 세 가지가 있습니다.

1 kubectl set 명령으로 직접 컨테이너 이미지를 지정

2 kubectl edit 명령으로 현재 파드의 설정 정보를 연 다음 컨테이너 이미지 정보를 수정

3 처음 적용했던 템플릿의 컨테이너 이미지 정보를 수정한 다음 kubectl apply 명령을 실행해서 변경

먼저 kubectl set image deployment/디플로이먼트이름 컨테이너이름=컨테이너이미지:버전숫자 명령으로 실행 중인 디플로이먼트에서 image 필드 값만 변경하겠습니다.

```
$ kubectl set image deployment/nginx-deployment nginx-deployment=nginx:1.9.1
deployment.apps/nginx-deployment image updated
```

다시 kubectl get deploy,rs,rc,pods 명령을 실행해보겠습니다.

```
$ kubectl get deploy,rs,rc,pods
NAME                             READY   UP-TO-DATE   AVAILABLE   AGE
deployment.apps/nginx-deployment  3/3     3            3           91s

NAME                                         DESIRED   CURRENT   READY   AGE
replicaset.apps/nginx-deployment-6c95b8c7f6   3         3         3       28s
```

157

```
replicaset.apps/nginx-deployment-795f6645f5    0        0        0        91s
replicaset.apps/nginx-replicaset               3        3        3        6m2s

NAME                                    READY    STATUS     RESTARTS    AGE
pod/kubernetes-simple-pod               1/1      Running    0           9m50s
pod/nginx-deployment-6c95b8c7f6-fkln9   1/1      Running    0           13s
pod/nginx-deployment-6c95b8c7f6-gw26g   1/1      Running    0           28s
pod/nginx-deployment-6c95b8c7f6-mtgrb   1/1      Running    0           9s
```

컨테이너 이미지를 업데이트하면서 nginx-deployment 디플로이먼트가 관리하는 nginx-deployment-6c95b8c7f6라는 새로운 레플리카세트가 생성되었습니다. 그리고 기존 파드는 해당 레플리카세트가 관리하는 nginx-deployment-6c95b8c7f6-xxxxx 형식의 파드들로 바뀌었습니다. 디플로이먼트의 설정을 변경할 때마다 이렇게 새로운 레플리카세트가 생성되고 그에 맞게 파드가 변경된다는 점을 기억해두기 바랍니다.

kubectl get deploy 디플로이먼트이름 -o=jsonpath="{.spec.template.spec.containers[0].image}{'\n'}" 명령을 실행해 변경한 컨테이너 이미지 정보를 확인합니다.

```
$ kubectl get deploy nginx-deployment -o=jsonpath="{.spec.template.spec.
  containers[0].image}{'\n'}"
nginx:1.9.1
```

kubectl set image 명령 실행 후 nginx 컨테이너 이미지의 버전이 nginx:1.9.1로 변경된 것을 확인할 수 있습니다.

이번에는 kubectl edit deploy 디플로이먼트이름 명령을 실행해서 현재 실행 중인 디플로이먼트의 컨테이너 이미지 부분을 찾아서 변경하겠습니다.

```
$ kubectl edit deploy nginx-deployment
```

레플리카세트처럼 vi 편집기(윈도우는 메모장)가 실행되면서 현재 실행 중인 파드 정보를 수정할 수 있습니다. 여기에서는 .spec.template.spec.containers[].image 필드 값을 nginx:1.9.1에서 nginx:1.10.1이라고 변경합니다.

```
# Please edit the object below. Lines beginning with a '#' will be ignored,
# and an empty file will abort the edit. If an error occurs while saving this file
```

```
# will be reopened with the relevant failures.
#
apiVersion: apps/v1
kind: Deployment
metadata:
  annotations:
    deployment.kubernetes.io/revision: "2"

# 중간 생략

spec:

# 중간 생략
  template:
    metadata:
      creationTimestamp: null
      labels:
        app: nginx-deployment
    spec:
      containers:
      - image: nginx:1.10.1
        imagePullPolicy: Always
        name: nginx-deployment

# 이후 생략
```

수정한 내용을 저장하고 편집기를 종료하면 다음 메시지를 출력합니다.

```
deployment.apps/nginx-deployment edited
```

kubectl get deploy 디플로이먼트이름 -o=jsonpath="{.spec.template.sp ec.container
s[0].image}{'\n'}" 명령을 실행하면 nginx:1.10.1로 바뀐 것을 알 수 있습니다.

deployment-nginx.yaml의 내용을 수정해서 컨테이너 이미지 설정 정보를 바꿀 때는 .spec.
template.spec.containers[].image 필드 값을 nginx:1.10.1으로 수정한 후 kubectl apply
-f deployment-nginx.yaml 명령을 실행하면 됩니다.

```
# 이전 생략
spec:
  replicas: 3
```

```
# 중간 생략
template:
  metadata:
    labels:
      app: nginx-deployment
  spec:
    containers:
    - name: nginx-deployment
      image: nginx:1.10.1
      ports:
      - containerPort: 80
```

6.3.2 디플로이먼트 롤백하기

컨테이너 이미지를 변경한 내역은 kubectl rollout history deploy 디플로이먼트이름 명령으로 확인할 수 있습니다.

```
$ kubectl rollout history deploy nginx-deployment
deployment.apps/nginx-deployment
REVISION  CHANGE-CAUSE
1         <none>
2         <none>
3         <none>
```

리비전REVISION이 여러 개 보입니다. 현재 리비전은 3입니다. 특정 리비전의 상세 내용을 확인하려면 --revision=리비전숫자 옵션을 사용합니다.

```
$ kubectl rollout history deploy nginx-deployment --revision=3
deployment.apps/nginx-deployment with revision #3
Pod Template:
  Labels:app=nginx-deployment
        pod-template-hash=688564cd9b
  Containers:
   nginx-deployment:
    Image:        nginx:1.10.1
    Port:         80/TCP
    Host Port:    0/TCP
    Environment:  <none>
    Mounts:       <none>
  Volumes:        <none>
```

revision #3은 앞에서 kubectl edit deploy 명령으로 컨테이너 이미지 설정 정보를 변경한 것입니다. 따라서 Image: nginx:1.10.1로 컨테이너 이미지 버전이 변경되었습니다.

그럼 이 상태에서 kubectl set image 명령으로 컨테이너 이미지 설정 정보를 수정한 revision #2로 돌려보겠습니다. kubectl rollout undo deploy 디플로이먼트이름 명령을 실행합니다.

```
$ kubectl rollout undo deploy nginx-deployment
deployment.apps/nginx-deployment rolled back
```

kubectl get deploy,rs,rc,pods 명령을 실행해보겠습니다.

```
$ kubectl get deploy,rs,rc,pods
NAME                                READY   UP-TO-DATE   AVAILABLE   AGE
deployment.apps/nginx-deployment    3/3     3            3           2m58s

NAME                                          DESIRED   CURRENT   READY   AGE
replicaset.apps/nginx-deployment-688564cd9b   0         0         0       34s
replicaset.apps/nginx-deployment-6c95b8c7f6   3         3         3       115s
replicaset.apps/nginx-deployment-795f6645f5   0         0         0       2m58s
replicaset.apps/nginx-replicaset              3         3         3       7m29s

NAME                                      READY   STATUS    RESTARTS   AGE
pod/kubernetes-simple-pod                 1/1     Running   0          11m
pod/nginx-deployment-6c95b8c7f6-gw26g     1/1     Running   0          115s
pod/nginx-deployment-6c95b8c7f6-gz57h     1/1     Running   0          6s
pod/nginx-deployment-6c95b8c7f6-v54rf     1/1     Running   0          13s
```

컨테이너 이미지를 되돌리면서 앞에서 kubectl set image 명령으로 변경한 nginx-deployment-6c95b8c7f6라는 레플리카세트와 해당 레플리카세트가 관리하는 nginx-deployment-6c95b8c7f6-xxxxx 형식의 파드들로 다시 되돌려졌습니다.

kubectl get deploy 디플로이먼트이름 -o=jsonpath="{.spec.template.spec.containers[0].image}{'\n'}" 명령을 실행해 revision #2로 되돌려졌는지 확인합니다.

```
$ kubectl get deploy nginx-deployment -o=jsonpath="{.spec.template.spec.
  containers[0].image}{'\n'}"
nginx:1.9.1
```

nginx:1.9.1이므로 kubectl set image 명령으로 설정한 컨테이너 이미지 버전이 맞습니다.

그럼 리비전 숫자는 어떨까요? kubectl rollout history deploy 디플로이먼트이름 명령을 실행해보겠습니다.

```
$ kubectl rollout history deploy nginx-deployment
deployment.apps/nginx-deployment
REVISION  CHANGE-CAUSE
1         <none>
3         <none>
4         <none>
```

리비전 2가 리비전 4로 변경되었습니다.

특정 리비전으로 실행 중인 파드를 되돌리려면 --to-revision=리비전숫자 옵션을 사용합니다. 여기서는 마지막 리비전인 3으로 되돌린 후 확인하겠습니다.

```
$ kubectl rollout undo deploy nginx-deployment --to-revision=3
deployment.apps/nginx-deployment rolled back
$ kubectl get deploy,rs,rc,pods
NAME                               READY   UP-TO-DATE   AVAILABLE   AGE
deployment.apps/nginx-deployment   3/3     3            3           3m57s

NAME                                          DESIRED   CURRENT   READY   AGE
replicaset.apps/nginx-deployment-688564cd9b   3         3         3       93s
replicaset.apps/nginx-deployment-6c95b8c7f6   0         0         0       2m54s
replicaset.apps/nginx-deployment-795f6645f5   0         0         0       3m57s
replicaset.apps/nginx-replicaset              3         3         3       8m28s

NAME                                  READY   STATUS    RESTARTS   AGE
pod/kubernetes-simple-pod             1/1     Running   0          12m
pod/nginx-deployment-688564cd9b-cnz8j 1/1     Running   0          12s
pod/nginx-deployment-688564cd9b-rmsbj 1/1     Running   0          20s
pod/nginx-deployment-688564cd9b-zqrc2 1/1     Running   0          17s
$ kubectl get deploy nginx-deployment -o=jsonpath="{.spec.template.spec.
  containers[0].image}{'\n'}"
nginx:1.10.1
```

다시 kubectl edit deploy 디플로이먼트이름 명령을 실행했을 때 결과인 nginx:1.10.1으로 변경되었음을 확인할 수 있습니다.

리비전 숫자는 다음처럼 변경됩니다. 리비전 3이 리비전 5로 변경되었습니다.

```
$ kubectl rollout history deploy nginx-deployment
deployment.apps/nginx-deployment
REVISION   CHANGE-CAUSE
1          <none>
4          <none>
5          <none>
```

참고로 되돌릴 수 있는 리비전 숫자는 디플로이먼트 템플릿의 .spec.revisionHistoryLimit 필드 값을 설정하면 됩니다. 기본값은 10입니다.

앞에서 kubectl rollout history 명령을 실행했을 때 출력 결과 중 CHANGE-CAUSE 항목 은 〈none〉입니다. 이 항목은 원래 해당 리비전의 주요 내용을 나타내는 부분입니다. 계속 디플 로이먼트를 수정하다 보면 리비전 숫자만으로는 해당 리비전에서 무엇을 수정했는지 확인하기 가 어렵습니다. 이럴 때 CHANGE-CAUSE에 변경 사항을 알 수 있는 버전 숫자 등을 담거나 변경 내용을 메모하면 확인하기 쉬울 것입니다.

CHANGE-CAUSE 항목에 내용을 출력하려면 deployment-nginx.yaml에 .metadata. anotation 필드를 추가합니다. 정확하게는 .metadata.anotation 필드의 하위 필드로 kuber netes.io/change-cause 필드를 추가하고 version 1.10.1이라는 값을 설정합니다.

```
metadata:
  name: nginx-deployment
  labels:
    app: nginx-deployment
  annotations:
    kubernetes.io/change-cause: version 1.10.1
```

변경 사항을 저장하고 kubectl apply -f deployment-nginx.yaml 명령을 실행해 적용한 후 kubectl rollout history deploy 디플로이먼트이름 명령으로 디플로이먼트 내역을 봅니다.

```
$ kubectl rollout history deploy nginx-deployment
deployment.apps/nginx-deployment
REVISION   CHANGE-CAUSE
4          <none>
5          <none>
6          version 1.10.1
```

입력한 버전 숫자 관련 메시지를 출력하는 것을 확인할 수 있습니다.

--record-false 옵션

앞 명령의 실행 결과로 새로운 리비전 숫자 6인 변경 내역이 생겼습니다. 그런데 쿠버네티스 버전
에 따라 CHANGE-CAUSE 항목에 입력한 값인 version 1.10.1이 아닌 kubectl apply
--filename=deployments-nginx.yaml이 나오기도 합니다. apply 명령을 적용할 때
--record=false 옵션을 사용하지 않으면 템플릿 안에 있는 .metadata.annotations.
kubernetes.io/change-cause 필드 값이 아니라 명령 내용 그대로를 CHANGE-CAUSE 항
목의 값으로 저장하기 때문입니다. 이럴 때는 kubectl apply -f deployment-nginx.yaml
--record=false 명령을 실행하면 정상적으로 버전 숫자 관련 메시지를 볼 수 있습니다.

6.3.3 파드 개수 조정하기

실행 중인 디플로이먼트의 파드 개수를 조정하려면 kubectl scale 명령을 사용합니다.
--replicas 옵션에 파드 개수를 입력해서 조정합니다.

먼저 kubectl get pods 명령으로 현재 파드를 확인하겠습니다.

```
$ kubectl get pods
NAME                                READY   STATUS    RESTARTS   AGE
kubernetes-simple-pod               1/1     Running   0          13m
nginx-deployment-795f6645f5-9dw7n   1/1     Running   0          23s
nginx-deployment-795f6645f5-nhsls   1/1     Running   0          12s
nginx-deployment-795f6645f5-q4gpl   1/1     Running   0          18s
```

앞에서 다시 deployment-nginx.yaml의 설정을 적용했으므로 nginx-deployment-
795f6645f5 레플리카세트에서 관리하는 파드를 확인할 수 있습니다.

이제 파드 수를 5개가 되도록 조정한 후 kubectl get pods 명령으로 파드 수를 확인합니다.

```
$ kubectl scale deploy nginx-deployment --replicas=5
deployment.apps/nginx-deployment scaled
$ kubectl get pods
NAME                                READY   STATUS    RESTARTS   AGE
kubernetes-simple-pod               1/1     Running   0          14m
nginx-deployment-795f6645f5-545n2   1/1     Running   0          10s
nginx-deployment-795f6645f5-9dw7n   1/1     Running   0          59s
```

```
nginx-deployment-795f6645f5-m424z    1/1    Running    0    10s
nginx-deployment-795f6645f5-nhsls    1/1    Running    0    48s
nginx-deployment-795f6645f5-q4gpl    1/1    Running    0    54s
```

굵은 글씨로 표시한 새로운 파드 2개가 생성된 것을 확인할 수 있습니다.

6.3.4 디플로이먼트 배포 정지, 배포 재개, 재시작하기

kubectl rollout 명령을 이용해서 진행 중인 배포를 잠시 멈췄다가 다시 시작할 수 있습니다.
우선 kubectl rollout pause deployment/디플로이먼트이름 명령으로 업데이트를 멈춥니다.

```
$ kubectl rollout pause deployment/nginx-deployment
deployment.apps/nginx-deployment paused
```

그리고 kubectl set image deploy/디플로이먼트이름 컨테이너이름=nginx:버전숫자 명
령과 kubectl patch deployment/nginx-deployment -p "{\"metadata\":{\"annotations\
":{\"kubernetes.io/change-cause\":\"version 1.11\"}}}" 명령으로 컨테이너 이미지와
CHANGE-CAUSE 항목에 나타나는 메시지를 변경해보겠습니다.

```
$ kubectl set image deploy/nginx-deployment nginx-deployment=nginx:1.11
deployment.apps/nginx-deployment image updated
$ kubectl patch deployment/nginx-deployment -p "{\"metadata\":{\"annotations\":{\
  "kubernetes.io/change-cause\":\"version 1.11\"}}}"
deployment.apps/nginx-deployment patched
```

컨테이너 이미지와 CHANGE-CAUSE 항목에 나타나는 메시지를 실제로 업데이트했다는 메시
지가 등장합니다. 그런데 kubectl rollout history deploy/디플로이먼트이름 명령으로 확
인해 보면 배포가 진행되지 않았다는 것을 알 수 있습니다. 업데이트를 정지(pause)시켰으므로
디플로이먼트 작업이 진행되지 않는 것입니다.

```
$ kubectl rollout history deploy/nginx-deployment
deployment.apps/nginx-deployment
REVISION    CHANGE-CAUSE
4           <none>
5           <none>
6           version 1.10.1
```

이 상태에서 다시 kubectl rollout resume deploy/디플로이먼트이름 명령을 실행하면 미뤄 졌던 배포가 진행됩니다.

```
$ kubectl rollout resume deploy/nginx-deployment
deployment.apps/nginx-deployment resumed
$ kubectl rollout history deploy/nginx-deployment
deployment.apps/nginx-deployment
REVISION  CHANGE-CAUSE
4         <none>
5         <none>
6         version 1.10.1
7         version 1.11
```

여기에서는 배포를 정지해둔 후 다시 배포했지만 배포를 하는 중간에도 pause를 이용해서 배포 를 멈출 수 있습니다. 멈췄던 배포는 resume을 이용해서 다시 진행시킬 수 있습니다.

한편 실제 상용 서비스를 운영하다보면 파드 수정없이 전체 파드를 단순 재시작해야 할 때가 꽤 많은데, 쿠버네티스는 설계 사상과 맞지 않는다며 재시작 기능을 추가하지 않았습니다. 하지만 쿠버네티스 1.15부터 디플로이먼트, 스테이트풀세트, 데몬세트에 kubectl rollout restart 명령을 추가해 재시작 기능을 사용할 수 있게 했습니다.

```
$ kubectl rollout restart deployment/nginx-deployment
deployment.apps/nginx-deployment restarted
$ kubectl rollout history deploy/nginx-deployment
deployment.apps/nginx-deployment
REVISION  CHANGE-CAUSE
4         <none>
5         <none>
6         version 1.10.1
7         version 1.11
8         version 1.11
```

6.3.5 디플로이먼트 상태

배포 중에는 디플로이먼트 상태status가 변합니다. 우선 진행Progressing이었다가 성공이면 완료complete, 실패면 실패failed 상태로 바뀝니다. kubectl rollout status 명령으로 배포 진행 상태를 확인할 수 있습니다.

다음 작업을 하는 동안에는 상태가 진행^{Progressing}으로 표시됩니다.

- 디플로이먼트가 새로운 레플리카세트를 만들 때

- 디플로이먼트가 새로운 레플리카세트의 파드 개수를 늘릴 때

- 디플로이먼트가 예전 레플리카세트의 파드 개수를 줄일 때

- 새로운 파드가 준비 상태가 되거나 이용 가능한 상태가 되었을 때

배포가 이상없이 끝나면 배포 상태는 완료^{complete}가 됩니다. 다음 조건을 확인해서 완료로 표시합니다. 종료 코드가 0으로 표시됩니다.

- 디플로이먼트가 관리하는 모든 레플리카세트가 업데이트 완료되었을 때

- 모든 레플리카세트가 사용 가능해졌을 때

- 예전 레플리카세트가 모두 종료되었을 때

배포 중 이상이 있으면 실패^{fail}가 됩니다. 보통 다음 이유 때문에 실패합니다.

- 쿼터 부족

- readinessProbe 진단 실패

- 컨테이너 이미지 가져오기 에러

- 권한 부족

- 제한 범위 초과

- 앱 실행 조건을 잘못 지정

템플릿에 `.spec.progressDeadlineSeconds` 항목을 추가하면 지정된 시간이 지났을 때 상태를 False로 바꿉니다. 다음 명령은 일부러 실패 상태로 만들려고 설정을 2초로 짧게 한 것입니다.

```
$ kubectl patch deployment/nginx-deployment -p "{\"spec\":{\"progressDeadlineSeco
  nds\":2}}"
deployment.apps/nginx-deployment patched
$ kubectl get deploy nginx-deployment -o=jsonpath="{.spec.progressDeadlineSeconds}
  {'\n'}"
2
```

그런 다음 kubectl set image deploy/nginx-deployment nginx-deployment=nginx:1.14
명령으로 배포를 다시 한 후 kubectl describe deploy nginx-deployment 명령을 실행하면
다음 결과를 볼 수 있습니다.

```
$ kubectl describe deploy nginx-deployment
Conditions:
  Type            Status   Reason
  ----            ------   ------
  Available       True     MinimumReplicasAvailable
  Progressing     False    ProgressDeadlineExceeded
```

Progressing의 Status 항목이 False로 실패한 것을 확인할 수 있습니다. reason에도 배포해야
할 기준 시간(데드라인)이 지나서 실패했다는 것을 확인할 수 있습니다.

6.4 데몬세트

데몬세트Daemonset는 클러스터 전체 노드에 특정 파드를 실행할 때 사용하는 컨트롤러입니다. 클러
스터 안에 새롭게 노드가 추가되었을 때 데몬세트가 자동으로 해당 노드에 파드를 실행시킵니
다. 반대로 노드가 클러스터에서 빠졌을 때는 해당 노드에 있던 파드는 그대로 사라질 뿐 다른
곳으로 옮겨가서 실행되거나 하지 않습니다. [그림 6-1] 같은 동작 방식입니다.

그림 6-1 데몬세트의 동작 방식

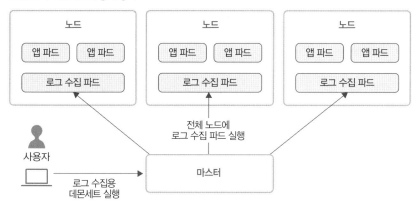

그러므로 데몬세트는 보통 로그 수집기를 실행하거나 노드를 모니터링하는 모니터링용 데몬 등 클러스터 전체에 항상 실행시켜두어야 하는 파드에 사용합니다.

6.4.1 데몬세트 사용하기

로그 수집기를 실행하는 데몬세트 설정의 예는 [코드 6-3]과 같습니다.

코드 6-3 로그 수집기용 데몬세트 설정 예(daemonset/daemonset.yaml)

```yaml
apiVersion: apps/v1
kind: DaemonSet
metadata:
  name: fluentd-elasticsearch
  namespace: kube-system --------- ❶
  labels:
    k8s-app: fluentd-logging ---- ❷
spec:
  selector:
    matchLabels:
      name: fluentd-elasticsearch
  updateStrategy:
    type: RollingUpdate --------- ❸
  template:
    metadata:
      labels:
        name: fluentd-elasticsearch
    spec:
      containers:
```

```
      - name: fluentd-elasticsearch
        image: fluent/fluentd-kubernetes-daemonset:elasticsearch ---- ❹
        env:
        - name: testenv
          value: value
        resources:
          limits:
            memory: 200Mi
          requests:
            cpu: 100m
            memory: 200Mi
```

템플릿의 주요 설정은 다음과 같습니다.

❶ 로그 수집기는 쿠버네티스 관리용 파드나 설정에 해당하므로 .metadata.namesapce 필드
값으로 kube-system 네임스페이스를 별도로 설정했습니다.

❷ .metadata.labels.k8s-app 필드는 오브젝트를 식별하는 레이블로 키는 k8s-app, 값은
fluentd-logging로 설정합니다.

❸ 데몬세트의 파드를 업데이트하는 방법은 .spec.updateStrategy.type 필드 값을 설정하
는 것입니다. OnDelete와 RollingUpdate 두 가지 값 중 하나를 선택할 수 있습니다. 기본
값은 RollingUpdate입니다. 쿠버네티스 1.5 이하 버전에서 기본값은 OnDelete입니다.

RollingUpdate를 설정하면 템플릿을 변경했을 때 바로 변경 사항을 반영합니다. 이때 모
든 파드가 한꺼번에 변경되는 것이 아니라 지정한 개수만큼 이전 파드를 삭제하고 새 파
드를 실행합니다. .spec.updateStrategy.rollingUpdate.maxUnavailable(기본값은 1)
필드와 .spec.minReadySeconds 필드를 추가로 설정해 한번에 교체하는 파드 개수를 조
정합니다. .spec.updateStrategy.rollingUpdate.maxUnavailable 필드는 한번에 삭제
하는 파드 개수고 .spec.minReadySeconds 필드는 새로 실행하는 파드가 준비[ready] 상태가
되는 최소 시간입니다. 기본값은 0이라서 파드가 준비되는 대로 사용할 수 있습니다.

❹ 로그 수집에 사용하는 플루언트디[fluentd]의 컨테이너 이미지를 설정합니다.

[코드 6-3]을 daemonset.yaml로 저장한 후 kubectl apply -f daemonset.yaml 명령으로
클러스터에 적용합니다. 그리고 kubectl get daemonset -n kube-system 명령을 실행하면 다
음 결과를 볼 수 있습니다.

```
$ kubectl get daemonset -n kube-system
NAME                      DESIRED CURRENT READY UP-TO-DATE AVAILABLE
fluentd-elasticsearch 1       1       0     1          0
kube-proxy                1       1       1     1          1


NODE SELECTOR          AGE
<none>                 12s
kubernetes.io/os=linux 18m
```

kube-system 네임스페이스에 fluentd-elasticsearch라는 데몬세트가 만들어 졌습니다. 노드가 여러 대 있다면 노드 수만큼 데몬세트가 생성되지만 이 책의 실습 환경은 노드가 1대만 있으므로 데몬세트용 파드가 1개만 만들어졌습니다.

NODE SELECTOR 항목은 노드셀렉터가 설정되었으면 정보를 보여주며, 현재는 kubernetes.io/os=linux입니다. 노드셀렉터는 12.1에서 더 자세히 설명합니다.

6.4.2 데몬세트의 파드 업데이트 방법 변경하기

kubectl edit daemonset fluentd-elasticsearch -n kube-system 명령으로 앞에서 실행한 fluentd-elasticsearch 데몬세트의 현재 설정을 열어서 다른 값으로 변경해 보겠습니다. 컨테이너에 환경 변수를 설정하는 .spec.template.spec.containers[].env[].value 필드 값을 value01로 변경한 후 저장하고 편집기를 닫습니다.

```
env:
- name: testenv
  value: value01
```

현재 업데이트 방법은 RollingUpdate이므로 파드를 즉시 재시작합니다.

kubectl describe daemonset -n kube-system 명령으로 실제 변경 사항을 확인합니다.

```
$ kubectl describe daemonset -n kube-system
# 중간 생략
  Environment:
    testenv:  value01
  Mounts:     <none>
  Volumes:    <none>
```

업데이트 방법으로 OnDelete를 설정하면 데몬세트의 템플릿을 수정하더라도 바로 적용되지 않습니다. 변경된 템플릿을 적용하려면 데몬세트로 실행한 파드를 직접 지워야 해당 노드에 새로운 템플릿 버전의 파드가 실행됩니다.

kubectl edit daemonset fluentd-elasticsearch -n kube-system 명령으로 데몬세트의 현재 설정을 열어서 .spec.template.spec.containers[].env[].value 필드 값을 value02로 .spec.updateStrategy.type 필드 값을 OnDelete로 변경합니다.

```
# 중간 생략
    - env:
      - name: testenv
        value: value02

# 중간 생략
updateStrategy:
  rollingUpdate:
    maxSurge: 0
    maxUnavailable: 1
  type: OnDelete
```

다시 kubectl describe daemonset -n kube-system 명령을 실행하면 기존에 업데이트 방법이 RollingUpdate였으므로 OnDelete로 변경하는 것은 바로 반영이 됩니다.

이제 업데이트 방법이 OnDelete로 변경되었으므로 OnDelete가 잘 작동하는지 확인해 보겠습니다. 다시 한번 kubectl edit daemonset fluentd-elasticsearch -n kube-system 명령으로 데몬세트 설정을 열고 이번에는 .spec.template.spec.containers[].env[].value 필드 값을 value02에서 value03으로 변경합니다. 그리고 데몬세트의 상태를 kubectl get daemonset -n kube-system 명령으로 확인합니다.

```
$ kubectl get daemonset -n kube-system
NAME                     DESIRED CURRENT READY UP-TO-DATE AVAILABLE
fluentd-elasticsearch 1       1         0     0          0
kube-proxy              1       1         1     1          1

NODE SELECTOR            AGE
<none>                   2m41s
kubernetes.io/os=linux 21m
```

UP−TO−DATE 항목이 0이므로 변경은 했지만 최신 설정으로 변경되지 않았다는 뜻입니다.

이번에는 kubectl get pods -n kube-system 명령으로 데몬세트가 실행하고 있는 파드 이름을 직접 확인한 후 kubectl delete pods 파드이름 -n kube-system 명령으로 지웁니다.

```
$ kubectl get pods -n kube-system
NAME                                        READY  STATUS            RESTARTS  AGE
coredns-fb8b8dccf-88zf5                     1/1    Running           0         21m
coredns-fb8b8dccf-fw474                     1/1    Running           0         21m
etcd-docker-desktop                         1/1    Running           0         20m
fluentd-elasticsearch-w4n6n                 0/1    CrashLoopBackOff  4         2m4s
kube-apiserver-docker-desktop               1/1    Running           0         20m
kube-controller-manager-docker-desktop      1/1    Running           0         20m
kube-proxy-lfjnz                            1/1    Running           0         21m
kube-scheduler-docker-desktop               1/1    Running           0         20m
$ kubectl delete pods fluentd-elasticsearch-w4n6n -n kube-system
pod "fluentd-elasticsearch-w4n6n" deleted
```

kubectl get daemonset -n kube-system 명령으로 다시 상태를 확인해 보면 UP−TO−DATE가 1로 변경되어 데몬세트가 최신 상태로 변경되었음을 알 수 있습니다. kubectl get pods -n kube-system 명령도 다시 실행해보면 파드가 새로 만들어져 실행 중임을 확인할 수 있습니다.

```
$ kubectl get daemonset -n kube-system
NAME                   DESIRED CURRENT READY UP-TO-DATE AVAILABLE
fluentd-elasticsearch  1       1       1     1          1
kube-proxy             1       1       1     1          1

NODE SELECTOR           AGE
<none>                  4m4s
kubernetes.io/os=linux  22m
$ kubectl get pods -n kube-system
NAME                                        READY  STATUS   RESTARTS  AGE
coredns-fb8b8dccf-88zf5                     1/1    Running  0         23m
coredns-fb8b8dccf-fw474                     1/1    Running  0         23m
etcd-docker-desktop                         1/1    Running  0         22m
fluentd-elasticsearch-qgdsw                 1/1    Running  3         66s
kube-apiserver-docker-desktop               1/1    Running  0         22m
kube-controller-manager-docker-desktop      1/1    Running  0         22m
kube-proxy-lfjnz                            1/1    Running  0         23m
kube-scheduler-docker-desktop               1/1    Running  0         22m
```

6.5 스테이트풀세트

앞서 살펴봤던 레플리케이션 컨트롤러, 레플리카세트, 디플로이먼트는 모두 상태가 없는[stateless] 파드들을 관리하는 용도였습니다. 스테이트풀세트[StatefulSets]는 단어 뜻처럼 상태가 있는 파드들을 관리하는 컨트롤러입니다.

스테이트풀세트를 사용하면 14.1에서 설명할 볼륨[volumn]을 사용해서 특정 데이터를 저장한 후 파드를 재시작했을 때 해당 데이터를 유지합니다. 여러 개의 파드 사이에 순서를 지정해서 실행되도록 할 수도 있습니다. 이런 방식으로 어떠한 상태가 있어야 할 때 사용합니다.

6.5.1 스테이트풀세트 사용하기

스테이트풀세트를 사용하는 설정 예는 [코드 6-4]와 같습니다.

코드 6-4 스테이트풀세트 설정 예(statefulset/statefulset.yaml)

```
apiVersion: v1
kind: Service
metadata:
  name: nginx-statefulset-service
  labels:
    app: nginx-statefulset-service
spec:                                      ❶
  ports:
  - port: 80
    name: web
  clusterIP: None
  selector:
    app: nginx-statefulset-service
---
apiVersion: apps/v1
kind: StatefulSet
metadata:
  name: web                                ❷
spec:
  selector:
    matchLabels:
      app: nginx-statefulset      # .spec.template.metadata.labels과 같은 값이어야 함
```

```
serviceName: "nginx-statefulset-service"
replicas: 3
template:
  metadata:
    labels:
      app: nginx-statefulset     # .spec.selector.matchLabels과 같은 값이어야 함
  spec:
    terminationGracePeriodSeconds: 10 --------------------- ❸
    containers:
    - name: nginx-statefulset
      image: nginx
      ports:
      - containerPort: 80
        name: web
```

주요 설정 부분의 내용은 다음과 같습니다.

❶ 스테이트풀세트에서 사용할 서비스(7장 참고) 설정입니다. 여기에서는 스테이트풀세트 설정의 .spec.serviceName 필드 값으로 설정할 서비스를 정의합니다. 서비스 이름과 스테이트풀세트에서 만들어진 파드 이름을 조합하면 쿠버네티스 클러스터 안에서 사용하는 도메인을 만들 수 있습니다. 파드이름.서비스이름 형식입니다.

❷ 스테이트풀세트의 이름인 .metadata.name 필드 값으로 web을 설정합니다.

❸ .spec.template.spec.terminationGracePeriodSeconds 필드는 그레이스풀gracefull의 대기 시간을 설정합니다. 10초로 설정했습니다. 그레이스풀은 실행 중인 프로세스를 종료할 때 바로 종료하는 것이 아니라 하던 작업을 마무리하고 정상적으로 종료하는 것을 뜻합니다.

[코드 6-4]를 statefulset.yaml로 저장하고 kubectl apply -f statefulset.yaml 명령을 실행하면 파드가 순서대로 하나씩 실행됩니다. 이어서 kubectl get svc,statefulset,pods 명령을 실행합니다.

```
$ kubectl apply -f statefulset.yaml
service/nginx-statefulset-service created
statefulset.apps/web created
$ kubectl get svc,statefulset,pods
NAME                                TYPE        CLUSTER-IP   EXTERNAL-IP  PORT(S)  AGE
service/kubernetes                  ClusterIP   10.96.0.1    <none>       443/TCP  24m
service/nginx-statefulset-service   ClusterIP   None         <none>       80/TCP   9s
```

```
NAME                     READY   AGE
statefulset.apps/web     1/3     9s


NAME                                READY   STATUS             RESTARTS   AGE
pod/web-0                           1/1     Running            0          9s
pod/web-1                           0/1     ContainerCreating  0          4s
$ kubectl get svc,statefulset,pods
NAME                                TYPE       CLUSTER-IP   EXTERNAL-IP   PORT(S)   AGE
service/kubernetes                  ClusterIP  10.96.0.1    <none>        443/TCP   24m
service/nginx-statefulset-service   ClusterIP  None         <none>        80/TCP    22s


NAME                     READY   AGE
statefulset.apps/web     3/3     22s


NAME                     READY   STATUS    RESTARTS   AGE
pod/web-0                1/1     Running   0          22s
pod/web-1                1/1     Running   0          17s
pod/web-2                1/1     Running   0          12s
```

기존과는 다르게 파드 이름에 UUID 형식의 접미사가 붙는 것이 아니라 web-이라는 이름 뒤에 0, 1, 2처럼 숫자가 순서대로 붙습니다. 파드가 실행될 때는 작은 숫자부터 순서(0, 1, 2)대로 실행됩니다. 순서대로 실행되어야 하므로 0번이 정상적으로 실행되지 않았다면 1번은 실행되지 않습니다. 마찬가지로 1번이 실행되지 않았다면 2번 또한 실행되지 않습니다.

파드가 삭제될 때는 반대로 큰 숫자가 붙은 파드부터 순서(2, 1, 0)대로 삭제됩니다. 실행 중인 스테이트풀세트의 .spec.replicas 필드 값을 줄이면 2번부터 줄인 숫자 개수만큼 삭제합니다. kubectl edit statefulset web 명령으로 실행 중인 스테이트풀세트의 설정을 편집기로 열고 .spec.replicas 필드 값을 3에서 2로 변경한 다음에 편집한 내용을 저장하고 닫습니다. 그 후 kubectl get pods 명령으로 파드 상태를 확인하면 web-2 파드가 사라진 것을 확인할 수 있습니다.

```
$ kubectl get pods
NAME      READY   STATUS    RESTARTS   AGE
web-0     1/1     Running   0          2m30s
web-1     1/1     Running   0          2m25s
```

6.5.2 파드를 순서 없이 실행하거나 종료하기

스테이트풀세트의 기본 동작은 순서대로 파드를 관리하는 것이지만 .spec.podManagement Policy 필드를 이용해 순서를 없앨 수도 있습니다. 기본 필드 값은 OrderedReady이고 파드를 순서대로 관리합니다.

이를 Parallel로 변경하면 파드들이 순서 없이 병렬로 실행되거나 종료되도록 할 수 있습니다. 현재 실행 중인 [코드 6-4]의 스테이트풀세트에서는 이 값을 변경할 수 없으므로 [코드 6-5]처럼 새로운 스테이트풀세트를 설정하겠습니다.

코드 6-5 파드를 순서 없이 실행하거나 종료하는 스테이트풀세트 설정 예(statefulset/statefulset-parallel.yaml)

```
# 이전 생략
---
apiVersion: apps/v1
kind: StatefulSet
metadata:
  name: web-parallel
spec:
  podManagementPolicy: Parallel
  selector:
    matchLabels:
      app: nginx-statefulset    # .spec.template.metadata.labels과 같은 값이어야 함
  serviceName: "nginx-statefulset-service"
  replicas: 3
  template:
    metadata:
      labels:
        app: nginx-statefulset    # .spec.selector.matchLabels과 같은 값이어야 함
    spec:
      terminationGracePeriodSeconds: 10
      containers:
      - name: nginx-statefulset
        image: nginx
        ports:
        - containerPort: 80
          name: web
```

[코드 6-4]와 비교했을 때 다른 점은 `.metadata.name` 필드 값을 web-parallel로 변경하고 `.spec.podManagementPolicy` 필드를 추가해 Parallel이라는 값을 설정한 것입니다.

[코드 6-5]를 statefulset-parallel.yaml로 저장한 후 `kubectl apply -f statefulset-parallel.yaml` 명령으로 클러스터에 적용합니다. `kubectl get pods` 명령을 실행하면 파드들이 한꺼번에 만들어짐을 확인할 수 있습니다.

```
$ kubectl get pods
NAME               READY    STATUS             RESTARTS    AGE
web-1              1/1      Running            0           5m
web-parallel-0     0/1      ContainerCreating  0           13s
web-parallel-1     0/1      ContainerCreating  0           13s
web-parallel-2     0/1      ContainerCreating  0           13s
```

6.5.3 스테이트풀세트로 파드 업데이트하기

스테이트풀세트의 업데이트 방법은 `.spec.updateStrategy.type` 필드에 설정할 수 있습니다. 기본값은 RollingUpdate입니다. 템플릿을 변경했을 때 자동으로 예전 파드를 삭제하고 새로운 파드를 실행합니다.

[코드 6-4] web 스테이트풀세트에 `kubectl edit statefulset web` 명령을 실행해 `.spec.template.spec.containers[].env[]` 환경 변수를 추가하고 저장합니다.

```
    env:
    - name: testenv
      value: testvalue01
```

아니면 예제 파일에서 제공하는 statefulset/statefulset-env.yaml을 `kubectl apply -f statefulset-env.yaml` 명령으로 실행해 클러스터에 적용해도 됩니다. `kubectl get pods` 명령을 바로 실행하면 파드들이 재시작하는 것을 확인할 수 있습니다.

```
$ kubectl get pods
NAME     READY    STATUS             RESTARTS    AGE
web-0    1/1      Running            0           16m
web-1    0/1      ContainerCreating  0           3s
web-2    1/1      Running            0           10s
```

```
web-parallel-0                    1/1      Running           0            11m
web-parallel-1                    1/1      Running           0            11m
web-parallel-2                    1/1      Running           0            11m
```

AGE 항목을 보면 마지막 파드부터 순서대로 재시작하므로 web-2 파드가 먼저 10초 전에 재시작된 것을 알 수 있습니다. web-1 파드는 STATUS 항목을 보면 ContainerCreating이므로 다시 만들어 지는 중입니다.

.spec.updateStrategy.rollingUpdate.partition 필드 값을 바꾸면 스테이프풀세트에 변경 사항이 있을 때 지정된 값보다 큰 번호를 가진 파드들을 업데이트합니다. 그리고 이 값보다 작은 번호인 파드들은 업데이트하지 않습니다. 말 그대로 파드들이 분할partition되는 것입니다.

kubectl edit statefulset web 명령으로 스테이트풀세트의 현재 설정을 열어서 .spec.updateStrategy.rollingUpdate.partition 필드 값을 0에서 1로 변경해 저장한 후 편집기를 닫습니다. 그리고 다시 kubectl edit statefulset web 명령으로 web 스테이트풀세트의 설정을 열고 .spec.containers[].env[].value 필드 값을 testvalue04로 변경해 저장한 후 편집기를 닫습니다.

kubectl get pods -o jsonpath="{range .items[*]}{.metadata.name}{.spec.containers[0].env}{'\n'}{end}" 명령을 실행해 파드 상태를 확인해 보면 web-1과 web-2만 환경 변숫값이 변경된 걸 확인할 수 있습니다.

```
$ kubectl get pods -o jsonpath="{range .items[*]}{.metadata.name}{.spec.
  containers[0].env}{'\n'}{end}"
web-0[{"name":"testenv","value":"testvalue01"}]
web-1[{"name":"testenv","value":"testvalue04"}]
web-2[{"name":"testenv","value":"testvalue04"}]
```

즉, .spec.updateStrategy.rollingUpdate.partition 필드 값 1보다 작은 번호의 파드들은 변경 사항을 업데이트하지 않습니다. 또한 .spec.updateStrategy.rollingUpdate.partition 필드 값이 .spec.replicas 필드 값보다 크면 .spec.template 필드에 변경 사항이 있더라도 업데이트하지 않습니다.

kubectl describe pod web-0 명령으로 파드 상태를 확인해보면 Labels 항목에 statefulset.kubernetes.io/pod-name=web-0처럼 레이블이 추가된 것도 확인할 수 있습니다.

```
$ kubectl describe pods web-0
Name:             web-0
Namespace:        default
Priority:         0
Node:             docker-desktop/192.168.65.3
Start Time:       Mon, 19 Aug 2019 19:25:08 +0900
Labels:           app=nginx-statefulset
                  controller-revision-hash=web-65969dfd8f
                  statefulset.kubernetes.io/pod-name=web-0
Annotations:      <none>
Status:           Running
IP:               10.1.0.53
IPs:
  IP:             10.1.0.26
Controlled By:    StatefulSet/web
```

이 레이블을 이용하면 스테이트풀세트가 관리하는 전체 파드 중에서 특정 파드에만 서비스를 연결할 수 있습니다.

.spec.updateStrategy.type 필드 값을 OnDelete로 설정하면 스테이트풀세트의 템플릿을 변경해도 바로 반영되지 않습니다. 수동으로 스테이트풀세트에 속한 파드들을 삭제했을 때 새로운 설정이 있는 파드가 실행됩니다. [코드 6-6]은 이러한 스테이트풀세트 설정의 예입니다.

코드 6-6 변경 사항을 바로 반영하지 않는 스테이트풀세트 설정 예(statefulset/statefulset-ondelete.yaml)

```
apiVersion: apps/v1
kind: StatefulSet
metadata:
  name: web-ondelete
spec:
  selector:
    matchLabels:
      app: nginx-statefulset
  serviceName: "nginx-statefulset-service"
  replicas: 3
  template:
    metadata:
      labels:
        app: nginx-statefulset
    spec:
      terminationGracePeriodSeconds: 10
```

```
      containers:
      - name: nginx-statefulset
        image: nginx
        ports:
        - containerPort: 80
          name: web
        env:
        - name: testenv
          value: testvalue01
  updateStrategy:
    type: OnDelete
```

[코드 6-6]을 statefulset-ondelete.yaml로 저장하고 kubectl apply -f statefulset-ondelete.yaml 명령으로 클러스터에 적용합니다.

파드가 모두 실행된 다음 kubectl edit statefulset web-ondelete 명령으로 스테이스풀세트 설정을 열고 .spec.containers[].env[].value 필드 값을 testvalue01에서 testvalue02로 변경해 저장하고 편집기를 닫습니다.

설정을 변경했지만 kubectl get pods -o jsonpath="{range .items[*]}{.metadata.name}{.spec.containers[0].env}{'\n'}{end}" 명령을 실행해보면 실제 파드는 변경되지 않고 환경 변수 내용도 그대로입니다.

```
$ kubectl get pods -o jsonpath="{range .items[*]}{.metadata.name}{.spec.
  containers[0].env}{'\n'}{end}"
web-ondelete-0[{"name":"testenv","value":"testvalue01"}]
web-ondelete-1[{"name":"testenv","value":"testvalue01"}]
web-ondelete-2[{"name":"testenv","value":"testvalue01"}]
```

이 상태에서 kubectl delete pods web-ondelete-2 명령으로 web-ondelete-2 파드를 삭제해보겠습니다. 파드가 새로 실행되면서 변경된 환경 변수가 적용된 것을 확인할 수 있습니다.

```
$ kubectl delete pods web-ondelete-2
pod "web-ondelete-2" deleted
$ kubectl get pods -o jsonpath="{range .items[*]}{.metadata.name}{.spec.
  containers[0].env}{'\n'}{end}"
web-ondelete-0[{"name":"testenv","value":"testvalue01"}]
web-ondelete-1[{"name":"testenv","value":"testvalue01"}]
web-ondelete-2[{"name":"testenv","value":"testvalue02"}]
```

6.6 잡

잡[Job]은 실행된 후 종료해야 하는 성격의 작업을 실행시킬 때 사용하는 컨트롤러입니다. 특정 개수만큼의 파드를 정상적으로 실행 종료함을 보장합니다.

잡을 이용하는 가장 단순한 상황으로는 잡이 파드 하나를 실행하고 파드가 정상적으로 종료됐는지 확인하는 것입니다. 파드 실행 실패, 하드웨어 장애 발생, 노드 재시작 등 문제가 발생하면 다시 파드를 실행합니다. 잡 하나가 파드를 여러 개 실행할 수도 있습니다.

6.6.1 잡 사용하기

[코드 6-7]은 잡을 설정해 적용하는 예로 원주율을 계산하는 간단한 펄[perl] 명령을 실행합니다.

코드 6-7 잡 설정 예(job/job.yaml)

```
apiVersion: batch/v1 ------------------------------------------- ❶
kind: Job
metadata:
  name: pi
spec:
  template:
    spec:
      containers:
      - name: pi
        image: perl
        command: ["perl", "-Mbignum=bpi", "-wle", "print bpi(2000)"] ---- ❷
      restartPolicy: Never -------------------------------------- ❸
  backoffLimit: 4 ----------------------------------------------- ❹
```

주요 설정 부분은 다음과 같습니다.

❶ 잡이 사용하는 .apiVersion은 batch/v1입니다. 배치 작업을 실행하는 v1 버전 API를 사용하겠다는 뜻입니다.

❷ .spec.template.spec.containers[].command 필드는 원주율을 계산하는 펄 명령 내용을 설정합니다.

❸ `.spec.template.spec.restartPolicy` 필드 값은 Never로 설정해서 파드가 항상 성공으로 끝나게 합니다. Never 외에도 OnFailure도 설정할 수 있습니다. OnFailure는 파드 안 컨테이너가 비정상 종료했거나 다양한 이유로 실행이 정상 종료되지 않았을 때 컨테이너를 다시 시작하도록 합니다.

❹ `.spec.backoffLimt` 필드는 잡 실행이 실패했을 때 자동으로 최대 몇 번까지 재시작할 것인지 설정합니다. 이를 파드 비정상 실행 종료의 백오프^{backoff} 정책이라고도 합니다. 기본값은 6이지만 여기에서는 4로 지정했습니다. 보통 잡 컨트롤러가 재시작을 관리할 때마다 시간 간격을 늘립니다. 처음 재시작 실패 후 10초를 기다린 후 시도하고 그 다음은 20초, 40초 이런 방식으로 계속 재시작 대기 시간을 늘립니다. 이렇게 재시작을 하다가 파드 실행이 완료되면 재시도 횟수는 0으로 초기화됩니다.

`kubectl apply -f job.yaml` 명령을 실행해서 클러스터에 적용한 후 일정 시간이 지난 다음 `kubectl describe job 잡이름` 명령으로 잡 상태를 확인합니다.

```
$ kubectl describe job pi

# 이전 생략
Parallelism:    1
Completions:    1
Start Time:     Mon, 19 Aug 2019 19:48:54 +0900
Completed At:   Mon, 19 Aug 2019 19:49:41 +0900
Duration:       47s
Pods Statuses:  0 Running / 1 Succeeded / 0 Failed
```

Start Time, Completed At, Duration, Pods Statuses 항목을 잘 살펴보기 바랍니다. 47초 동안 파드를 하나 실행하고 정상적으로 종료했다는 의미입니다.

원주율 계산 결과는 먼저 `kubectl get pods` 명령으로 파드 이름을 확인한 후 `kubectl logs 파드이름` 명령으로 확인합니다. 원주율을 계산해 출력하는 것을 볼 수 있습니다.

```
$ kubectl get pods
NAME            READY   STATUS      RESTARTS   AGE
pi-9nf2x        0/1     Completed   0          2m22s
$ kubectl logs pi-9nf2x
3.141592653589793238462643383279502884 1…
```

6.6.2 잡 병렬성 관리

잡 하나가 몇 개의 파드를 동시에 실행할지를 '잡 병렬성'이라고 합니다. `.spec.parallelism` 필드에 설정할 수 있습니다. 기본값은 1이고 0으로 설정하면 잡을 정지할 수 있습니다. 단, 병렬성 옵션을 설정했더라도 다음 이유로 지정된 값보다 잡이 파드를 적게 실행시킬 수 있습니다.

- 정상 완료되는 잡의 개수를 고정하려면, 병렬로 실행되는 실제 파드의 개수가 정상 완료를 기다리며 남아 있는 잡의 개수를 넘지 않아야 합니다. 예를 들어 정상 완료되어야 하는 잡의 개수가 총 10개고 현재 정상 완료된 잡의 개수가 9개라면 병렬성을 3으로 설정했더라도 실제 파드는 3개가 아닌 1개만 실행됩니다.
- 워크 큐용 잡에서는 파드 하나가 정상적으로 완료되었을 때 새로운 파드가 실행되지 않습니다. 단, 현재 실행 중인 잡은 완료될 때까지 실행될 수 있습니다.
- 잡 컨트롤러가 반응하지 못하거나 자원 부족이나 권한 부족 같은 이유로 파드를 실행하지 못할 때도 있습니다.
- 잡에서 실행시킨 파드들이 너무 많이 실패했으면 잡 컨트롤러가 새로운 파드 생성을 제한할 수 있습니다.
- 파드가 그레이스풀하게 종료되었을 때도 있습니다.

6.6.3 잡의 종류

잡의 종류에는 단일 잡, 완료된 잡 개수가 있는 병렬parallel 잡, 워크 큐가 있는 병렬 잡이 있습니다. 단일 잡은 다음 특징이 있습니다.

- 파드 하나만 실행됩니다. 파드가 정상적으로 실행 종료(파드 생명 주기가 Succeeded)되면 잡 실행을 완료됩니다.
- `.spec.completions`와 `.spec.parallelism` 필드를 설정하지 않습니다. 두 필드의 기본값은 1입니다. `.spec.completions` 필드는 정상적으로 실행 종료되어야 하는 파드 개수, `.spec.parallelism` 필드는 병렬성을 지정하는 필드로 동시에 몇 개의 파드가 실행되어도 괜찮은지를 설정합니다. 그런데 두 필드의 값이 1이면 한 번에 파드 하나만 실행되어야 하고 정상적으로 실행 종료되어야 하는 파드 개수도 1개라는 뜻입니다.

완료 개수가 있는 병렬 잡에는 다음 특징이 있습니다.

- .spec.completions 필드 값으로 양수를 설정합니다. 필드 값이 1이면 정상적으로 실행 종료된 파드가 1개만 생겨도 잡이 완료됩니다.
- .spec.parallelism 필드는 설정하지 않거나 기본값인 1로 설정해야 합니다.

워크 큐가 있는 병렬 잡에는 다음 특징이 있습니다.

- .spec.completions 필드는 설정하지 않고, .spec.parallelism 필드는 양수로 설정합니다.
- .spec.completions 필드 값을 설정하지 않으면 기본값이 .spec.parallelism 필드와 동일하게 설정됩니다.
- 파드 각각은 정상적으로 실행 종료됐는지를 독립적으로 결정할 수 있습니다. 대기열에 있는 작업들이 모두 동시에 실행될 수도 있다는 뜻입니다.
- 파드 하나라도 정상적으로 실행 종료되면 새로운 파드가 실행되지 않습니다.
- 최소한 파드 1개가 정상적으로 종료된 후 모든 파드가 실행 종료되면, 잡이 정상적으로 종료됩니다.
- 일단 파드 1개가 정상적으로 실행 종료되면 다른 파드는 더 이상 동작하지 않거나 어떤 작업 처리 결과를 내지 않습니다. 다른 파드는 모두 종료 과정을 실행합니다.

6.6.4 비정상적으로 실행 종료된 파드 관리하기

파드 안에 비정상적으로 실행 종료된 컨테이너가 있을 때를 대비해서 컨테이너 재시작 정책을 설정하는 .spec.template.spec.restartPolicy 필드를 지정할 수 있습니다.

컨테이너가 비정상 실행 종료될 때의 예는 메모리 사용량 제한 초과, 비정상 종료 코드 표시 등 다양한 이유가 있습니다. 이때 .spec.template.spec.restartPolicy 필드 값을 OnFailure로 설정하면 파드는 원래 실행 중이던 노드에서 컨테이너를 재시작합니다. 이렇게 파드를 실행한 때는 앱 컨테이너가 재시작되는 상황을 고려해야 합니다.

컨테이너 재시작 정책을 Never로 설정해서 재시작을 막을 수도 있습니다. 예를 들어 파드를 실행 중이던 노드가 장애나 업그레이드 등의 이유로 정지될 때도 있습니다. 이때 .spec.template.

spec.restartPolicy 필드 값을 Never로 설정하면 컨테이너가 비정상 종료했을 때 재시작을 막을 수 있습니다. 재시작을 막은 후에는 잡에서 새로운 파드를 실행합니다. 이렇게 파드가 재시작되는 상황도 앱 컨테이너에서 처리해야 합니다.

이전 파드에서 처리 중이던 상태를 인식해서 해당 상태부터 재시작하거나 아니면 초기화하고 처음부터 다시 시작할 수도 있어야 합니다. 그런데 .spec.parallelism과 .spec.completions 필드 값을 1, .spec.template.spec.restartPolicy 필드 값을 Never로 설정하면 같은 프로그램이 2번 실행될 수 있습니다.

이때는 .spec.parallelism, .spec.completions 필드 값 모두 1보다 크게 설정하면 한 번에 여러 개 파드가 실행될 수 있습니다. 앱은 이런 상황을 고려해서 처리할 수 있도록 설계해야 합니다.

6.6.5 잡 종료와 정리

잡이 정상적으로 실행 종료되면 파드가 새로 생성되지도 삭제되지도 않습니다. 또한 잡도 남아 있습니다. 파드나 잡이 삭제되지 않고 남아 있으면 로그에서 에러나 경고를 확인할 수 있고, 잡의 상태도 계속해서 확인할 수 있습니다. 이를 이용해 필요한 분석을 할 수 있습니다.

특정 시간을 지정해서 잡 실행을 종료하려면 .spec.activeDeadlineSeconds 필드에 시간에 해당하는 값을 설정합니다. 지정된 시간에 해당 잡 실행을 강제로 끝내면서 모든 파드 실행도 종료합니다. 시간을 지정해 잡 실행을 끝냈다면 잡의 상태를 확인했을 때 종료 이유가 reason: DeadlineExceeded로 표시됩니다.

잡 삭제는 kubectl delete job 잡이름 명령으로 사용자가 직접해야 합니다. 잡을 삭제하면 관련된 파드들도 같이 삭제됩니다.

6.6.6 잡 패턴

잡에서 파드를 병렬로 실행했을 때 파드 각각이 서로 통신하면서 동작하지 않습니다. 각 파드는 독립적으로 동작하는 것을 전제로 두는데 메일을 발송하거나 파일을 변환하는 등은 분산 작업이므로 한꺼번에 실행해야 해서 제대로 동작하지 않는 것입니다.

잡의 일반적인 사용 패턴은 다음과 같습니다. 그에 따른 특징도 함께 설명합니다.

- 작업마다 잡을 하나씩 생성해 사용하는 것보다는 모든 작업을 관리하는 잡 하나를 사용하는 것이 좋습니다. 잡을 생성하는 오버헤드가 크기 때문입니다. 작업이 많아질수록 잡 하나가 여러 개 작업을 처리하는 것이 좋습니다.

- 작업 개수만큼의 파드를 생성하는 것보다 파드 하나가 여러 개의 작업을 처리하는 것이 좋습니다. 파드를 생성하는 오버헤드도 크므로 작업이 많아질수록 파드 하나가 여러 개 작업을 처리하는 것이 유리합니다.

- 워크 큐를 사용한다면 카프카나 RabbitMQ 같은 큐 서비스로 워크 큐를 구현하도록 기존 프로그램이나 컨테이너를 수정해야 합니다. 워크 큐를 사용하지 않으면 그냥 기본 설정 그대로 컨테이너를 사용하므로 비효율적입니다.

6.7 크론잡

크론잡CronJob은 잡을 시간 기준으로 관리하도록 생성합니다. 지정한 시간에 한번만 잡을 실행하거나 지정한 시간동안 주기적으로 잡을 반복 실행할 수 있습니다. 시간을 지정할 때는 리눅스나 유닉스의 cron 명령어에서 사용하는 옵션 형식을 그대로 사용합니다. 잡이 실행된 후에는 앞에서 설명한 잡과 마찬가지로 동작합니다.

6.7.1 크론잡 사용하기

[코드 6-8]을 cronjob.yaml로 저장해 kubectl apply -f cronjob.yaml 명령으로 실행합니다.

코드 6-8 크론잡 설정 예(cronjob/cronjob.yaml)

```
apiVersion: batch/v1
kind: CronJob
metadata:
  name: hello
spec:
  schedule: "*/1 * * * *" ------------------------------- ❶
```

```
    jobTemplate:
      spec:
        template:
          spec:
            containers:
            - name: hello
              image: busybox ---------------------------------- ❷
              args: -------------------------------------
              - /bin/sh                                  |
              - -c                                       |  ❸
              - date; echo Hello from the Kubernetes cluster ----
            restartPolicy: OnFailure
```

주요 설정 부분의 내용은 다음과 같습니다.

❶ 크론잡의 핵심인 스케줄 지정은 .spec.schedule 필드에 설정합니다. 일반적인 cron 명령을 설정할 때와 같은 형식입니다. 이 예제에서는 매 1분마다 실행하도록 "*/1 * * * *"으로 설정했습니다.

❷ 어떤 작업을 실행할지는 .spec.jobTemplate의 하위 필드에 설정합니다. 먼저 .spec.jobTemplate.spec.template.spec.containers[].image 필드에 busybox 컨테이너 이미지를 사용하도록 설정합니다.

❸ .spec.jobTemplate.spec.template.spec.containers[].args[] 필드에는 셸 스크립트로 간단한 환영 메시지를 출력하도록 설정했습니다.

다음처럼 템플릿 대신 kubectl create cronjob 명령으로 크론잡을 사용할 수도 있습니다.

```
$ kubectl create cronjob hello --schedule="*/1 * * * *" --restart=OnFailure
  --image=busybox -- /bin/sh -c "date; echo Hello from the Kubernetes cluster"
cronjob.batch/hello created
```

하지만 명령 작성이 복잡할 수 있으므로 템플릿 사용을 권합니다.

kubectl get cronjobs 명령으로 크론잡의 스케줄 설정을 확인할 수 있습니다.

```
$ kubectl get cronjobs
NAME    SCHEDULE      SUSPEND    ACTIVE    LAST SCHEDULE    AGE
hello   */1 * * * *   False      1         11s              15s
```

SCHEDULE 항목은 스케줄링한 설정을 나타냅니다. 여기에서는 [코드 6-8]에서 설정한 */1 * * * *를 나타냅니다. SUSPEND 항목은 현재 이 크론잡이 정지되었는지 나타냅니다. False이 므로 정지되지 않았다는 뜻입니다. ACTIVE 항목은 현재 실행 중인 잡이 있는지를 나타냅니다. LAST SCHEDULE 항목은 마지막으로 잡을 실행한 후 어느 정도 시간이 지났는지 나타냅니다.

크론잡이 실행한 잡은 kubectl get jobs 명령으로 확인합니다.

```
$ kubectl get jobs
NAME                COMPLETIONS    DURATION    AGE
hello-1566213600    1/1            7s          94s
hello-1566213660    1/1            5s          34s
pi                  1/1            47s         32m
```

크론잡 이름인 hello 뒤에 숫자가 붙은 잡들이 실행된 것을 확인할 수 있습니다. COMPLE TIONS 항목은 '작업을 성공적으로 완료한 횟수/총 작업 횟수'를 나타냅니다. DURATION 항목은 작업을 성공적으로 완료하는 데 걸린 시간을 나타냅니다.

삭제는 kubectl delete cronjobs 크론잡이름 명령을 실행합니다. 크론잡이 생성했던 잡들까지 한꺼번에 삭제합니다.

6.7.2 크론잡 설정

앞에서 크론잡에서 사용하는 .spec.schedule 필드와 .spec.jobTemplate의 하위 필드를 소개했습니다. 크론잡에는 .spec.startingDeadlineSeconds와 .spec.concurrencyPolicy 필드도 있습니다.

.spec.startingDeadlineSeconds 필드는 지정된 시간에 크론잡이 실행되지 못했을 때 필드 값으로 설정한 시간까지 지나면 크론잡이 실행되지 않게 합니다. 이 필드 값을 설정하지 않으면 실행 시간이 좀 지나더라도 제약 없이 잡이 실행되도록 합니다.

.spec.concurrencyPolicy 필드는 크론잡이 실행하는 잡의 동시성을 관리합니다. 기본값은 Allow고 크론잡이 여러 개 잡을 동시에 실행할 수 있도록 합니다. Forbid로 설정하면 잡을 동시에 실행하지 않도록 합니다. 만약 이전에 실행했던 잡이 아직 정상적으로 종료되지 않고 실행 중인 상태에서 새로운 잡을 실행해야 할 시간이라고 생각해보겠습니다. 이때 크론잡은 해당 시간에서 새로운 잡을 실행하지 않고 다음 지정된 시간에 잡을 실행시킵니다. Replace로 설정하

면 이전에 실행했던 잡이 실행 중인 상태에서 새로운 잡을 실행할 시간일 때 이전에 실행 중이던 잡을 새로운 잡으로 대체합니다.

[코드 6–9]에서 .spec.startingDeadlineSeconds와 .spec.concurrencyPolicy 필드를 어떻게 사용하는지 확인해보겠습니다.

코드 6–9 잡의 동시성을 관리하는 크론잡 설정 예(cronjob/cronjob-concurrency.yaml)

```
apiVersion: batch/v1
kind: CronJob
metadata:
  name: hello-concurrency
spec:
  schedule: "*/1 * * * *"
  startingDeadlineSeconds: 600 --------------------------------------------- ❶
  concurrencyPolicy: Forbid --------------------------------------------- ❷
  jobTemplate:
    spec:
      template:
        spec:
          containers:
          - name: hello
            image: busybox
            args:
            - /bin/sh
            - -c
            - date; echo Hello from the Kubernetes cluster; sleep 6000 ---- ❸
          restartPolicy: OnFailure
```

❶ 테스트할 수 있도록 .spec.startingDeadlineSeconds 필드 값을 600초로 설정했습니다.

❷ .spec.concurrencyPolicy 필드 값은 우선 Forbid로 설정했습니다.

❸ 컨테이너에서 실행하는 명령인 .spec.jobTemplate.spec.template.spec.contai ners [].args[]에는 [코드 6–8]과 다르게 sleep 6000를 추가했습니다. 이 작업이 6,000초 동안 끝나지 않고 대기하게 만드는 것입니다.

[코드 6–9]를 cronjob-concurrency.yaml로 저장한 후 kubectl apply -f cronjob-concu rrency.yaml 명령으로 실행합니다. .spec.schedule 필드 값으로 1분 간격마다 잡을 실행하도

록 지정했으므로 원하는 결과를 확인하려면 좀 기다려야 합니다. 처음에 실행한 잡이 종료되지 않고 6,000초동안 대기하므로 1분이 지나고 다음 잡을 실행하려고 할 때 기존 잡이 남아 있는 상태가 됩니다. 이때 .spec.concurrencyPolicy 필드 값을 Forbid로 설정해뒀으므로 잡을 동시에 실행하지 않고 기다립니다. 즉, 처음 실행했던 작업이 끝나야 다음 작업이 실행됩니다.

kubectl get pods 명령으로 파드 상태를 확인해 보면 4분동안 hello-concurrency-xxxxx xx-xxxxx 관련 파드가 하나만 있는 것을 확인할 수 있습니다.

```
$ kubectl get pods
NAME                                READY   STATUS    RESTARTS   AGE
hello-concurrency-1566214020-pkg66  1/1     Running   0          4m
```

이 상태에서 대기 중인 작업을 실행하도록 .spec.concurrencyPolicy 필드 값을 Allow로 바꾸겠습니다. kubectl edit cronjob hello-concurrency 명령으로 크론잡 설정을 열고 Forbid 를 Allow로 변경해 저장한 후 편집기를 닫습니다. 다시 kubectl get pods 명령을 실행하면 새로운 파드가 실행됨을 볼 수 있습니다.

```
$ kubectl edit cronjob hello-concurrency
cronjob.batch/hello-concurrency edited
$ kubectl get pods
NAME                                READY   STATUS    RESTARTS   AGE
hello-concurrency-1566214020-pkg66  1/1     Running   0          11m
hello-concurrency-1566214080-vjjg2  1/1     Running   0          2m40s
hello-concurrency-1566214140-jtbhv  1/1     Running   0          2m10s
hello-concurrency-1566214200-qvl6p  1/1     Running   0          70s
hello-concurrency-1566214260-c5rh6  1/1     Running   0          10s
```

지정된 시간인 1분마다 파드가 하나씩 추가로 실행되고 기존 잡은 아직 대기 중이므로 종료하지 않고 남아 있습니다.

이번에는 .spec.concurrencyPolicy 필드 값을 Replace로 바꾸겠습니다.

```
$ kubectl edit cronjob hello-concurrency
cronjob.batch/hello-concurrency edited
$ kubectl get pods
NAME                                READY   STATUS       RESTARTS   AGE
hello-concurrency-1566214020-pkg66  1/1     Terminating  0          12m
```

```
hello-concurrency-1566214080-vjjg2    1/1    Terminating          0        4m31s
hello-concurrency-1566214140-jtbhv    1/1    Terminating          0        4m1s
hello-concurrency-1566214200-qvl6p    1/1    Terminating          0        3m1s
hello-concurrency-1566214260-c5rh6    1/1    Terminating          0        2m1s
hello-concurrency-1566214320-qwpqn    1/1    Terminating          0        61s
hello-concurrency-1566214380-46d4l    0/1    ContainerCreating    0        1s
$ kubectl get pods
NAME                                  READY  STATUS       RESTARTS   AGE
hello-concurrency-1566214380-46d4l    1/1    Running      0          53s
```

Allow일 때와는 다르게 기존에 남아 있던 잡들을 모두 종료시키고 새로 잡이 실행됨을 볼 수 있습니다. 먼저 실행했던 파드들의 STATUS 항목이 모두 Terminating로 바뀌고 곧 종료되어서 없어질 것입니다. 그리고 새로운 파드가 ContainerCreating 상태로 만들어지는 것을 볼 수 있습니다.

참고로 kubectl edit cronjob hello-concurrency 명령으로 편집기를 열고 .spec.suspend 필드 값을 true로 설정(기본값은 false)하면 더 이상 크론잡이 실행되지 않고 멈춥니다. 단, 기존에 실행 중이던 잡이 멈추지는 않습니다.

일정 시간이 지난 다음 kubectl get pods 명령을 실행해서 파드 상태를 확인해보면 .spec.concurrencyPolicy 필드 값이 Replace여서 기존 파드를 종료하고 새로 파드를 실행해야 하지만 대기 중임을 볼 수 있습니다. 크론잡의 SUSPEND 항목도 True입니다.

```
$ kubectl get cronjob,pods
NAME                               SCHEDULE    SUSPEND  ACTIVE  LAST SCHEDULE  AGE
cronjob.batch/hello-concurrency    */1 * * * *  True     1       3m             21m


NAME                                          READY   STATUS    RESTARTS   AGE
pod/hello-concurrency-1566214560-lllgq        1/1     Running   0          3m
```

.spec.successfulJobsHistoryLimit와 .spec.failedJobsHistoryLimit 필드는 잡이 정상적으로 실행 종료되었는지 아니면 비정상 종료인지에 관한 내역을 몇 개까지 저장할지 설정합니다. .spec.successfulJobsHistoryLimit의 기본값은 3이고 .spec.failedJobsHistoryLimit의 기본값은 1입니다. 값을 0으로 설정하면 잡이 종료된 다음에 내역을 저장하지 않습니다.

처음에 크론잡 예제로 실행했던 hello 크론잡은 .spec.successfulJobsHistoryLimit 필드를 설정하지 않았으므로 기본값인 3이 적용되어서 잡 파드들이 3개만 남아 있는 것을 확인할 수 있습니다.

```
$ kubectl get pods
NAME                            READY   STATUS      RESTARTS   AGE
pod/hello-1566214440-g9jdf      0/1     Completed   0          2m42s
pod/hello-1566214500-nzqhf      0/1     Completed   0          102s
pod/hello-1566214560-9cjv6      0/1     Completed   0          41s
```

7 서비스

서비스services는 여러 개 파드에 접근할 수 있는 IP 하나를 제공합니다. 다양한 기능을 제공하지만 본질적으로 로드밸런서 역할입니다. 이 장에서는 서비스의 개념, 타입, 사용 방법들을 알아봅니다. 그리고 실제 서비스를 다루는 kube-proxy도 소개합니다.

7.1 서비스의 개념

쿠버네티스 클러스터 안에 컨트롤러를 이용해서 파드를 실행했다면 해당 파드에 접근하는 방법을 알아봐야 할 때입니다.

파드는 컨트롤러가 관리하므로 한군데에 고정해서 실행되지 않고, 클러스터 안을 옮겨 다닙니다. 이 과정에서 노드를 옮기면서 실행되기도 하고 클러스터 안 파드의 IP가 변경되기도 합니다. 이렇게 동적으로 변하는 파드들에 고정적으로 접근할 때 사용하는 방법이 쿠버네티스의 서비스service입니다.

서비스를 사용하면 파드가 클러스터 안 어디에 있든 고정 주소를 이용해 접근할 수 있습니다. 클러스터 외부에서 클러스터 안 파드에 접근할 수도 있습니다. 8장에서 설명할 인그레스ingress로도 접근할 수 있는데 서비스는 주로 L4 영역에서 통신할 때 사용하고 인그레스는 L7 영역에서 통신할 때 사용한다는 차이점이 있습니다. 물론 상황에 따라 두 가지를 혼합해서 사용할 수도 있지만 보통 역할을 분리해서 사용합니다.

[그림 7-1]은 서비스와 파드의 통신 원리를 설명합니다. 파드가 클러스터 안 다른 위치로 옮겨져 IP가 변하더라도 서비스가 자동으로 새로 위치를 옮겨 실행한 파드와 통신하므로 실제 접속하는 사용자는 서비스만 이용해서 문제없이 위치를 옮긴 파드를 사용할 수 있습니다.

그림 7-1 서비스를 이용한 파드와의 통신 원리

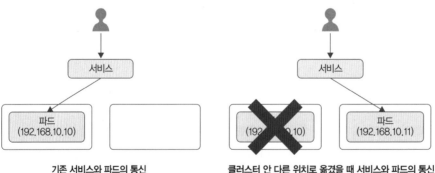

7.2 서비스 타입

서비스 타입에는 크게 네 가지가 있습니다.

- **ClusterIP**: 기본 서비스 타입이며 쿠버네티스 클러스터 안에서만 사용할 수 있습니다. 클러스터 안 노드나 파드에서는 클러스터 IP를 이용해서 서비스에 연결된 파드에 접근합니다. 클러스터 외부에서는 이용할 수 없습니다.

- **NodePort**: 서비스 하나에 모든 노드의 지정된 포트를 할당합니다. node1:8080, node2:8080처럼 노드에 상관없이 서비스에 지정된 포트 번호만 사용하면 파드에 접근할 수 있습니다. 노드의 포트를 사용하므로 클러스터 안 뿐만 아니라 클러스터 외부에서도 접근할 수 있습니다. 특이한 점은 파드가 node1에만 실행되어 있고 node2에는 실행되지 않았더라도 node2:8080으로 접근했을 때 node1에 실행된 파드로 연결한다는 것입니다. 클러스터 외부에서 클러스터 안 파드로 접근할 때 사용할 수 있는 가장 간단한 방법입니다.

- **LoadBalancer**: 아마존 웹 서비스, 구글 클라우드 플랫폼 같은 퍼블릭 클라우드 서비스, 오픈스택 같은 프라이빗 클라우드, 쿠버네티스를 지원하는 로드밸런서 장비에서 사용합니다. 클라우드에서 제공하는 로드밸런서와 파드를 연결한 후 해당 로드밸런서의 IP를 이용해 클러스터 외부에서 파드에 접근할 수 있도록 해줍니다. `kubectl get service` 명령으로 서비스 상태를 확인하면 EXTERNAL-IP 항목에 로드밸런서 IP를 표시합니다. 이 IP를 사용해 클러스터 외부에서 파드에 접근합니다.

- **ExternalName**: 서비스를 `.spec.externalName` 필드에 설정한 값과 연결합니다. 클러스터 안에서 외부에 접근할 때 주로 사용합니다. 이 서비스로 클러스터 외부에 접근하면 설정해 둔 CNAME값을 이용해 클러스터 외부에 접근할 수 있습니다. 클러스터 외부에 접근할 때 사용하는 값이므로 설정할 때 셀렉터(`.spec.selector` 필드)가 필요 없습니다.

7.3 서비스 사용하기

서비스 템플릿의 기본 구조는 [코드 7-1]과 같습니다.

코드 7-1 서비스의 기본적인 설정 예(service/service.yaml)

```
apiVersion: v1
kind: Service
metadata:
  name: my-service
spec:
  type: ClusterIP ---------- ❶
  clusterIP: 10.0.10.10 ---- ❷
  selector: --------------
    app: MyApp ------------ ❸
  ports: -----------------
  - protocol: TCP
    port: 80              ❹
    targetPort: 9376 ------
```

주목해야 할 설정 부분은 다음과 같습니다.

❶ .spec.type 필드에서 서비스 타입을 설정할 수 있습니다. .spec.type 필드 값을 설정하지 않으면 기본 타입은 ClusterIP입니다.

❷ .spec.clusterIP 필드에서 클러스터 IP를 직접 설정할 수 있습니다. 설정하지 않으면 자동으로 IP값이 할당됩니다.

❸ .spec.selector 필드에는 서비스와 연결할 파드에 설정한 .labels 필드 값을 설정합니다.

❹ .spec.ports[] 필드는 배열 형태입니다. 서비스에서 한꺼번에 포트 여러 개를 외부에 제공할 때는 .spec.ports[] 하위에 필드 값을 설정하면 됩니다.

지금부터 서비스 타입 각각을 만들고 사용해보겠습니다. 먼저 다음 명령으로 디플로이먼트로 생성하는 서비스에 연결할 파드를 실행합니다.

```
$ kubectl create deployment nginx-for-svc --image=nginx --replicas=2 --port=80
```

nginx 컨테이너를 실행하는 nginx-for-service라는 이름의 파드입니다. 포트 번호는 80, 서비스에서 사용할 레이블은 파드 이름인 nginx-for-service로 자동 설정됩니다.

7.3.1 ClusterIP 타입 서비스 사용하기

[코드 7-2]는 ClusterIP 타입의 서비스를 만드는 설정 예입니다.

코드 7-2 ClusterIP 타입의 서비스를 만드는 설정 예(service/clusterip.yaml)

```
apiVersion: v1
kind: Service
metadata:
  name: clusterip-service
spec:
  type: ClusterIP --------- ❶
  selector:
    app: nginx-for-svc ---- ❷
  ports:
  - protocol: TCP
    port: 80
    targetPort: 80
```

❶ .spec.type 필드 값을 ClusterIP로 설정했고, ❷ .spec.selector.app 필드 값은 nginx-for-svc로 설정해 앞에서 실행한 nginx-for-service 파드를 선택하도록 했습니다.

ClusterIP 타입 서비스의 전체 구조는 [그림 7-2]와 같습니다.

그림 7-2 ClusterIP 타입 서비스의 구조

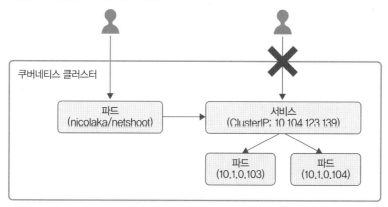

[코드 7-2]를 clusterip.yaml로 저장하고 kubectl apply -f clusterip.yaml 명령으로 클러스터에 적용합니다. kubectl get svc 명령을 실행하면 서비스 생성을 확인할 수 있습니다.

```
$ kubectl apply -f clusterip.yaml
service/clusterip-service created
$ kubectl get svc
NAME                 TYPE        CLUSTER-IP       EXTERNAL-IP   PORT(S)   AGE
clusterip-service    ClusterIP   10.104.123.139   <none>        80/TCP    9s
```

TYPE 항목이 ClusterIP고 CLUSTER-IP 항목에 10.104.123.139로 클러스터 IP가 생성되었습니다. EXTERNAL-IP 항목은 외부 IP가 없으므로 〈none〉입니다. PORT(S)에는 80 포트가 연결되었다는 정보가 보입니다. 좀 더 자세한 정보를 보려면 kubectl describe service 서비스이름 명령을 실행합니다.

```
$ kubectl describe service clusterip-service
Name:              clusterip-service ------------- ❶
Namespace:         default ------------------- ❷
Labels:            <none>
Annotations:       <none>
Selector:          app=nginx-for-svc ----------- ❸
Type:              ClusterIP
IP Family Policy:  SingleStack
IP Families:       IPv4
IP:                10.104.123.139
IPs:               10.104.123.139
Port:              <unset>  80/TCP
TargetPort:        80/TCP
Endpoints:         10.1.0.103:80,10.1.0.104:80 ---- ❹
Session Affinity:  None
Events:            <none>
```

❶ Name 항목에는 이 서비스의 이름인 clusterip-service를 나타냅니다.

❷ Namespace 항목에는 이 서비스가 어떤 네임스페이스에 속했는지 나타냅니다. 여기에서는 default 네임스페이스에 속했음을 알 수 있습니다.

❸ Selector 항목은 레이블이 app=nginx-for-svc인 파드를 선택하라고 설정되었습니다.

❹ Endpoints 항목에는 실제로 이 서비스에 연결된 파드들의 IP가 있습니다.

kubectl get pods -o wide 명령으로 현재 실행 중인 파드들의 IP를 확인하겠습니다.

```
$ kubectl get pods -o wide
NAME                                  READY   STATUS    RESTARTS   AGE
nginx-for-service-7849ddc9f8-6r52z    1/1     Running   0          9m58s
nginx-for-service-7849ddc9f8-tzklk    1/1     Running   0          9m58s


IP           NODE
10.1.0.103   docker-desktop
10.1.0.104   docker-desktop
```

앞서 실행했던 nginx-for-service 디플로이먼트의 파드가 2개 실행 중이고, IP가 각각 10.1. 0.103, 10.1.0.104이므로 clusterip-server 서비스의 Endpoints 항목과 값이 같습니다.

> **TIP**
>
> 참고로 kubectl get pods -o wide 명령의 실행 결과에는 파드가 실행되는 특정 노드를 뜻하는 NOMINATED NODE 항목과 파드 준비 상태를 평가하는 추가 조건을 뜻하는 READINESS GATES 항목이 있습니다. 두 항목은 현재 모두 〈none〉이므로 실행 결과에 표시하지 않았습니다. 앞으로도 특별한 설정값이 없으면 해당 명령의 실행 결과에서는 생략할 것입니다.

이제 10.104.123.139라는 IP로 파드에 접근할 수 있는지 확인해보겠습니다. 클러스터 IP는 쿠버네티스 클러스터 안에서만 사용할 수 있는 IP입니다. 그러므로 쿠버네티스 클러스터 안에 파드를 하나 실행하고 해당 파드 안에서 앞서 만든 클러스터 IP로 접속해보겠습니다. 94쪽에서 소개한 netshoot 컨테이너 이미지를 사용합니다.

kubectl run -it --image nicolaka/netshoot testnet -- bash 명령을 실행하면 파드 안 컨테이너의 배시 셸에 접속할 수 있습니다.

```
$ kubectl run -it --image nicolaka/netshoot testnet -- bash
bash-5.1#
```

이 상태에서 curl 파드IP 명령을 실행하면 nginx 접속 페이지의 HTML 마크업을 출력합니다. ClusterIP 타입 서비스가 잘 설정되었고 정상 작동함을 알 수 있습니다.

```
bash-5.1# curl 10.104.123.139
<!DOCTYPE html>
<html>
<head>
```

```
<title>Welcome to nginx!</title>

# 중간 생략
<a href="http://nginx.com/">nginx.com</a>.</p>

<p><em>Thank you for using nginx.</em></p>
</body>
</html>
```

실습이 끝난 후에는 exit 명령어로 컨테이너에서 빠져나옵니다.

```
bash-5.1# exit
exit
Session ended, resume using 'kubectl attach testnet -c testnet -i -t' command
when the pod is running
```

7.3.2 NodePort 타입 서비스 사용하기

이제 [코드 7-3] NodePort 타입 서비스 설정 예를 살펴보겠습니다.

코드 7-3 NodePort 타입 서비스 예(service/nodeport.yaml)

```
apiVersion: v1
kind: Service
metadata:
  name: nodeport-service
spec:
  type: NodePort
  selector:
    app: nginx-for-svc
  ports:
  - protocol: TCP
    port: 80
    targetPort: 80
    nodePort: 30080
```

NodePort 타입 서비스를 사용하려고 바꾼 굵은 글씨 부분(서비스 이름, 타입 설정, 접속 포트 설정) 이외에는 [코드 7-2] ClusterIP 타입 서비스 설정과 같습니다.

NodePort 타입 서비스의 전체 구조는 [그림 7–3]과 같습니다.

그림 7–3 NodePort 타입 서비스의 구조

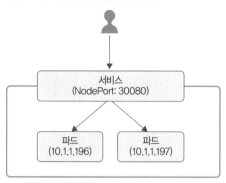

도커 데스크톱용 가상 머신

이 책의 실습 환경인 도커 데스크톱을 설치하면서 만든 가상 머신의 30080 포트를 각 파드에서 접근 가능하도록 설정한 것입니다. 그러므로 ClusterIP 타입 서비스처럼 쿠버네티스 클러스터 안에 따로 파드를 만들어 접속할 필요가 없습니다. 바로 웹 브라우저를 열고 localhost:30080 으로 접속해도 nginx 웹 페이지가 보입니다.

[코드 7–3]을 nodeport.yaml로 저장하고 kubectl apply -f nodeport.yaml 명령으로 클러스터에 적용합니다. kubectl get svc 명령을 실행해 서비스 상태를 확인하면 NodePort 타입의 서비스가 추가됨을 확인할 수 있습니다.

```
$ kubectl get svc
NAME                TYPE       CLUSTER-IP       EXTERNAL-IP   PORT(S)        AGE
clusterip-service   ClusterIP  10.104.123.139   <none>        80/TCP         8m49s
nodeport-service    NodePort   10.100.41.187    <none>        80:30080/TCP   8s
```

NodePort 타입이지만 CLUSTER–IP 항목이 10.100.41.187로 설정되었음을 알 수 있습니다. PORT(S) 항목의 80:30080/TCP는 노드의 30080 포트가 ClusterIP 타입 서비스의 80 포트와 연결되었다는 뜻입니다.

웹 브라우저를 실행한 후 localhost:30080으로 접속합니다. nginx 기본 화면이 나오면 해당 서비스가 정상 작동하는 것입니다.

7.3.3 LoadBalancer 타입 서비스 사용하기

LoadBalancer 타입 서비스의 설정 예는 [코드 7-4]입니다.

코드 7-4 LoadBalancer 타입 서비스 설정 예(service/loadbalancer.yaml)

```
apiVersion: v1
kind: Service
metadata:
  name: loadbalancer-service
spec:
  type: LoadBalancer
  selector:
    app: nginx-for-svc
  ports:
  - protocol: TCP
    port: 80
    targetPort: 80
```

굵은 글씨로 표시한 부분 이외에 나머지 설정은 ClusterIP 타입 서비스 설정과 같습니다.

LoadBalancer 타입 서비스의 구조는 [그림 7-4]와 같습니다. 쿠버네티스 클러스터를 외부 로드밸런서와 연계해서 설치했을 때 사용합니다.

그림 7-4 LoadBalancer 타입 서비스의 구조

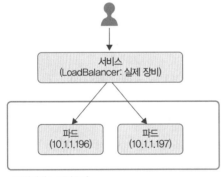

[코드 7-4]를 loadbalancer.yaml로 저장하고 kubectl apply -f loadbalancer.yaml 명령으로 클러스터에 적용합니다. kubectl get svc 명령을 실행해 서비스 상태를 확인하면 다음 결과를 볼 수 있습니다.

```
$ kubectl get svc
NAME                  TYPE          CLUSTER-IP      EXTERNAL-IP   PORT(S)        AGE
clusterip-service     ClusterIP     10.104.123.139  <none>        80/TCP         19m
loadbalancer-service  LoadBalancer  10.107.123.232  localhost     80:30267/TCP   3s
nodeport-service      NodePort      10.100.41.187   <none>        80:30080/TCP   10m
```

TYPE 항목이 LoadBalancer고 기본 정보인 CLUSTER-IP 항목에 IP가 할당되었습니다. EXTERNAL-IP 항목은 이전과 다르게 localhost로 설정되었습니다. PORT(S) 항목도 30267 포트를 확인할 수 있습니다.

참고로 이 책의 실습 환경은 도커 데스크톱이므로 외부 로드밸런서가 없어 EXTERNAL-IP 항 목이 localhost로 나타납니다. 만약 외부 로드밸런서와 연계되어 쿠버네티스 클러스터가 설정 된 상태라면 localhost가 아니라 실제 외부에서 접근이 가능한 IP가 나타날 것입니다. 실습 환 경에서는 값이 할당되었지만 관련 설정이 없으므로 작동하지 않습니다.

7.3.4 ExternalName 타입 서비스 사용하기

ExternalName 타입 서비스의 설정 예는 [코드 7-5]입니다.

코드 7-5 ExternalName 타입 서비스 설정 예(service/externalname.yaml)

```
apiVersion: v1
kind: Service
metadata:
  name: externalname-service
spec:
  type: ExternalName ---------- ❶
  externalName: google.com ---- ❷
```

❶ .spec.type 필드 값으로 ExternalName을 설정했습니다.

❷ .spec.externalName 필드 값으로 google.com을 설정했습니다. 연결하려는 외부 도메인 값을 선정한 것입니다.

[코드 7-5]를 externalname.yaml로 저장하고 kubectl apply -f externalname.yaml 명령 으로 클러스터에 적용합니다. kubectl get svc 명령을 실행해 서비스 상태를 확인하겠습니다.

```
$ kubectl get svc
NAME                    TYPE          CLUSTER-IP       EXTERNAL-IP  PORT(S)        AGE
clusterip-service       ClusterIP     10.104.123.139   <none>       80/TCP         23m
external-name-service   ExternalName  <none>           google.com   <none>         2s
loadbalancer-service    LoadBalancer  10.107.123.232   localhost    80:30267/TCP   3m44s
nodeport-service        NodePort      0.100.41.187     <none>       80:30080/TCP   14m
```

externalname—service라는 서비스가 만들어졌습니다. TYPE 항목은 ExternalName이고 클러스터 안에서 사용하지 않으므로 CLUSTER—IP 항목이 〈none〉입니다. EXTERNAL—IP 항목은 앞서 설정한 google.com입니다. POST(S) 항목도 〈none〉입니다.

ExternalName 타입 서비스 설정이 잘 동작하는지 테스트하겠습니다. 다시 kubectl run -it --image nicolaka/netshoot testnet -- bash 명령으로 nicolaka/netshoot 컨테이너 이미지를 사용하는 파드를 만듭니다.

```
$ kubectl run -it --image nicolaka/netshoot testnet -- bash
bash-5.1#
```

> **TIP**
> 이전에 만들었던 파드가 남아 있다면 kubectl attach testnet -c testnet -i -t 명령으로 파드 안 컨테이너의 배시 셸에 접속합니다.

ExternalName 타입 서비스의 클러스터 내부 도메인은 externalname—service.default.svc. cluster.local입니다. curl 명령어로 해당 도메인을 이용해 접속해보면 실제 google.com의 HTML 마크업이 출력됩니다.

```
bash-5.1# curl externalname-service.default.svc.cluster.local
<!DOCTYPE html>
<html lang=en>
  <meta charset=utf-8>
  <meta name=viewport content="initial-scale=1, minimum-scale=1, width=device-
    width">

# 중간 생략
  <p><b>404.</b> <ins>That's an error.</ins>
  <p>The requested URL <code>/</code> was not found on this server.  <ins>That's
    all we know.</ins>
```

이 요청이 이뤄지는 구조는 [그림 7-5]와 같습니다.

그림 7-5 ExternalName 타입 서비스에서 도메인을 요청해 접속하는 구조

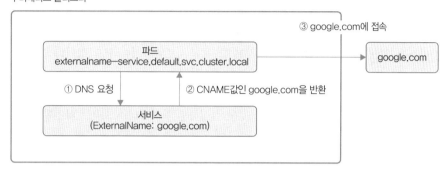

DNS 설정이 올바른지 확인하는 dig 도메인이름 명령을 실행하면 externalname-service. default.svc.cluster.local의 DNS 레코드가 CNAME 타입의 google.com으로 설정되었음 볼 수 있습니다.

```
bash-5.1# dig externalname-service.default.svc.cluster.local

; <<>> DiG 9.16.11 <<>> externalname-service.default.svc.cluster.local
;; global options: +cmd

# 중간 생략.
;; ANSWER SECTION:
externalname-service.default.svc.cluster.local. 5 IN CNAME google.com.
google.com.             5      IN     A      172.217.31.174

# 이후 생략
bash-5.1# exit
```

7.4 헤드리스 서비스

.spec.clusterIP 필드 값을 None으로 설정하면 클러스터 IP가 없는 서비스를 만들 수 있습니다. 이런 서비스를 '헤드리스 서비스headless service'라고 합니다. 로드밸런싱이 필요 없거나 단일 서비스 IP가 필요 없을 때 사용합니다.

헤드리스 서비스에 셀렉터(.spec.selector 필드)를 설정하면 쿠버네티스 API로 확인할 수 있는 엔드포인트Endpoint가 만들어 집니다. 서비스와 연결된 파드를 직접 가리키는 DNS A 레코드도 만들어집니다. 셀렉터가 없으면 엔드포인트가 만들어지지 않습니다. 단, 셀렉터가 없더라도 DNS 시스템은 ExternalName 타입의 서비스에서 사용할 CNAME 레코드가 만들어집니다.

[코드 7-6]은 이러한 헤드리스 서비스 설정의 예입니다.

코드 7-6 헤드리스 서비스 설정 예(service/headless.yaml)

```
apiVersion: v1
kind: Service
metadata:
  name: headless-service
spec:
  type: ClusterIP
  clusterIP: None
  selector:
    app: nginx-for-svc
  ports:
  - protocol: TCP
    port: 80
    targetPort: 80
```

.spec.type 필드 값은 ClusterIP지만 .spec.clusterIP 필드 값을 None으로 설정했습니다.

[코드 7-6]을 headless.yaml로 저장하고 kubectl apply -f headless.yaml 명령으로 클러스터에 적용합니다. kubectl get svc 명령을 실행해 서비스 상태를 확인하면 다음 결과를 볼 수 있습니다.

```
$ kubectl get svc
NAME                   TYPE           CLUSTER-IP       EXTERNAL-IP  PORT(S)       AGE
clusterip-service      ClusterIP      10.104.123.139   <none>       80/TCP        36m
externalname-service   ExternalName   <none>           google.com   <none>        13m
headless-service       ClusterIP      None             <none>       80/TCP        4s
loadbalancer-service   LoadBalancer   10.107.123.232   localhost    80:30267/TCP  17m
nodeport-service       NodePort       10.100.41.187    <none>       80:30080/TCP  28m
```

TYPE 항목은 ClusterIP이지만 CLUSTER-IP 항목과 EXTERNAL-IP 항목이 〈none〉입니다. 더 정확한 정보를 확인하는 kubectl describe svc headless-service 명령을 실행하겠습니다.

```
$ kubectl describe svc headless-service
Name:              headless-service
Namespace:         default
Labels:            <none>
Annotations:       <none>
Selector:          app=nginx-for-svc
Type:              ClusterIP
IP Family Policy:  SingleStack
IP Families:       IPv4
IP:                None
IPs:               None
Port:              <unset>  80/TCP
TargetPort:        80/TCP
Endpoints:         10.1.0.103:80,10.1.0.104:80
Session Affinity:  None
Events:            <none>
```

IP 항목은 None이므로 실제 값이 없지만, Endpoints 항목에는 .spec.selector 필드에서 선택한 조건에 맞는 파드들의 IP와 포트 정보를 확인할 수 있습니다.

DNS A 레코드가 만들어져 있는지를 확인하려면 다음 명령으로 nicolaka/netshoot 컨테이너 이미지를 이용해 만든 파드에 접속한 후 dig 도메인이름 명령을 실행합니다.

```
$ kubectl attach testnet -c testnet -i -t
bash-5.1# dig headless-service.default.svc.cluster.local

# 중간 생략
;; ANSWER SECTION:
```

```
headless-service.default.svc.cluster.local. 5 IN A 10.1.0.103
headless-service.default.svc.cluster.local. 5 IN A 10.1.0.104

# 이후 생략
bash-5.1# exit
```

실행 결과 중 ANSWER SECTION 항목에 A 레코드가 만들어졌음을 확인할 수 있습니다.

7.5 kube-proxy

kube-proxy는 쿠버네티스에서 서비스를 만들었을 때 클러스터 IP나 노드 포트로 접근할 수 있게 만들어 실제 조작을 하는 컴포넌트입니다. 쿠버네티스 클러스터의 노드마다 실행되면서 클러스터 내부 IP로 연결하려는 요청을 적절한 파드로 전달합니다.

kube-proxy가 네트워크를 관리하는 방법은 userspace, iptables, IPVS가 있습니다. 초기에는 userspace가 기본 관리 모드였고 현재(2021년 6월)에는 iptables가 기본 관리 모드입니다. 앞으로는 iptables에서 IPVS로 기본 관리 모드가 바뀔 것으로 예상합니다.

7.5.1 userspace 모드

userspace 모드의 구조는 [그림 7-6]과 같습니다.

그림 7-6 userspace 모드의 구조

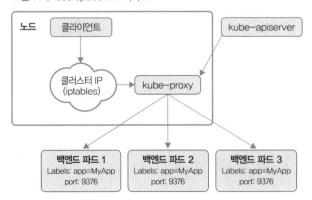

클라이언트에서 서비스의 클러스터 IP를 통해 어떤 요청을 하면 iptables을 거쳐서 kube-proxy가 요청을 받습니다. 그리고 서비스의 클러스터 IP는 연결되어야 하는 적절한 파드로 연결해줍니다.

이때 요청을 파드들에 나눠 줄 때는 라운드 로빈round robin 방식을 사용합니다.

7.5.2 iptables 모드

iptables 모드의 구조는 [그림 7-7]과 같습니다.

그림 7-7 iptables 모드의 구조

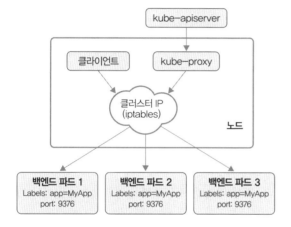

userspace 모드와 다른 점은 kube-proxy가 iptables를 관리하는 역할만 한다는 것입니다. 직접 클라이언트에서 트래픽을 받지 않습니다.

클라이언트에서 오는 모든 요청은 iptables을 거쳐서 파드로 직접 전달됩니다. 그래서 userspace 모드보다 요청 처리 성능이 좋습니다. userspace 모드에서는 파드 하나로의 연결 요청이 실패하면 자동으로 다른 파드에 연결을 재시도합니다.

하지만 iptables 모드에서는 파드 하나로의 연결 요청이 실패하면 재시도하지 않고 그냥 요청이 실패합니다. 컨테이너에 readinessProbe가 설정되었고 그에 따른 헬스 체크가 정상적으로 되어야 연결 요청이 이루어집니다.

7.5.3 IPVS 모드

IPVS[IP Virtual Server] 모드는 리눅스 커널에 있는 L4 로드밸런싱 기술입니다. 리눅스 커널 안 네트워크 관련 프레임워크인 넷필터[Netfilter][1]에 포함되어 있습니다. 따라서 IPVS 커널 모듈이 노드에 설치되어야 합니다. IPVS 모드의 구조는 [그림 7-8]과 같습니다.

그림 7-8 IPVS 모드의 구조

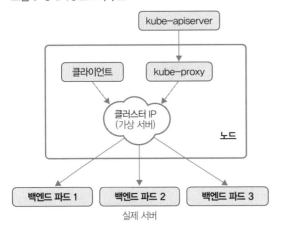

IPVS 모드는 커널 공간[kernel space][2]에서 동작하고 데이터 구조를 해시 테이블로 저장하기 때문에 iptables 모드보다 빠르고 좋은 성능을 냅니다. 또한 더 많은 로드밸런싱 알고리즘이 있어서 이를 이용할 수 있습니다.

주요 로드밸런싱 알고리즘은 다음과 같습니다.

- **rr(round-robin):** 프로세스 사이에 우선순위를 두지 않고 순서와 시간 단위로 CPU를 할당합니다.
- **lc(least connection):** 접속 개수가 가장 적은 서버를 선택합니다.
- **dh(destination hashing):** 목적지 IP 주소로 해시값을 계산해 분산할 실제 서버를 선택합니다.

---

1 https://ko.wikipedia.org/wiki/넷필터
2 장치 드라이버 대부분을 실행하는 공간을 말합니다.

- **sh(source hashing):** 출발지 IP 주소로 해시값을 계산해 분산할 실제 서버를 선택합니다.

- **sed(shortest expected delay):** 응답 속도가 가장 빠른 서버를 선택합니다.

- **nq(never queue):** sed와 비슷하지만 활성 접속 개수가 0인 서버를 가장 먼저 선택합니다.

8 인그레스

인그레스는 주로 클러스터 외부에서 안에 있는 파드에 접근할 때 사용하는 방법입니다. 서비스와의 차이점은 주로 L7 영역의 통신을 담당해서 처리한다는 것입니다. 이 장에서는 인그레스의 기본 개념, 다양한 활용 방법, 실무에서 인그레스를 사용할 때의 주의점 등을 소개합니다.

8.1 인그레스의 개념

인그레스ingress는 클러스터 외부에서 안으로 접근하는 요청들을 어떻게 처리할지 정의해둔 규칙 모음입니다. 클러스터 외부에서 접근해야 할 URL을 사용할 수 있도록 하고, 트래픽 로드밸런싱, SSL 인증서 처리, 도메인 기반 가상 호스팅도 제공합니다. 인그레스 자체는 이런 규칙들을 정의해둔 자원이고, 실제로 동작시키는 것은 인그레스 컨트롤러ingress controller입니다.

클라우드 서비스를 사용하면 별다른 설정없이 자체 로드밸런서 서비스와 연동해서 인그레스를 사용할 수 있습니다. 클라우드 서비스를 사용하지 않고 직접 쿠버네티스 클러스터를 구축해서 사용한다면 인그레스 컨트롤러를 직접 인그레스와 연동해야 합니다. 이때 가장 많이 사용하는 도구는 쿠버네티스에서 제공하는 ingress-nginx[1]입니다. ingress-nginx 컨트롤러는 인그레스에 설정한 내용을 nginx 환경 설정으로 변경해서 nginx에 적용합니다.

nginx를 이용하는 인그레스 컨트롤러 외에도 HAProxy, Envoy, Kong 등 소프트웨어 프록시를 이용하는 인그레스 컨트롤러도 있고 Citrix, F5 같은 로드밸런서 장비 회사에서 자사의 로드밸런서를 이용할 수 있도록 만든 인그레스 컨트롤러도 있습니다. 이처럼 다양한 인그레스 컨트롤러가 있습니다.

인그레스 설정의 예는 [코드 8-1]과 같습니다.

코드 8-1 인그레스 설정 예(ingress/ingress-basic.yaml)

```
apiVersion: networking.k8s.io/v1
kind: Ingress
metadata:
  name: test
  annotations:
    nginx.ingress.kubernetes.io/rewrite-target: /    ❶
spec:
  rules:
  - host: foo.bar.com
    http:
```

---

1 https://github.com/kubernetes/ingress-nginx

```
        paths:
        - path: /foos1
          pathType: Prefix
          backend:
            service:                          ❷
              name: s1
              port:
                number: 80
        - path: /bars2
          pathType: Prefix
          backend:
            service:
              name: s2
              port:
                number: 80
    - host: bar.foo.com
      http:
        paths:
        - backend:                            ❸
            serviceName: s2
            servicePort: 80
```

주요 설정 부분은 다음과 같습니다.

❶ 인그레스를 설정할 때는 .metadata.annotations의 하위 필드를 사용합니다. 하위 필드의 설정은 인그레스 컨트롤러마다 다릅니다. [코드 8-1]에서는 ingress-nginx 컨트롤러를 사용하므로 nginx.ingress.kubernetes.io/rewrite-target을 키로 하고 /을 값으로 하는 필드 값을 설정했습니다. / 경로로 리다이렉트하라는 뜻입니다.

❷ .spec.rules[]의 하위 필드에는 어떤 규칙들을 사용할지 지정할 수 있습니다. 첫 번째 .spec.rules[].host 필드 값은 foo.bar.com입니다. foo.bar.com의 주소로 요청이 들어오면 다음에 설정하는 규칙에 따라 처리합니다. .spec.rules[].http.paths[]의 하위 필드는 HTTP 요청이 어떤 경로에서 들어오는지 뜻합니다. 첫 번째 .spec.rules[].http.paths[].path 필드 값은 /foos1 경로를 설정했고, 경로의 유형을 결정하는 .pathType 필드 값을 Prefix로 설정했습니다. 참고로 필드 값으로는 크게 경로의 접두사를 / 기준으로 분리한 값과 일치시키는 Prefix, URL 경로의 대소문자를 엄격하게 구분하는 Exact를 주로 사용합니다. .spec.rules[].http.paths[].backend.service.name 필드 값은 s1, .spec.rules[].

http.paths[].backend.service.port.number 필드 값은 80으로 설정했습니다. 이 설정은 foo.bar.com/foos1으로 오는 요청을 s1이라는 서비스의 80 포트로 보내라는 뜻입니다.

두 번째 .spec.rules[].http.paths[].path 필드 값은 /bars2로 설정했고, .pathType 필드 값은 역시 Prefix로 설정했습니다. .spec.rules[].http.paths[].backend.servi ce.name 필드 값은 s2, .spec.rules[].http.paths[].backend.service.port.number 필드 값은 80입니다. 즉, foo.bar.com/bars2로 오는 요청은 s2 서비스의 80 포트로 보 내라는 설정입니다.

❸ ❷에서 설명한 내용으로 두 번째 .spec.rules[].host 필드 값으로 bar.foo.com를 설정 하고 하위 필드의 규칙도 설정했습니다.

[코드 8-1]을 ingress-basic.yaml로 저장하고 kubectl apply -f ingress-basic.yaml 명령 으로 클러스터에 적용합니다. kubectl describe ingress 인그레스이름 명령을 실행하면 다 음 출력 결과를 볼 수 있습니다.

```
$ kubectl describe ingress test
Name:            test
Namespace:       default
Address:
Default backend: default-http-backend:80 (<error: endpoints "default-http-
                 backend" not found>)
Rules:
  Host         Path    Backends
  ----         ----    --------
  foo.bar.com
               /foos1  s1:80 (<error: endpoints "s1" not found>)
               /bars2  s2:80 (<error: endpoints "s2" not found>)
  bar.foo.com
               /       s2:80 (<error: endpoints "s2" not found>)

# 이후 생략
```

foo.bar.com으로 요청이 오더라도 뒷부분의 경로에 따라서 /foos1이면 서비스 s1로 연결되고 /bars2면 서비스 s2로 연결되도록 설정되었습니다. 또다른 호스트네임인 bar.foot.com도 서 비스 s2로 연결되었습니다.

이처럼 인그레스는 클러스터 외부에서 오는 요청을 다양한 방식으로 처리할 수 있습니다.

8.2 ingress-nginx 컨트롤러

인그레스는 사실 설정일 뿐이고 설정 내용대로 동작하는 실제 주체는 인그레스 컨트롤러입니다. 인그레스 컨트롤러는 여러 가지가 있지만 쿠버네티스가 공식적으로 제공하는 것은 앞에서 소개한 구글 컴퓨트 엔진Google Compute Engine, GCE용 ingress-gce와 nginx용 ingress-nginx입니다.

ingress-gce는 GCE를 이용하면 자동으로 사용할 수 있으므로 여기에서는 직접 설치해서 사용할 수 있는 ingress-nginx를 살펴보겠습니다. ingress-nginx는 쿠버네티스 깃허브 저장소 아래 ingress-nginx 저장소에서 다운로드해 사용할 수 있습니다.

먼저 git clone https://github.com/kubernetes/ingress-nginx.git 명령으로 ingress-nginx 깃허브 저장소를 클론합니다.

```
$ git clone https://github.com/kubernetes/ingress-nginx.git
# 이전 생략
Resolving deltas: 100% (56245/56245), done.
```

다음에는 cd ingress-nginx/deploy/static/provider/cloud 명령을 실행해 ingress-nginx/deploy/static/provider/cloud 디렉터리로 이동합니다. 다음으로 vi deploy.yaml을 실행한 후 콜론([:] 키)을 눌러 277을 입력하고 [Enter] 키를 누릅니다. 해당 행으로 이동하면 [i] 키를 눌러 type: LoadBalancer를 type: NodePort로 변경합니다. 그리고 :wq로 vi 편집기를 빠져 나옵니다. 이는 NodePort 타입 기반의 서비스를 만들려는 것입니다.

마지막으로 kubectl apply -k deploy.yaml 명령을 실행하면 ingress-nginx 컨트롤러를 사용할 준비가 끝난 것입니다. 또한 NodePort 타입 기반의 ingress-nginx 컨트롤러에 접근하는 서비스까지 만들어진 것입니다.

```
$ vi deploy.yaml
# 277행 수정
$ kubectl apply -f deploy.yaml
namespace/ingress-nginx created
serviceaccount/ingress-nginx created
configmap/ingress-nginx-controller created
```

```
# 중간 생략

job.batch/ingress-nginx-admission-create created
job.batch/ingress-nginx-admission-patch created
```

kubectl get deploy -n ingress-nginx 명령으로 ingress-nginx 컨트롤러의 상태를 확인하겠습니다.

```
$ kubectl get deploy -n ingress-nginx
NAME                       READY   UP-TO-DATE   AVAILABLE   AGE
ingress-nginx-controller   1/1     1            1           43s
```

nginx—ingress—controller라는 이름의 디플로이먼트가 실행 중임을 알 수 있습니다. kubectl get svc -n ingress-nginx 명령으로 서비스의 상태도 확인해보겠습니다.

```
$ kubectl get svc -n ingress-nginx
NAME                                 TYPE        CLUSTER-IP       EXTERNAL-IP
ingress-nginx-controller             NodePort    10.101.133.27    <none>
ingress-nginx-controller-admission   ClusterIP   10.106.104.118   <none>

PORT(S)                        AGE
80:30401/TCP,443:32207/TCP     2m32s
443/TCP                        65s
```

ingress—nginx라는 이름의 NodePort 타입 서비스도 생성되었음을 알 수 있습니다.

PORT(S) 항목에 있는 30401 포트를 이용해 nginx로 만든 웹 서버(localhost:30401)에 접속하면 [그림 8-1] 화면이 실행됩니다.

그림 8-1 인그레스 설정 적용 전의 nginx 웹 서버 접속

별도의 인그레스 설정이 없을 때는 에러 메시지가 나타납니다. 이는 아직 클러스터 외부에서 온 요청을 어떻게 처리할지 규칙을 설정하지 않았기 때문입니다.

이제 [코드 8-1] 인그레스 템플릿에서 설정한 foo.bar.com에 접근해보겠습니다. 먼저 6.3.1 [코드 6-2]로 적용했던 nginx-deployment 디플로이먼트를 인그레스에 연결해야 합니다. 이는 kubectl expose deploy nginx-deployment --name s1 명령으로 인그레스에 지정했던 s1 이라는 이름을 이용한 nginx-deployment 디플로이먼트의 서비스를 만드는 것입니다.

```
$ kubectl expose deploy nginx-deployment --name s1
service/s1 exposed
```

다음으로 현재 여러분이 사용하는 컴퓨터의 /etc/hosts 파일을 변경해야 합니다. foo.bar.com이라는 도메인으로 접근할 수 있어야 하기 때문입니다. sudo vi /etc/hosts 명령으로 127.0.0.1 foo.bar.com을 hosts 파일 맨 아래에 추가합니다.

> **TIP**
> 윈도우라면 hosts 파일의 위치는 C:\Windows\System32\drivers\etc\hosts입니다. 해당 파일을 메모장이나 코드 편집기 등으로 열어 수정합니다. 수정한 후에 접속이 안 된다면 윈도우를 다시 시작하기 바랍니다.

이제 웹 브라우저에서 http://foo.bar.com:30401/foos1에 접속합니다. [그림 8-2]처럼 nginx 초기 화면이 나타나는 것을 확인할 수 있습니다. [코드 8-1]에서 컨테이너 외부 http://foo.bar.com/foos1에 온 요청을 s1이라는 서비스에 접속하게 한다고 설정했으므로 nginx 초기 화면이 나타나는 것입니다.

그림 8-2 인그레스 설정 적용 후의 nginx 웹 서버 접속

이 예제에서는 인그레스 컨트롤러 자체도 쿠버네티스 클러스터 위에서 동작하므로 인그레스 컨트롤러에 접근하려고 NodePort 타입의 서비스를 만들었습니다. 하지만 인그레스 컨트롤러의

네트워크 옵션을 호스트 모드로 설정하면 별도의 NodePort 타입 서비스 없이도 인그레스 컨트롤러에 접근할 수 있고, 다시 인그레스 컨트롤러에서 파드로 직접 접근할 수 있으므로 중간에 서비스들을 생략해서 좀 더 좋은 성능을 낼 수 있습니다. 구조는 [그림 8-3]과 같습니다.

그림 8-3 인그레스 컨트롤러를 이용한 파드 접근 구조

8.3 인그레스 SSL 설정하기

인그레스를 이용하면 요청으로 들어오는 트래픽에 다양한 설정을 할 수 있습니다. 여기서는 HTTPS 요청을 처리할 때 가장 많이 사용하는 SSL 설정을 알아보겠습니다.

인그레스로 SSL 인증서를 설정하면 파드 각각에 SSL 설정을 따로 할 필요가 없어 편합니다. SSL 인증서 기한이 만료됐을 때도 인그레스에서만 인증서를 업데이트하면 됩니다. 구조는 [그림 8-4]와 같습니다.

그림 8-4 인그레스를 이용한 SSL 관리 구조

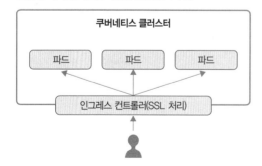

보통 CA 역할을 하는 공인인증기관에서 사용하려는 도메인의 SSL 인증서를 발급받아서 사용합니다. 하지만 여기서는 테스트하는 것이므로 OpenSSL을 이용해 직접 인증서를 만들어 사용하겠습니다.

SSL 인증서의 인증 구조는 [그림 8–5]와 같습니다.

그림 8–5 SSL 인증서의 인증 구조

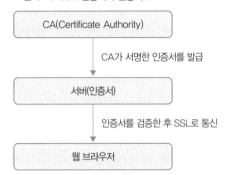

신뢰받은 인증 기관인 CA에 인증서 발급을 요청하면 CA측에서 관리하는 키와 인증서로 서명한 인증서를 발급해줍니다. 그렇게 발급받은 인증서를 서버에 설정하면 웹 브라우저에서 통신할 때 서버에 있는 인증서가 유효한 인증서인지 확인한 후 SSL 통신을 합니다.

이때 웹 브라우저는 해당 인증서가 신뢰받는 인증기관에서 서명한 것인지 확인할 수 있습니다. 일반적인 웹 브라우저들은 대형 CA의 정보가 있습니다. CA에서 인증서를 발급받는 것은 유료입니다. 여기에서는 테스트 목적이므로 인증서를 임의로 생성해서 사용하겠습니다. 8.2에서 생성한 ingress-nginx 디렉터리보다 상위 디렉터리로 이동한 후 ssl이라는 디렉터리를 하나 만들어 해당 디렉터리로 이동합니다. 그리고 다음 명령을 실행합니다(예제 파일에는 ingress 디렉터리 아래 ssl이라는 디렉터리가 있습니다).

```
$ openssl req -x509 -nodes -days 365 -newkey rsa:2048 -keyout tls.key -out tls.
  crt -subj "/CN=kube-book.com"
Generating a 2048 bit RSA private key
...........+++
...............................................+++
writing new private key to 'tls.key'
-----
```

이렇게 하면 tls.key 파일과 tls.crt 파일이 생성됩니다. 이 파일들을 이용해서 kubectl create secret tls 시크릿이름 --key tls.key --cert tls.crt 명령으로 인증서용 시크릿^{secret}을 만듭니다. 시크릿은 쿠버네티스 내부에서 보안이 필요한 설정들을 다룰 때 사용합니다. 11장에서 더 자세히 알아볼 것입니다.

```
$ kubectl create secret tls kube-book-secret --key tls.key --cert tls.crt
secret/kube-book-secret created
```

kubectl describe secret 시크릿이름 명령으로 인증서용 시크릿의 상태를 확인합니다.

```
$ kubectl describe secret kube-book-secret
Name:         kube-book-secret
Namespace:    default
Labels:       <none>
Annotations:  <none>


Type:  kubernetes.io/tls


Data
===
tls.crt:  989 bytes
tls.key:  1708 bytes
```

Data 항목에 tls.crt와 tls.key가 포함된 것을 확인합니다.

이제 시크릿을 인그레스에 적용시키는 [코드 8-2] 설정 예를 살펴보겠습니다.

코드 8-2 시크릿을 인그레스에 적용하는 설정 예(ingress/ssl/ingress-ssl.yaml)

```
---
apiVersion: networking.k8s.io/v1
kind: Ingress
metadata:
  name: ingress-ssl
```

```
spec:
  tls:
  - hosts:
    - kube-book.com ----------------- ❶
    secretName: kube-book-secret ---- ❷
  rules:
  - host: kube-book.com
    http:
      paths:
      - path: /
        pathType: Prefix
        backend:
          service:
            name: s1
            port:
              number: 80
```

❶ .spec의 하위 필드로 .tls[] 필드가 명시되어 있고 .spec.tls[].hosts[] 필드 값을 kube-book.com이라는 호스트네임으로 설정했습니다.

❷ .spec.tls[].secretName 필드에는 시크릿을 사용하려고 앞에서 만들었던 시크릿 이름인 kube-book-secret을 설정했습니다.

[코드 8-2]를 ingress-ssl.yaml로 저장한 후 kubectl apply -f ingress-ssl.yaml 명령을 실행합니다.

[코드 8-2] 설정을 실제 인그레스 컨트롤러에서 적용하는 방식은 인그레스 컨트롤러마다 다릅니다. 이 책에서는 ingress-nginx 컨트롤러에서 어떻게 적용되었는지 확인해보겠습니다. 먼저 kubectl get svc -n ingress-nginx 명령으로 인그레스 컨트롤러에 접근하려고 설정한 NodePort 타입 서비스의 상태를 확인합니다.

```
$ kubectl get svc -n ingress-nginx
NAME                     TYPE      CLUSTER-IP     EXTERNAL-IP PORT(S)                      AGE
ingress-nginx-controller NodePort  10.101.133.27  <none>      80:30401/TCP,443:32207/TCP   19m
```

80 포트가 30401로 설정되어 있고, 443 포트가 32207로 설정된 것을 확인할 수 있습니다. 여기에서는 HTTPS 요청으로 인증서가 설정되었는지 확인하므로 32207 포트를 이용하겠습니다.

우선 명령을 실행하려는 컴퓨터의 hosts 파일 내용을 변경합니다. 운영체제에 맞는 편집기로 파일을 열어 127.0.0.1 kube-book.com을 추가하고 저장합니다. 그리고 curl -vI -k https://kube-book.com:두번째포트번호/ 명령을 실행해 정상적으로 응답이 오는지 확인합니다.

```
$ curl -vI -k https://kube-book.com:32207/
*   Trying 127.0.0.1...
* TCP_NODELAY set
* Connected to kube-book.com (127.0.0.1) port 32207 (#0)

# 중간 생략
> HEAD / HTTP/2
> Host: kube-book.com:32207
> User-Agent: curl/7.64.1
> Accept: */*
>
# 이후 생략
```

> **TIP**
> 정식으로 CA 인증을 받은 인증서가 아닌 직접 만든 프라이빗 인증서를 사용했으므로 인증 기관 확인을 무시하는 -k 옵션을 사용했습니다.

앞과 같은 출력 결과가 나타나면 kube-book.com의 인증서가 있다는 뜻입니다. 웹 브라우저에서 https://kube-book.com:두번째포트번호/에 접속하면 CA 인증을 받지 않은 인증서이므로 위험한 사이트라는 경고 메시지가 등장합니다. 그래서 명령을 실행해 응답을 확인했습니다.

8.4 무중단 배포를 할 때 주의할 점

인그레스를 이용해 외부에서 컨테이너에 접근할 수 있도록 했다고 생각해보겠습니다. 이때 새로운 버전의 컨테이너를 배포할 때는 어떻게 해야 할까요?

먼저 파드가 배포될 때 어떻게 파드를 교체하는지 살펴보겠습니다. 정상적이라면 [그림 8-6] 같은 상황입니다.

그림 8-6 파드 교체 구조

파드 교체 전

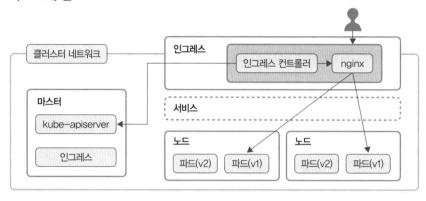

파드 교체 후

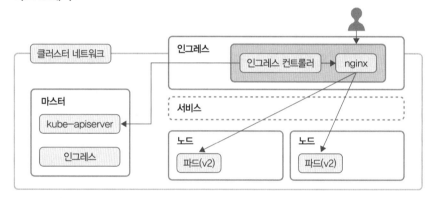

새로운 '파드(v2)'가 생성되고 헬스 체크가 성공한 후 트래픽을 '파드(v2)' 쪽으로 보냅니다. 그 후 파드(v1) 쪽으로 보내던 트래픽을 중단한 후 파드(v1)을 제거합니다. 이러한 방식을 응용하면 무중단으로 컨테이너를 배포할 수 있습니다. 이때 설정 및 확인할 것이 몇 가지 있습니다.

8.4.1 maxSurge와 maxUnavailable 필드 설정

파드 관리를 RollingUpdate로 설정했을 때 .maxSurge와 .maxUnavailable 필드 설정이 필요합니다. 디플로이먼트를 이용해서 컨테이너를 배포할 때 .maxSurge 필드에는 디플로이먼트에 설정된 기본 파드 개수에 여분의 파드를 몇 개 더 추가할 수 있는지 설정할 수 있습니다. .maxUnavailable 필드에는 디플로이먼트를 업데이트하는 동안 몇 개의 파드를 이용할 수 없어도 되는지 설정합니다. 이 필드 2개의 설정을 운영 중인 서비스의 특성에 맞게 적절히 조정해야 항상 일정 개수 이상의 파드를 이용할 수 있습니다. 그 결과 컨테이너 배포 중 트래픽 유실이 없습니다. 두 필드 값을 한꺼번에 0으로 설정해서는 안 됩니다. 파드가 없을 수도 있기 때문입니다.

8.4.2 파드가 readinessProbe를 지원하는지 확인

쿠버네티스는 5.4에서 설명한 것처럼 파드를 진단하는 두 가지 프로브인 livenessProbe와 readinessProbe가 있습니다. 참고로 livenessProbe는 컨테이너가 정상 실행되는지 진단해서 정상 실행 상태가 아니면 kubelet에서 컨테이너 실행을 중단시킵니다. 그리고 컨테이너의 재시작 정책restart policy에 따라 컨테이너를 재시작시킵니다.

무중단 배포에서 신경 써서 봐야 할 프로브는 readinessProbe입니다. readinessProbe는 실제로 컨테이너가 서비스 요청을 처리할 준비가 되었는지 진단합니다. readinessProbe가 OK 상태여야 해당 파드와 연결된 서비스에 파드의 IP가 추가되고 트래픽을 받을 수 있습니다. 예를 들어 자바 프로세스를 실행했을 때는 초기화 과정이 깁니다. 이때 livenessProbe 진단 결과가 OK더라도 readinessProbe를 따로 지원하지 않으면 아직 준비되지 않은 컨테이너에 요청이 가서 응답을 제대로 하지 못할 수 있습니다. 이런 상황을 막으려면 실제 서비스가 준비된 상태인지 진단하는 readinessProbe를 지원해야 합니다.

컨테이너 자체에 readinessProbe를 설정하기 어려운 상황이라면 .spec.minReadySeconds 필드를 이용해 어느 정도 readinessProbe와 비슷한 효과를 낼 수 있습니다. .spec.minReadySeconds 필드는 파드가 준비 상태일 때까지의 최소 대기 시간으로 기본값은 0입니다. 파드가 실행된 후 .spec.minReadySeconds에 설정된 시간 동안은 트래픽을 받지 않습니다. 그러므로 readinessProbe를 지원하기 어렵고, 초기화 시간이 긴 컨테이너라면 .spec.minReadySeconds 필드 설정은 유용합니다. 하지만 readinessProbe가 끝나면 .spec.minReadySeconds 필드에 설정된 시간이 아직 남았더라도 무시하고 트래픽을 보냅니다.

8.4.3 쿠버네티스와 컨테이너 안에 그레이스풀 종료 설정

노드 안 컨테이너를 관리하는 컴포넌트인 kubelet은 새 파드가 실행되고 이전 파드를 종료할 때 파드에 SIGTERM 신호를 먼저 보냅니다. 무중단 배포를 하려면 컨테이너에서 SIGTERM 신호를 받았을 때 기존에 받은 요청만 처리를 완료하고 새 요청을 받지 않는 그레이스풀 종료가 설정되어 있어야 합니다. 그렇지 않으면 [그림 8-7] 같은 상황이 발생합니다.

그림 8-7 종료된 파드로 요청 전달

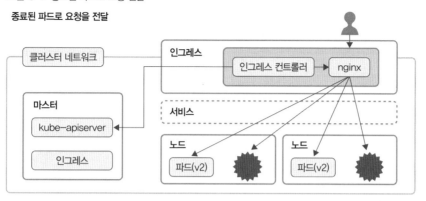

트래픽은 아직 파드(v1)쪽으로 보내는데 파드(v1)이 종료되어서 인그레스 컨트롤러 설정이 업데이트되기 전까지 파드(v1)으로 보내는 요청들은 에러가 발생하는 것입니다. 참고로 kubelet에서 파드에 SIGTERM 신호를 보낸 후 일정 시간동안 그레이스풀 종료가 되지 않으면 강제로 SIGKILL 신호를 보내서 파드를 종료합니다. 대기 시간은 .terminationGracePeriodSeconds 필드로 설정해 줄 수 있고 기본 대기 시간은 30초입니다.

파드에 그레이스풀 종료를 설정하지 못할 때도 있습니다. 컨테이너에서 사용하는 프로그래밍 언어나 프레임워크가 그레이스풀 종료를 지원하지 않을 때도 있고, 소스 코드를 수정하기 어려운 앱이라면 컨테이너의 설정을 수정하지 못한 채 실행해야 할 때도 있습니다. 이때는 프리스톱 훅prestop hook을 이용할 수 있습니다.

쿠버네티스에서는 파드 생명 주기 중 훅hook을 설정할 수 있습니다. 파드가 실행된 직후 실행하는 포스트스타트 훅poststart hook과 파드가 종료되기 직전 실행되는 프리스톱 훅입니다. 프리스톱 훅은 파드에 SIGTERM 신호를 보내기 전 실행되므로 컨테이너와 별개로 그레이스풀 종료와 같은 효과를 낼 수 있습니다. 또한 프리스톱 훅의 실행이 완료되기 전까지는 컨테이너에 SIGTERM 신호를 보내지 않으므로 컨테이너 설정과는 별개로 종료되기 전 대기 시간도 설정할 수 있습니다.

하지만 이렇게 프리스톱 훅으로 대기 시간을 설정하더라도 .terminationGracePeriodSeconds 필드에 설정한 대기 시간을 초과한다면 프로세스 종료가 발생할 수 있으니 그 점을 염두에 두고 사용해야 합니다.

8.5 무중단 배포 테스트

실제로 Go 기반의 간단한 웹 서버를 만든 후 무중단 배포를 테스트해봅시다. 먼저 ssl 디렉터리의 상위로 이동한 후 nonstop이라는 디렉터리를 만들고 이동합니다. 그리고 [코드 8-3] go 파일을 작성한 후 main.go라고 저장합니다.

코드 8-3 웹 서버(ingress/nonstop/main.go)

```go
package main

import(
    "log"
    "net/http"
    "os"
    "os/signal"
    "strconv"
    "strings"
    "sync/atomic"
    "syscall"
    "time"
)

var version = os.Getenv("version")
var connection int32

func main() {
    log.Printf("%s / starting process on %v", version, os.Getpid())

    var status int

    if version == "v1" {
        status = 201
    } else if version == "v2" {
        status = 202
    }

    http.HandleFunc("/", func(w http.ResponseWriter, req *http.Request) {
        log.Println(version, req.URL.Path)
```

```go
        defer func() {
            atomic.AddInt32(&connection, -1)
        }()
        atomic.AddInt32(&connection, 1)

        // /sleep/N 요청에서는 N초간 슬립 모드
        if strings.HasPrefix(req.URL.Path, "/sleep") {
            id := strings.TrimPrefix(req.URL.Path, "/sleep/")
            i, _ := strconv.Atoi(id)
            time.Sleep(time.Second * time.Duration(i))
        }
        w.WriteHeader(status)
    })

    // SIGTERM, SIGINT 무시
    signalChannel := make(chan os.Signal)
    signal.Notify(signalChannel, syscall.SIGTERM, syscall.SIGINT)
    go func() {
        for {
            sig := <-signalChannel
            log.Println("received ", sig)
        }
    }()

    // 매 초마다 연결 상태를 출력
    go func() {
        for {
            log.Println(version, "/ connection", atomic.LoadInt32(&connection))
            time.Sleep(time.Second)
        }
    }()

    http.ListenAndServe(":5000", nil)
}
```

웹 서버에는 다음 기능이 있습니다.

- version 변숫값에 따라 v1은 HTTP 상태 코드 201, v2는 202를 반환

- /sleep/N 요청에서는 N초간 슬립 모드

- SIGTERM 신호 무시

이 웹 서버는 v1 버전의 컨테이너를 v2 버전의 컨테이너 이미지로 교체하면서 트래픽 손실이 있는지 확인하는 용도입니다.

다음으로 해당 앱의 Dockerfile을 작성합니다.

코드 8-4 앱의 Dockerfile(ingress/nonstop/Dockerfile)

```
FROM golang:1.13.15-stretch
WORKDIR /go/src/websample
COPY . .
RUN go install
ARG version
ENV version=${version}
CMD ["websample"]
```

단, Dockerfile을 작성할 때는 도커 데몬Docker Daemon에서 사용자 컨테이너로 UNIX 신호[2]가 전달되는지 확인해야 합니다. Dockerfile의 마지막 CMD 명령을 실행 형식exec form에서 셸 형식shell form으로 변경하고 실행해봅시다. 여기에서는 CMD ["websample"]을 CMD websample로 바꾸는 것입니다. [표 8-1]은 실행 형식과 셸 형식으로 실행했을 때의 결과를 정리했습니다.

표 8-1 실행 형식과 셸 형식으로 실행했을 때의 결과

실행 형식(CMD ["websample"])	셸 형식(CMD websample)
» docker build -t sample1 . && docker run sample1 2019/04/02 23:14:26 starting process on 1 » docker kill -s SIGTERM c2f3e8437b1 2019/04/02 23:19:36 received terminated	» docker build -t sample2 . && docker run sample2 2019/04/02 23:14:26 starting process on 6 » docker kill -s SIGTERM d3f3fj4fre // 응답이 없음

셸 형식은 sh 명령어를 이용해 앱이 시작되고 신호 처리를 앱에서 할 수 없습니다.

참고로 init 프로세스[3]가 반드시 필요하다면 dumb-init[4]처럼 신호를 그대로 프로세스로 전달해주는 시그널 프록시Signal Proxy를 활용할 수 있습니다.

---

2 https://en.wikipedia.org/wiki/Signal_(IPC)
3 https://ko.wikipedia.org/wiki/Init
4 https://github.com/Yelp/dumb-init

[코드 8-3]에서 정의한 컨테이너 이미지를 v1, v2 버전으로 각각 빌드하고 푸시합니다.

```
$ docker build --build-arg version=v1 -t myregistry.com/heimer_j/websample:v1 .
$ docker build --build-arg version=v2 -t myregistry.com/heimer_j/websample:v2 .
$ docker push myregistry.com/heimer_j/websample:v1
$ docker push myregistry.com/heimer_j/websample:v2
```

> **TIP**
>
> 해당 빌드 명령은 로컬 서버에 별도의 저장소를 만들어야 합니다. 따라서 [코드 8-5]의 `.spec.template.spec.`
> `containers[].image` 필드값으로 [코드 8-3]과 [코드 8-4]에서 살펴본 내용으로 만든 공개 컨테이너 이미지인
> `acadx0/190713:v1`를 설정했습니다.

이제 쿠버네티스 배포에 사용할 디플로이먼트 설정과 인그레스 설정을 살펴봅니다.

코드 8-5 무중단 배포에 사용할 디플로이먼트 설정 예(ingress/nonstop/deployment.yaml)

```yaml
apiVersion: apps/v1
kind: Deployment
metadata:
  name: websample
spec:
  selector:
    matchLabels:
      run: websample
  strategy:
    rollingUpdate:
      maxSurge: 25%            ❶
      maxUnavailable: 25%
    type: RollingUpdate
  template:
    metadata:
      labels:
        run: websample
    spec:
      containers:
      - image: acadx0/190713:v1 ---- ❷
        imagePullPolicy: Always
        name: websample
        ports:
        - containerPort: 5000
          protocol: TCP
```

```
        livenessProbe:
          httpGet:
            path: /liveness        ❸
            port: 5000
        readinessProbe:
          httpGet:
            path: /readiness       ❹
            port: 5000
        lifecycle:
          preStop:
            httpGet:
              path: /prestop
              port: 5000
      terminationGracePeriodSeconds: 30
```

❶ `.spec.strategy.rollingUpdate.maxSurge` 필드 값으로 25%를 설정했습니다. 기본 파드 개수의 25%만큼 파드를 더 추가할 수 있습니다. `.spec.strategy.rollingUpdate.maxUnavailable` 필드 값도 25%를 설정했습니다. 디플로이먼트를 업데이트하는 동안 기본 파드 개수의 25%만큼의 파드를 이용할 수 없습니다.

❷ 사용할 컨테이너 이미지로는 [코드 8-3]과 [코드 8-4]로 만든 컨테이너 이미지에 해당하는 acadx0/190713:v1 웹 서버를 이용합니다.

❸ livenessProbe 설정은 HTTPGetAction 핸들러(`.spec.template.spec.containers[].livenessProbe.httpGet` 필드)를 사용해 `/liveness` 경로와 5000번 포트에 HTTP GET 요청을 보내 컨테이너 상태를 진단합니다.

❹ readinessProbe 설정은 HTTPGetAction 핸들러(`.spec.template.spec.containers[].readinessProbe.httpGet` 필드)를 사용해 `/readiness` 경로와 5000번 포트에 HTTP GET 요청을 보내 컨테이너 상태를 진단합니다.

코드 8-6 무중단 배포에 사용할 인그레스 설정 예(ingress/nonstop/ingress.yaml)

```
apiVersion: networking.k8s.io/v1
kind: Ingress
metadata:
  name: websample-ing
spec:
  rules:
```

```
      - host: 127.0.0.1.xip.io
        http:
          paths:
          - path: /
            pathType: Prefix
            backend:
              service:
                name: websample
                port:
                  number: 5000
```

.spec.rules[].host 필드 값으로 설정한 xip.io는 모든 IP 주소에 와일드카드 DNS^{wildcard DNS}를 제공하는 서비스입니다. 다음 명령들을 실행해 디플로이먼트, 서비스를 생성한 다음 인그레스를 생성합니다.

```
$ kubectl apply -f deployment.yaml
deployment.apps/websample created
$ kubectl expose deployment websample
service/websample exposed
$ kubectl apply -f ingress.yaml
ingress.networking.k8s.io/websample-ing created
```

인그레스까지 생성을 완료했다면, 다음 명령으로 지속적 요청을 보내면서 배포 테스트를 진행합니다. 테스트는 베게타^{Vegeta}[5]라는 부하 테스트 도구를 이용해 진행합니다.

> **TIP**
>
> 운영체제별 vegeta 실행 파일은 깃허브 저장소의 릴리스 페이지(https://github.com/tsenart/vegeta/releases)에서 다운로드할 수 있습니다. 예제 파일에는 리눅스와 macOS용 실행 파일은 압축 파일로, 윈도우용 실행 파일은 exe 파일로 포함시켰습니다. macOS라면 brew update && brew install vegeta 명령으로 설치할 수 있습니다.

```
$ echo "GET http://127.0.0.1.xip.io/sleep/5" | vegeta attack -rate=1
  -keepalive=false -duration=60s | vegeta report
Requests    [total, rate, throughput]  60, 1.02, 0.00
Duration    [total, attack, wait]      59.614758583s, 58.999762546s,
                                       614.996037ms
Latencies   [mean, 50, 95, 99, max]    550.318857ms, 544.569683ms,
                                       751.023316ms, 860.07087ms, 871.795631ms
```

---

5 https://github.com/tsenart/vegeta

```
Bytes In        [total, mean]           662160, 11036.00
Bytes Out       [total, mean]           0, 0.00
Success         [ratio]                 0.00%
Status Codes    [code:count]            404:60
Error Set:
Get http://xip.io/sleep/5: dial tcp: lookup xip.io on 168.126.63.1:53: no such
host
404 Not Found
```

컨테이너가 처리하는 데 5초가 걸리는 요청을 초당 1개씩 60초 동안 전송합니다.

베게타 실행 직후, 다음 명령으로 v2 웹 서버 컨테이너 이미지를 업데이트합니다.

```
$ kubectl set image deployment/websample websample=acadx0/190713:v2
deployment.apps/websample image updated
```

vegeta report 명령을 실행하면, 모든 HTTP 요청이 성공적으로 완료되었습니다.

```
$ vegeta report
Requests        [total, rate]           60, 1.02
Success         [ratio]                 100.00%
Status Codes    [code:count]            201:11  202:49
```

실시간 모니터링 도구 스턴[stern][6](17.1.5 참고)의 stern websample 명령으로 로그를 확인해보면 애플리케이션 측면에서의 무중단 배포 과정을 좀 더 쉽게 확인할 수 있습니다.

> **TIP**
> 운영체제별 stern 실행 파일은 깃허브 저장소의 릴리스 페이지(https://github.com/wercker/stern/releases)에서 다운로드할 수 있습니다. 예제 파일에는 리눅스와 macOS용 실행 파일은 압축 파일로, 윈도우용 실행 파일은 exe 파일로 포함시켰습니다. macOS라면 brew install stern 명령으로 설치할 수 있습니다.

```
$ stern websample
# websample-xxxxxxxxxx-xxxxx websample 연도/월/날짜 형식은 생략
18:02:15 v2 / starting process on 1    # v2 컨테이너 시작
18:02:19 v2 / connection 0             # 트래픽을 받지 않음
18:02:20 v1 / connection 5
18:02:20 v2 /readiness                 # v2가 readiness 응답을 성공
```

---

6 https://github.com/wercker/stern

```
18:02:20 v1 /prestop            # v1은 이에 따라 프리스톱 훅 실행(SIGTERM 이전)
18:02:20 received  terminated   # SIGTERM 전송
18:02:20 v2 /liveness
18:02:20 v2 /sleep/5            # v2로 트래픽이 전송되기 시작
18:02:20 v2 / connection 1
18:02:21 v1 / connection 4      # v1 기존 요청 처리 중
18:02:21 v2 / connection 2
18:02:22 v1 / connection 3
```

9 레이블과 애너테이션

레이블과 애너테이션은 쿠버네티스에서 자원들의 메타데이터를 관리하는 데 사용합니다. 레이블은 셀렉터와 함께 특정 레이블이 있는 자원들을 선택할 때 주로 사용합니다. 애너테이션은 주석 성격의 메타데이터를 기록하는 데 사용합니다.

레이블과 애너테이션은 상황에 맞게 구분해서 사용합니다. 레이블은 쿠버네티스 클러스터 안에서 사용자가 오브젝트를 생성할 때 해당 오브젝트를 구분하는 용도입니다. 사용자가 임의로 원하는 값을 지정해서 사용합니다. 애너테이션은 레이블처럼 사용자가 원하는 값을 설정하기보다 쿠버네티스 시스템에서 필요한 정보들을 표시하는 데 사용합니다.

9.1 레이블

레이블Label은 키-값 쌍으로 구성하며, 사용자가 클러스터 안에 오브젝트를 만들 때 메타데이터로 설정할 수 있습니다. 레이블이 생성된 다음에도 언제든지 수정할 수 있습니다.

레이블의 키는 쿠버네티스 안에서 컨트롤러들이 파드를 관리할 때 자신이 관리해야 할 파드를 구분하는 역할입니다. 쿠버네티스는 레이블만으로 관리 대상을 구분하므로 특정 컨트롤러가 만든 파드라도 레이블을 변경하면 인식할 수 없습니다. 컨트롤러와 파드를 느슨하게 결합하는 이런 특징 때문에 쿠버네티스가 파드들을 관리할 때 유연성이 있는 것입니다.

이런 유연성을 활용하면 실제 서비스에서 운영 중인 파드 중 임의의 1개를 따로 분리해서 파드 상태를 확인할 수 있습니다. 보통 서비스 운영 중에 디버깅이 필요할 때는 디버깅용으로 별도의 컨테이너를 실행해서 확인합니다. 하지만 기존에 발생하던 증상이 재현되지 않아 문제를 확인하기 어려울 수 있습니다. 이럴 때 서비스에 영향 없이 현재 이슈가 발생한 파드만을 따로 분리해서 확인할 수 있습니다. 서비스를 운영할 때의 큰 장점입니다.

이 외에도 다양하게 레이블을 활용할 수 있습니다. 노드에도 레이블을 설정할 수 있으므로 클러스터 안 노드들을 레이블로 구분한 다음 특정 레이블이 있는 노드에만 자원을 할당해 실행하는 것도 가능합니다. 실행하려는 앱의 성격에 따라 SSD를 사용하는 노드에만 자원을 할당해 실행한다던가, GPU를 사용하는 노드에만 자원을 할당해 실행할 수 있습니다.

레이블의 키와 값을 설정할 때는 다음 규칙을 준수해야 합니다.

- 63 글자를 넘지 않아야 함
- 시작과 끝 문자는 알파벳 대소문자 및 숫자([a-z0-9A-Z])여야 함
- 중간에는 대시(-), 밑줄(_), 점(.), 숫자 등이 올 수 있음

레이블의 키 이름 앞에는 /로 구분해서 접두어를 사용할 수도 있습니다. 접두어는 DNS 하위 도메인 형식이어야 하고, 점(.)으로 구분할 수 있고, 253 글자를 초과하면 안 됩니다. 보통 사용자가 직접 이름을 정할 때는 접두어 없이 사용합니다. 접두어가 있는 레이블의 키는 쿠버네티스 시스템에서 사용하는 레이블들입니다. "kubernetes.io/"라는 접두어를 사용합니다.

사용자가 특정 레이블을 설정한 자원만 선택해서 관리할 수도 있습니다. 이렇게 특정 레이블을 선택할 때는 레이블 셀렉터^{Label selector}를 사용합니다. 레이블 셀렉터는 두 가지 방식으로 설정합니다. 등호 기반^{equality-based}과 집합 기반^{set-based}입니다.

등호 기반 셀렉터는 같은지(=, ==)와 다른지(!=)를 구분하는 연산자를 사용할 수 있습니다. =와 ==은 같은 뜻입니다. 다음처럼 사용할 수 있습니다.

```
environment=develop
release=stable
```

첫 번째는 레이블의 키가 environment인 것 중 값이 develop인 것들을 선택합니다. 두 번째는 레이블의 키가 release인 것 중 값이 stable인 것들을 선택합니다. 두 조건을 모두 만족해서 develop이면서 stable인 레이블을 선택하려면 environment=develop, release=stable처럼 작성합니다. 쉼표(,)로 연결하는 것입니다.

집합 기반 셀렉터는 여러 개 값을 조건으로 설정한 다음 해당 키가 있는 레이블값이 조건에 속하는지(in), 아닌지(notin)를 확인합니다. 그리고 특정 레이블의 키가 존재(exists)하는지를 조건으로 설정할 수도 있습니다. 다음처럼 사용합니다.

```
environment in (develop, stage)
release notin (lastest, canary)
gpu
!gpu
```

첫 번째는 environment가 develop이거나 stage인 레이블을 선택합니다. 두 번째는 release가 lastest와 canary가 아닌 레이블을 선택합니다. 그리고 release라는 키가 없는 모든 오브젝트를 선택합니다.

세 번째는 gpu라는 레이블 키가 있는 모든 레이블을 선택합니다. 이때 값은 확인하지 않습니다. 네 번째는 세 번째와는 반대로 gpu라는 키가 없는 모든 레이블을 선택합니다. 이 조건을 모두 만족하는 설정(AND 연산)을 하고 싶으면 쉼표(,)로 조건들을 연결합니다.

등호 기반과 집한 기반 방식을 섞어서 environment=production, release notin (lastest, canary)처럼 사용할 수도 있습니다.

레이블을 사용하는 예를 살펴보겠습니다. 디플로이먼트와 서비스용 템플릿 여러 개를 사용할 것입니다. 디플로이먼트용으로는 deployment-label01.yaml, deployment-label02.yaml, deployment-label03.yaml, deployment-label04.yaml이라는 4개의 템플릿을 사용합니다. 서비스용으로는 label-service01.yaml, label-service02.yaml이라는 2개의 템플릿을 사용합니다.

디플로이먼트용 템플릿 4개는 레이블 관련 설정 부분 외에는 설정 내용이 같습니다. 템플릿 4개 중 대표로 deployment-label01.yaml인 [코드 9-1]을 살펴보겠습니다.

코드 9-1 디플로이먼트용 템플릿의 레이블 설정 예(label/deployment-label01.yaml)

```
apiVersion: apps/v1
kind: Deployment
metadata:
  name: nginx-label01      # 파일별로 nginx-label01~04로 설정
  labels:
    app: nginx
spec:
  replicas: 1
  selector:
    matchLabels:
      app: nginx
  template:
    metadata:
      labels:
        app: nginx
        environment: develop
        release: beta
    spec:
      containers:
      - name: nginx
        image: nginx
        ports:
        - containerPort: 80
```

주목해야 할 설정은 .spec.template.metadata.labels의 하위 필드입니다. app, environment, release 3개의 레이블 키가 있습니다. app은 nginx, environment는 develop, release는 beta로 설정했습니다.

이러한 템플릿 4개의 레이블 설정 차이는 [표 9-1]과 같습니다.

표 9-1 디플로이먼트용 템플릿 4개의 레이블 설정 비교

	app	environment	Release
deployment-label01.yaml	nginx	develop	beta
deployment-label02.yaml	nginx	production	beta
deployment-label03.yaml	nginx	develop	stable
deployment-label04.yaml	nginx	production	stable

.app 필드 값은 모두 nginx로 같고 .environment 필드 값은 develop과 production, .release 필드 값은 beta와 stable로 다릅니다. 이러한 설정으로 deployment-label01~04.yaml을 같은 디렉터리에 저장해둡니다.

다음으로 서비스 템플릿 2개 중 대표로 label-service01.yaml인 [코드 9-2]를 살펴보겠습니다.

코드 9-2 서비스용 템플릿의 레이블 설정 예(label/label-service01.yaml)

```
apiVersion: v1
kind: Service
metadata:
  name: label-develop-service   # label-service02.yaml에서는 label-stable-service로 설정
spec:
  type: ClusterIP
  selector:
    environment: develop
  ports:
  - protocol: TCP
    port: 80
    targetPort: 80
```

.spec.selector.environment 필드 값을 develop으로 설정했습니다. label-service02.yaml 에서는 .spec.selector.release 필드를 두고 값으로 stable을 설정했습니다. 다른 설정 부분은 같으며 이러한 설정으로 label-service01~02.yaml을 역시 디플로이먼트용 템플릿과 같은 디렉터리에 저장해둡니다.

[표 9-1]을 참고하면 label-service01.yaml은 디플로이먼트용 템플릿 중 deployment-label01.yaml과 deployment-label03.yaml에서 실행한 파드들과 연결될 것입니다. label-service02.yaml은 deployment-label03.yaml과 deployment-label04.yaml에서 실행한 파드들과 연결될 것입니다.

이제 설정한대로 동작하는지 확인하겠습니다. 템플릿 6개를 저장한 디렉터리에서 kubectl apply -f . 명령으로 모든 파일을 한꺼번에 클러스터에 적용합니다.

```
$ kubectl apply -f .
deployment.apps/nginx-label01 created
deployment.apps/nginx-label02 created
deployment.apps/nginx-label03 created
deployment.apps/nginx-label04 created
service/label-develop-service created
service/label-stable-service created
```

어떤 IP를 갖고 파드가 만들어졌는지 kubectl get pods -o wide 명령으로 확인합니다.

```
$ kubectl get pods -o wide
NAME                             READY   STATUS    RESTARTS   AGE
nginx-label01-5687b6db46-hszzv   1/1     Running   0          21m
nginx-label02-5699f97f74-mptbs   1/1     Running   0          21m
nginx-label03-7f8cbd6f69-2v42v   1/1     Running   0          21m
nginx-label04-84fc877497-7nbxb   1/1     Running   0          21m

IP          NODE
10.1.1.90   docker-desktop
10.1.1.92   docker-desktop
10.1.1.91   docker-desktop
10.1.1.93   docker-desktop
```

다음으로 서비스가 어떤 셀렉터를 갖고 만들어졌는지 kubectl get svc -o wide 명령으로 확인합니다.

```
$ kubectl get svc -o wide
NAME                    TYPE        CLUSTER-IP      EXTERNAL-IP
label-develop-service   ClusterIP   10.110.198.52   <none>
label-stable-service    ClusterIP   10.100.159.76   <none>
```

```
PORT(S)   AGE    SELECTOR
80/TCP    27m    environment=develop
80/TCP    27m    release=stable
```

label-develop-service 서비스의 셀렉터는 environment=develop이고 label-stable-service 서비스의 셀렉터는 release=stable입니다.

설정대로 서비스가 파드들을 선택했는지는 서비스 전체의 현재 상태를 확인하는 kubectl describe svc 명령을 실행해 결과를 살펴봅니다.

```
$ kubectl describe svc
# 중간 생략
Name:              label-develop-service
Namespace:         default
Labels:            <none>
Annotations:       <none>
Selector:          environment=develop
Type:              ClusterIP
IP Family Policy:  SingleStack
IP Families:       IPv4
IP:                10.110.198.52
IPs:               10.110.198.52
Port:              <unset>  80/TCP
TargetPort:        80/TCP
Endpoints:         10.1.1.90:80,10.1.1.91:80
Session Affinity:  None
Events:            <none>

Name:              label-stable-service
Namespace:         default
Labels:            <none>
Annotations:       <none>
Selector:          release=stable
Type:              ClusterIP
IP Family Policy:  SingleStack
IP Families:       IPv4
IP:                10.100.159.76
IPs:               10.100.159.76
Port:              <unset>  80/TCP
TargetPort:        80/TCP
Endpoints:         10.1.1.91:80,10.1.1.93:80
```

```
Session Affinity:  None
Events:            <none>
```

label-develop-service 서비스 Endpoints 항목의 IP는 10.1.1.90:80,10.1.1.91:80이
고 label-stable-service 서비스 Endpoints 항목의 IP는 10.1.1.91:80,10.1.1.93:80
입니다. 앞 파드 IP 정보와 비교하면 label-develop-service는 deployment-label01.
yaml과 deployment-label03.yaml에서 만든 파드를 선택했고, label-stable-service는
deployment-label03.yaml과 deployment-label04.yaml에서 만든 파드를 선택했음을 알
수 있습니다.

kubectl get pods 명령의 옵션을 사용하는 다양한 방법을 살펴보겠습니다. 먼저 app이 nginx
인 파드들을 모두 확인해 보겠습니다.

```
$ kubectl get pods -l app=nginx
NAME                            READY   STATUS    RESTARTS   AGE
nginx-label01-5687b6db46-hszzv  1/1     Running   0          36m
nginx-label02-5699f97f74-mptbs  1/1     Running   0          36m
nginx-label03-7f8cbd6f69-2v42v  1/1     Running   0          36m
nginx-label04-84fc877497-7nbxb  1/1     Running   0          36m
```

모든 파드의 레이블이 app=nginx이므로 파드 4개 정보를 출력합니다.

두 가지 조건을 함께 확인하는 -l environment=develop,release=stable 옵션을 사용해 보겠
습니다.

```
$ kubectl get pods -l environment=develop,release=stable
NAME                            READY   STATUS    RESTARTS   AGE
nginx-label03-7f8cbd6f69-2v42v  1/1     Running   0          36m
```

조건에 맞는 파드인 nginx-label03만 나왔습니다.

집합 조건 구문인 notin을 사용하는 예입니다.

```
$ kubectl get pods -l "app=nginx,environment notin (develop)"
NAME                            READY   STATUS    RESTARTS   AGE
nginx-label02-5699f97f74-mptbs  1/1     Running   0          36m
nginx-label04-84fc877497-7nbxb  1/1     Running   0          36m
```

app=nginx는 모든 파드의 설정이지만 environment가 develop이 아닌 파드는 nginx-label02와 nginx-label04입니다.

마지막으로 release가 stable이 아닌 파드를 확인합니다. != 구문을 사용합니다.

```
$ kubectl get pods -l release!=stable
NAME                              READY   STATUS    RESTARTS   AGE
nginx-label01-5687b6db46-hszzv    1/1     Running   0          36m
nginx-label02-5699f97f74-mptbs    1/1     Running   0          36m
```

예상했던 대로 nginx-label01과 nginx-label02 파드 정보를 출력합니다.

이렇게 레이블 선택 조건을 다양하게 혼합해 사용하는 것이 쿠버네티스의 강력한 장점입니다.

9.2 애너테이션

애너테이션annotation은 레이블과 마찬가지로 키-값 쌍으로 구성하며 레이블처럼 사용자가 설정할 수 있습니다. 레이블이 사용자가 설정한 특정 레이블의 오브젝트들을 선택한다면, 애너테이션은 쿠버네티스 시스템이 필요한 정보들을 담았으며, 쿠버네티스 클라이언트나 라이브러리가 자원을 관리하는 데 활용합니다.

그래서 애너테이션의 키는 쿠버네티스 시스템이 인식할 수 있는 값을 사용합니다. 예를 들어 6.3.2처럼 디플로이먼트로 앱을 배포할 때 변경 사유를 적는 CHANGE-CAUSE(kubernetes.io/change-cause) 정보를 작성하는 것입니다.

인그레스에서 필요한 설정을 애너테이션으로 정의할 수 있습니다. ingress-nginx 같은 인그레스 컨트롤러는 애너테이션으로 사용자가 직접 nginx에 필요한 설정들을 정의할 수 있습니다. 그 외 사용자에게 필요한 정보를 메모하는 용도로도 사용할 수 있습니다. 릴리즈 정보, 로깅, 모니터링에 필요한 정보, 하다못해 이 오브젝트의 담당자 정보나 비상 연락처를 적어둘 수도 있습니다.

그럼 애너테이션의 설정 예인 [코드 9-3]을 살펴봅시다.

```
apiVersion: apps/v1
kind: Deployment
metadata:
  name: annotation
  labels:
    app: nginx
  annotations:
    manager: "myadmin" --------- ❶
    contact: "010-0000-0000" ---- ❷
    release-version: "v1.0" ----- ❸
spec:
  replicas: 1
  selector:
    matchLabels:
      app: nginx
  template:
    metadata:
      labels:
        app: nginx
    spec:
      containers:
      - name: nginx
        image: nginx
        ports:
        - containerPort: 80
```

.metadata.annotations의 하위 필드에 몇 가지 애너테이션을 설정했습니다.

❶ manager라는 키로 담당자 정보를 넣으려고 "myadmin"이라는 값을 설정했습니다.

❷ contact라는 키로 연락처 정보를 넣으려고 "010-0000-0000"이라는 전화번호를 설정했습니다.

❸ 이 디플로이먼트의 버전 정보를 release-version이라는 키와 "v1.0"이라는 값으로 설정했습니다.

[코드 9-3]을 annotation.yaml로 저장하고 kubectl apply -f annotation.yaml 명령으로 클러스터에 적용합니다. kubectl describe deploy annotation 명령으로 실행 중인 디플로이먼트의 정보를 확인하면 잘 적용되었음을 알 수 있습니다.

```
$ kubectl describe deploy annotation
Name:                  annotation
Namespace:             default
CreationTimestamp:     Tue, 20 Aug 2019 07:45:34 +0900
Labels:                app=nginx
Annotations:           contact: 010-0000-0000
                       deployment.kubernetes.io/revision: 1
                       manager: myadmin
                       release-version: v1.0
Selector:              app=nginx
Replicas:              1 desired | 1 updated | 1 total | 1 available | 0 unavailable

# 이후 생략
```

실행 결과를 보면 앞에서 설정한 값 이외에 deployment.kubernetes.io/revision처럼 쿠버네티스에서 디플로이먼트 관리용으로 추가한 애너테이션을 확인할 수 있습니다.

9.3 레이블을 이용한 카나리 배포

이 절에서는 레이블의 다양한 활용 중에서 배포에 활용하는 방법을 알아보겠습니다.

배포 방법에는 롤링업데이트, 블루/그린, 카나리canary등 여러 가지 방법이 있습니다. 방금 소개한 세 가지 방법의 특징은 다음과 같습니다.

- **롤링업데이트**: 배포된 전체 파드를 한꺼번에 교체하는 것이 아니라 일정 개수씩 교체하면서 배포합니다. 디플로이먼트의 기본 배포 방법입니다.

- **블루/그린**: 기존에 실행된 파드 개수와 같은 개수의 신규 파드를 모두 실행한 후 신규 파드가 정상적으로 실행됐는지 확인합니다. 그 후 트래픽을 한꺼번에 신규 파드 쪽으로 옮깁니다. 이것 역시 디플로이먼트를 이용할 수 있습니다.

- **카나리**: 옛날 광부들이 광산에 유독가스가 있는지 확인하려고 가스에 민감한 카나리아와 함께 광산에 들어간 사실에서 아이디어를 얻은 배포 방법입니다. 신규 파드를 배포할 때 한꺼

번에 앱 컨테이너 전체를 교체하지 않습니다. 기존 버전을 유지한 채로 일부 버전만 신규 파드로 교체합니다. 버그나 이상은 없는지, 사용자 반응은 어떤지 확인할 때 유용합니다.

쿠버네티스의 기본 디플로이먼트는 디플로이먼트에 속한 파드들을 하나씩이든 한꺼번이든 모두 교체하는 방식이므로 카나리 방법으로 배포하기에는 어려움이 있습니다. 하지만 레이블을 이용하면 쿠버네티스에서도 카나리 방법으로 배포할 수 있습니다.

지금부터 카나리 방법의 배포를 살펴보겠습니다. 먼저 [코드 9-4]와 [코드 9-5] 디플로이먼트 템플릿 2개를 만듭니다.

코드 9-4 안정 버전 디플로이먼트 설정 예(canary/deployment-v1.yaml)

```
apiVersion: apps/v1
kind: Deployment
metadata:
  name: k8s-testapp
  labels:
    app: myapp
    version: stable           ❶
spec:
  replicas: 2                  ❷
  selector:
    matchLabels:
      app: myapp
      version: stable
  template:
    metadata:
      labels:
        app: myapp
        version: stable
    spec:
      containers:
      - name: testapp
        image: arisu1000/simple-container-app:v0.1    ❸
        ports:
        - containerPort: 8080
```

```
apiVersion: apps/v1
kind: Deployment
metadata:
  name: k8s-testapp-canary
  labels:
    app: myapp
    version: canary                              ❶
spec:
  replicas: 1                                    ❷
  selector:
    matchLabels:
      app: myapp
      version: canary
  template:
    metadata:
      labels:
        app: myapp
        version: canary
    spec:
      containers:
      - name: testapp
        image: arisu1000/simple-container-app:v0.2    ❸
        ports:
        - containerPort: 8080
```

[코드 9-4]와 [코드 9-5]로 만들어지는 파드 각각은 컨테이너에 접속한 내역을 보여주는 간단한 앱 컨테이너입니다.

❶ .metadata.labels의 하위 필드에 앱 컨테이너 버전을 표시합니다. deployment-v1.ya ml에는 app=myapp, version=stable라는 레이블을 설정했고, deployment-v2.yaml에는 app=myapp, version=canary라는 레이블을 설정했습니다. 레이블을 이용해서 안정성 있는 stable 버전과 카나리 배포에 필요한 canary 버전을 구분하는 것입니다.

❷ deployment-v1.yaml에서는 .spec.replicas 필드 값으로 2를 설정해 파드를 2개 실행했고, deployment-v2.yaml에서는 1을 설정해 파드 1개만 실행한다는 차이가 있습니다.

❸ .spec.template.spec.containers[].image 필드는 deployment-v1.yaml에서 arisu 1000/simple-container-app:v0.1, deployment-v2.yaml에서 arisu1000/simple-container-app:v0.2를 설정해 실행하는 앱 컨테이너가 다르다는 사실을 알 수 있습니다.

이제 kubectl apply -f deployment-v1.yaml과 kubectl apply -f deployment-v2.yaml 명령을 실행해 버전이 다른 템플릿 2개를 클러스터에 적용해 파드를 배포합니다.

다음으로 디플로이먼트 2개로 배포한 파드에 접근하는 서비스 템플릿 [코드 9-6]을 살펴봅니다.

코드 9-6 파드에 접근하는 서비스 템플릿 예(canary/myapp-svc.yaml)

```yaml
apiVersion: v1
kind: Service
metadata:
  labels:
    app: myapp
  name: myapp-svc
  namespace: default
spec:
  ports:
  - nodePort: 30880 ---- ❶
    port: 8080
    protocol: TCP
    targetPort: 8080
  selector:
    app: myapp -------- ❷
  type: NodePort
```

❶ 30880 포트를 이용하는 NodePort 타입 서비스를 실행하는 설정입니다.

❷ .spec.selector 필드에서는 app이 myapp인 파드들을 선택하게 했습니다. 그래서 앞서 실행한 디플로이먼트 2개가 만든 파드는 모두 이 서비스와 연결됩니다.

작성이 끝나면 kubectl apply -f myapp-svc.yaml 명령으로 적용해둡니다. 그리고 curl loca lhost:30880 명령을 여러 번 실행해 컨테이너에 접속하겠습니다.

```
$ curl localhost:30880
{"app version":"v0.1","client ip":"192.168.65.3:46904","header":{"Accept":["*/*"]
,"User-Agent":["curl/7.64.1"]}}
```

```
$ curl localhost:30880
{"app version":"v0.2","client ip":"192.168.65.3:47146","header":{"Accept":["*/*"]
,"User-Agent":["curl/7.64.1"]}}
$ curl localhost:30880
{"app version":"v0.2","client ip":"192.168.65.3:47292","header":{"Accept":["*/*"]
,"User-Agent":["curl/7.64.1"]}}
$ curl localhost:30880
{"app version":"v0.1","client ip":"192.168.65.3:47386","header":{"Accept":["*/*"]
,"User-Agent":["curl/7.64.1"]}}
```

v0.1과 v0.2 앱 컨테이너를 번갈아 가면서 접속함을 확인할 수 있습니다. 즉, 여러 개 디플로이먼트를 하나의 접속 주소로 묶어서 v0.1과 v0.2를 동시에 서비스한다는 것입니다. deployment-v1.yaml으로 실행한 파드들이 v0.1이므로 기존 버전이라고 생각할 수 있고, deployment-v2.yaml이 v0.2므로 신규 버전을 배포한 것으로 생각할 수 있습니다. 이렇게 기존 버전과 신규 버전이 함께 존재하므로 카나리 형태의 배포입니다. [그림 9-1]을 보면 구조를 좀 더 명확히 확인할 수 있습니다.

그림 9-1 카나리 형태의 배포 구조

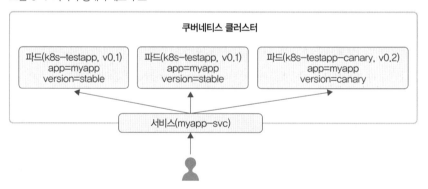

더 자세한 내용을 확인하려면 kubectl get pods -o wide 명령과 kubectl describe svc myapp-svc 명령을 실행합니다. 현재 파드 정보와 서비스가 어떻게 연결되었는지 확인할 수 있습니다.

```
$ kubectl get pods -o wide
NAME                               READY   STATUS    RESTARTS   AGE
k8s-testapp-598f8ddf65-6b9d2       1/1     Running   0          4m59s
k8s-testapp-598f8ddf65-dx2nb       1/1     Running   0          4m59s
k8s-testapp-canary-655fdc584c-l4s6w 1/1    Running   0          4m54s
```

```
IP          NODE
10.1.4.144  docker-desktop
10.1.4.143  docker-desktop
10.1.4.145  docker-desktop
```

파드 각각의 IP는 10.1.1.143~145입니다.

```
$ kubectl describe svc myapp-svc
Name:                    myapp-svc

# 중간 생략
IP:                      10.104.126.0
IPs:                     10.104.126.0
LoadBalancer Ingress:    localhost
Port:                    <unset>  8080/TCP
TargetPort:              8080/TCP
NodePort:                <unset>  30880/TCP
Endpoints:               10.1.4.143:8080,10.1.4.144:8080,10.1.4.145:8080
Session Affinity:        None
External Traffic Policy: Cluster
Events:                  <none>
```

Endpoints 항목을 보면 10.1.0.143:8080,10.1.0.144:8080,10.1.0.145:8080으로 파드 각각의 IP와 같은 것을 알 수 있습니다. 즉, stable 버전의 파드와 canary 버전의 파드를 동시에 서비스하는 것입니다.

한편 실제 문제가 있는 상황이라면 v0.2의 앱 컨테이너에 접속하지 못하거나 응답하지 못하는 등의 여러 가지 상황들이 있을 것입니다. canary 버전이 제대로 동작하지 않는다면 디플로이먼트를 삭제하거나 디플로이먼트의 .spec.replicas 필드 값을 0으로 설정한 후 디플로이먼트를 적용해 서비스에서 제외할 수 있습니다.

좀 더 많은 사용자에게 카나리 방법의 배포를 테스트해보고 싶다면 canary 버전 디플로이먼트 설정의 .spec.replicas 필드 값을 1보다 높은 숫자로 바꿔서 더 많은 요청을 받게 할 수 있습니다. 그리고 canary 버전이 정상 동작한다면 stable 버전에 있는 컨테이너의 이미지를 업데이트해서 전체 서비스에 적용할 수 있습니다.

10 컨피그맵

컨피그맵^{configmap}은 컨테이너에 필요한 환경 설정을 컨테이너와 분리해서 제공하는 기능입니다. 클라우드 네이티브 아키텍처에서 컨테이너는 변하지 않는 자원이어야 합니다. 개발할 때 사용하는 컨테이너와 상용 서비스에서 사용하는 컨테이너가 같아야 한다는 것입니다. 그래야만 개발과 서비스 사이의 환경 차이에서 오는 잠재적 문제를 없앨 수 있습니다.

그런데 개발용과 상용 서비스에서는 서로 다른 설정이 필요할 때가 많습니다. 사용하는 데이터베이스가 다를 수도 있고, 실제 개발할 때는 디버그 모드로 로그를 출력하는데, 서비스용에서는 시스템 정보^{info}를 나타내는 모드로 로그를 출력해야 하는 등의 차이가 있습니다. 이렇게 다른 설정으로 컨테이너를 실행해야 할 때 사용하는 것이 컨피그맵입니다. 컨피그맵을 컨테이너와 분리하면 컨테이너 하나를 개발용, 상용 서비스를 운영하기 전 보안이나 성능 장애 등을 검증하는 스테이지용, 상용 서비스용으로 사용할 수 있습니다.

10.1 컨피그맵 사용하기

컨피그맵을 사용하기 전 컨피그맵에 필요한 템플릿을 살펴보겠습니다. [코드 10-1]의 컨피그맵 설정 템플릿을 config-dev.yaml로 저장합니다.

코드 10-1 컨피그맵 설정 예(configmap/config-dev.yaml)

```
apiVersion: v1
kind: ConfigMap
metadata:
  name: config-dev
  namespace: default
data:
  DB_URL: localhost
  DB_USER: myuser
  DB_PASS: mypass
  DEBUG_INFO: debug
```

.data의 하위 필드로 실제 사용하려는 환경 설정값을 넣습니다. 이 예에서는 데이터베이스 접속에 필요한 환경 변수들을 넣는다는 가정으로 .DB_URL, .DB_USER, .DB_PASS, .DEBUG_INFO 같은 환경 변숫값을 필드로 사용했습니다.

kubectl apply -f configmap-dev.yaml 명령으로 쿠버네티스 클러스터 안에 적용한 후 kubectl describe configmap 컨피그맵이름 명령으로 설정 내용이 제대로 들어갔는지 확인합니다.

```
$ kubectl describe configmap config-dev
Name:         config-dev
Namespace:    default
Labels:       <none>
Annotations:  <none>

Data
====
DB_PASS:
----
mypass
DB_URL:
```

```
----
localhost
DB_USER:
----
myuser
DEBUG_INFO:
----
debug
Events:  <none>
```

Data 항목의 출력 결과가 템플릿 설정과 일치하면 정상적으로 적용된 것입니다.

이런 컨피그맵을 컨테이너에서 불러와서 사용하는 방법은 크게 컨피그맵 설정 중 일부만 불러와서 사용하기, 컨피그맵 설정 전체를 한꺼번에 불러와서 사용하기, 컨피그맵을 볼륨에 불러와서 사용하기 정도가 있습니다.

10.2 컨피그맵 설정 중 일부만 불러와서 사용하기

[코드 10-2]는 컨피그맵의 일부 설정만 불러오는 디플로이먼트와 NodePort 타입 서비스가 포함된 템플릿의 예입니다.

코드 10-2 컨피그맵의 일부 설정만 불러오는 예(configmap/deployment-config01.yaml)

```
apiVersion: apps/v1
kind: Deployment
metadata:
  name: configapp
  labels:
    app: configapp
spec:
  replicas: 1
  selector:
    matchLabels:
```

257

```
        app: configapp
    template:
      metadata:
        labels:
          app: configapp
      spec:
        containers:
        - name: testapp
          image: arisu1000/simple-container-app:latest
          ports:
          - containerPort: 8080
          env:
          - name: DEBUG_LEVEL ········ ❶
            valueFrom:
              configMapKeyRef:
                name: config-dev ····· ❷
                key: DEBUG_INFO ······ ❸
---
apiVersion: v1
kind: Service
metadata:
  labels:
    app: configapp
  name: configapp-svc
  namespace: default
spec:
  ports:
  - nodePort: 30800
    port: 8080
    protocol: TCP
    targetPort: 8080
  selector:
    app: configapp
  type: NodePort
```

[코드 10-1]에서 config-dev라는 이름의 컨피그맵에는 .data의 하위 필드로 .DB_URL, .DB_
USER, .DB_PASS, .DEBUG_INFO가 있었습니다. [코드 10-2]에서는 [코드 10-1]의 .data.
DEBUG_INFO 필드만 불러와서 사용할 것입니다.

❶ .spec.template.spec.containers[].env[].name 필드 값으로 DEBUG_LEVEL이라는 환
  경 변숫값을 설정했습니다.

❷ `.spec.template.spec.containers[].env[].valueFrom` 필드는 값을 어디에서 가져올 것인지를 지정하며, 하위의 `.configMapKeyRef` 필드는 어떤 컨피그맵의 어떤 키를 가져올 것인지를 지정합니다. 여기에서는 `.name` 필드 값으로 config-dev를 설정해 앞서 만들어 두었던 [코드 10-1] config-dev 컨피그맵을 선택했습니다.

❸ `.spec.template.spec.containers[].env[].valueFrom.configMapKeyRef.key` 필드 값 으로는 [코드 10-1]의 `.DEBUG_INFO` 필드를 설정해 [코드 10-1]의 `.data.DEBUG_INFO` 필 드만 불러왔습니다.

결국 [그림 10-1]처럼 이 컨테이너의 DEBUG_LEVEL이라는 환경 변숫값이 debug가 됩니다.

그림 10-1 컨테이너의 환경 변숫값을 불러오는 구조

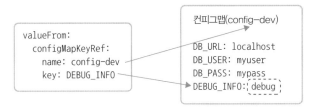

[코드 10-2]를 deployment-config01.yaml로 저장하고 `kubectl apply -f deployment-config01.yaml`으로 클러스터에 적용합니다. 웹 브라우저에서 http://localhost:30800/env로 접속한 후 [그림 10-2]처럼 웹 브라우저의 JSON 뷰어 플러그인에서 설정을 확인합니다.

그림 10-2 컨피그맵의 data.DEBUG_INFO 필드 설정 적용 확인

```
←  →  C   ⓘ localhost:30800/env
1     // 20190820080634
2     // http://localhost:30800/env
3
4  ▾ {
5  ▾   "env": [
6         "PATH=/usr/local/sbin:/usr/local/bin:/usr/sbin:/usr/bin:/sbin:/bin",
7         "HOSTNAME=configapp-86f846864f-zl6xt",
8         "DEBUG_LEVEL=debug",
9         "CLUSTERIP_SERVICE_PORT_80_TCP_ADDR=10.104.123.139",
10        "LOADBALANCER_SERVICE_SERVICE_PORT=80",
11        "WEBSAMPLE_PORT_5000_TCP_PORT=5000",
12        "WEBSAMPLE_PORT_5000_TCP_ADDR=10.107.138.131",
13        "KUBERNETES_PORT_443_TCP_PROTO=tcp",
14        "CLUSTERIP_SERVICE_SERVICE_HOST=10.104.123.139",
15        "CLUSTERIP_SERVICE_PORT=tcp://10.104.123.139:80",
```

`.DEBUG_LEVEL` 필드 값에 `.DEBUG_INFO` 필드 값인 debug가 설정된 것을 확인할 수 있습니다.

10.3 컨피그맵 설정 전체를 한꺼번에 불러와서 사용하기

[코드 10-3]은 컨피그맵 설정 전체를 한꺼번에 컨테이너의 환경 변수로 설정하는 디플로이먼트 설정의 예입니다.

코드 10-3 컨피그맵 설정 전체를 한꺼번에 불러오는 예(configmap/deployment-config02.yaml)

```
apiVersion: apps/v1
kind: Deployment
metadata:
  name: configapp
  labels:
    app: configapp
spec:
  replicas: 1
  selector:
    matchLabels:
      app: configapp
  template:
    metadata:
      labels:
        app: configapp
    spec:
      containers:
      - name: testapp
        image: arisu1000/simple-container-app:latest
        ports:
        - containerPort: 8080
        envFrom: ----------------- ❶
        - configMapRef: ---------
            name: config-dev ---- ❷
---
# 이후 생략
```

❶ 이번에는 [코드 10-2]와 달리 .spec.template.spec.containers[].envFrom[] 필드를 사용했습니다. 환경 변수를 어디에서 가져올 것인지를 설정합니다.

❷ `.spec.template.spec.containers[].envFrom[].configMapRef.name` 필드에 [코드 10-1]의 컨피그맵인 config-dev를 연결했습니다. `.configMapRef` 필드는 어떤 컨피그맵을 참조해서 환경 변수들을 불러올 것인지를 설정합니다. 하위의 `.name` 필드 값으로 불러올 컨피그맵의 이름을 설정합니다.

그림 10-3 컨피그맵의 전체 설정을 불러오는 구조

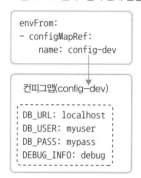

[코드 10-3]을 deployment-config02.yaml로 저장한 후 `kubectl apply -f deployment-config02.yaml` 명령을 실행해 클러스터에 적용합니다. 앞 과정과 마찬가지로 웹 브라우저에서 http://localhost:30800/env로 접속한 후 JSON 뷰어 플러그인을 실행합니다. [그림 10-4]처럼 config-dev 컨피그맵에 있는 필드 4개가 모두 설정된 것을 확인할 수 있습니다.

그림 10-4 컨피그맵의 전체 설정 적용 확인

```
←  →  C  ⓘ localhost:30800/env
1    // 20190820080913
2    // http://localhost:30800/env
3
4  ▼ {
5  ▼     "env": [
6            "PATH=/usr/local/sbin:/usr/local/bin:/usr/sbin:/usr/bin:/sbin:/bin",
7            "HOSTNAME=configapp-695fb7cb7c-kxf82",
8            "DEBUG_INFO=debug",
9            "DB_PASS=mypass",
10           "DB_URL=localhost",
11           "DB_USER=myuser",
12           "WEBSAMPLE_PORT=tcp://10.107.138.131:5000",
13           "NODEPORT_SERVICE_SERVICE_HOST=10.100.41.187",
```

여기서 컨테이너는 유지한 상태로 컨피그맵의 설정만 변경해보겠습니다. [코드 10-4]처럼 `.data`의 하위 필드인 `.DB_URL`, `.DB_USER`, `.DB_PASS`, `.DEBUG_INFO` 필드 값을 변경한 후 configmap-prod.yaml로 저장합니다.

```
apiVersion: v1
kind: ConfigMap
metadata:
  name: config-prod
  namespace: default
data:
  DB_URL: prodhost
  DB_USER: produser
  DB_PASS: produser
  DEBUG_INFO: production
```

kubectl apply -f configmap-prod.yaml 명령을 실행해 클러스터에 적용합니다. 그리고 [코드 10-3] .spec.template.spec.containers[].envFrom[].configMapRef.name 필드 값을 config-prod로 수정한 후 템플릿을 저장합니다. [코드 10-4]의 컨피그맵인 config-prod를 연결하는 것입니다. 마지막으로 다시 kubectl apply -f deployment-config02.yaml 명령을 실행합니다.

다시 웹 브라우저에서 http://localhost:30800/env로 접속한 후 JSON 뷰어 플러그인을 실행하면 [그림 10-5]처럼 config-prod 컨피그맵에 있는 필드 4개의 값으로 설정이 변경된 것을 확인할 수 있습니다.

그림 10-5 config-prod 컨피그맵의 전체 설정으로 변경

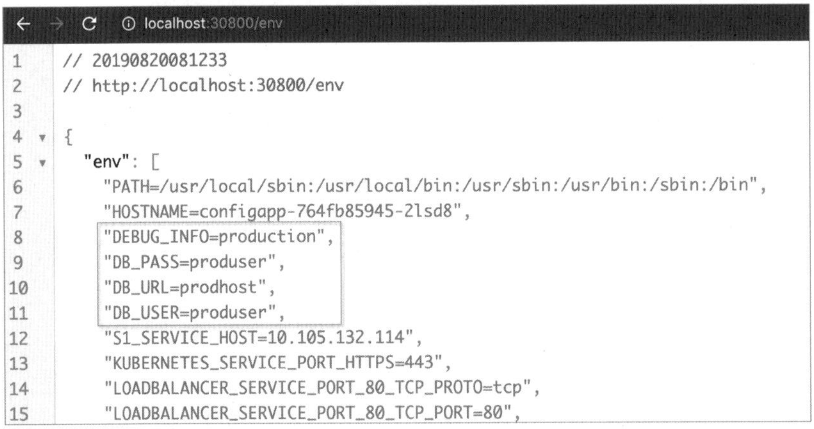

```
     ←  →  C  ⓘ localhost:30800/env
 1      // 20190820081233
 2      // http://localhost:30800/env
 3
 4   ▾  {
 5   ▾    "env": [
 6           "PATH=/usr/local/sbin:/usr/local/bin:/usr/sbin:/usr/bin:/sbin:/bin",
 7           "HOSTNAME=configapp-764fb85945-2lsd8",
 8           "DEBUG_INFO=production",
 9           "DB_PASS=produser",
10           "DB_URL=prodhost",
11           "DB_USER=produser",
12           "S1_SERVICE_HOST=10.105.132.114",
13           "KUBERNETES_SERVICE_PORT_HTTPS=443",
14           "LOADBALANCER_SERVICE_PORT_80_TCP_PROTO=tcp",
15           "LOADBALANCER_SERVICE_PORT_80_TCP_PORT=80",
```

10.4 컨피그맵을 볼륨에 불러와서 사용하기

컨피그맵 설정을 컨테이너의 환경 변수로 설정하는 것이 아닌 다른 방식으로 사용할 수도 있습니다. 14.1에서 설명할 컨테이너의 볼륨 형식으로 컨피그맵을 설정해서 파일로 컨테이너에 제공하는 것입니다. [코드 10-5]는 이러한 설정의 예입니다.

코드 10-5 컨테이너의 볼륨 형식으로 컨피그맵을 설정하는 예(configmap/deployment-config03.yaml)

```
apiVersion: apps/v1
kind: Deployment
metadata:
  name: configapp
  labels:
    app: configapp
spec:
  replicas: 1
  selector:
    matchLabels:
      app: configapp
  template:
    metadata:
      labels:
        app: configapp
    spec:
      containers:
      - name: testapp
        image: arisu1000/simple-container-app:latest
        ports:
        - containerPort: 8080
        volumeMounts:
        - name: config-volume          ❶
          mountPath: /etc/config
      volumes:
      - name: config-volume            ❷
        configMap:
          name: config-dev
---
```

❶ config-volume라는 볼륨을 만들어서 config-dev 컨피그맵의 .data 하위 필드 4개를 컨테이너의 /etc/config 디렉터리에 필드 이름 형태의 파일로 저장합니다. 예를 들어 data. DB_URL 필드 값으로 localhost가 설정되었다면 파일 이름은 DB_URL이고 파일 안 내용은 localhost인 파일을 생성한다는 것입니다.

❷ config-volume 볼륨을 사용하는 컨피그맵 config-dev를 설정했습니다.

[코드 10-5]를 deployment-config03.yaml로 저장하고 kubectl apply -f deployment-config03.yaml 명령을 실행합니다. 그리고 kubectl get pods 명령을 실행해 config-dev 컨피그맵에 해당하는 파드 이름을 확인합니다.

```
$ kubectl get pods
NAME                          READY   STATUS    RESTARTS   AGE
configapp-8498b5cb4d-c8mn2    1/1     Running   0          17s
```

kubectl exec -it 컨피그맵파드이름 -- sh 명령을 실행합니다. 컨테이너 안 /etc/config 디렉터리에 진짜 파일이 만들어졌는지 확인하는 과정입니다.

```
$ kubectl exec -it configapp-8498b5cb4d-c8mn2 -- sh
~ # cd /etc/config
/etc/config # ls
DB_PASS     DB_URL      DB_USER     DEBUG_INFO
/etc/config # exit
```

실제로 config-dev 컨피그맵 .data의 하위 필드 4개 이름이 파일로 있습니다.

이제 웹 브라우저에서 http://localhost:30800/env로 접속한 후 JSON 뷰어 플러그인을 실행하면 이번에는 config-dev 컨피그맵의 설정 내용이 보이지 않을 것입니다. 이는 컨피그맵 설정이 파일로 컨테이너에 저장되었기 때문입니다.

볼륨에 해당하는 쿼리가 있는 http://localhost:30800/volume-config?path=/etc/config/DB_USER로 접속해보겠습니다.

그림 10-6 볼륨에 해당하는 쿼리를 입력한 컨테이너 접속

```
    ←   →   C   ⓘ localhost:30800/volume-config?path=/etc/config/DB_USER
1       // 20190820081827
2       // http://localhost:30800/volume-config?path=/etc/config/DB_USER
3
4   ▼   {
5           "volume-content": "myuser"
6       }
```

컨테이너 안 /etc/config/DB_USER라는 파일 내용을 확인할 수 있습니다.

11 시크릿

시크릿^{secret}은 비밀번호, OAuth 토큰, SSH 키 같은 민감한 정보들을 저장하는 용도로 사용합니다. 이런 정보들은 컨테이너 안에 저장하지 않고 별도로 보관했다가 실제 파드를 실행할 때의 템플릿으로 컨테이너에 제공합니다.

11.1 시크릿 만들기

시크릿은 내장[built-in] 시크릿과 사용자 정의 시크릿이 있습니다. 내장 시크릿은 쿠버네티스 클러스터 안에서 쿠버네티스 API에 접근할 때 사용합니다. 클러스터 안에서 사용하는 ServiceAccount라는 계정을 생성하면 자동으로 관련 시크릿을 만듭니다. 이 시크릿으로 ServiceAccount가 사용 권한을 갖는 API에 접근할 수 있습니다. 사용자 정의 시크릿은 사용자가 만든 시크릿입니다.

시크릿은 kubectl create secret 명령 혹은 다른 자원처럼 템플릿으로 만들 수 있습니다.

11.1.1 명령으로 시크릿 만들기

먼저 kubectl create secret 명령으로 시크릿을 만드는 방법을 알아보겠습니다. echo -n 명령으로 사용자 이름과 비밀번호를 설정하는 파일을 만듭니다. 그후 kubectl create secret generic 시크릿이름 명령으로 user-pass-secret이라는 시크릿을 만듭니다.

```
$ echo -n 'username' > ./username.txt
$ echo -n 'password' > ./password.txt
$ kubectl create secret generic user-pass-secret --from-file=./username.txt
  --from-file=./password.txt
```

만든 시크릿은 kubectl get secret 시크릿이름 -o yaml 명령으로 확인할 수 있습니다.

```
$ kubectl get secret user-pass-secret -o yaml
apiVersion: v1
data:
  password.txt: cGFzc3dvcmQ=
  username.txt: dXNlcm5hbWU=
kind: Secret
metadata:
  creationTimestamp: "2021-01-11T06:58:39Z"
  name: user-pass-secret
  namespace: default
  resourceVersion: "20584"
  uid: 4ec9e829-e9dd-4606-a2cd-2011df3f82ab
type: Opaque
```

.password.txt와 .username.txt라는 하위 필드가 있는 .data 필드를 확인할 수 있습니다. 필드 값은 여러분이 지정한 문구 그대로가 아니라 base64 문자 인코딩 방식입니다. 시크릿이 생성될 때 자동으로 필드 값을 base64로 인코딩한 것입니다.

다음 명령으로 필드 값들을 디코딩해보면 원래 값을 확인할 수 있습니다.

```
$ echo cGFzc3dvcmQ= | base64 --decode
password
$ echo dXNlcm5hbWU= | base64 --decode
username
```

> **TIP**
>
> 윈도우에서는 기본적으로 base64 명령어를 사용할 수 없습니다. 해당 실습을 하려면 예제 파일의 secret 디렉터리에 있는 base64.exe 파일을 사용해 실행하기 바랍니다.

11.1.2 템플릿으로 시크릿 만들기

[코드 11-1]은 템플릿으로 시크릿을 만드는 예입니다.

코드 11-1 템플릿으로 시크릿을 만드는 예(secret/user-pass-yaml.yaml)

```
apiVersion: v1
kind: Secret
metadata:
  name: user-pass-yaml
type: Opaque
data:
  username: dXNlcm5hbWU=
  password: cGFzc3dvcmQ=
```

.type 필드 값은 Opaque입니다. 참고로 시크릿의 타입은 [표 11-1]과 같습니다.

표 11-1 시크릿 타입

시크릿 타입	설명
Opaque	기본값임. 키-값 형식으로 임의의 데이터를 설정할 수 있음
kubernetes.io/service-account-token	쿠버네티스 인증 토큰을 저장함

시크릿 타입	설명
kubernetes.io/dockercfg	도커 저장소 환경 설정 정보를 저장함
kubernetes.io/dockerconfigjson	도커 저장소 인증 정보를 저장함
kubernetes.io/basic-auth	기본 인증을 위한 자격 증명을 저장함
kubernetes.io/ssh-auth	SSH 접속을 위한 자격 증명을 저장함
kubernetes.io/tls	TLS 인증서를 저장함
bootstrap.kubernetes.io/token	부트스트랩 토큰 데이터 정보를 저장함

.data.username과 .data.password 필드 값을 설정할 때 주의해야 할 점은 base64 문자 인코딩값을 설정해야 한다는 점입니다. base64 문자 인코딩값은 echo n 명령으로 만듭니다.

```
$ echo -n "username" | base64
dXNlcm5hbWU=
$ echo -n "password" | base64
cGFzc3dvcmQ=
```

참고로 필드 값에 JSON이나 yaml 파일 이름 등을 넣을 때도 base64 문자 인코딩값을 설정해야 합니다.

모든 설정을 마쳤으면 [코드 11-1]을 user-pass-yaml.yaml로 저장한 후 kubectl apply -f user-pass-yaml.yaml 명령을 실행하면 시크릿을 만들 수 있습니다.

11.2 시크릿 사용하기

시크릿은 파드의 환경 변수나 볼륨을 이용한 파일 형식으로 사용할 수 있습니다. 이 절에서는 시크릿을 어떻게 사용하는지 알아보겠습니다.

11.2.1 파드의 환경 변수로 시크릿 사용하기

[코드 11-1] user-pass-yaml 시크릿을 파드 환경 변수로 설정하는 [코드 11-2]를 살펴봅니다.

코드 11-2 시크릿을 파드의 환경 변수로 설정해 사용하는 예(secret/deployment-secret01.yaml)

```
apiVersion: apps/v1
kind: Deployment
metadata:
  name: secretapp
  labels:
    app: secretapp
spec:
  replicas: 1
  selector:
    matchLabels:
      app: secretapp
  template:
    metadata:
      labels:
        app: secretapp
    spec:
      containers:
      - name: testapp
        image: arisu1000/simple-container-app:latest
        ports:
        - containerPort: 8080
        env:
        - name: SECRET_USERNAME
          valueFrom:
            secretKeyRef:                    ❶
              name: user-pass-yaml
              key: username
```

```
      - name: SECRET_PASSWORD
        valueFrom:
          secretKeyRef:                    ❷
            name: user-pass-yaml
            key: password
---
apiVersion: v1
kind: Service
metadata:
  labels:
    app: secretapp
  name: secretapp-svc
  namespace: default
spec:
  ports:
  - nodePort: 30900
    port: 8080
    protocol: TCP
    targetPort: 8080
  selector:
    app: secretapp
  type: NodePort
```

눈여겨봐야 할 부분은 파드 컨테이너의 .spec.template.spec.containers[].env[]입니다.

❶ 첫 번째 .name 필드 값으로는 SECRET_USERNAME이라는 환경 변수 이름을 설정했고 하위의
  .valueFrom 필드에 .secretKeyRef.name과 .key라는 하위 필드를 설정해서 시크릿의 이
  름(user-pass-yaml)과 키 값(username)을 참조합니다.

❷ 두 번째 .name 필드 값으로는 SECRET_PASSWORD라는 환경 변수 이름을 설정했고 .secret
  KeyRef.name과 .key라는 하위 필드를 설정해서 시크릿의 이름(user-pass-yaml)과 키 값
  (password)을 참조합니다.

참고로 [코드 11-2]에서 사용할 시크릿은 미리 만들어져 있어야 합니다. 만약 오타 등의 실수로
없는 시크릿을 참조하거나 시크릿이 없으면 에러가 발생해 파드가 실행되지 못합니다. kube-
apiserver에서는 문제가 없다고 생각해서 스케줄링하지만 kubelet에서 파드를 실행하면서 시
크릿을 불러올 때 에러가 발생하는 것입니다. kubelet은 계속해서 시크릿을 불러오려고 재시도
하므로 시크릿이 없으면 만들어 줍니다. 파드가 정상적으로 실행됩니다.

이제 [코드 11-2]를 deployment-secret01.yaml로 저장한 후 kubectl apply -f deploy
ment-secret01.yaml 명령을 실행해 클러스터에 적용합니다. 그리고 웹 브라우저에서
localhost:30900/env에 접속한 후 JSON 뷰어 플러그인을 실행합니다. [그림 11-1]처럼
SECRET_USERNAME=username과 SECRET_PASSWORD=password라는 시크릿 설정을
확인할 수 있습니다.

그림 11-1 파드에서 불러온 시크릿 설정 확인

11.2.2 볼륨 형식으로 파드에 시크릿 제공하기

볼륨 형식을 이용해 파드에 시크릿을 제공할 때는 [코드 11-2]의 .spec.template.spec.
containers[].env[] 필드 대신 [코드 11-3]처럼 .spec.template.spec.containers[].
volumeMounts[] 필드와 .spec.template.spec.containers[].volumes[] 필드를 설정합니다.

코드 11-3 볼륨 형식으로 파드에 시크릿을 제공하는 예(secret/deployment-secret02.yaml)

```
apiVersion: apps/v1
kind: Deployment
metadata:
  name: secretapp
  labels:
    app: secretapp
spec:
  replicas: 1
  selector:
    matchLabels:
      app: secretapp
    template:
```

```
metadata:
  labels:
    app: secretapp
spec:
  containers:
  - name: testapp
    image: arisu1000/simple-container-app:latest
    ports:
    - containerPort: 8080
    volumeMounts:
    - name: volume-secret
      mountPath: "/etc/volume-secret" ---- ❶
      readOnly: true -------------------- ❷
  volumes:
  - name: volume-secret
    secret:
      secretName: user-pass-yaml -------- ❸
```

❶ .spec.template.spec.containers[].volumeMounts[].mountPath 필드 값으로 컨테이너
의 /etc/volume-secret 디렉터리를 설정해 시크릿 설정 내용을 파일 형태로 저장합니다.

❷ .spec.template.spec.containers[].volumeMounts[].readOnly 필드 값으로는 true를
설정해 볼륨을 읽기 전용으로 사용합니다.

❸ .spec.template.spec.containers[].volumes[].secret 필드 값으로 user-pass-yaml
시크릿을 설정합니다.

[코드 11-3]을 deployment-secret02.yaml로 저장한 후 kubectl apply -f deployment-
secret02.yaml 명령을 실행해 클러스터에 적용합니다. 그리고 웹 브라우저에서 localhost:
30900/env에 접속한 후 JSON 뷰어 플러그인을 실행하면 SECRET_USERNAME과 SECRET_
PASSWORD 환경 변수가 없습니다.

볼륨 형식으로 시크릿 설정을 불러왔는지 확인하려면 http://localhost:30900/volume-
config?path=/etc/volume-secret/username에 접속합니다. [그림 11-2]처럼 시크릿 설정
을 확인할 수 있습니다.

그림 11-2 볼륨 형식으로 불러온 시크릿 설정 확인

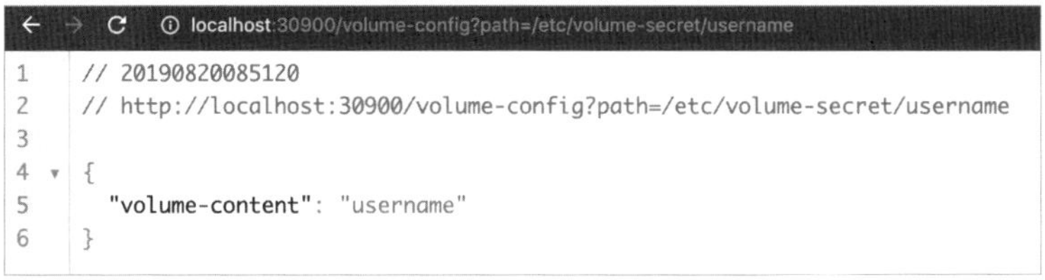

```
// 20190820085120
// http://localhost:30900/volume-config?path=/etc/volume-secret/username

{
  "volume-content": "username"
}
```

kubectl get pods 명령으로 시크릿 설정이 적용된 파드 이름을 확인한 후 kubectl exec -it 파드이름 -- sh 명령으로 컨테이너에 직접 접근합니다.

```
$ kubectl get pods
NAME                        READY   STATUS    RESTARTS   AGE
secretapp-97c675c9c-nntgj   1/1     Running   0          80s
$ kubectl exec -it secretapp-97c675c9c-nntgj -- sh
~ # cd /etc/volume-secret/
/etc/volume-secret # ls
password  username
/etc/volume-secret # cat password
password
/etc/volume-secret # exit
```

시크릿 설정의 .data.password와 .data.username 필드가 컨테이너 안에 파일로 저장된 것을 확인할 수 있습니다. 참고로 환경 변수를 사용하든 볼륨 형식을 사용하든 시크릿 안 설정을 파드 안에서 사용할 때는 base64 문자 인코딩값을 디코딩해서 여러분이 설정한 사용자 이름과 비밀번호 형태로 저장합니다.

11.2.3 프라이빗 컨테이너 이미지를 가져올 때 시크릿 사용하기

보통 컨테이너 이미지를 가져pull올 때는 대부분 공개된 이미지를 사용합니다. 물론 프라이빗private 컨테이너 이미지를 사용할 수도 있는데 인증 정보가 필요합니다. 여러분의 로컬 서버라면 프라이빗 컨테이너 이미지 사용 권한(인증 정보)을 저장한 후 사용할 수 있지만 쿠버네티스 클러스터에서는 보안상의 위험이 있으므로 그렇게 설정하지 않습니다. 인증 정보를 시크릿에 설정해 저장한 후 사용합니다.

쿠버네티스에는 kubectl create secret의 하위 명령으로 도커 컨테이너 이미지 저장소용 시크릿을 만드는 docker-registry가 있습니다. 다음 명령으로 시크릿을 만듭니다.

```
$ kubectl create secret docker-registry dockersecret --docker-username=USERNAME
  --docker-password=PASSWORD --docker-email=EMAIL --docker-server=https://index.
  docker.io/v1/
secret/dockersecret created
```

도커 컨테이너 이미지 저장소를 직접 설치해서 사용하거나 공식 도커 허브가 아닌 다른 컨테이너 이미지 저장소를 사용한다면 해당 저장소 주소로 --docker-server 옵션값을 변경해야 합니다. 그외 USERNAME, PASSWORD, EMAIL 부분에는 사용자 정보를 설정해야 합니다.

시크릿을 어떻게 사용하는지는 kubectl get secrets dockersecret -o yaml 명령으로 확인할 수 있습니다.

```
$ kubectl get secrets dockersecret -o yaml
apiVersion: v1
data:
  .dockerconfigjson: eyJhdXRocyI6eyJodHRwczovL2luZGV4LmRv...
kind: Secret
metadata:
  creationTimestamp: "2021-01-11T07:13:39Z"
  name: dockersecret
  namespace: default
  resourceVersion: "22320"
  uid: f5d2238d-e9b8-441f-a061-834b141cecc1
type: kubernetes.io/dockerconfigjson
```

기존과는 다르게 .data 필드 아래 .dockerconfigjson이라는 필드와 앞에서 설정했던 도커 인증 정보 값이 설정되어 있습니다. 또한 .type 필드 값은 kubernetes.io/dockerconfigjson입니다.

이번에는 [코드 11-2]에서 사용했던 디플로이먼트 설정을 [코드 11-4]처럼 변경해보겠습니다.

코드 11-4 프라이빗 컨테이너 이미지 인증 정보를 시크릿에 설정(secret/deployment-secret03.yaml)

```
apiVersion: apps/v1
kind: Deployment
metadata:
```

```
    name: secretapp
  labels:
    app: secretapp
spec:
  replicas: 1
  selector:
    matchLabels:
      app: secretapp
  template:
    metadata:
      labels:
        app: secretapp
    spec:
      containers:
      - name: testapp
        image: arisu1000/private-test:latest ---- ❶
        ports:
        - containerPort: 8080
      imagePullSecrets:
      - name: dockersecret --------------------- ❷
```

❶ `.spec.template.spec.containers[].image` 필드 값으로 arisu1000/private-
test:latest를 설정(여러분이라면 arisu1000/private-test:latest 대신 별도의 프라이빗
컨테이너 이미지를 설정)해서 프라이빗 컨테이너 이미지를 사용하도록 변경했습니다.

❷ `.spec.template.spec.imagePullSecrets[].name` 필드로 dockersecret을 추가했습니다.

먼저 프라이빗 컨테이너 이미지 저장소가 맞는지 확인하려고 `.imagePullSecrets` 필드 부분을
설정하지 않고 [코드 11-4]를 deployment-secret03.yaml로 저장합니다. 그리고 kubectl
apply -f deployment-secret03.yaml 명령으로 클러스터에 적용한 후 kubectl get pods 명
령을 실행합니다.

```
$ kubectl get pods
NAME                        READY   STATUS         RESTARTS   AGE
secretapp-554d478656-68xf9  0/1     ErrImagePull   0          13s
secretapp-97c675c9c-nntgj   1/1     Running        0          10m
```

프라이빗 컨테이너 저장소의 이미지를 가져올 수 없으므로 ErrImagePull 에러가 발생합니다.

다시 .imagePullSecrets 필드 부분을 설정하고 deployment-secret03.yaml을 클러스터에 적용하면 정상적으로 파드가 실행됨을 확인할 수 있습니다.

11.2.4 시크릿으로 TLS 인증서를 저장해 사용하기

HTTPS 인증서를 저장하는 용도로 시크릿을 사용할 수 있습니다. 보통 인증서는 공인된 기관에서 발급받아서 사용해야 하지만 여기서는 테스트 목적이므로 프라이빗 인증서를 만들어서 사용해 보겠습니다. 다음 명령으로 인증서 키와 crt 파일을 만듭니다.

```
$ openssl req -x509 -nodes -days 365 -newkey rsa:2048 -keyout tls.key -out tls.
  crt -subj "/CN=example.com"
Generating a 2048 bit RSA private key
.+++
...+++
writing new private key to 'tls.key'
-----
```

> **TIP**
> 윈도우라면 다운로드한 예제의 secret 디렉터리로 이동한 후 openssl req -config ./openssl.cnf -x509 -nodes -days 365 -newkey rsa:2048 -keyout tls.key -out tls.crt -subj "/CN= example.com" 명령을 실행하기 바랍니다.

인증서 파일을 이용해서 kubectl create secret tls 시크릿이름 --key tls.key --cert tls.crt 명령을 실행해 시크릿을 만듭니다.

```
$ kubectl create secret tls tlssecret --key tls.key --cert tls.crt
secret/tlssecret created
```

kubectl get secret 시크릿이름 -o yaml 명령으로 시크릿 내용을 확인할 수 있습니다.

```
$ kubectl get secret tlssecret -o yaml
apiVersion: v1
data:
  tls.crt: LS0tLS1CRUdJTi...
  tls.key: LS0tLS1CRUdJTi...
kind: Secret
metadata:
  creationTimestamp: "2021-01-11T07:31:27Z"
```

```
    name: tlssecret
    namespace: default
    resourceVersion: "24623"
    uid: f333baa9-d530-4d27-9ee2-81d84d5fd9a0
  type: kubernetes.io/tls
```

.data.tls.crt와 .data.tls.key 필드 값이 있으며 .type 필드에는 TLS 인증서를 사용한다는 뜻인 kubernetes.io/tls가 설정된 것을 확인할 수 있습니다. 이 시크릿을 인그레스와 연결해서 사용할 수 있습니다.

11.3 시크릿 데이터 용량 제한

시크릿 데이터는 etcd에 암호화하지 않은 텍스트로 저장됩니다. 이때 시크릿 데이터 용량이 너무 크면 kube-apiserver나 kubelet의 메모리 용량을 많이 차지합니다. 따라서 개별 시크릿 데이터의 최대 용량은 1MiB입니다. 크기가 작은 시크릿 데이터를 많이 만들어도 같은 문제가 발생할 수 있어 전체 시크릿 데이터 용량에 제한을 두는 기능도 도입될 예정입니다.

누군가 etcd에 직접 접근한다면 시크릿 데이터 내용을 확인할 수 있습니다. etcd에는 이외에도 중요한 데이터가 많으므로 중요한 서비스에 쿠버네티스를 사용 중이라면 etcd 접근을 제한해야 합니다. 기본적으로 etcd를 실행할 때 etcd 관련 명령을 사용하는 API 통신에 TLS 인증이 적용되어 있어 인증서가 있는 사용자만 etcd에 접근해 관련 명령을 사용할 수 있습니다.

그 외에 etcd가 실행 중인 마스터 자체에 직접 접속해서 데이터에 접근하는 것을 막으려고 마스터에 접근할 수 있는 사용자들을 계정 기반이나 IP 기반 접근 제어 등으로 제한하는 방법이 있습니다. etcd에 저장되는 시크릿 데이터를 암호화할 수도 있습니다. 쿠버네티스 클러스터를 직접 설치해서 사용할 때 별도로 암호화하는 옵션을 지정해야 합니다. 자세한 내용은 쿠버네티스 공식 문서의 'Encrypting Secret Data at Rest[1]'를 참고하기 바랍니다.

---

1 https://kubernetes.io/docs/tasks/administer-cluster/encrypt-data

Part III.

쿠버네티스
한 걸음 더 들어가기

2부에서 쿠버네티스의 기본 개념을 배웠습니다.

3부에서는 실제로 쿠버네티스를 운영하는 데 필요한 방법들과 내부 구성을 살펴봅니다.

파드를 스케줄링할 수 있는 방법들, 인증과 권한 관리, 데이터를 좀 더 안정적으로

저장하는 방법, 파드가 클러스터 안에서 IP를 이용해 어떻게 통신하는지 등입니다.

Part III.

쿠버네티스
한 걸음 더 들어가기

12 파드 스케줄링

쿠버네티스에서는 파드를 어떤 노드에 실행할 것인지에 관한 다양한 옵션이 있습니다. 이 옵션을 조합해서 사용자가 원하는 구조대로 클러스터 안에 파드들을 배치할 수 있습니다. 특정 파드들을 노드 하나에 모아두거나 특정 IP 대역의 노드들에서만 실행할 수도 있고, 반대로도 설정할 수 있습니다. 같은 기능이 있는 파드들이 노드 하나에 몰려있지 않게 골고루 분산해서 실행할 수도 있습니다. 관리가 필요한 노드가 있을 때 해당 노드에 있는 파드들을 다른 노드로 옮길 수도 있습니다. 이 장에서는 이러한 파드 스케줄링 관련 옵션과 명령들을 알아보겠습니다.

12.1 노드셀렉터

가장 간단한 스케줄링 옵션으로는 파드의 .spec 필드에 설정할 수 있는 노드셀렉터(nodeSelector)가 있습니다. 용어 그대로 노드를 선택하는 기능입니다. 파드가 클러스터 안 어떤 노드에서 실행될지를 키-값 쌍으로 설정합니다.

노드셀렉터는 노드의 레이블에 설정된 값으로 노드를 선택합니다. 먼저 kubectl get nodes --show-labels 명령으로 클러스터 안 노드 레이블에 어떤 키-값 쌍이 있는지 확인해보겠습니다.

```
$ kubectl get nodes --show-labels
NAME              STATUS      ROLES                   AGE    VERSION
docker-desktop    Ready       control-plane,master    14h    v1.21.1

LABELS
beta.kubernetes.io/arch=amd64,beta.kubernetes.io/os=linux,kubernetes.io/arch
=amd64,kubernetes.io/hostname=docker-desktop,kubernetes.io/os=linux,node-role.
kubernetes.io/control-plane=,node-role.kubernetes.io/master=,node.kubernetes.io/
exclude-from-external-load-balancers=
```

LABELS 항목의 키-값 쌍을 잘 살펴봐야 합니다.

- beta.kubernetes.io/arch=amd64: 이 노드의 아키텍처가 amd64임을 뜻합니다.

- beta.kubernetes.io/os=linux: 이 노드의 운영체제가 리눅스임을 뜻합니다. 실습 환경은 도커 데스크톱으로 설치한 쿠버네티스를 사용하므로 윈도우든 macOS든 상관없이 실제로는 리눅스 가상 머신 안에서 실행 중입니다. 그래서 운영체제를 리눅스라고 표시하는 것입니다.

- kubernetes.io/hostname=docker-desktop: 이 노드의 호스트네임이 docker-desktop인 걸 뜻합니다.

- node-role.kubernetes.io/control-plane=: 이 노드가 컨트롤 플레인[1] 역할임을 뜻합니다.

- node-role.kubernetes.io/master=: 이 노드가 마스터 역할임을 뜻합니다.

---

1 컨테이너의 라이프사이클을 정의, 배포, 관리하는 API와 인터페이스들을 노출하는 컨테이너 오케스트레이션 계층입니다.

- **node.kubernetes.io/exclude-from-external-load-balancers=:** 외부의 로드밸런서를 제외함을 뜻합니다.

kubectl label nodes docker-desktop disktype=ssd 명령으로 노드에 disktype=ssd라는 키-값 쌍을 추가한 후 kubectl get nodes --show-labels 명령으로 추가되었는지 확인합니다.

```
$ kubectl label nodes docker-desktop disktype=ssd
node/docker-desktop labeled
$ kubectl get nodes --show-labels
NAME              STATUS      ROLES                   AGE    VERSION
docker-desktop    Ready       control-plane,master    14h    v1.21.1

LABELS
beta.kubernetes.io/arch=amd64,beta.kubernetes.io/os=linux,disktype=ssd,kubernetes
.io/arch=amd64,kubernetes.io/hostname=docker-desktop,kubernetes.io/os=linux,
node-role.kubernetes.io/control-plane=,node-role.kubernetes.io/master=,
node.ubernetes.io/exclude-from-external-load-balancers=
```

beta.kubernetes.io/os=linux 뒤에 disktype=ssd라는 키-값 쌍이 추가되었음을 확인할 수 있습니다. 이 상태에서 [코드 12-1]을 살펴보겠습니다.

코드 12-1 파드에 노드셀렉터를 설정하는 예(scheduling/nodeselector.yaml)

```yaml
apiVersion: v1
kind: Pod
metadata:
  name: kubernetes-nodeselector-pod
spec:
  containers:
  - name: kubernetes-nodeselector-pod
    image: arisu1000/simple-container-app:latest
    ports:
    - containerPort: 8080
  nodeSelector:
    disktype: hdd
```

.spec.nodeSelector.disktype 필드 값으로 hdd를 설정했습니다. 즉, 노드의 레이블에서 설정한 disktype=ssd와 다른 설정을 해서 파드를 실행하는 것입니다.

[코드 12-1]을 nodeselector.yaml로 저장하고 kubectl apply -f nodeselector.yaml 명령을 실행합니다. 그리고 kubectl get pods 명령을 실행합니다.

```
$ kubectl apply -f nodeselector.yaml
pod/kubernetes-nodeselector-pod created
$ kubectl get pods
NAME                          READY   STATUS    RESTARTS   AGE
kubernetes-nodeselector-pod   0/1     Pending   0          14s
```

파드 상태가 Pending입니다. 해당 파드의 .spec.nodeSelector.disktype 필드 값 hdd는 노드 레이블의 설정인 ssd와 달라서 실행할 노드가 없기 때문입니다.

kubectl delete pods kubernetes-nodeselector-pod 명령으로 해당 파드를 삭제하고 node selector.yaml의 .spec.nodeSelector.disktype 필드 값을 hdd에서 ssd로 변경한 후 다시 kubectl apply -f nodeselector.yaml 명령으로 파드를 실행합니다.

```
$ kubectl delete pods kubernetes-nodeselector-pod
pod "kubernetes-nodeselector-pod" deleted
$ kubectl apply -f nodeselector.yaml
pod/kubernetes-nodeselector-pod created
$ kubectl get pods
NAME                          READY   STATUS    RESTARTS   AGE
kubernetes-nodeselector-pod   1/1     Running   0          1m
```

정상적으로 파드가 실행(Running)되는 것을 확인할 수 있습니다.

12.2 어피니티와 안티 어피니티

이번 절에서는 파드들을 함께 묶어서 같은 노드에서 실행하도록 설정하는 어피니티와 파드들을 다른 노드에 나누어서 실행하도록 설정하는 안티 어피니티를 알아보겠습니다.

12.2.1 노드 어피니티

노드 어피니티^{Node affinity}는 노드셀렉터와 비슷하게 노드의 레이블 기반으로 파드를 스케줄링합니다. 노드 어피니티와 노드셀렉터를 함께 설정할 수도 있으며 이때는 노드 어피니티와 노드셀렉터의 조건을 모두 만족하는 노드에 파드를 스케줄링합니다.

노드 어피니티에는 두 가지 필드가 있습니다.

- **requiredDuringSchedulingIgnoredDuringExecution:** '스케줄링하는 동안 꼭 필요한' 조건입니다.

- **preferredDuringSchedulingIgnoredDuringExecution:** '스케줄링하는 동안 만족하면 좋은' 조건입니다. 꼭 이 조건을 만족해야 하는 것이 아니라는 뜻입니다.

두 필드는 '실행 중에 조건이 바뀌어도 무시'합니다. 파드가 이미 스케줄링되어 특정 노드에서 실행 중이라면 중간에 해당 노드의 조건이 변경되더라도 이미 실행 중인 파드는 그대로 실행된다는 뜻입니다. 실행 중에 노드 조건 변경을 감지해서 조건을 만족하는 다른 노드로 옮겨가는 `.requiredDuringSchedulingRequiredDuringExecution` 필드도 생길 예정이지만 아직 구현되지는 않았습니다. 이제 노드 어피니티를 설정하는 예인 [코드 12-2]를 살펴보겠습니다.

코드 12-2 노드 어피니티 설정 예(scheduling/node-affinity.yaml)

```
apiVersion: v1
kind: Pod
metadata:
  name: kubernetes-nodeaffinity-pod
spec:
  containers:
  - name: kubernetes-nodeaffinity-pod
    image: arisu1000/simple-container-app:latest
    ports:
    - containerPort: 8080
  affinity:
    nodeAffinity:
      requiredDuringSchedulingIgnoredDuringExecution:
        nodeSelectorTerms:
        - matchExpressions:
          - key: beta.kubernetes.io/os
```

```
          operator: In
          values:
          - linux
          - window
        - key: disktype
          operator: Exists
    preferredDuringSchedulingIgnoredDuringExecution:
    - weight: 10
      preference:
        matchExpressions:
        - key: kubernetes.io/hostname
          operator: In
          values:
          - worker-node01
```

.spec.affinity의 하위 필드를 살펴보면 앞에서 설명한 두 필드가 모두 설정되었다는 것을 확인할 수 있습니다. .requiredDuringSchedulingIgnoredDuringExecution 필드를 살펴보면 하위 필드로 노드 어피니티 유형과 연관된 노드셀렉터 설정을 연결하는 .nodeSelectorTerms[]. matchExpressions[] 필드가 있습니다. 하위 필드로는 .key, .operator, .values[]가 있습니다.

.key는 노드의 레이블 키 중 하나를 설정하고 .operator는 .key가 만족할 조건이며 설정할 수 있는 값은 다음과 같습니다.

- **In**: .values[] 필드에 설정한 값 중 레이블에 있는 값과 일치하는 것이 하나라도 있는지 확인합니다.

- **NotIn**: In과 반대로 .values[] 필드에 있는 값 모두와 맞지 않는지 확인합니다.

- **Exists**: [코드 12-2]처럼 .values[] 필드가 필요 없습니다. .key 필드에 설정한 값이 레이블에 있는지만 확인합니다. [코드 12-2]에서는 노드의 레이블에 disktype이라는 키가 있는지만 확인합니다.

- **DoesNotExist**: Exists와 반대로 노드의 레이블에 .key 필드 값이 없는지만 확인합니다.

- **Gt**: Greater than을 뜻합니다. .values[] 필드에 설정된 값보다 큰 숫자형 데이터인지를 확인합니다. .values[] 필드는 배열 타입이지만 이때는 값이 하나만 있어야 합니다.

- **Lt**: Lower than을 뜻합니다. .values[] 필드에 설정된 값보다 작은 숫자형 데이터인지를 확인합니다. .values[] 필드는 배열 타입이지만 이때는 값이 하나만 있어야 합니다.

[코드 12-2]를 node-affinity.yaml로 저장한 후 kubectl apply -f node-affinity.yaml 명령으로 클러스터에 적용합니다. 그리고 CPU 코어가 4개 이상 있는 노드에만 스케줄링한다는 조건을 테스트해보겠습니다.

먼저 kubectl label nodes 명령으로 코어가 4개 이상일 때 스케줄링할 수 있도록 노드의 코어 숫자를 8개로 설정합니다.

```
$ kubectl label nodes docker-desktop core=8
node/docker-desktop labeled
```

그리고 [코드 12-2]에 다음 필드를 추가합니다.

```
        - key: disktype
          operator: Exists
        - key: core
          operator: Gt
          values:
          - "4"
```

.key 필드 값으로 core를 설정한 후 .operator 필드 값으로는 Gt를 설정했습니다. .values[] 필드 값으로는 "4"를 설정했습니다. 코어 숫자를 4개로 설정하는 것입니다.

kubectl delete pod kubernetes-nodeaffinity-pod 명령으로 파드를 삭제한 다음에 다시 kubectl apply -f node-affinity.yaml 명령으로 클러스터에 적용합니다. 노드의 CPU 코어 숫자를 8로 설정했으므로 파드가 정상적으로 실행됩니다. kubectl get pods 명령을 실행하면 Running 상태임을 확인할 수 있습니다.

이제 [코드 12-2]의 .values[] 필드 값을 "4"에서 "40"으로 변경한 후 저장합니다. 그리고 파드를 삭제한 후 다시 적용해 kubectl get pods 명령을 실행하면 파드가 Pending 상태임을 확인할 수 있습니다. 노드에 설정한 코어 숫자가 8은 40보다 작아 조건을 만족하는 노드가 없기 때문입니다.

.preferredDuringSchedulingIgnoredDuringExecution은 하위 필드로 .weight 필드가 있다는 점과 .nodeSelectorTerms 필드 대신 .preference 필드를 사용하는 점을 빼면 .requiredDuringSchedulingIgnoredDuringExecution 필드와 설정이 비슷합니다. .preference 필드는 해

당 조건에 맞는 걸 선호한다는 뜻입니다. .preference 필드의 조건에 맞는 노드를 우선해서 선택하지만 없다면 없는 대로 조건에 맞지 않는 노드에 파드를 스케줄링해서 실행합니다.

.weight 필드는 1부터 100까지의 값을 설정할 수 있습니다. 여러 개 .matchExpressions[ ] 필드 안 설정 각각이 노드의 설정과 맞을 때마다 .weight 필드 값을 더합니다. 그리고 모든 노드 중에서 .weight 필드 값의 합계가 가장 큰 노드를 선택합니다.

예를 들어 노드 A는 CPU 코어 숫자를 4, 메모리 용량을 8로 설정했고, 노드 B는 코어 숫자를 8, 메모리 용량을 8로 설정했다고 생각해보겠습니다. 그리고 .matchExpressions[ ] 필드가 다음처럼 설정되었다고 생각해보겠습니다.

```
matchExpressions:
- key: core
  operator: Gt
  values:
  - "6"
- key: memory
  operator: Gt
  values:
  - "4"
```

첫 번째 .key 필드 값이 core고 .operator 필드 값이 Gt, .values[ ] 필드 값이 "6"입니다. 두 번째 .key 필드 값은 memory고 .operator 필드 값이 Gt, .values[ ] 필드 값이 "4"입니다.

이 설정에서 노드 A는 코어 숫자 조건(6 〉 4)은 만족하지 않고 메모리 용량 조건(4 〈 8)만 만족하므로 .weight 필드 값 10을 한 번만 더해 10입니다. 노드 B는 두 조건을 모두 만족(6 〈 8, 4 〈 8)하므로 .weight 필드 값 10을 두 번 더해 20입니다. 그럼 .weight 필드 값 합계가 높은 노드 B를 선택해 파드를 스케줄링합니다.

[코드 12-2]에서는 .preference.matchExpressions[ ].key 필드 값으로 kubernetes.io/hostname을 설정했고, .values[ ] 필드 값으로는 worker-node01을 설정했습니다. 그리고 해당 설정에 맞는 노드는 없지만 파드가 정상적으로 스케줄링됩니다. 이는 조건에 만족하는 노드가 없더라도 무시하고 스케줄링하는 .preferredDuringSchedulingIgnoredDuringExecution 필드의 특성 때문입니다.

12.2.2 파드의 어피니티와 안티 어피니티

파드 사이[Inter-pod]의 어피니티와 안티 어피니티[anti-affinity]는 디플로이먼트나 스테이트풀세트로 파드를 배포했을 때 개별 파드 사이의 관계를 정의하는 용도로 사용합니다. 실제 서비스를 운용할 때 요긴합니다.

컨테이너로 서비스를 운영하다 보면 서비스 A의 파드와 서비스 B의 파드 사이에 자주 통신할 때가 있습니다. 어피니티는 이런 상황에서 서비스 A와 서비스 B의 파드들을 같은 노드에 속하게 만들어 효율을 높입니다. 가장 흔한 예로 데이터베이스나 캐시 같은 서비스와 통신하는 앱 컨테이너를 같은 노드에 두어 네트워크 통신 비용을 줄이는 것이 있습니다. 쿠버네티스 클러스터를 구성할 때 리눅스의 BPF[Berkeley Packet Filter][2]와 XD[PeXpress Data Path][3]를 이용하는 실리엄[4] 네트워크 플러그인을 이용하면 같은 노드에 속한 컨테이너끼리의 내부 통신 성능은 더욱 좋아집니다.

안티 어피니티는 CPU나 네트워크 같은 하드웨어 자원을 많이 사용하는 앱 컨테이너가 있을 때 여러 노드로 파드를 분산하는 것입니다. 안티 어피니티를 설정하지 않으면 디플로이먼트로 배포한 파드가 노드 하나에서만 실행되어 자원을 많이 소모할 수 있습니다. 예를 들어 서비스를 운영하다가 트래픽이 많아졌다고 생각해보겠습니다. 안티 어피니티가 설정되지 않으면 파드 개수를 늘려도 이미 시스템 사용률이 높은 노드에 다시 같은 역할을 하는 파드를 추가로 실행할 수 있습니다. 자원 사용량 문제를 해결하려고 파드 개수를 늘렸는데 효과가 없거나 오히려 더 성능이 낮아질 수도 있는 것입니다.

[코드 12-3]은 안티 어피니티 설정 예입니다. 레디스 2대를 실행합니다.

코드 12-3 안티 어피니티 설정 예(scheduling/pod-antiaffinity.yaml)

```
apiVersion: apps/v1
kind: Deployment
metadata:
  name: redis-cache
spec:
  selector:
    matchLabels:
```

---

2 리눅스 커널에 포함될 기술로 실행 중인 상태에서 리눅스를 재시작하지 않고 커널에 코드를 삽입할 수 있도록 합니다.
3 실행 중인 리눅스의 패킷 경로를 재시작 없이 조정할 수 있도록 합니다. 이 때문에 패킷 처리 성능이 좋아질 수 있습니다.
4 https://cilium.io

```
      app: store
  replicas: 2
  template:
    metadata:
      labels:
        app: store
    spec:
      affinity:
        podAntiAffinity:
          requiredDuringSchedulingIgnoredDuringExecution:
          - labelSelector:
              matchExpressions:
              - key: app -------------- ❶
                operator: In
                values:
                - store -------------- ❷
              topologyKey: "kubernetes.io/hostname"
      containers:
      - name: redis-server
        image: redis:3.2-alpine
```

파드의 어피니티와 안티 어피니티는 노드 어피니티와는 다르게 .spec.template.spec.affini
ty의 하위 필드인 .podAffinity와 .podAntiAffinity로 설정합니다. 이후는 노드 어피니티
의 설정 방법과 거의 같습니다. .operator 필드 값으로는 In, NotIn, Exists, DoesNotExist를
사용할 수 있습니다. .topologyKey 필드는 어피니티 설정까지 소개한 다음 다루겠습니다. [코
드 12-3]에서는 ❶ .matchExpressions[] 필드 하위의 key 필드 값으로 app을 설정했고, ❷
.values[] 필드 값으로는 store를 설정했습니다. 이는 .spec.template.metadata.labels.
app 필드 값이 store인 파드가 속한 노드를 피해서 파드를 추가한다는 설정입니다.

[코드 12-3]을 pod-antiaffinity.yaml로 저장한 후 kubectl apply -f pod-antiaffinity.
yaml 명령으로 파드 2개를 실행합니다. 이후 kubectl get pods -o wide 명령으로 파드 상태
를 확인해보겠습니다.

```
$ kubectl get pods -o wide
NAME                            READY   STATUS    RESTARTS   AGE
redis-cache-66b88fd4fc-sjtbg    1/1     Running   0          37s
redis-cache-66b88fd4fc-w8q47    0/1     Pending   0          37s
```

```
IP            NODE
10.1.5.92     docker-desktop
<none>        <none>
```

파드 하나는 Running으로 실행되었지만 다른 파드 하나는 실행될 곳이 없으므로 Pending 상태로 대기합니다. 여러 개 노드로 구성된 클러스터에서라면 서로 다른 노드에 파드들이 실행됩니다.

이 상태에서 추가로 이 앱 컨테이너와 같은 노드에 실행되면서 어피티니 설정이 있는 다른 앱 컨테이너 설정을 살펴보겠습니다. [코드 12-4]입니다.

코드 12-4 파드 어피니티의 설정 예(scheduling/pod-affinity.yaml)

```
apiVersion: apps/v1
kind: Deployment
metadata:
  name: web-server
spec:
  selector:
    matchLabels:
      app: web-store
  replicas: 2
  template:
    metadata:
      labels:
        app: web-store
    spec:
      affinity:
        podAntiAffinity:
          requiredDuringSchedulingIgnoredDuringExecution:
          - labelSelector:
              matchExpressions:
              - key: app -------------------------------- ❶
                operator: In
                values:
                - web-store -------------------------- ❷
            topologyKey: "kubernetes.io/hostname"
        podAffinity:
          requiredDuringSchedulingIgnoredDuringExecution:
          - labelSelector:
              matchExpressions:
              - key: app -------------------------------- ❸
```

293

```
        operator: In
        values:
        - store ------------------------------------ ❹
      topologyKey: "kubernetes.io/hostname" ---- ❺
  containers:
  - name: web-app
    image: nginx:1.12-alpine
```

❶ .spec.template.spec.affinity.podAntiAffinity.requiredDuringSchedulingIgnored
DuringExecution[].labelSelector.matchExpressions[].key 필드 값으로 app을 설정했고,
❷ .values[] 필드 값으로는 web-store를 설정했습니다. 이는 .spec.template.metadata.
labels.app 필드 값이 web-store인 파드가 속한 노드를 피해서 파드를 추가한다는 설정입니
다. [코드 12-4]의 .spec.template.metadata.labels.app 필드 값은 web-store이므로 같은
곳에는 실행되지 않는 설정입니다.

❸ .spec.template.spec.affinity.podAffinity.requiredDuringSchedulingIgnoredDuri
ngExecution[].labelSelector.matchExpressions[].key 필드 값으로 app을 설정했고, ❹
.values[] 필드 값으로는 store를 설정했습니다. 이는 .spec.template.metadata.labels.
app 필드 값이 store인 파드가 속한 노드를 찾아서 함께 실행한다는 설정입니다. 즉, [코드
12-3]에서 실행했던 레디스 2대와 같은 노드에서 실행하는 것입니다.

❺ .topologyKey 필드는 노드의 레이블을 이용해 파드의 어피니티와 안티 어피니티를 설정할
수 있는 또 하나의 기준입니다. 쿠버네티스는 파드를 스케줄링할 때 먼저 파드의 레이블 기준으
로 대상 노드를 찾습니다. 그리고 .topologyKey 필드를 확인해서 해당 노드가 원하는 노드인지
확인합니다. [코드 12-3]과 [코드 12-4]에서는 노드 하나만 사용한다고 가정했습니다. 그래서
.topologyKey 필드 값으로 "kubernetes.io/hostname"를 설정했습니다. hostname을 기준
으로 어피니티 설정을 만족하면 같은 노드에 파드를 실행하고, 안티 어피니티 설정을 만족하면
hostname을 기준으로 다른 노드에 파드를 실행합니다.

실제 서비스에서 쿠버네티스를 사용한다면 스케줄링 기준에는 노드뿐만 아니라 IDC의 같은 랙
rack인지, 더 나아가서는 다른 IDC(클라우드 서비스라면 zone)인지 고려해야 할 때도 있습니다.
이때 .topologyKey 필드를 이용해 필요한 설정을 손쉽게 할 수 있습니다.

.topologyKey 필드를 설정할 때는 성능이나 보안상 이유로 몇 가지 제약 사항을 둡니다.

- .podAffinity의 하위 필드와 .podAntiAffinity.requiredDuringSchedulingIgnoredDuringExecution[ ] 하위 필드에는 .topologyKey 필드를 필수로 명시해야 합니다.

- .podAntiAffinity.requiredDuringSchedulingIgnoredDuringExecution[ ] 하위와 어드미션 컨트롤러[5]의 .LimitPodHardAntiAffinityTopology 하위에 설정하는 .topologyKey 필드는 kubernetes.io/hostname만 설정하도록 제한되어 있습니다. 다른 사용자 정의 .topologyKey 필드를 사용하려면 어드미션 컨트롤러의 필드 설정을 변경하던가 어드미션 컨트롤러 자체를 사용하지 않아야 합니다.

- .podAntiAffinity.preferredDuringSchedulingIgnoredDuringExecution의 하위 필드에는 .topologyKey 필드를 설정하지 않아도 됩니다. 이때는 전체 토폴로지[all topologies]를 대상으로 안티 어피니티 설정을 만족하는지 확인합니다. 전체 토폴로지는 kubernetes.io/hostname, failure-domain.beta.kubernetes.io/zone, failure-domain.beta.kubernetes.io/region을 뜻합니다.

앞 세 가지를 빼면 .topologyKey 필드에는 레이블에서 사용하는 어떤 키든 설정할 수 있습니다.

[코드 12-4]를 pod-affinity.yaml로 저장하고 kubectl apply -f pod-affinity.yaml 명령을 실행해 클러스터에 적용합니다. kubectl get pods -o wide 명령으로 파드 상태를 확인하면 다음 결과를 볼 수 있습니다.

```
$ kubectl get pods -o wide
NAME                           READY   STATUS    RESTARTS   AGE
redis-cache-66b88fd4fc-sjtbg   1/1     Running   0          5m14s
redis-cache-66b88fd4fc-w8q47   0/1     Pending   0          5m14s
web-server-6db6588f59-5j68h    1/1     Running   0          26s
web-server-6db6588f59-zkpkl    0/1     Pending   0          26s


IP             NODE
10.1.5.92      docker-desktop
<none>         <none>
10.1.5.100     docker-desktop
<none>         <none>
```

---

5 API 서버로 들어오는 요청을 가로채서 실행하는 기능입니다. kube-apiserver를 실행할 때 --enable-admission-plugins 옵션으로 설정할 수 있습니다.

레디스 1대가 실행된 파드에 웹 서버 파드가 1개 실행되어 Running 상태지만 두 번째 레디스 파드는 어피니티 조건을 만족하지 않으므로 실행되지 못한 Pending 상태며, 웹 서버 파드도 Pending입니다.

12.3 테인트와 톨러레이션 사용하기

쿠버네티스 클러스터의 특정 노드에 테인트^{taint}를 설정할 수 있습니다. 테인트를 설정한 노드에는 파드들을 스케줄링하지 않습니다. 테인드를 설정한 노드에 파드들을 스케줄링하려면 톨러레이션^{toleration}을 설정해야 합니다. 그럼 테인트는 톨러레이션에서 설정한 특정 파드들만 실행하고 다른 파드는 실행하지 못하게 합니다.

테인트와 톨러레이션은 주로 노드를 특정 역할만 하도록 만들 때 사용합니다. 예를 들어 데이터베이스용 파드를 실행한 후 노드 전체의 CPU나 RAM 자원을 독점해서 사용할 수 있도록 설정하는 것입니다. GPU가 있는 노드에는 실제로 GPU를 사용하는 파드들만 실행되도록 설정할 수도 있습니다.

테인트는 키, 값, 효과의 세 가지로 구성됩니다. kubectl taint nodes 노드이름 키=값:효과 형식으로 명령을 작성합니다. 실제로 노드에 테인트를 설정하는 명령 예는 다음과 같습니다.

```
$ kubectl taint nodes docker-desktop key01=value01:NoSchedule
node/docker-desktop tainted
```

kubectl describe nodes 노드이름 명령으로 노드에 테인드가 설정되었는지 확인할 수 있습니다.

```
$ kubectl describe nodes docker-desktop
Name:              docker-desktop
Roles:             control-plane,master

# 중간 생략
Taints:            key01=value01:NoSchedule
```

이번에는 [코드 12-5]로 테인트가 제대로 설정되었는지 확인하는 파드를 하나 실행하겠습니다.

코드 12-5 테인트 설정을 확인하는 디플로이먼트 설정 예(deployment/deployment-sample.yaml)

```
apiVersion: apps/v1
kind: Deployment
metadata:
  name: kubernetes-simple-app
  labels:
    app: kubernetes-simple-app
spec:
  replicas: 1
  selector:
    matchLabels:
      app: kubernetes-simple-app
  template:
    metadata:
      labels:
        app: kubernetes-simple-app
    spec:
      containers:
      - name: kubernetes-simple-app
        image: arisu1000/simple-container-app:latest
        ports:
        - containerPort: 8080
        resources:
          requests:
            cpu: 50m
```

[코드 12-5]를 deployment-sample.yaml로 저장한 후 kubectl apply -f deployment-sample.yaml 명령으로 클러스터에 적용하겠습니다. 그리고 kubectl get pods 명령으로 파드 상태를 확인합니다.

```
$ kubectl get pods
NAME                                     READY   STATUS    RESTARTS   AGE
kubernetes-simple-app-5f6c98fcc7-ltsz4   0/1     Pending   0          28s
```

파드 상태가 Pending으로 실행되지 않습니다. 테인트가 설정되었기 때문입니다.

테인트가 설정된 노드에 파드를 실행시키려면 톨러레이션을 설정해야 한다고 했습니다. [코드 12-6]은 [코드 12-5]에 .tolerations 필드를 추가로 설정하는 예입니다.

```yaml
apiVersion: apps/v1
kind: Deployment
metadata:
  name: kubernetes-simple-app
  labels:
    app: kubernetes-simple-app
spec:
  replicas: 1
  selector:
    matchLabels:
      app: kubernetes-simple-app
  template:
    metadata:
      labels:
        app: kubernetes-simple-app
    spec:
      containers:
      - name: kubernetes-simple-app
        image: arisu1000/simple-container-app:latest
        ports:
        - containerPort: 8080
        tolerations:
        - key: "key01"
          operator: "Equal"
          value: "value01"
          effect: " NoSchedule"
```

.spec.template.spec.tolerations[ ] 필드를 설정하고 그 아래 .key 필드와 .value 필드에
kubectl taint nodes docker-desktop key01=value01:NoSchedule 명령으로 테인트에 설정
했던 값인 key01과 value01을 설정했습니다.

[코드 12-6]을 deployment-toleration.yaml로 저장한 후 kubectl apply -f deployment-
toleration.yaml 명령으로 클러스터에 적용하면 새로운 파드를 스케줄해 실행됩니다.

kubectl get pods 명령을 실행하면 기존에 Pending 상태였던 파드는 삭제되는 것을 확인할 수
있습니다.

```
$ kubectl get pods
NAME                                    READY   STATUS    RESTARTS   AGE
kubernetes-simple-app-589fbcc67c-pg7v2  1/1     Running   0          14s
```

테인트 설정은 kubectl taint nodes 노드이름 키:효과- 명령으로 삭제합니다.

```
$ kubectl taint nodes docker-desktop key01:NoSchedule-
node/docker-desktop untainted
```

12.3.1 테인트와 톨러레이션의 하위 필드

테인트에 사용하는 .key 필드 값의 첫 문자는 영문이나 숫자로 시작해야 하고 영문, 숫자, 하이픈(-), 점(.), 밑줄(_)등을 사용할 수 있습니다. 253자까지 작성할 수 있습니다. .value 필드 값은 키와 마찬가지로 조건으로 작성할 수 있지만 63자까지만 작성할 수 있다는 차이가 있습니다.

.effect 필드 값은 NoSchedule, PreferNoSchedule, NoExecute로 설정합니다. 필드 값 각각의 효과는 다음과 같습니다.

- **NoSchedule:** 톨러레이션 설정이 없으면 파드를 스케줄링하지 않습니다. 기존에 실행되던 파드에는 적용되지 않습니다.

- **PreferNoSchedule:** 톨러레이션 설정이 없으면 파드를 스케줄링하지 않습니다. 하지만 클러스터 안 자원이 부족하면 테인트를 설정한 노드에서도 파드를 스케줄링할 수 있습니다.

- **NoExecute:** 톨러레이션 설정이 없으면 새로운 파드를 스케줄링하지 않으며, 기존 파드도 테인트 설정을 무시할 수 있는 톨러레이션 설정이 없으면 종료시킵니다.

.tolerations 하위의 .key, .value, .effect 필드 값으로는 원하는 테인트의 설정값을 넣습니다. .operator 필드 값은 Equal과 Exists가 있습니다. Equal은 .key, .value, .effect 필드 값이 원하는 테인트의 설정값과 모두 같은지 확인합니다. Exists는 앞 세 가지 필드를 선별해서 사용할 때 설정합니다. 예를 들어 .operator 필드 값으로 Exists를 설정하면 .value 필드를 사용할 수 없습니다. .value 필드 값을 설정해 클러스터에 적용하면 에러가 발생합니다.

.spec.template.spec.tolerations[].operator 필드 값으로 Exists만 설정하면 어떤 테인트 설정이 있든 파드를 스케줄링해서 실행합니다. .spec.template.spec.tolerations[].operator 필드 값을 Exists로 설정하고 .key 필드 값만 설정할 수도 있습니다. 이때는 .effect 필드 값을 무시하고 .key 필드 값에 해당하는 모든 테인트에 파드를 스케줄링해서 실행합니다.

```
tolerations:
- key: "key01"
  operator: "Exists"
```

12.4 클러스터를 관리하는 커든과 드레인

쿠버네티스 클러스터를 사용하다 보면 특정 노드의 파드들을 모두 다른 노드로 옮기거나 특정 노드에 파드들을 스케줄링하지 않게 제한할 필요가 있습니다. kubectl에는 이 기능을 제공하는 cordon과 drain이라는 명령어가 있습니다. 사실 taint도 같은 용도의 명령어입니다.

12.4.1 커든 설정하기

kubectl cordon 명령은 지정된 노드에 추가로 파드를 스케줄링해서 실행하지 않도록 합니다. 다음처럼 kubectl get nodes 명령으로 노드 이름을 확인한 후 kubectl cordon 노드이름 명령을 실행합니다. kubectl get nodes 명령으로 다시 노드를 확인합니다.

```
$ kubectl get nodes
NAME             STATUS    ROLES                 AGE   VERSION
docker-desktop   Ready     control-plane,master  15h   v1.21.1
$ kubectl cordon docker-desktop
node/docker-desktop cordoned
$ kubectl get nodes
NAME             STATUS                    ROLES                 AGE   VERSION
docker-desktop   Ready,SchedulingDisabled  control-plane,master  15h   v1.21.1
```

STATUS 항목에 파드 스케줄링을 준비 중인 Ready와 함께 이 노드에 더 이상 파드를 스케줄링하지 않는다는 SchedulingDisabled이 추가된 것을 확인할 수 있습니다.

실제로 파드를 스케줄링하지 않는지 확인하려고 현재 실행 중인 디플로이먼트의 파드 개수를 늘려보겠습니다. 먼저 kubectl get deploy,pod 명령으로 [코드 12-6]에서 적용한 kubernetes-simple-app이란 디플로이먼트의 파드가 1개 실행 중인지 확인합니다.

```
$ kubectl get deploy,pod
NAME                                        READY   UP-TO-DATE   AVAILABLE   AGE
deployment.apps/kubernetes-simple-app       1/1     1            1           18m


NAME                                        READY   STATUS    RESTARTS   AGE
pod/kubernetes-simple-app-589fbcc67c-pg7v2  1/1     Running   0          15m
```

kubectl scale deploy 디플로이먼트이름 --replicas=2 명령으로 파드를 2개로 늘립니다. 그리고 kubectl get deploy,pod 명령을 실행합니다.

```
$ kubectl scale deploy kubernetes-simple-app --replicas=2
deployment.apps/kubernetes-simple-app scaled
$ kubectl get deploy,pod
NAME                                        READY   UP-TO-DATE   AVAILABLE   AGE
deployment.apps/kubernetes-simple-app       1/2     2            1           20m


NAME                                        READY   STATUS    RESTARTS   AGE
pod/kubernetes-simple-app-589fbcc67c-5cptq  0/1     Pending   0          22s
pod/kubernetes-simple-app-589fbcc67c-pg7v2  1/1     Running   0          16m
```

파드가 정상적으로 실행되지 않고 Pending 상태입니다. 도커로 설치한 쿠버네티스는 노드가 하나뿐이라 커든을 설정한 노드에 스케줄링을 시도하다가 실패한 것입니다.

노드에 정상적으로 파드를 스케줄링하려면 kubectl uncordon 노드이름 명령을 실행합니다.

```
$ kubectl uncordon docker-desktop
node/docker-desktop uncordoned
```

앞 명령이 정상적으로 실행되면 노드 상태는 Ready만 남습니다. 약간의 시간이 흐른 후 다시 kubectl get deploy,pod 명령을 실행합니다.

```
$ kubectl get deploy,pod
NAME                                    READY   UP-TO-DATE   AVAILABLE   AGE
deployment.apps/kubernetes-simple-app   2/2     2            2           23m


NAME                                      READY   STATUS    RESTARTS   AGE
pod/kubernetes-simple-app-589fbcc67c-5cptq   1/1     Running   0          3m29s
pod/kubernetes-simple-app-589fbcc67c-pg7v2   1/1     Running   0          19m
```

Pending 상태이던 파드를 정상적으로 스케줄링해서 실행하는 것을 확인할 수 있습니다.

12.4.2 드레인 설정하기

kubectl drain은 노드 관리 등의 이유로 지정된 노드에 있는 파드들을 다른 노드로 이동시키는 명령입니다. 먼저 새로운 파드를 노드에 스케줄링해서 실행하지 않도록 설정합니다. 그리고 기존 해당 노드에서 실행 중이던 파드들을 삭제합니다.

노드에 데몬세트로 실행한 파드들이 있으면 드레인 설정을 적용할 수 없습니다. 데몬세트로 실행한 파드들은 삭제해도 데몬세트가 즉시 재실행시키기 때문입니다. 그래서 데몬세트로 실행한 파드들을 무시하고 드레인 설정을 적용하려면 --ignore-daemonsets=true 옵션과 함께 kubectl drain 명령을 실행합니다.

컨트롤러를 이용하지 않고 실행한 파드들도 드레인 설정을 적용할 수 없습니다. 컨트롤러가 관리하는 파드들은 삭제되더라도 컨트롤러가 클러스터 안 다른 노드에 같은 역할을 하는 파드를 재실행합니다. 하지만 컨트롤러를 이용하지 않고 실행한 파드들은 한번 삭제되면 복구할 수 없으므로 중요한 역할을 하는 파드 삭제를 막으려고 드레인 설정을 적용할 수 없는 것입니다. 드레인 설정을 적용해 파드를 강제로 삭제하려면 --force 옵션과 함께 kubectl drain 명령을 실행합니다.

kubelet이 직접 실행한 스태틱 파드들은 kube-apiserver 컴포넌트를 이용해서 실행하지 않았으므로 삭제되지 않습니다. 여기에 드레인 설정을 적용하면 그레이스풀graceful하게 파드들을 종료합니다. 파드들이 정상적으로 잘 종료되도록 설정되었다면 종료 명령을 받은 즉시 종료되는 것은 아니고 기존 작업을 정리한 후 종료됩니다. 드레인 설정은 이 과정을 모두 기다리도록 되어 있습니다.

그럼 드레인 설정을 실습해보겠습니다. 먼저 kubectl get nodes 명령을 실행해 kubectl drain 명령을 실행할 때 필요한 노드 이름을 확인합니다.

```
$ kubectl get nodes
NAME            STATUS   ROLES                  AGE   VERSION
docker-desktop  Ready    control-plane,master   15h   v1.21.1
```

다음으로 kubectl drain 노드이름 명령을 실행합니다.

```
$ kubectl drain docker-desktop
node/docker-desktop cordoned
error: unable to drain node "docker-desktop", aborting command...

There are pending nodes to be drained:
 docker-desktop
cannot delete Pods not managed by ReplicationController, ReplicaSet, Job,
DaemonSet or StatefulSet (use --force to override):
kube-system/storage-provisioner, kube-system/vpnkit-controller
cannot delete DaemonSet-managed Pods (use --ignore-daemonsets to ignore):
kube-system/kube-proxy-m6qr9
system/fluentd-elasticsearch-qgdsw, kube-system/kube-proxy-lfjnz
```

에러가 발생합니다. 데몬세트, 레플리카세트, 리플리케이션 컨트롤러, 스테이트풀세트, 잡으로 실행한 파드가 있기 때문입니다.

--ignore-daemonsets=true --force 옵션을 설정해 다시 실행하면 정상적으로 드레인 설정이 실행됩니다.

```
$ kubectl drain docker-desktop --ignore-daemonsets=true --force
node/docker-desktop already cordoned
WARNING: deleting Pods not managed by ReplicationController, ReplicaSet, Job, Dae
monSet or StatefulSet: kube-system/storage-provisioner, kube-system/vpnkit-contro
ller; ignoring DaemonSet-managed Pods: kube-system/kube-proxy-m6qr9
evicting pod default/web-server-7886dfdc59-zxqc6
evicting pod default/kubernetes-simple-app-7648b7d67-thmx8
evicting pod kube-system/coredns-f9fd979d6-vl7fj
evicting pod kube-system/coredns-f9fd979d6-l7p57
evicting pod default/kubernetes-simple-app-7648b7d67-gx25r
```

`kubectl get nodes,deploy,daemonset,pods --all-namespaces` 명령으로 클러스터 안 자원 상태를 확인해보겠습니다.

```
$ kubectl get nodes,deploy,daemonset,pods --all-namespaces
NAME                   STATUS                     ROLES                  AGE   VERSION
node/docker-desktop    Ready,SchedulingDisabled   control-plane,master   16h   v1.21.1


NAMESPACE   NAME                                        READY   UP-TO-DATE   AVAILABLE   AGEm
default     deployment.apps/kubernetes-simple-app       0/2     2            0           39m


NAMESPACE     NAME                        DESIRED   CURRENT   READY   UP-TO-DATE   AVAILABLE
kube-system   daemonset.apps/kube-proxy   1         1         1       1            1


NODE SELECTOR            AGE
kubernetes.io/os=linux   22m


NAMESPACE     NAME                                               READY   STATUS        RESTARTS   AGE
default       pod/kubernetes-simple-app-589fbcc67c-6cncf         0/1     Pending       0          7m35s
default       pod/kubernetes-simple-app-589fbcc67c-lhpfg         0/1     Pending       0          7m29s
kube-system   pod/coredns-fb8b8dccf-ps8zt                        0/1     Pending       0          7m32s
kube-system   pod/coredns-fb8b8dccf-q9jn9                        0/1     Pending       0          7m33s
kube-system   pod/etcd-docker-desktop                            1/1     Running       0          16h
kube-system   pod/fluentd-elasticsearch-qgdsw                    0/1     Terminating   0          15h
kube-system   pod/kube-apiserver-docker-desktop                  1/1     Running       0          16h
kube-system   pod/kube-controller-manager-docker-desktop         1/1     Running       0          16h
kube-system   pod/kube-proxy-lfjnz                                1/1     Running       0          16h
kube-system   pod/kube-scheduler-docker-desktop                  1/1     Running       0          16h
```

먼저 노드의 STATUS 항목에 SchedulingDisabled를 확인할 수 있습니다. 아래 파드들 상태를 보면 Pending이나 Terminating이라는 것을 확인할 수 있습니다.

클러스터의 노드가 여러 개 있다면 해당 노드에서 삭제된 파드들은 다른 노드로 스케줄링했을 것입니다. 하지만 도커로 설치한 쿠버네티스는 노드가 1개만 있으므로 다시 이 노드에서 파드를 실행시키려고 하는데 노드가 SchedulingDisabled이므로 스케줄링하지 못하고 Pending인 것입니다. Terminating은 파드들이 아직 완전히 종료되지 못했다는 뜻입니다.

스태틱 파드인 것들은 Running 상태로 남아 있습니다. 스태틱 파드의 상태를 확인하려면 kube ctl describe pod -n kube-system 명령을 실행합니다. 그리고 etcd-docker-desktop 스태틱 파드의 Annotations 항목을 확인합니다.

```
$ kubectl describe pod -n kube-system
Name:                etcd-docker-desktop
Namespace:           kube-system
Priority:            2000000000
PriorityClassName:   system-cluster-critical
Node:                docker-desktop/192.168.65.3
Start Time:          Mon, 19 Aug 2019 18:44:00 +0900
Labels:              component=etcd
                     tier=control-plane
Annotations:         kubeadm.kubernetes.io/etcd.advertise-client-urls:
                     https://192.168.65.3:2379
                     kubernetes.io/config.hash: 3773efb8e009876ddfa2c10173dba95e
                     kubernetes.io/config.mirror: 3773efb8e009876ddfa2c10173dba95e
                     kubernetes.io/config.seen: 2019-08-19T09:44:00.172005852Z
                     kubernetes.io/config.source: file
```

kubernetes.io/config.source=file는 config.source가 file에서 실행되었다는 뜻입니다. kubernetes.io/config.mirror에서는 config.mirror의 해시값을 확인할 수 있습니다. 참고로 스태틱 파드를 예전에는 미러 파드^{mirror pod}라고 했었으므로 config.mirror라는 것이 남은 것입니다.

드레인 설정을 해제하려면 커든과 마찬가지로 kubectl uncordon 노드이름 명령을 사용합니다.

```
$ kubectl uncordon docker-desktop
node/docker-desktop uncordoned
```

설정을 해제한 후 다시 kubectl get nodes,deploy,daemonset,pods --all-namespaces 명령으로 클러스터 상태를 확인하겠습니다.

```
$ kubectl get nodes,deploy,daemonset,pods --all-namespaces
NAME                    STATUS   ROLES                  AGE   VERSION
node/docker-desktop     Ready    control-plane,master   16h   v1.21.1

# 중간 생략

NAMESPACE   NAME                             READY   STATUS             RESTARTS   AGE
default     pod/annotation-56db997f77-zqrcq  1/1     Running            0          23m
default     pod/configapp-8498b5cb4d-fcr8f   1/1     Running            0          23m
default     pod/hello-1566265140-pwqn2       0/1     ContainerCreating  0          23m
default     pod/hello-1566265440-qhqhd       0/1     ContainerCreating  0          18m
```

```
# 중간 생략

kube-system    pod/kube-proxy-lfjnz            1/1    Running    0    16h
kube-system    pod/kube-scheduler-docker-desktop 1/1  Running    0    16h
```

노드의 STATUS 항목에 SchedulingDisabled이 없어진 것을 확인할 수 있습니다. Pending 상태에 있던 파드들도 ContainerCreating 상태를 거쳐서 모두 Running 상태가 됩니다.

13 인증과 권한 관리

이 장에서는 쿠버네티스 클러스터에 접근할 때 허가받은 사용자인지 확인하는 인증
Authentication 관련 내용을 설명합니다. 그리고 인증받은 사용자에게 특정 자원의 사용 권한을
부여하는 방법인 권한 관리Authorization도 설명합니다.

13.1 인증

kube-apiserver는 테스트 목적으로 localhost:8080에 HTTP 서버를 실행합니다. 그리고 일 반적인 HTTPS 인증은 접근하는 클라이언트에 인증서를 요구하지 않습니다.

하지만 사용자가 쿠버네티스의 API에 접근하려면 인증^{Authentication}을 거쳐야 합니다. 외부에서 쿠 버네티스의 API에 접근할 수 있는 기본 포트는 6443이고 TLS 인증이 적용되어 있습니다. 6443 포트에 접근해 통신하려면 kube-apiserver에 있는 인증서와 클라이언트에 있는 인증서 사이 의 검증을 통과해야 합니다. 인증되지 않은 클라이언트가 외부에서 kube-apiserver에 접근할 수 없도록 하는 것입니다.

쿠버네티스는 일반적인 사용자 계정과 서비스 계정^{service account}으로 인증을 요청합니다. 일반적인 사용자 계정은 구글 계정^{Google Account}이나 오픈스택의 키스톤^{keystone}, LDAP 등 별도의 외부 인증 시 스템에 있는 사용자 정보를 연결해 사용합니다. 쿠버네티스는 기본적으로 사용자 정보를 저장 하지 않기 때문입니다. 별도의 외부 인증 시스템이 없다면 단순하게 파일에 사용자 이름과 비밀 번호를 저장해 사용할 수 있습니다. 서비스 계정은 쿠버네티스가 직접 관리하는 사용자 계정입 니다. 해당 서비스 계정에는 시크릿이 할당되어 비밀번호 역할을 합니다.

쿠버네티스의 인증 방법에는 여러 가지가 있습니다. 여기에서는 자주 사용하는 방법을 살펴보 겠습니다. 쿠버네티스 공식 문서의 'Authentication'[1]도 참고하면 좋습니다.

13.1.1 kubectl의 config 파일에 있는 TLS 인증 정보 구조 확인하기

쿠버네티스는 kube-apiserver와 통신할 때의 기본 인증 방법으로 TLS^{Transport Layer Security}를 사용합 니다. TLS 인증은 통신할 때 오가는 패킷을 암호화합니다. 보통 HTTPS 웹 서버를 설정할 때는 서버에만 인증서를 설정하면 보안 통신이 가능합니다. 하지만 TLS 인증은 서버뿐만 아니라 클 라이언트가 유효한지도 검증하는 기능이 있습니다. 그래서 kube-apiserver에 있는 인증서와 연결되는 클라이언트 인증서를 이용해 접속합니다.

---

1 https://kubernetes.io/docs/reference/access-authn-authz/authentication

그동안 kubectl을 설치한 후 별다른 문제없이 명령어들을 사용할 수 있었던 이유는 kubectl 설정에 TLS 인증 정보가 포함되었기 때문입니다. 사용자 홈 디렉터리에 있는 .kube 디렉터리의 config 파일에 인증 정보가 있습니다. kubectl config 명령으로 인증 정보를 설정하거나 인증 내용을 조회할 수 있지만 편의상 직접 파일을 열겠습니다. [코드 13-1]입니다.

코드 13-1 ~/.kube/config 파일 내용

```
apiVersion: v1
clusters:
- cluster:
    certificate-authority-data: LS0tLS1CRUdJTiB...
    server: https://kubernetes.docker.internal:6443
  name: docker-desktop
contexts:
- context:
    cluster: docker-desktop
    user: docker-desktop
  name: docker-desktop
current-context: docker-desktop
kind: Config
preferences: {}
users:
- name: docker-desktop
  user:
    client-certificate-data: LS0tLS1CRUdJTiB...
    client-key-data: LS0tLS1CRUdJTiB...
```

다른 템플릿처럼 .apiVersion 필드가 맨 처음에 있습니다. 그 다음에 클러스터 관련 설정인 .clusters[] 필드가 위치합니다(config 파일에는 클러스터 설정이 하나지만 상황에 따라 여러 개 클러스터 설정이 있을 수도 있습니다). 하위 필드는 다음과 같습니다.

- **cluster.certificate-authority-data:** 클러스터 인증에 필요한 해시값을 설정합니다. 여기에서는 TLS 인증 기반의 해시값을 설정했습니다.

- **cluster.insecure-skip-tls-verify:** config 파일에는 생략되었지만 필드 값을 true로 설정하면 사용하는 인증서가 공인 기관의 인증서인지 검증하는 과정을 건너뜁니다. 쿠버네티스에서 kube-apiserver와 kubectl이 통신하는 서버는 외부에 공개하는 서버가 아니므로 프라이빗 인증서를 만들어 사용할 때가 많아 기본 필드 값이 true인 것입니다.

- **cluster.server:** 외부에서 쿠버네티스 API에 접속할 주소를 설정합니다. 이 책에서는 여러분 컴퓨터에 설치된 도커 데스크톱을 사용하므로 https://localhost:6443을 설정했습니다. 외부에 있는 쿠버네티스에 접근하려면 localhost:6443을 외부 쿠버네티스의 kube-apiserver 접근 주소로 변경합니다.

- **name:** 클러스터의 이름을 설정합니다. 여기에서는 여러분 컴퓨터에 설치된 도커 데스크톱의 클러스터인 docker-desktop을 설정했습니다.

.contexts[ ] 필드는 사용자나 네임스페이스를 연결하는 설정입니다. 클러스터 설정처럼 상황에 따라 여러 개의 컨텍스트 설정이 있을 수도 있습니다. 하위 필드는 다음과 같습니다.

- **context.cluster:** 접근할 클러스터를 설정합니다. 여기에서는 여러분 컴퓨터에 설치된 도커 데스크톱의 클러스터인 docker-desktop을 설정했습니다.

- **context.user:** 클러스터에 접근할 사용자 그룹이 누구인지를 설정합니다. 여기에서는 다음에 설명할 .user.name 필드 값인 docker-desktop을 설정했습니다.

- **context.namespace:** config 파일에는 생략되었지만 default 네임스페이스가 아닌 특정 네임스페이스를 설정해 작업을 편하게 할 수 있습니다.

- **name:** 컨텍스트의 이름입니다. 여기에서는 docker-desktop으로 설정했습니다.

.current-context 필드는 .contexts 필드가 여러 개 있을 때 무엇을 선택해서 클러스터에 접근할지 결정합니다. 여기에서는 .contexts.name 필드 값인 docker-desktop을 설정했습니다. 참고로 kubectl config set-context 컨텍스트이름 명령으로 컨텍스트를 변경해서 다양한 클러스터에 다양한 사용자로 접근해서 사용할 수 있습니다.

.users[ ] 필드는 클러스터를 사용할 사용자 그룹을 명시합니다.

- **name:** 사용자 그룹의 이름을 설정합니다. docker-desktop을 설정했습니다.

- **user.client-certificate-data:** 클라이언트 인증에 필요한 해시값을 설정합니다. 여기에서는 TLS 인증 기반의 해시값을 설정했습니다.

- **user.client-key-data:** 클라이언트의 키 해시값을 설정합니다. 여기에서는 TLS 인증 기반의 해시값을 설정했습니다.

참고로 해시값은 상당히 긴 문자열이 설정되므로 적절히 생략했습니다.

13.1.2 서비스 계정 토큰을 이용해 인증하기

config 파일의 .user 필드를 TLS 인증이 아닌 서비스 계정을 사용하도록 변경하겠습니다. 먼저 kubectl get serviceaccount 명령으로 현재 서비스 계정을 확인합니다.

```
$ kubectl get serviceaccount
NAME      SECRETS    AGE
default   1          16h
```

기본 서비스 계정인 default를 볼 수 있습니다. 서비스 계정은 시크릿을 할당하므로 kubectl get serviceaccount default -o yaml 명령으로 default에 연결된 시크릿을 확인합니다.

```
$ kubectl get serviceaccount default -o yaml
apiVersion: v1
kind: ServiceAccount
metadata:
  creationTimestamp: "2019-08-19T09:44:16Z"
  name: default
  namespace: default
  resourceVersion: "338"
  uid: e8925f3a-c265-11e9-b009-025000000001
secrets:
- name: default-token-6746t
```

default-token-6746t이라는 시크릿을 확인할 수 있습니다. 다음으로 kubectl describe secret 시크릿이름 명령으로 시크릿의 상세 내용을 확인합니다.

```
$ kubectl describe secret default-token-6746t
Name:          default-token-6746t
Namespace:     default
Labels:        <none>
Annotations:   kubernetes.io/service-account.name: default
               kubernetes.io/service-account.uid: e8925f3a-c265-11e9-b009-025000000001


Type:   kubernetes.io/service-account-token
```

311

```
Data
====

ca.crt:      1066 bytes
namespace:   7 bytes
token:       eyJhbGciOiJSUzI1NiI...
```

token 항목에는 토큰 해시값을 확인할 수 있고 ca.crt 항목에서 인증서 용량을 확인할 수 있습니다.

이번에는 ~/.kube/config 파일의 .user 필드에 사용자 계정의 정보를 추가하겠습니다. 이때 token 항목의 해시값을 이용합니다. config 파일에 .users[] 하위 필드를 추가합니다.

```
# 이전 생략

contexts:
- context:
    cluster: docker-desktop
    user: default --------------- ❶

# 중간 생략
users:
- name: docker-desktop
  user:
    client-certificate-data: LS0tLS1CRUdJTiBDRVJUS···.
    client-key-data: LS0tLS1CRUdJTiBSU0EgUFJJ...
- name: default --------------- ❷
  user:
    token: eyJhbGciOiJSU... ---- ❸
```

❶ .contexts[].context.user 필드 값은 docker-desktop에서 default로 변경합니다.
❷ 새로운 .users[].name 필드 값으로 기본 서비스 계정의 이름인 default를 설정하고 ❸
.users[].user.token 필드 값으로는 앞에서 확인한 token 항목의 해시값을 입력합니다.

변경한 후 kubectl get pods --v=7 명령을 실행합니다. --v=7 옵션은 디버그용 내용을 출력하므로 kubectl에서 방금 변경한 서비스 계정 정보를 이용하는지 확인할 수 있습니다.

```
$ kubectl get pods --v=7
I0112 09:02:43.569487  2495 loader.go:375] Config loaded from file:
/Users/scott/.kube/config
I0112 09:02:43.570138   2495 round_trippers.go:420] GET https://kubernetes.docke
r.internal:6443/api?timeout=32s
I0112 09:02:43.570147  2495 round_trippers.go:427] Request Headers:
I0112 09:02:43.570153  2495 round_trippers.go:431] Authorization: Bearer <masked>
I0112 09:02:43.570157  2495 round_trippers.go:431] Accept: application/json, */*
I0112 09:02:43.570160  2495 round_trippers.go:431] User-Agent: kubectl/v1.21.1
(darwin/amd64) kubernetes/1e11e4a
I0112 09:02:43.578547  2495 round_trippers.go:446] Response Status: 200 OK in
8 milliseconds

# 중간 생략
NAME                                      READY    STATUS     RESTARTS   AGE
kubernetes-simple-app-649f755f6-xkbxs     1/1      Running    0          5d
```

Authorization 항목을 살펴보면 Bearer ⟨masked⟩입니다. 앞에서 입력했던 token 항목의 해시값을 이용해서 요청했다는 뜻입니다. 마지막에는 파드 내역이 정상적으로 조회됩니다.

만약 해시값을 잘못 넣으면 "error: You must be logged in to the server (Unauthorized)"라는 인증 실패 메시지를 확인할 수 있습니다.

```
$ kubectl get pods --v=7
I0112 09:10:39.732645  2583 helpers.go:216] server response object: [{
  "kind": "Status",
  "apiVersion": "v1",
  "metadata": {},
  "status": "Failure",
  "message": "Unauthorized",
  "reason": "Unauthorized",
  "code": 401
}]
F0112 09:10:39.732915  2583 helpers.go:115] error: You must be logged in to the
server (Unauthorized)
```

13.2 권한 관리

쿠버네티스 클러스터의 API에 접근하려면 먼저 접근할 수 있는 사용자인지 인증을 거쳐야 합니다. 인증 후에는 사용자가 접근하려는 API를 사용할 권한이 있는지 확인한 후 API를 사용할 수 있습니다.

클러스터 하나를 여러 명이 사용할 때는 API나 네임스페이스별로 권한을 구분해서 권한이 있는 곳에만 접근하게 만들 수 있습니다. 특정 자원의 읽기 전용 권한만 추가해 다른 사람이 관리하는 네임스페이스를 참고용으로 살펴보게 할 수도 있습니다. 물론 관리자는 모든 API 권한을 허용해 모든 자원에 접근할 수 있습니다. 쿠버네티스에서는 권한 관리^{Authorization}에 필요한 여러 방법을 제공합니다. 크게 ABAC^{Attribute-based access control}와 RBAC^{Role-based access control}라는 방법이 있습니다.

ABAC는 속성^{Attribute} 기반의 권한 관리입니다. 사용할 수 있는 속성에는 사용자^{user}, 그룹^{group}, 요청 경로^{request path}, 요청 동사^{request verb} 등이 있습니다. 네임스페이스나 자원 등을 속성으로 사용할 수도 있습니다. 권한 설정 내용을 파일로 관리하므로 권한을 변경하려면 직접 마스터에 접속해서 파일을 변경한 후 kube-apiserver 컴포넌트를 재시작해야 하므로 관리하기 번거롭습니다.

RBAC는 역할^{Role} 기반 권한 관리로 대부분의 권한 관리 시스템에서 많이 사용합니다. 사용자와 역할을 별개로 선언한 후 두 가지를 조합^{binding}해서 사용자에게 권한을 부여합니다. RBAC는 ABAC처럼 마스터에 접근할 필요 없이 kubectl이나 API를 이용해 관리할 수 있습니다. ABAC는 최근 거의 사용하지 않으므로 이 책에서는 RBAC를 이용한 권한 관리 방법을 소개합니다.

Column 권한 관리 방법을 직접 설정하기

쿠버네티스 초기에는 ABAC를 주로 사용했으나 최근 쿠버네티스에서는 RBAC를 기본 권한 관리 방법으로 설정해 사용합니다. 만약 사용자가 직접 ABAC 방법을 지정하려면 '5.7 스태틱 파드'를 참고해 도커에서 실행한 리눅스 가상 머신에 접속합니다. 그리고 /etc/kubernetes/manifests 디렉터리에 있는 kube-apiserver.yaml을 열고 .spec.containers.command 필드 값 중 - /usr/local/bin/kube-apiserver --address=127.0.0.1 --etcd-servers=http://127.0.0.1:4001의 하위 항목에 --authorization-mode=ABAC를 설정한 후 저장합니다.

13.2.1 롤

롤[Role]은 특정 API나 자원 사용 권한들을 명시해둔 규칙의 집합입니다. 일반 롤과 다음에 설명할 클러스터롤 두 가지가 있습니다.

일반 롤은 해당 롤이 속한 네임스페이스에만 적용됩니다. 추가로 네임스페이스에 한정되지 않은 자원과 API들의 사용 권한을 설정할 수 있습니다. 노드 사용 권한이나 헬스 체크용 URL인 "/healthz" 같은 엔드포인트의 사용 권한도 관리합니다.

[코드 13-2]는 롤의 설정 예입니다.

코드 13-2 롤 설정 예(rbac/read-role.yaml)

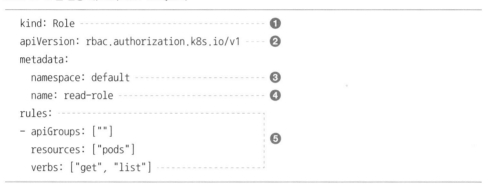

```
kind: Role                                        ❶
apiVersion: rbac.authorization.k8s.io/v1          ❷
metadata:
  namespace: default                              ❸
  name: read-role                                 ❹
rules:
- apiGroups: [""]
  resources: ["pods"]                             ❺
  verbs: ["get", "list"]
```

❶ .kind 필드 값에는 롤을 의미하는 Role을 설정했고 ❷ .apiVersion 필드 값으로는 쿠버네티스의 RBAC 권한 관리 기능을 뜻하는 rbac.authorization.k8s.io/v1을 설정했습니다. ❸ .metadata.namespace 필드 값에는 이 롤이 속한 기본 네임스페이스인 default를 설정하고 ❹ .metadata.name 필드 값으로는 이 롤의 이름을 뜻하는 read-role을 설정합니다.

❺ .rules[] 필드에는 이 롤이 갖는 권한의 규칙을 구체적으로 설정합니다. 배열 형식으로 구체적인 필드와 값들을 나열할 수 있습니다. 하위 필드는 다음과 같습니다.

- **apiGroups:** 롤이 사용할 API 그룹들을 설정합니다. [코드 13-2]에서는 따로 지정하지 않았습니다.

- **resources:** 어떤 자원에 접근할 수 있는지 명시합니다. [코드 13-2]에서는 파드에만 접근할 수 있도록 "pods"만 설정했습니다.

- **verbs:** 동사라는 단어 뜻 그대로 어떤 동작을 할 수 있는지 설정합니다. [코드 13-2]에서는 "get"과 "list"를 설정했습니다.

즉, [코드 13-2]는 default 네임스페이스의 파드 전체에 개별 자원 혹은 여러 개의 자원을 조회하는 동작만 허용합니다. [표 13-1]은 .rules[].verbs 필드에 설정하는 주요 값 정리입니다.

표 13-1 .rules[].verbs 필드에 설정할 수 있는 주요 값

.rules[].verb 필드 값	설명
create	새로운 자원 생성
get	개별 자원 조회
list	여러 개 자원 조회
update	기존 자원 내용 전체 업데이트
patch	기존 자원 중 일부 내용 변경
delete	개별 자원 삭제
deletecollection	여러 개 자원 삭제
watch	개별 자원 혹은 자원 모음 관찰

설정을 살펴보았다면 [코드 13-2]는 read-role.yaml로 저장한 후 kubectl apply -f read-role.yaml 명령으로 클러스터에 적용해둡니다.

특정 파드에만 규칙을 설정할 수도 있습니다. 이때는 .rules[] 필드 하위에 .resourceNames: ["특정파드이름"]을 추가합니다. 여기에서는 mypod라는 파드만 조회할 수 있습니다.

```
rules:
- apiGroups: [""]
  resources: ["pods"]
  resourceNames: ["mypod"]
  verbs: ["get", "list"]
```

.rules[].resourceNames 필드를 설정하면 get, delete, update, patch 등의 .rules[].verb 필드 값은 .rules[].resourceNames 필드에 설정된 자원에만 적용됩니다. 참고로 create, watch, list, deletecollection 등의 .rules[].verb 필드 값은 적용되지 않습니다. .rules[].verb 필드 값은 개별 API를 호출하는 패턴을 설정하는데 방금 소개한 .rules[].verb 필드 값으로 정하는 API 패턴은 개별 자원의 이름을 명시하는 형식이 아니기 때문입니다.

13.2.2 클러스터롤

클러스터롤^{ClusterRole}은 특정 네임스페이스 사용 권한이 아닌 클러스터 전체 사용 권한을 관리합니다. [코드 13-3]은 클러스터롤의 설정 예입니다.

코드 13-3 클러스터롤의 설정 예(rbac/read-clusterrole.yaml)

```
kind: ClusterRole ------------------------ ①
apiVersion: rbac.authorization.k8s.io/v1 ---- ②
metadata:
  name: read-clusterrole
rules:
- apiGroups: [""]
  resources: ["pods"]
  verbs: ["get", "list"]
```

① .kind 필드 값은 ClusterRole로 설정했고 ② .apiVersion 필드 값은 여전히 RBAC를 사용하므로 rbac.authorization.k8s.io/v1입니다.

.metadata 필드가 롤과 다른 점은 하위에 .namespace 필드가 없다는 것입니다. 클러스터롤은 전체 네임스페이스에 적용하므로 네임스페이스를 별도로 명시하지 않는 것입니다. 그 외에는 앞의 롤 설정과 같습니다. 참고로 클러스터롤은 클러스터 안 전체 네임스페이스의 파드에 "get", "list"를 설정할 수 있습니다.

설정을 살펴보았다면 [코드 13-3]을 read-clusterrole.yaml로 저장한 후 kubectl apply -f read-clusterrole.yaml 명령으로 클러스터에 적용해둡니다.

한편 클러스터롤은 .aggregationRule 필드를 이용해 다른 클러스터롤을 조합해 사용할 수 있습니다.

[코드 13-4]는 .aggregationRule 필드를 설정하는 예입니다.

코드 13-4 .aggregationRule 필드의 설정 예(rbac/clusterrole-aggregation.yaml)

```
kind: ClusterRole
apiVersion: rbac.authorization.k8s.io/v1
metadata:
  name: admin-aggregation
aggregationRule:
```

```
  clusterRoleSelectors:
  - matchLabels:
      kubernetes.io/bootstrapping: rbac-defaults
 rules: []
```

.aggregationRule 하위에 .clusterRoleSelectors라는 필드가 있고 그 하위에 .match Labels
필드가 있습니다. 쿠버네티스의 다른 컨트롤러와 비슷하게 클러스터롤에서도 레이블을 설정하
고 .aggregationRule 필드에서 레이블을 선택해 사용하는 것입니다. 여기서는 기본 레이블인
kubernetes.io/bootstrapping: rbac-defaults을 설정했습니다. .rules 필드에는 아무 설정
도 하지 않았습니다. 레이블에 맞는 다른 클러스터롤에서 필요한 규칙들을 불러오기 때문입니다.

[코드 13-4]를 clusterrole-aggregation.yaml로 저장하고 kubectl apply -f clusterrole-
aggregation.yaml 명령으로 클러스터에 적용합니다. 이제 kubectl describe clusterrole
admin-aggregation 명령을 실행합니다.

```
$ kubectl describe clusterrole admin-aggregation
Name:        admin-aggregation
Labels:      <none>
Annotations: <none>
PolicyRule:
  Resources   Non-Resource URLs  Resource Names
  ---------   -----------------  --------------
  configmaps  []                 []
  endpoints   []                 [kube-scheduler]
  bindings    []                 []

  Verbs
  -----
  [create delete deletecollection patch update get list watch]
  [get update]
  [get list watch create]
```

.rules[] 필드 설정이 없지만 Verbs 항목에 다른 클러스터롤을 불러온 것을 확인할 수 있습니다.

마지막으로 클러스터롤의 특징 한 가지를 살펴봅니다. 지금까지 규칙은 대부분 자원을 대상으
로 설정했습니다. 그런데 클러스터롤은 자원이 아니라 URL 형식으로 규칙을 설정할 수 있습니
다. .rules[]의 하위 필드로 .nonResourceURLs를 설정하는 것입니다.

```
rules:
- nonResourceURLs: ["/healthcheck", "/metrics/*"]
  verbs: ["get", "post"]
```

여기에서는 "/healthcheck"로 헬스 체크용 URL 접근을 설정했고, "/metrics/*"로 설정해서 /
metric/cpu나 /metric/memory 같은 여러 가지 메트릭[2]을 불러올 수 있는 경로를 한 번에 설정
했습니다. URL 요청을 관리하므로 .rules[].verbs 필드 값은 "get"과 "post"만 사용할 수 있
습니다.

13.2.3 롤바인딩

롤바인딩RoleBinding은 롤과 사용자를 묶는binding 역할입니다. 사용자가 어떤 롤을 사용하는지 설정합
니다. 권한을 롤과 클러스터롤로 구분하는 것처럼 바인딩도 롤바인딩과 클러스터롤바인딩으로
구분합니다. 롤바인딩은 특정 네임스페이스 하나에 적용하고 클러스터롤바인딩은 한번 설정했
을 때 클러스터 전체에 적용된다는 점도 비슷합니다.

먼저 [코드 13-5]를 참고해 롤에 바인딩할 사용자를 설정해야 합니다.

코드 13-5 롤에 바인딩할 사용자 설정(rbac/serviceaccount-myuser.yaml)

```
apiVersion: v1
kind: ServiceAccount ---- ❶
metadata:
  name: myuser --------- ❷
  namespace: default ---- ❸
```

❶ .kind 필드 값은 서비스 계정을 뜻하는 ServiceAccount를 설정했습니다. 이 예제에서 권한
을 설정할 사용자 계정이 필요하므로 myuser라는 서비스 계정을 만들 것이기 때문입니다. ❷
.metadata.name 필드 값으로는 myuser라는 사용자 이름을 설정했고, ❸ .metadata.namespace
필드 값으로는 default 네임스페이스를 설정했습니다.

[코드 13-5]는 serviceaccount-myuser.yaml로 저장한 후 kubectl apply -f service
account-myuser.yaml 명령으로 클러스터에 적용합니다.

---

2 CPU, 메모리 사용률, 다른 여러 가지 시스템이나 앱 관련 자원들의 모니터링 데이디를 표현하는 수치형 데이터입니다.

다음으로 [코드 13-6] 롤바인딩 설정 예를 살펴보겠습니다.

코드 13-6 롤바인딩 설정 예(rbac/read-rolebinding.yaml)

```
kind: RoleBinding ----------- ❶
apiVersion: rbac.authorization.k8s.io/v1
metadata:
  name: read-rolebinding ---- ❷
  namespace: default -------- ❸
subjects: ------------------
- kind: ServiceAccount
  name: myuser                    ❹
  apiGroup: ""
roleRef: ---------------------------
  kind: Role
  name: read-role                         ❺
  apiGroup: rbac.authorization.k8s.io ---
```

❶ .kind 필드 값은 롤바인딩을 뜻하는 RoleBinding을 설정했습니다.

❷ .metadata.name 필드 값은 롤바인딩의 이름을 read-rolebinding으로 설정했습니다.

❸ .metadata.namespace 필드 값은 default 네임스페이스를 설정해 사용하도록 명시했습니다.

❹ .subjects 필드는 어떤 유형의 사용자 계정과 연결하는지 설정합니다. .subjects[].kind 필드 값은 ServiceAccount로 설정했고 .subjects.name에는 서비스 계정의 이름인 myuser 를 설정했습니다. apiGroup은 ""로 설정했습니다. ""는 핵심[core] API 그룹으로 설정했다는 뜻입니다. 다른 템플릿을 설정할 때 apiVersion: v1을 설정하는 것과 같습니다.

❺ .roleRef 필드에는 사용자에게 어떤 롤을 할당할지를 설정합니다. .roleRef.kind 필 드 값으로는 Role과 ClusterRole을 설정할 수 있는데 여기에서는 롤을 할당할 것이므로 Role을 설정했습니다. 참고로 롤바인딩에는 롤바인딩에 설정된 네임스페이스에 한해서만 클러스터롤을 설정할 수 있습니다. .roleRef.name 필드 값은 사용하려는 롤 이름으로 앞 서 생성했던 read-role을 설정했습니다. .roleRef.apiGroup 필드 값은 사용하려는 API 를 설정하므로 RBAC API를 뜻하는 rbac.authorization.k8s.io를 설정했습니다.

[코드 13-6]은 read-rolebinding.yaml로 저장한 후 kubectl apply -f read-rolebinding. yaml 명령으로 클러스터에 적용합니다.

13.2.4 클러스터롤바인딩

클러스터롤바인딩ClusterRoleBinding은 클러스터롤과 사용자를 묶습니다. [코드 13-7]은 클러스터롤바인딩의 설정 예입니다.

코드 13-7 클러스터롤바인딩의 설정 예(rbac/read-clusterrolebinding.yaml)

```
kind: ClusterRoleBinding ---------------------- ❶
apiVersion: rbac.authorization.k8s.io/v1
metadata:
  name: read-clusterrolebinding
subjects:
- kind: ServiceAccount ---------------------- ❷
  name: myuser
  namespace: default ---------------------- ❸
  apiGroup: ""
roleRef:
  kind: ClusterRole
  name: read-clusterrole
  apiGroup: rbac.authorization.k8s.io
```

롤바인딩과 대부분 비슷하지만 차이점이라고 할 만한 부분은 ❶ .kind 필드 값을 Cluster RoleBinding으로 설정했고, ❷ .subject[].kind 필드 값은 ServiceAccount를 설정한 것입니다. 필드 값으로 User, Group, ServiceAccount를 설정할 수 있으며, 이중 User와 ServiceAccount는 네임스페이스 정보가 필요합니다. Group은 클러스터 전체에 사용할 수 있으므로 따로 네임스페이스를 명시하지 않아도 됩니다. ❸ 클러스터 관련 설정이므로 .metadata 하위에 .namespace 필드가 없고 .subjects[] 하위에 .namespace 필드가 있습니다. 서비스 계정은 네임스페이스에 한정되어 있으므로 .subjects[].namespace 필드 값으로는 어떤 네임스페이스에 속한 서비스 계정인지 명시합니다.

[코드 13-7]을 read-clusterrolebinding.yaml로 저장하고 kubectl apply -f read-clusterrolebinding.yaml 명령으로 클러스터에 적용합니다.

13.2.5 다양한 롤의 권한 관리 확인하기

지금까지 살펴봤던 네 가지 권한 관리 관련 설정이 잘 적용됐는지 확인하겠습니다. 롤과 롤바인딩, 클러스터롤과 클러스터롤바인딩의 관계는 [그림 13-1]과 같습니다.

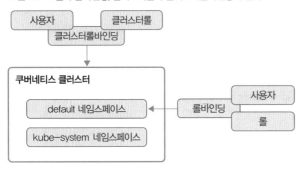

그림 13-1 롤과 롤바인딩, 클러스터롤과 클러스터롤바인딩의 관계

롤바인딩은 사용자와 롤을 묶어서 특정 네임스페이스에 권한을 할당하고 클러스터롤바인딩은
사용자와 클러스터롤을 묶어서 쿠버네티스 클러스터에 권한을 할당합니다.

kubectl config 명령으로 [코드 13-5]와 [코드 13-6]의 myuser 사용자 관련 정보를 설정합
니다. 다양한 설정 방법을 경험하는 차원에서 .kube 디렉터리의 config 파일을 직접 수정하지
않고 kubectl config 명령으로 설정하는 것입니다.

먼저 [코드 13-5]에서 생성한 myuser 사용자의 토큰 정보를 kubectl get secret 와 kubectl
describe secret 사용자이름 명령으로 확인합니다.

```
$ kubectl get secret
NAME                    TYPE                                   DATA   AGE
default-token-6746t     kubernetes.io/service-account-token    3      17h
kube-book-secret        kubernetes.io/tls                      2      14h
myuser-token-g6cxw      kubernetes.io/service-account-token    3      2m47s
$ kubectl describe secret myuser-token-g6cxw
Name:       myuser-token-g6cxw
Namespace:  default

# 중간 생략
Data
====
namespace:  7 bytes
token:      eyJhbGci0iJSUzI...
ca.crt:     1066 bytes
```

여기서 확인한 myuser 사용자의 토큰 정보를 이용해서 kubectl config set-credentials my
user --token=토큰정보 명령으로 kubectl의 환경 설정에 myuser를 추가합니다.

```
$ kubectl config set-credentials myuser --token=eyJhbGciOiJSUzI…
User "myuser" set.
```

kubectl config get-clusters 명령으로 클러스터 정보를 확인한 후 kubectl config set-context myuser-context --cluster=docker-desktop --user=myuser 명령으로 myuser와 클러스터를 연결하는 myuser-context라는 컨텍스트를 생성합니다.

```
$ kubectl config get-clusters
NAME
docker-desktop
$ kubectl config set-context myuser-context --cluster=docker-desktop --user=myuser
Context "myuser-context" created.
```

kubectl config get-contexts 명령으로 확인하면 컨텍스트가 있음을 확인할 수 있습니다.

```
$ kubectl config get-contexts
CURRENT   NAME              CLUSTER           AUTHINFO          NAMESPACE
*         docker-desktop    docker-desktop    docker-desktop
          myuser-context    docker-desktop    myuser
```

kubectl config use-context myuser-context 명령으로 새로 만든 myuser-context를 사용하도록 설정하겠습니다.

```
$ kubectl config use-context myuser-context
Switched to context "myuser-context".
$ kubectl config current-context
myuser-context
```

이제 kubectl get pods 명령을 실행해보면 [코드 12-6]에서 생성한 파드 정보를 정상적으로 읽어옵니다.

```
$ kubectl get pods
NAME                                  READY   STATUS    RESTARTS   AGE
kubernetes-simple-app-589fbcc67c-6cncf  1/1     Running   0          98m
```

여기서 kubectl scale deploy 디플로이먼트이름 --replicas=2 명령으로 파드 개수를 2개로 늘려보겠습니다.

```
$ kubectl scale deploy kubernetes-simple-app --replicas=2
deployment.apps "kubernetes-simple-app" scaled
```

myuser 사용자는 [코드 13-2] read-role 설정을 불러오므로 파드 개수를 늘릴 권한이 없습니다. 그런데 정상적으로 파드 개수가 늘어났습니다. 이는 도커 데스크톱의 쿠버네티스 안 모든 서비스 계정에게 관리자 권한을 부여하는 docker-for-desktop-binding이라는 클러스터롤바인딩이 기본값으로 설정되었기 때문입니다.

kubectl describe clusterrolebinding docker-for-desktop-binding 명령으로 클러스터롤바인딩의 설정을 확인해보겠습니다.

```
$ kubectl describe clusterrolebinding docker-for-desktop-binding
Name:         docker-for-desktop-binding
Labels:       <none>
Annotations:  <none>
Role:
  Kind:  ClusterRole
  Name:  cluster-admin
Subjects:
  Kind   Name                      Namespace
  ----   ----                      ---------
  Group  system:serviceaccounts    kube-system
```

Subjects 아래 Name 항목의 설정은 system:serviceaccounts입니다. 이는 Role 아래 Name 항목에 나타난 것처럼 cluster-admin이라는 클러스터롤이 부여되었다는 뜻입니다.

그럼 cluster-admins라는 클러스터롤을 편집해 보겠습니다. kubectl edit clusterrole cluster-admin 명령으로 클러스터롤 설정을 열겠습니다.

```
rules:
- apiGroups:
  - '*'
  resources:
  - '*'
  verbs:
  - '*'
- nonResourceURLs:
  - '*'
```

```
verbs:
- '*'
```

.rules[] 하위 필드를 살펴보면 설정값이 모두 '*'입니다. 모든 권한이 열려 있다는 뜻입니다.

여기서 첫 번째 .rules[].verb 필드 값 '*'를 'get'으로 수정한 후 저장합니다.

```
verbs:
- 'get'
```

다시 kubectl get pods 명령으로 파드를 조회한 후 kubectl scale deploy kubernetes-sim
ple-app --replicas=1 명령으로 파드 개수를 조정합니다.

```
$ kubectl get pods
NAME                                        READY    STATUS     RESTARTS    AGE
kubernetes-simple-app-589fbcc67c-6cncf      1/1      Running    0           104m
kubernetes-simple-app-589fbcc67c-lhpfg      1/1      Running    0           104m
$ kubectl scale deploy kubernetes-simple-app --replicas=1
Error from server (Forbidden): deployments.apps "kubernetes-simple-app" is
forbidden: User "system:serviceaccount:default:myuser" cannot update resource
"deployments/scale" in API group "apps" in the namespace "default"
```

첫 번째 .rules[].verb 필드 값을 'get'으로 설정했으므로 파드 조회는 가능하지만 개수 조정
은 myuser 사용자에게 권한이 없다는 메시지가 나오면서 개수를 조정할 수 없습니다.

이제 테스트하려고 변경했던 cluster-admin 클러스터롤의 첫 번째 .rules[].verbs 필드 값
을 get에서 다시 '*'로 변경합니다. 이때 주의해야 할 점은 현재 사용자는 myuser가 아니라
TLS 인증서를 이용하는 관리자여야 한다는 것입니다. 다시 클러스터롤을 편집하려면 myuser
에게는 권한이 없기 때문에 에러가 발생합니다.

```
$ kubectl edit clusterrole cluster-admin
error: clusterroles.rbac.authorization.k8s.io "cluster-admin" could not be
patched: clusterroles.rbac.authorization.k8s.io "cluster-admin" is forbidden:
User "system:serviceaccount:default:myuser" cannot patch resource "clusterroles"
in API group "rbac.authorization.k8s.io" at the cluster scope
You can run `kubectl replace -f /var/folders/_t/1b1z82xx1g15klgyb3n68f3c0000gn/T/
kubectl-edit-wa5yy.yaml` to try this update again.
```

myuser 사용자는 이미 get 권한만 사용하도록 설정해서 클러스터롤을 편집할 수 없기 때문입니다.

컨텍스트를 관리자 권한이 있는 docker-desktop 컨텍스트로 변경하고 클러스터롤을 편집하면 정상적으로 편집할 수 있습니다.

```
$ kubectl config use-context docker-desktop
Switched to context "docker-desktop".
$ kubectl edit clusterrole cluster-admin
clusterrole.rbac.authorization.k8s.io/cluster-admin edited
```

14 데이터 저장

컨테이너 안에 저장한 데이터는 해당 컨테이너가 삭제됐을 때 모두 사라집니다. 이 장에서는 컨테이너가 사라지더라도 데이터를 보존하도록 컨테이너 외부에 데이터를 저장하는 방법을 알아봅니다. 볼륨과 퍼시스턴트 볼륨을 사용하는 방법을 알아보고 그와 관련한 다양한 설정도 살펴봅니다.

14.1 볼륨

컨테이너는 기본적으로 상태가 없는[stateless] 앱 컨테이너를 사용합니다. 상태가 없다는 것은 컨테이너에 문제가 있거나, 노드에 장애가 발생해서 컨테이너를 새로 실행했을 때 다른 노드로 자유롭게 옮길 수 있다는 뜻입니다. 이것이 컨테이너의 장점입니다. 하지만 어떤 이유로든 컨테이너가 실행되지 않거나 삭제되었을 때 현재까지 저장한 데이터가 사라진다는 단점이 있습니다.

앱의 특성에 따라서 컨테이너에 문제가 생기더라도 데이터를 보존해야 할 때가 있습니다. 대표적 수단으로 데이터를 파일로 저장하는 젠킨스가 있습니다. MySQL 같은 데이터베이스도 컨테이너를 종료하거나 재시작했더라도 데이터가 사라지면 안 됩니다. 이런 상황에서 볼륨[volume]을 사용합니다.

볼륨을 사용하면 컨테이너를 재시작하더라도 데이터를 유지합니다. 퍼시스턴트 볼륨을 사용하면 데이터를 저장했던 노드가 아닌 다른 노드에서 컨테이너를 재시작하더라도 데이터를 저장한 볼륨을 그대로 사용할 수 있도록 합니다. 볼륨이나 퍼시스턴트 볼륨을 사용하면 단순히 서버 하나에서 데이터를 저장해 사용하는 것보다 안정적으로 서비스를 운영할 수 있습니다.

현재 쿠버네티스에서 사용할 수 있는 볼륨 플러그인은 다음과 같습니다.

- awsElasticBlockStore
- azureDisk
- azureFile
- cephfs
- configMap
- csi
- cinder
- downwardAPI
- emptyDir
- fc[fibre channel]

- hostPath
- iscsi
- local
- nfs
- persistentVolumeClaim
- projected
- portworxVolume
- quobyte
- rbd
- scaleIO

- flocker (deprecated)
- gcePersistentDisk
- gitRepo (deprecated)
- glusterfs

- secret
- storageos
- vsphereVolume

aws, azure, gce로 시작하는 볼륨은 클라우드 서비스에서 제공하는 볼륨 서비스입니다. 그밖에 glusterfs, cephfs 같은 오픈 소스로 공개된 스토리지 서비스나 컨피그맵이나 시크릿 같은 쿠버네티스 내부 오브젝트도 있습니다. emptyDir, hostPath, local처럼 컨테이너가 실행된 노드의 디스크를 볼륨으로 사용하는 옵션도 있습니다. nfs 볼륨 플러그인을 이용하면 하나의 컨테이너에 볼륨을 붙여서 NFS 서버로 설정해두고, 다른 컨테이너에서 NFS 서버 컨테이너를 가져다가 사용하도록 설정할 수 있습니다. 볼륨에서 직접적으로 멀티 읽기/쓰기를 지원하지 않더라도 그와 비슷한 효과를 내는 것도 가능합니다.

볼륨 관련 필드 중 .spec.container.volumeMounts.mountPropagation가 있습니다. 파드 하나 안에 있는 컨테이너들끼리 또는 같은 노드에 실행된 파드들끼리 볼륨을 공유해서 사용할지를 설정합니다. 필드 값으로 다음 세 가지를 사용할 수 있습니다.

- **None:** 이 필드 값으로 볼륨을 마운트했으면, 호스트에서 볼륨에 해당하는 디렉터리 하위에 마운트한 다른 마운트들은 볼 수 없습니다. 컨테이너가 만들어 놓은 마운트를 호스트에서 볼 수도 없습니다. 기본 필드 값입니다.
- **HostToContainer:** 이 필드 값으로 볼륨을 마운트했으면 호스트에서 해당 볼륨 하위에 마운트된 다른 디렉터리들도 해당 볼륨에서 볼 수 있도록 합니다.
- **Bidirectional:** 이 필드 값으로 볼륨을 마운트했으면 HostToContainer처럼 하위에 마운트된 디렉터리도 볼 수 있고, 호스트 안 다른 모든 컨테이너나 파드에서 같은 볼륨을 사용할 수 있습니다.

이 책에서는 로컬 서버에서 사용할 수 있는 볼륨 중에서 내부 호스트의 디스크를 사용하는 emptyDir, hostPath를 살펴보겠습니다. 그리고 nfs 볼륨을 이용해서 볼륨 하나를 여러 개 컨테이너에서 공유해서 사용하는 방법을 살펴보겠습니다.

14.1.1 emptyDir

emptyDir은 파드가 실행되는 호스트의 디스크를 임시로 컨테이너에 볼륨으로 할당해서 사용
하는 방법입니다. 파드가 사라지면 emptyDir에 할당해서 사용했던 볼륨의 데이터도 함께 사
라집니다. 주로 메모리와 디스크를 함께 이용하는 대용량 데이터 계산에 사용합니다. 또는 과학
연산처럼 오랜 연산 시간이 걸릴 때 중간 데이터 저장용으로 디스크가 필요할 때 사용합니다.
연산 중 컨테이너에 문제가 발생해서 재시작되더라도 파드는 살아 있으므로 emptyDir에 저장
해둔 데이터를 계속 이용할 수 있습니다.

emptyDir의 설정 예는 [코드 14-1]과 같습니다.

코드 14-1 emptyDir의 설정 예(volume/volume-emptydir.yaml)

```
apiVersion: v1
kind: Pod
metadata:
  name: kubernetes-emptydir-pod
spec:
  containers:
  - name: kubernetes-simple-pod
    image: arisu1000/simple-container-app:latest
    volumeMounts:
    - mountPath: /emptydir        ❶
      name: emptydir-vol
  volumes:
  - name: emptydir-vol            ❷
    emptyDir: {}
```

[코드 14-1]은 쿠버네티스에서 볼륨을 설정할 때의 기본 형식이기도 합니다.

❶ .spec.volumes[] 하위 필드에 사용하려는 볼륨들을 먼저 선언합니다. 여기에서는 .name
필드 값을 emptydir-vol이라는 이름으로 설정했고, emptyDir을 사용하려고 .emptyDir
필드 값으로 {}(빈 값)을 설정했습니다.

330

❷ 이렇게 선언한 볼륨을 컨테이너 설정(.spec.containers[].volumeMounts[] 하위 필드)에서 불러와서 사용할 수 있습니다. .spec.containers[].volumeMounts[].name 필드 값을 emptydir-vol이라고 설정해 볼륨을 사용할 수 있도록 했고 .spec.containers[].volumeMounts[].mountPath 필드 값으로 컨테이너의 /emptydir 디렉터리를 설정해 볼륨을 마운트했습니다.

쿠버네티스의 볼륨 설정 대부분은 이렇게 볼륨 선언과 컨테이너에서 마운트하는 부분을 분리해서 설정합니다. 그래서 다양한 형식의 볼륨을 컨테이너에 마운트해 사용할 수 있습니다.

14.1.2 hostPath

hostPath는 파드가 실행된 호스트의 파일이나 디렉터리를 파드에 마운트합니다. emptyDir이 임시 디렉터리를 마운트하는 것이라면 hostPath는 호스트에 있는 실제 파일이나 디렉터리를 마운트합니다. 또한 emptyDir이 단순히 컨테이너를 재시작했을 때 데이터를 보존하는 역할이라면 hostPath는 파드를 재시작했을 때도 호스트에 데이터가 남습니다. 호스트의 중요 디렉터리를 컨테이너에 마운트해서 사용할 수 있습니다. /var/lib/docker 같은 도커 시스템용 디렉터리를 컨테이너에서 사용할 때나 시스템용 디렉터리를 마운트해서 시스템을 모니터링하는 용도로도 사용할 수 있습니다.

[코드 14-2]는 hostPath의 설정 예입니다.

코드 14-2 hostPath 설정 예(volume/volume-hostpath.yaml)

```
apiVersion: v1
kind: Pod
metadata:
  name: kubernetes-hostpath-pod
spec:
  containers:
  - name: kubernetes-hostpath-pod
    image: arisu1000/simple-container-app:latest
    volumeMounts:
    - mountPath: /test-volume        ❶
      name: hostpath-vol
    ports:
    - containerPort: 8080
```

```
volumes:
- name: hostpath-vol
  hostPath:                    ❷
    path: /tmp
    type: Directory
```

❶ `.spec.containers[].volumeMounts`의 하위 필드를 살펴보면 `.mountPath` 필드는 볼륨을 컨테이너의 `/test-volume`라는 디렉터리에 마운트하도록 값을 설정했습니다. `.name` 필드 값으로는 hostpath-vol을 설정해 볼륨의 이름을 정했습니다.

❷ `.spec.volumes[]`의 하위 필드를 살펴보면 `.name` 필드 값은 볼륨의 이름인 hostpath-vol으로 설정했습니다. 경로를 뜻하는 `.hostPath.path` 필드 값으로는 호스트의 /tmp 디렉터리를 설정(macOS Big Sur라면 /private/tmp로 설정)했고 설정한 경로가 어떤 타입인지 뜻하는 `.type` 필드 값으로는 Directory를 설정했습니다.

hostPath 볼륨을 설정할 때 사용하는 `.spec.volumes[].hostpath.type` 필드 값은 [표 14-1]과 같습니다.

표 14-1 .spec.volumes[].hostpath.type 필드 값 종류

필드 값	내용
설정하지 않음	hostPath 볼륨을 마운트하기 전 아무것도 확인하지 않습니다.
DirectoryOrCreate	설정한 경로에 디렉터리가 없으면 퍼미션이 755인 빈 디렉터리를 만듭니다.
Directory	설정한 경로에 디렉터리가 존재해야 합니다. 호스트에 해당 디렉터리가 없으면 파드는 ContainerCreating 상태로 남고 생성이 안 됩니다.
FileOrCreate	설정한 경로에 파일이 없으면 퍼미션 644인 빈 파일을 만듭니다.
File	설정한 경로에 파일이 있는지 확인합니다. 파일이 없으면 파드 생성이 안 됩니다.
Socket	설정한 경로에 유닉스 소켓 파일이 있어야 합니다.
CharDevice	설정한 경로에 문자(character) 디바이스가 있는지 확인합니다.
BlockDevice	설정한 경로에 블록(block) 디바이스가 있는지 확인합니다.

[코드 14-2]를 volume-hostpath.yaml로 저장하고 kubectl apply -f volume-hostpath. yaml 명령으로 클러스터에 적용합니다. 다음으로 kubectl exec kubernetes-hostpath-pod -it -- sh 명령으로 컨테이너 안에 접속해서 /test-volume 디렉터리에 test.txt 파일을 생성 하겠습니다.

```
$ kubectl exec kubernetes-hostpath-pod -it -- sh
~ # cd /test-volume
/test-volume # touch test.txt
/test-volume # ls
com.apple.launchd.NsJRek9Vmk  powerlog                         test.txt
com.apple.launchd.Ud4nLtidOM  raon
/test-volume # exit
```

kubectl delete pod kubernetes-hostpath-pod 명령으로 컨테이너를 종료하고 호스트의 / tmp 디렉터리를 확인하면 test.txt 파일이 남은 것을 확인할 수 있습니다.

```
$ kubectl delete pod kubernetes-hostpath-pod
pod "kubernetes-hostpath-pod" deleted
$ ls /tmp/
com.apple.launchd.NsJRek9Vmk powerlog                          test.txt
com.apple.launchd.Ud4nLtidOM raon
```

즉, volume-hostpath.yaml에서 설정했던 내용대로 컨테이너 안 /test-volume 디렉터리는 컨테이너 외부 호스트의 /tmp 디렉터리를 마운트했고 데이터를 보존함을 알 수 있습니다.

14.1.3 nfs

nfs^network file system 볼륨은 기존에 사용하는 NFS 서버를 이용해서 파드에 마운트하는 것입니다. NFS 클라이언트 역할이라고 생각하면 됩니다.

여러 개 파드에서 볼륨 하나를 공유해 읽기/쓰기를 동시에 할 때도 사용합니다. 쿠버네티스를 지원하는 스토리지들이 많지만 여러 개의 파드에서 읽기/쓰기를 지원하는 스토리지를 사용할 수 없는 상황이 발생할 수 있기 때문입니다. 이때는 파드 하나에 안정성이 높은 외부 스토리지 를 볼륨으로 설정한 후 해당 파드에 NFS 서버를 설정합니다. 다른 파드는 해당 파드의 NFS 서 버를 nfs 볼륨으로 마운트합니다. [그림 14-1] 같은 구조입니다.

그림 14-1 여러 개 파드에서 nfs 볼륨 하나를 공유

그림 14-1 여러 개 파드에서 nfs 볼륨 하나를 공유

고성능이 필요한 읽기/쓰기 작업이라면 이러한 구성을 사용하기 어렵습니다. 하지만 데이터의 안정성을 높인 간단한 파일 공유가 필요하다면 쿠버네티스 공식 문서에서도 [그림 14-1] 같은 구성을 사용하길 권합니다.

지금부터 노드 하나에 NFS 서버를 설정한 후 공유해 사용하겠습니다. 외부 볼륨이 아닌 hostPath 볼륨으로 NFS 서버를 만들고 다른 파드에서 해당 파드의 볼륨을 마운트합니다. 먼저 [코드 14-3]을 살펴보겠습니다. NFS 서버를 실행하는 nfs-server라는 이름의 디플로이먼트 템플릿입니다.

코드 14-3 NFS 서버를 설정하는 예(volume/volume-nfsserver.yaml)

```yaml
apiVersion: apps/v1
kind: Deployment
metadata:
  name: nfs-server
  labels:
    app: nfs-server
spec:
  replicas: 1
  selector:
    matchLabels:
      app: nfs-server
  template:
    metadata:
      labels:
        app: nfs-server
    spec:
      containers:
      - name: nfs-server
        image: arisu1000/nfs-server:latest
        ports:
        - name: nfs
```

```
          containerPort: 2049
        - name: mountd ------------- ❶
          containerPort: 20048
        - name: rpcbind ----------- ❷
          containerPort: 111
        securityContext: ----------
          privileged: true -------- ❸
        volumeMounts:
        - mountPath: /exports ----- ❹
          name: hostpath-vol
      volumes:
      - name: hostpath-vol
        hostPath:
          path: /tmp  # macOS Big Sur는 /private/tmp로 설정
          type: Directory
```

❶ `.spec.template.spec.containners[].ports[]`의 두 번째 `.name` 필드 값 mountd는 NFS 서버에서 사용하는 프로세스입니다. 요청이 왔을 때 지정한 디렉터리로 볼륨을 마운트하는 mountd 데몬이 사용하는 포트를 지정합니다.

❷ `.spec.template.spec.containners[].ports[]`의 세 번째 `.name` 필드 값 rpcbind는 역시 NFS 서버에서 사용하는 프로세스입니다. 시스템에서 RPC[Remote Procedure Call] 서비스를 관리할 rpcbind 데몬이 사용하는 포트를 지정합니다.

❸ `.spec.template.spec.containners[].securityContext`는 컨테이너의 보안 설정을 합니다. 여기에서는 컨테이너가 실행 중인 호스트 장치의 접근 권한을 설정하는 `.privileged` 필드 값으로 true를 설정해 모든 호스트 장치에 접근할 수 있도록 했습니다.

❹ `.spec.template.spec.containners[].volumeMounts[].mountPath` 필드 값은 볼륨을 마운트할 디렉터리 경로로 /exports를 설정했습니다.

참고로 [코드 14-3]은 쿠버네티스 소스 코드에 포함된 NFS 서버 테스트[1]를 변형한 것입니다. 테스트 목적이므로 별도의 외부 볼륨을 사용하지 않고 hostPath 볼륨을 이용했습니다. 이제 [코드 14-3]을 volume-nfsserver.yaml로 저장한 후 kubectl apply -f volume-nfsserver.yaml 명령을 실행해 클러스터에 적용합니다.

---

1 https://github.com/kubernetes/examples/blob/master/staging/volumes/nfs/nfs-server-rc.yaml

kubectl get pods -o wide -l app=nfs-server 명령으로 실행한 컨테이너의 IP를 확인합니다. 여기서는 10.1.6.126입니다.

```
$ kubectl get pods -o wide -l app=nfs-server
NAME                          READY   STATUS    RESTARTS   AGE
nfs-server-fd9d5d6-l94pf      1/1     Running   0          47s


IP            NODE
10.1.6.126    docker-desktop
```

IP를 확인했으면 NFS 서버에 접속할 클라이언트 앱 컨테이너를 설정할 차례입니다. [코드 14-4]입니다.

코드 14-4 NFS 서버에 접속할 클라이언트 앱 컨테이너 설정(volume/volume-nfsapp.yaml)

```
apiVersion: apps/v1
kind: Deployment
metadata:
  name: kubernetes-nfsapp-pod
  labels:
    app: nfs-client
spec:
  replicas: 2
  selector:
    matchLabels:
      app: nfs-client
  template:
    metadata:
      labels:
        app: nfs-client
    spec:
      containers:
      - name: kubernetes-nfsapp-pod
        image: arisu1000/simple-container-app:latest
        volumeMounts:
        - mountPath: /test-nfs    # ❶ nfs 볼륨을 마운트할 디렉터리 설정
          name: nfs-vol
        ports:
        - containerPort: 8080
      volumes:
      - name: nfs-vol
```

```
nfs:
    server: 10.1.0.75      # ❷ 여기에 nfs-server 파드의 IP를 넣습니다.
    path: "/"
```

❶ `.spec.template.spec.containers[].volumeMounts[].mountPath` 필드에는 nfs 볼륨을 마운트할 디렉터리로 /test-nfs를 설정했습니다.

❷ [코드 14-3]으로 만든 nfs-server 파드의 IP를 `.spec.template.spec.volumes[].nfs.server` 필드 값으로 설정했습니다.

[코드 14-4]를 volume-nfsapp.yaml로 저장한 후 `kubectl apply -f volume-nfsapp.yaml` 명령을 실행해서 클러스터에 적용합니다. 파드 2개가 nfs 볼륨을 사용할 수 있는 상태로 실행됩니다.

파드 2개 중 하나에 접속해서 파일을 변경해보겠습니다. `kubectl get pods -l app=nfs-client` 명령으로 실행 중인 파드를 확인한 후 파드 하나를 선택해 `kubectl exec -it 파드이름 -- sh` 명령으로 파드에 접속합니다. 그리고 마운트한 디렉터리인 /test-nfs/로 이동해 index.html 파일이 있는지 확인합니다.

```
$ kubectl exec -it kubernetes-nfsapp-pod-75bd8c8cf9-8qqhr -- sh
~ # cd /test-nfs/
/test-nfs # ls
com.apple.launchd.NsJRek9Vmk  com.apple.launchd.Ud4nLtidOM  index.html  nfs  raon
```

index.html은 nfs-server 파드가 자동으로 만든 것입니다.

index.html을 vi 편집기로 열면 'Hello from NFS!'라는 문구를 확인할 수 있습니다. 이 파일의 하단에 'modify'라는 단어를 추가하고 파일을 저장한 후 exit 명령어로 컨테이너에서 빠져나옵니다.

```
/test-nfs # vi index.html
/test-nfs # exit
```

그런 후에 호스트에서 `cat /tmp/index.html` 명령으로 파일 내용을 확인해 보면 파일 내용이 변경된 것을 확인할 수 있습니다.

```
$ cat /tmp/index.html
Hello from NFS!
modify
```

이렇게 nfs 볼륨을 이용해서 읽기/쓰기를 할 수 있는 공유 방법을 확인해봤습니다. 방금 소개한 내용은 가장 단순한 방법입니다. 실무에서 사용하려면 보안에 필요한 nfs 볼륨의 옵션도 세밀하게 조정해야 합니다.

사실 볼륨을 구성해서 마운트할 때는 디플로이먼트에서 바로 볼륨을 생성하지 않고 다음에 소개할 퍼시스턴트 볼륨으로 마운트해 좀 더 안정성을 높입니다. 파드 접근도 NFS 서버용 파드가 아니라 서비스를 생성해서 연결합니다.

14.2 퍼시스턴트 볼륨과 퍼시스턴트 볼륨 클레임

쿠버네티스에서 볼륨을 사용하는 구조는 PV라고 하는 퍼시스턴트 볼륨(PersistentVolume)과 PVC라고 하는 퍼시스턴트 볼륨 클레임(PersistentVolumeClaim) 2개로 분리되어 있습니다.

PV는 볼륨 자체를 뜻합니다. 클러스터 안에서 자원으로 다룹니다. 파드하고는 별개로 관리되고 별도의 생명 주기가 있습니다. PVC는 사용자가 PV에 하는 요청입니다. 사용하고 싶은 용량은 얼마인지, 읽기/쓰기는 어떤 모드로 설정하고 싶은지 등을 정해서 요청합니다. 쿠버네티스는 볼륨을 파드에 직접 할당하는 방식이 아니라 중간에 PVC를 두어 파드와 파드가 사용할 스토리지를 분리했습니다. 이런 구조는 파드 각각의 상황에 맞게 다양한 스토리지를 사용할 수 있게 합니다.

클라우드 서비스를 사용할 때는 본인이 사용하는 클라우드 서비스에서 제공해주는 볼륨 서비스를 사용할 수도 있고, 직접 구축한 스토리지를 사용할 수도 있습니다. 이렇게 다양한 스토리지를 PV로 사용할 수 있지만 파드에 직접 연결하는 것이 아니라 PVC를 거쳐서 사용하므로 파드는 어떤 스토리지를 사용하는지 신경 쓰지 않아도 됩니다.

PV와 PVC는 [그림 14-2] 같은 생명 주기가 있습니다.

그림 14-2 PV와 PVC의 생명 주기

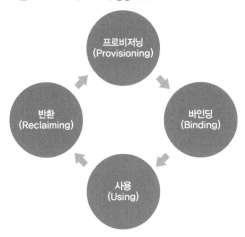

이어서 생명 주기 각각을 설명하겠습니다.

14.2.1 프로비저닝

먼저 PV를 만들어야 합니다. PV를 만드는 단계를 프로비저닝^{Provisioning}이라고 합니다. 프로비저 닝 방법에는 두 가지가 있습니다. PV를 미리 만들어 두고 사용하는 정적^{static} 방법과 요청이 있을 때마다 PV를 만드는 동적^{dynamic} 방법입니다.

정적으로 PV를 프로비저닝할 때는 클러스터 관리자가 미리 적정 용량의 PV를 만들어 두고 사 용자의 요청이 있으면 미리 만들어둔 PV를 할당합니다. 사용할 수 있는 스토리지 용량에 제한 이 있을 때 유용합니다. 사용하도록 미리 만들어 둔 PV의 용량이 100GB라면 150GB를 사용 하려는 요청들은 실패합니다. 1TB 스토리지를 사용하더라도 미리 만들어둔 PV 용량이 150GB 이상인 것이 없으면 요청이 실패합니다.

동적으로 프로비저닝할 때는 사용자가 PVC를 거쳐서 PV를 요청했을 때 생성해 제공합니다. 쿠 버네티스 클러스터에 사용할 1TB 스토리지가 있다면 사용자가 필요할 때 원하는 용량만큼을 생성해서 사용할 수 있습니다. 정적 프로비저닝과 달리 필요하다면 한번에 200GB PV도 만들 어 사용할 수 있습니다. PVC는 동적 프로비저닝할 때 여러 가지 스토리지 중 원하는 스토리지 를 정의하는 스토리지 클래스(StorageClass)로 PV를 생성합니다.

14.2.2 바인딩

바인딩Binding은 프로비저닝으로 만든 PV를 PVC와 연결하는 단계입니다. PVC에서 원하는 스토리지의 용량과 접근 방법을 명시해서 요청하면 거기에 맞는 PV가 할당됩니다. 이때 PVC에서 원하는 PV가 없다면 요청은 실패합니다. 하지만 한 번 실패했다고 요청을 끝내는 것은 아닙니다. PVC에서 원하는 PV가 생길 때(기존 사용하던 PV가 반납되거나 새로운 PV가 생성)까지 대기하다가 PVC에 바인딩됩니다. PV와 PVC의 매핑은 1대1 관계입니다. PVC 하나가 여러 개 PV에 바인딩될 수 없습니다.

14.2.3 사용

PVC는 파드에 설정되고 파드는 PVC를 볼륨으로 인식해서 사용합니다. 할당된 PVC는 파드를 유지하는 동안 계속 사용하며 시스템에서 임의로 삭제할 수 없습니다. 이 기능을 '사용 중인 스토리지 오브젝트 보호Storage Object in Use Protection'라고 합니다. 사용 중인 데이터 스토리지를 임의로 삭제하면 치명적인 결과가 발생할 수 있으므로 이런 보호 기능을 사용하는 것입니다. 파드가 사용 중인 PVC를 삭제하려고 하면 상태가 Terminating이지만 해당 PVC를 사용 중인 파드가 남아 있을 때는 PVC도 삭제되지 않고 남아 있습니다. kubectl describe pvc 명령으로 PVC의 상태를 확인하면 'Finalizers: [kubernetes.io/pvc-protection]'라는 메시지를 확인할 수 있습니다. pvc-protection는 사용 중인 스토리지 오브젝트 보호가 적용된 것을 뜻합니다.

14.2.4 반환

사용이 끝난 PVC는 삭제되고 PVC를 사용하던 PV를 초기화reclaim하는 과정을 거칩니다. 이를 반환Reclaiming이라고 합니다. 초기화 정책은 Retain, Delete, Recycle가 있습니다.

Retain

Retain은 PV를 그대로 보존합니다. PVC가 삭제되면 사용 중이던 PV는 해제released 상태라서 아직 다른 PVC가 재사용할 수 없습니다. 단순히 사용 해제 상태이므로 PV 안의 데이터는 그대로 남아 있습니다. 이 PV를 재사용하려면 관리자가 다음 순서대로 직접 초기화해줘야 합니다.

1 PV 삭제. 만약 PV가 외부 스토리지와 연결되었다면 PV는 삭제되더라도 외부 스토리지의 볼륨은 그대로 남아 있습니다.

2 스토리지에 남은 데이터를 직접 정리합니다.

3 남은 스토리지의 볼륨을 삭제하거나 재사용하려면 해당 볼륨을 이용하는 PV를 다시 만듭니다.

Delete

PV를 삭제하고 연결된 외부 스토리지 쪽의 볼륨도 삭제합니다. 프로비저닝할 때 동적 볼륨 할당으로 생성된 PV들은 기본 반환 정책^{Reclaim Policy}이 Delete입니다. 상황에 따라 처음에 Delete로 설정된 PV의 반환 정책을 수정해서 사용해야 합니다.

Recycle

Recycle은 PV의 데이터들을 삭제하고 다시 새로운 PVC에서 PV를 사용할 수 있도록 합니다. 특별한 파드를 만들어 두고 데이터를 초기화하는 기능도 있습니다. 하지만 PV의 데이터들을 초기화하는 여러 가지 상황들을 쿠버네티스에서 모두 지원하기는 어렵다고 판단해서 지금은 중단 예정^{deprecated}인 정책입니다. 현재는 동적 볼륨 할당을 기본 사용할 것을 추천합니다.

14.3 퍼시스턴트 볼륨 템플릿

[코드 14-5]는 퍼시스턴트 볼륨 설정의 예입니다.

코드 14-5 퍼시스턴트 볼륨 설정의 예(volume/pv-hostpath.yaml)

```
apiVersion: v1
kind: PersistentVolume
metadata:
  name: pv-hostpath
spec:
  capacity:
    storage: 2Gi ---------------------- ❶
  volumeMode: Filesystem ------------- ❷
```

```
accessModes: ························· ❸
- ReadWriteOnce ···············
storageClassName: manual ············· ❹
persistentVolumeReclaimPolicy: Delete ···· ❺
hostPath: ·························· ❻
  path: /tmp/k8s-pv ··············
```

.apiVersion, .kind, .metadata 필드는 다른 템플릿과 비슷하므로 .spec의 하위 필드를 주로 살펴보겠습니다.

❶ .spec.capacity.storage 필드 값은 이진법 접두어인 2Gi를 설정했습니다. 이는 스토리지 용량으로 2GB를 설정했다는 뜻입니다. 현재는 용량 관련 설정만 가능하지만 앞으로는 IOPS[2]나 throughput[3] 등도 설정할 수 있을 예정입니다.

❷ .spec.volumeMode는 쿠버네티스 1.9 버전에 알파 기능으로 추가된 필드입니다. 기본 필드 값은 Filesystem으로 볼륨을 파일 시스템 형식으로 설정해서 사용합니다. 추가로 raw라는 필드 값을 설정할 수 있습니다. 볼륨을 로 블록 디바이스 형식으로 설정해서 사용합니다. 로 블록 디바이스를 지원하는 스토리지 플러그인은 awsElasticBlockStore, azureDisk, fc[fibre channel], gcePersistentDisk, iscsi, local volume, Ceph Block Device 의 rbd 등이 있습니다.

❸ .spec.accessModes 필드는 볼륨의 읽기/쓰기 옵션을 설정합니다. 볼륨은 한번에 .spec.accessModes 필드를 하나만 설정(동시에 여러 개 설정할 수 없음)할 수 있으며 필드 값은 세 가지가 있습니다.

- **ReadWriteOnce:** 노드 하나에만 볼륨을 읽기/쓰기하도록 마운트할 수 있음

- **ReadOnlyMany:** 여러 개 노드에서 읽기 전용으로 마운트할 수 있음

- **ReadWriteMany:** 여러 개 노드에서 읽기/쓰기 가능하도록 마운트할 수 있음

로 블록 디바이스를 지원하는 볼륨 플러그인별 .spec.accessModes 필드 값은 [표 14-2]와 같습니다.

---

2 HDD, SSD, SAN 같은 컴퓨터 저장 장치를 벤치마크할 때의 성능 측정 단위입니다. Input/Output Operation Per Second의 약자로 초당 읽기/쓰기 성능이 얼마나 되는지를 뜻합니다.

3 네트워크상의 어떤 노드나 터미널에서 또 다른 터미널로 전달되는 단위 시간당 디지털 데이터 전송 처리량입니다.

표 14-2 로 블록 디바이스 지원 볼륨 플러그인별로 사용 가능한 .spec.accessModes 필드 값

볼륨 플러그인	ReadWriteOnce	ReadOnlyMany	ReadWriteMany
awsElasticBlockStore	✓	−	−
azureFile	✓	✓	✓
azureDisk	✓	−	−
cephfs	✓	✓	✓
cinder	✓	−	−
CSI	드라이버에 따라 다름	드라이버에 따라 다름	드라이버에 따라 다름
fc	✓	✓	−
flexVolume	✓	✓	드라이버에 따라 다름
flocker	✓	−	−
gcePersistentDisk	✓	✓	−
glusterfs	✓	✓	✓
hostPath	✓	−	−
iscsi	✓	✓	−
quobyte	✓	✓	✓
nfs	✓	✓	✓
rbd	✓	✓	−
vsphereVolume	✓	−	파드가 함께 있을 때만 동작
portworxVolume	✓	−	✓
scaleIO	✓	✓	−
storageos	✓	−	−

❹ .spec.storageClassName은 스토리지 클래스(StorageClass)를 설정하는 필드입니다. 특정 스토리지 클래스가 있는 PV는 해당 스토리지 클래스에 맞는 PVC와만 연결됩니다. PV에 .spec.storageClassName 필드 설정이 없으면 .spec.storageClassName 필드 설정이 없는 PVC와만 연결됩니다.

❺ .spec.persistentVolumeReclaimPolicy 필드는 PV가 해제되었을 때의 초기화 옵션을 설정합니다. 앞에서 살펴봤던 것처럼 Retain, Recycle, Delete 정책 중 하나를 설정합니다.

❻ .spec.hostPath 필드는 해당 PV의 볼륨 플러그인을 명시합니다. [코드 14-5]에서는 필드 값을 hostPath로 설정했습니다. 하위의 .path 필드에는 마운트시킬 로컬 서버의 경로를 설정합니다. 여기에서는 /tmp/k8s-pv라고 설정(macOS Big Sur는 /private/tmp/k8s-pv로 설정)했습니다. 따라서 mkdir /tmp/k8s-pv 명령을 실행해 디렉터리를 미리 생성해두기 바랍니다.

Column **.spec.mountOptions 필드**

[코드 14-5]에는 없지만 .spec.mountOptions이라는 필드가 있습니다. 볼륨을 마운트할 때 추가 옵션을 설정할 수 있는 볼륨 플러그인에서 사용합니다. 마운트할 때 추가 옵션을 사용할 수 있는 볼륨 플러그인에는 gcePersistentDisk, awsElasticBlockStore, azureFile, azureDisk, nfs, iscsi, Ceph Block Device의 rbd, cephfs, OpenStack block storage의 cinder, glusterfs, vsphereVolume, quobyte 등이 있습니다. 추가 옵션이 잘못되었으면 마운트할 수 없으니 주의해야 합니다.

[코드 14-5]를 pv-hostpath.yaml로 저장하고 kubectl apply -f pv-hostpath.yaml 명령으로 클러스터에 적용합니다. kubectl get pv 명령으로 PV의 상태를 확인합니다.

```
$ kubectl get pv
NAME          CAPACITY      ACCESS MODES    RECLAIM POLICY    STATUS
pv-hostpath   2Gi           RWO             Delete            Available


CLAIM    STORAGECLASS    REASON      AGE
         manual                      7s
```

STATUS 항목이 Available이면 정상적으로 설정된 것입니다. PV 상태는 PVC에서 사용할 수 있도록 준비된 Available, 특정 PVC에 연결된 Bound, PVC는 삭제되었고 PV는 아직 초기화되지 않은 Released, 자동 초기화를 실패한 Failed가 있습니다.

14.4 퍼시스턴트 볼륨 클레임 템플릿

[코드 14-6]은 퍼시스턴트 볼륨 클레임의 설정 예입니다.

코드 14-6 퍼시스턴트 볼륨 클레임의 설정 예(volume/pvc-hostpath.yaml)

```
kind: PersistentVolumeClaim
apiVersion: v1
metadata:
  name: pvc-hostpath
spec:
  accessModes:
  - ReadWriteOnce
  volumeMode: Filesystem
  resources:
    requests:
      storage: 1Gi
  storageClassName: manual
```

주요 필드 설정은 [코드 14-5]에서 설명한 퍼시스턴트 볼륨과 같습니다. 해당 부분을 참고하기 바랍니다.

.spec.resources.requests.storage 필드는 자원을 얼마나 사용할 것인지 요청(request)합니다. 여기서는 필드 값으로 1Gi(1GB)를 설정했습니다. 필드 값을 설정할 때는 앞에서 만든 PV의 용량을 초과하면 안 됩니다. 만약에 .spec.resources.requests.storage 필드 값으로 PV의 용량 이상을 설정하면 사용할 수 있는 PV가 없으므로 PVC를 생성할 수 없는 Pending 상태가 됩니다.

[코드 14-6]을 pvc-hostpath.yaml로 저장하고 kubectl apply -f pvc-hostpath.yaml 명령으로 클러스터에 적용합니다. kubectl get pvc 명령으로 PVC의 상태를 확인합니다.

```
$ kubectl get pvc
NAME          STATUS   VOLUME        CAPACITY   ACCESS MODES   STORAGECLASS   AGE
pvc-hostpath  Bound    pv-hostpath   2Gi        RWO            manual         8s
```

STATUS 항목은 Bound고 VOLUME 항목은 pv-hostpath입니다. 이는 [코드 14-5]에서 적용한 PV와 연결되었다는 뜻입니다.

이어서 kubectl get pv 명령으로 PV 상태를 확인해보겠습니다.

```
$ kubectl get pv
NAME           CAPACITY   ACCESS MODES   RECLAIM POLICY   STATUS CLAIM
pv-hostpath    2Gi        RWO            Delete           Bound  default/pvc-hostpath


STORAGECLASS   REASON   AGE
manual                  107s
```

[코드 14-5]의 PV가 PVC에 연결되어서 STATUS 항목이 Bound입니다.

14.5 레이블로 PVC와 PV 연결하기

퍼시스턴트 볼륨은 쿠버네티스 안에서 사용되는 자원이고 퍼시스턴트 볼륨 클레임은 해당 자원을 사용하겠다고 요청하는 것이므로 파드와 서비스를 연결할 때처럼 레이블을 사용할 수 있습니다.

[코드 14-7]과 [코드 14-8]은 [코드 14-5] 퍼시스턴트 볼륨 설정 예와 [코드 14-6] 퍼시스턴트 볼륨 클레임 설정 예에 레이블 관련 설정을 추가한 것입니다.

코드 14-7 퍼시스턴트 볼륨에 레이블 관련 설정을 추가한 예(volume/pv-hostpath-label.yaml)

```
apiVersion: v1
kind: PersistentVolume
metadata:
  name: pv-hostpath-label
  labels:
    location: local
spec:
  capacity:
    storage: 2Gi
```

```
    volumeMode: Filesystem
    accessModes:
    - ReadWriteOnce
    storageClassName: manual
    persistentVolumeReclaimPolicy: Delete
    hostPath:
      path: /tmp/k8s-pv  # macOS Big Sur는 /private/tmp/k8s-pv로 설정
```

코드 14-8 퍼시스턴트 볼륨 클레임에 레이블 관련 설정을 추가한 예(volume/pvc-hostpath-label.yaml)

```
kind: PersistentVolumeClaim
apiVersion: v1
metadata:
  name: pvc-hostpath-label
spec:
  accessModes:
  - ReadWriteOnce
  volumeMode: Filesystem
  resources:
    requests:
      storage: 1Gi
  storageClassName: manual
  selector:
    matchLabels:
      location: local
```

[코드 14-7]에는 .metadata.labels.location 필드에 local이라는 값을 설정해서 레이블을 추가했습니다. [코드 14-8]에는 .spec.selector.matchLabels.location 필드에 [코드 14-7] 에서 사용했던 필드 값인 local을 설정했습니다.

[코드 14-8]에서는 다음처럼 .spec.selector.matchLabels 필드 대신 .spec.selector. matchExpressions[] 필드로 원하는 레이블 조건을 설정할 수도 있습니다.

```
spec:
  selector:
    matchExpressions:
    - {key: stage, operator: In, values: [development]}
```

[코드 14-7]과 [코드 14-8]을 pv-hostpath-label.yaml과 pvc-hostpath-label.yaml로 저장하고 kubectl apply -f pv-hostpath-label.yaml 및 kubectl apply -f pvc-hostpath-label.yaml 명령으로 클러스터에 적용합니다.

14.6 파드에서 PVC를 볼륨으로 사용하기

[코드 14-9]를 참고해 앞에서 만든 PVC를 실제 파드에서 사용하도록 설정하겠습니다.

코드 14-9 PVC를 실제 파드에서 사용하는 설정 예(volume/deployment-pvc.yaml)

```
apiVersion: apps/v1
kind: Deployment
metadata:
  name: kubernetes-simple-app
  labels:
    app: kubernetes-simple-app
spec:
  replicas: 1
  selector:
    matchLabels:
      app: kubernetes-simple-app
  template:
    metadata:
      labels:
        app: kubernetes-simple-app
    spec:
      containers:
      - name: kubernetes-simple-app
        image: arisu1000/simple-container-app:latest
        ports:
        - containerPort: 8080
        imagePullPolicy: Always
```

```
        volumeMounts:
        - mountPath: "/tmp"              ❷
            name: myvolume
    volumes:
    - name: myvolume
        persistentVolumeClaim:           ❶
            claimName: pvc-hostpath
```

.spec.template.spec의 하위 필드에 볼륨 관련 설정이 있습니다.

❶ .spec.template.spec.volumes[].name 필드 값은 사용할 볼륨을 설정합니다. 여기에서
는 myvolume이라고 했습니다. .spec.template.spec.volumes[].persistentVolumeClaim
필드 값으로는 [코드 14–6]에서 만든 pvc-hostpath를 사용할 PVC로 설정합니다. 그럼
[코드 14–9] 디플로이먼트의 파드에서 사용할 myvolume이라는 볼륨을 준비한 것과 같
습니다.

❷ 준비한 볼륨을 실제 컨테이너에 연결하는 것은 .spec.template.spec.containers[].
vo lumeMounts[]의 하위 필드입니다. .mountPath 필드 값은 마운트 경로를 컨테이너의
/tmp 디렉터리로 설정했습니다. .name 필드 값은 마운트할 볼륨 이름인 myvolume을 설정
했습니다. 참고로 kubernetes-pvc-app 디플로이먼트는 /tmp 디렉터리에 app.log라
는 이름으로 접속 로그를 남깁니다.

[코드 14–9]를 deployment-pvc.yaml로 저장한 후 kubectl apply -f deployment-pvc.
yaml 명령으로 클러스터에 적용합니다. kubectl get pods 명령으로 파드 이름을 확인한 후
kubectl port-forward pods/파드이름 8080:8080 명령으로 파드에 접근할 수 있는 포트 번
호를 8080으로 설정합니다.

```
$ kubectl port-forward pods/kubernetes-simple-app-74cc5699b8-wxl92 8080:8080
```

웹 브라우저에서 localhost:8080에 몇 번 접속해봅니다. 그리고 명령 실행을 종료합니다.

앞에서 우리는 PV를 컨테이너 안 /tmp/k8s-pv라는 디렉터리에 만들도록 설정했었습니다. 그
럼 로컬 서버의 /tmp/k8s-pv 디렉터리가 컨테이너의 /tmp 디렉터리 하위에 마운트되었을 것
입니다. cat /tmp/k8s-pv/app.log 명령으로 이를 확인해보겠습니다.

```
$ cat /tmp/k8s-pv/app.log
[GIN] 2019/08/19 - 07:32:17 ¦ 200 ¦        777.2µs ¦       127.0.0.1 ¦ GET       /
[GIN] 2019/08/19 - 07:32:19 ¦ 200 ¦        241.2µs ¦       127.0.0.1 ¦ GET       /
[GIN] 2019/08/19 - 07:32:19 ¦ 200 ¦        138.9µs ¦       127.0.0.1 ¦ GET       /
```

kubernetes-simple-app 디플로이먼트의 접속 로그인 app.log가 컨테이너의 /tmp/app.log
에 남으므로 해당 로그 내용은 로컬 서버의 /tmp/k8s-pv/app.log에서 확인할 수 있습니다.

14.7 PVC 크기 늘리기

gcePersistentDisk, awsElasticBlockStore, cinder, glusterfs, rbd, azureFile, azureDisk,
portworxVolume 등의 볼륨 플러그인이라면 한번 할당한 PVC의 용량을 늘릴 수 있습니다.
이 기능을 사용하려면 .spec.storageClassName.allowVolumeExpansion 필드 값이 true로 설
정되어야 합니다.

PVC의 크기를 늘릴 때는 기존 .spec.resources.requests.storage 필드 값에 더 높은 용량을
설정한 후 클러스터에 적용합니다. 볼륨에서 사용 중인 파일 시스템이 XFS, Ext3, Ext4라면 파
일 시스템이 있더라도 볼륨 크기를 늘릴 수 있습니다. 파일 시스템이 있는 볼륨 크기를 늘리는
작업은 해당 PVC를 사용하는 새로운 파드를 실행할 때만 진행됩니다. 그래서 기존에 특정 파
드가 사용 중인 볼륨 크기를 늘리려면 파드를 재시작해야 합니다. 사용 중인 파드를 재시작하는
것은 아무래도 서비스 운영에 불편함이 있습니다. 그래서 쿠버네티스 1.11 버전에서는 사용 중
인 볼륨 크기를 조절하는 기능이 알파 버전으로 도입되었습니다. 자세한 내용은 쿠버네티스 공
식 블로그의 'Resizing Persistent Volumes using Kubernetes[4]'를 참고하기 바랍니다.

---

4 https://kubernetes.io/blog/2018/07/12/resizing-persistent-volumes-using-kubernetes/

14.8 노드별 볼륨 개수 제한

쿠버네티스에서는 노드 하나에 설정할 수 있는 볼륨 개수에 제한을 둡니다. kube-scheduler 컴포넌트의 KUBE_MAX_PD_VOLS 환경 변수를 이용해서 설정할 수 있습니다. 클라우드 서비스별로는 [표 14-3]과 같은 제한 사항이 있습니다.

표 14-3 클라우드 서비스별 볼륨 개수 제한

클라우드 서비스	노드별 최대 볼륨 개수
Amazon Elastic Block Store (EBS)	39
Google Persistent Disk	16
Microsoft Azure Disk Storage	16

15 클러스터 네트워킹 구성

이 장에서는 도커 컨테이터의 네트워킹과 쿠버네티스의 파드가 어떤 방식으로 서로 네트워킹하는지를 살펴봅니다. 그 후 쿠버네티스 서비스의 네트워킹도 살펴봅니다. 마지막에는 이러한 네트워킹에 사용하는 플러그인에 무엇이 있는지 간략하게 살펴봅니다.

15.1 파드 네트워킹

쿠버네티스의 원형인 구글 보그에서는 파드마다 IP를 할당하지 않고 노드의 포트를 다르게 할당해서 파드에 접근하는 방식을 사용했습니다. 이는 파드의 포트를 관리하기가 너무 불편합니다. 그래서 쿠버네티스를 개발할 때는 파드마다 IP 각각을 할당하도록 했습니다. 쿠버네티스는 여러 대 노드를 사용해서 클러스터를 구성한 후 노드별로 실행한 파드들이 IP를 이용해 서로 통신합니다. 이때 파드 각각은 컨테이너 하나가 아닌 여러 개 컨테이너로 구성됩니다. 그래서 일반적인 도커와는 네트워킹 구조가 다릅니다.

이 절에서는 파드에 어떻게 IP가 할당되고 어떤 원리로 클러스터 안에서 IP로 통신하는지 등 파드의 네트워킹을 살펴보겠습니다.

> **TIP**
> 15장의 실습은 2.4.2에서 살펴본 구글 클라우드 플랫폼의 Kubespray 환경에서 진행하길 권합니다. 윈도우나 macOS에서는 로컬 서버의 베스 확인이 어렵기 때문입니다.

15.1.1 도커 컨테이너의 네트워킹 이해하기

파드 네트워킹을 이해하려면 도커 컨테이너의 네트워킹을 이해해야 합니다. 먼저 [그림 15-1]의 일반적인 도커 브리지 타입 네트워크 구조를 살펴보겠습니다.

그림 15-1 도커 브리지 타입 네트워크 구조

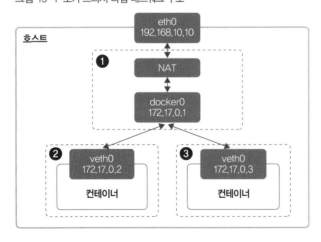

도커 브리지 타입 네트워크는 호스트 안에 docker0이라는 브리지를 추가해 컨테이너와 호스트 사이를 연결합니다. 점선으로 표시한 부분은 네트워크 네임스페이스입니다. 네트워크 네임스페이스는 별도의 ARP^{Address Resolution Protocol}[1], 라우팅, iptables가 있습니다.

1은 호스트 네트워크 네임스페이스 또는 디폴트 네트워크 네임스페이스라고 합니다. 호스트의 기본 네트워크는 여기서 만들어지고 관리합니다. **2**와 **3**은 컨테이너 네트워크 네임스페이스라고 합니다. 컨테이너를 생성할 때마다 만들어지고 컨테이너마다 별도의 네트워크를 사용할 수 있도록 합니다.

네트워크 네임스페이스는 서로 연결되기 전까지는 독립적으로 동작합니다. 도커는 네트워크 네임스페이스 각각을 서로 연결시켜주려고 베스^{virtual ethernet, veth}라는 가상 장치를 사용합니다. 베스는 한쪽 끝은 컨테이너, 다른 한쪽 끝은 호스트의 브리지(기본은 docker0 브리지)에 연결해서 호스트 네임스페이스와 컨테이너 네트워크 사이를 통신합니다. 도커 브리지 타입 네트워크에서는 별다른 설정이 없으면 172.17.0.1/24 사이의 IP를 사용합니다.

도커 컨테이너 네트워킹(도커 컨테이너와 호스트를 연결해 주는 네트워킹을 의미합니다)에는 방금 설명한 브리지 외에 오버레이^{overlay}, 맥브이랜^{macvlan}, 호스트, 링크 등의 타입을 사용합니다. 각 타입의 특징은 다음과 같습니다.

- **브리지 타입**: 호스트에 브리지를 만들고 컨테이너와 호스트는 베스를 이용해서 연결합니다. 이어서 더 자세히 설명할 것입니다.

- **오버레이 타입**: 여러 대 호스트가 있을 때 각 호스트에 있는 컨테이너 네트워크를 오버레이 네트워크(VXLAN)로 연결시킵니다. 도커 스웜에서 기본 네트워크로 사용합니다.

- **맥브이랜 타입**: 맥브이랜은 이더넷 장치 하나에서 여러 개 가상 MAC 주소를 할당하는 기술입니다. 이 기술을 활용해 컨테이너에 MAC 주소와 IP 주소를 할당합니다. 가상 네트워크 스위치를 사용하지 않으므로 브리지 타입보다 10~20% 정도 빠릅니다.

- **호스트 타입**: 컨테이너 네트워크 네임스페이스 대신 호스트의 네트워크 네임스페이스를 직접 사용합니다. 호스트의 IP를 직접 사용하므로 컨테이너의 네트워크 서비스 포트를 호스트에서도 확인할 수가 있습니다.

---

1 IP 주소를 MAC 주소로 변환하는 프로토콜입니다.

- **링크 타입:** 컨테이너별로 네트워크 네임스페이스를 만드는 것이 아니라 이미 생성되어 있는 네트워크 네임스페이스에 컨테이너를 연결합니다. 쿠버네티스 파드 네트워크의 기본입니다.

이제 2.4.2 [그림 2-27]을 참고해 Kubespray의 instance-1에 SSH 접속을 한 후 sudo -i 명령을 실행해 root 계정으로 접근합니다. 도커 네트워크는 docker network ls 명령으로 타입을 확인할 수 있습니다.

```
$ docker network ls
NETWORK ID       NAME        DRIVER        SCOPE
b81891ebfacc     bridge      bridge        local
dede52f412dc     host        host          local
62fc5dfa36d0     none        null          local
```

DRIVER 항목에서 bridge, host, none 타입이 기본 네트워크임을 확인할 수 있습니다.

네트워크 타입별 자세한 설정은 docker inspect 네트워크타입이름 명령으로 확인할 수 있습니다.

```
$ docker network inspect bridge
[
    {
        …
        "Driver": "bridge",
        "EnableIPv6": false,
        "IPAM": {
            "Driver": "default",
            "Options": null,
            "Config": [
                {
                    "Subnet": "172.17.0.0/16", ---------------------------- ❶
                    "Gateway": "172.17.0.1"
                }
            ]
        },
        …
        "Options": {
            "com.docker.network.bridge.default_bridge": "true",
            "com.docker.network.bridge.enable_icc": "true",
            "com.docker.network.bridge.enable_ip_masquerade": "false", ---- ❷
```

```
            "com.docker.network.bridge.host_binding_ipv4": "0.0.0.0",
            "com.docker.network.bridge.name": "docker0", ---------------- ❸
            "com.docker.network.driver.mtu": "1500"
        },
        "Labels": {}
    }
]
```

원 번호로 표시한 부분이 중요합니다. 각각 다음과 같은 설정입니다.

❶ 컨테이너에 할당될 서브넷 IP입니다. 172.17.0.0/16 사이로 설정됩니다. IP 주소를 바꾸려면 로컬 서버의 /etc/docker/daemon.json에서 해당 부분을 수정합니다.

❷ 호스트 네트워크 네임스페이스에서 172.17.0.0/16 사이의 서브넷 IP 주소가 설정된 네트워크에 네트워크 주소 변환NAT을 적용하지 않는다는 설정입니다.

❸ 컨테이너 네트워크 네임스페이스의 베스와 호스트의 네트워크 네임스페이스를 연결할 브리지 이름을 설정합니다. 만일 docker0외에 다른 브리지를 사용하려면, brctl이란 명령어로 미리 브리지를 만든 후 /etc/docker/daemon.json을 수정합니다.

그럼 실제로 네트워크 네임스페이스를 서로 연결했는지 도커 컨테이너에 할당된 베스 인터페이스를 확인하겠습니다. 먼저 docker run -it arisu1000/simple-container-app:latest 명령으로 도커 컨테이너를 하나 실행합니다. instance-1의 SSH 접속 창을 하나 더 실행한 후 sudo -i 명령과 docker ps 명령으로 이미지가 arisu1000/simple-container-app인 컨테이너 ID를 확인합니다. 그리고 해당 네임스페이스의 모든 네트워크 인터페이스를 보여주는 docker exec -it 컨테이너ID ip a 명령을 실행시키면 다음 결과를 출력합니다.

```
$ docker ps
CONTAINER ID    IMAGE                                      COMMAND
d126e83ec6e3    arisu1000/simple-container-app:latest      "./simple-container-…"

CREATED                 STATUS                   PORTS    NAMES
About a minute ago      Up About a minute                 brave_euclid

$ docker exec -it d126e83ec6e3 ip a
1: lo: <LOOPBACK,UP,LOWER_UP> mtu 65536 qdisc noqueue state UNKNOWN group default
    qlen 1
```

```
    link/loopback 00:00:00:00:00:00 brd 00:00:00:00:00:00
    inet 127.0.0.1/8 scope host lo
       valid_lft forever preferred_lft forever
14: eth0@if15: <BROADCAST,MULTICAST,UP,LOWER_UP> mtu 1500 qdisc noqueue state UP
    group default ·············· ❶
    link/ether 02:42:ac:11:00:02 brd ff:ff:ff:ff:ff:ff link-netnsid 0
    inet 172.17.0.2/16 brd 172.17.255.255 scope global eth0
       valid_lft forever preferred_lft forever
```

❶에는 '14: eth0@if15'라고 표시된 부분이 있습니다. 해당 베스가 if15와 연결되었다는 뜻입니다. 또한 '15:~'로 시작하는 항목이 없으므로 컨테이너의 네트워크 네임스페이스 안에는 if15번이 없음을 알 수 있습니다.

if15번은 호스트의 네트워크 네임스페이스에 있을 것입니다. 이를 확인하려면 exit 명령으로 로컬 서버에 돌아온 후 ip a 명령을 실행합니다.

```
$ ip a
...
3: docker0: <BROADCAST,MULTICAST,UP,LOWER_UP> mtu 1500 qdisc noqueue state UP
   group default
   link/ether 02:42:4e:0e:37:00 brd ff:ff:ff:ff:ff:ff
   inet 172.17.0.1/16 brd 172.17.255.255 scope global docker0
      valid_lft forever preferred_lft forever
15: vethc5677c1@if14: <BROADCAST,MULTICAST,UP,LOWER_UP> mtu 1500 qdisc noqueue
    master docker0 state UP group default ·············· ❶
    link/ether 42:8c:ec:05:d3:e4 brd ff:ff:ff:ff:ff:ff link-netnsid 0
```

❶에는 '15: vethc5677c1@if14'처럼 15번 장치가 있고 14번에 연결된 것을 확인할 수 있습니다. 베스는 이렇게 양쪽 끝을 서로 다른 네트워크 네임스페이스 또는 장치에 연결할 수 있으므로 베스쌍veth pair이라고도 합니다.

이제 마무리로 docker run -it arisu1000/simple-container-app:latest 명령으로 실행한 컨테이너를 강제 종료해둡니다.

15.1.2 파드 네트워킹 이해하기

쿠버네티스는 도커와는 달리 파드 단위로 컨테이너들을 관리합니다. 파드는 쿠버네티스에서 생성한 pause라는 컨테이너와 사용자가 생성한 컨테이너들의 그룹을 말합니다. 그래서 파드 하나에 속한 컨테이너들은 같은 IP를 갖습니다.

[그림 15-2]는 파드의 네트워킹 구조를 나타냅니다.

그림 15-2 파드 네트워크 구조

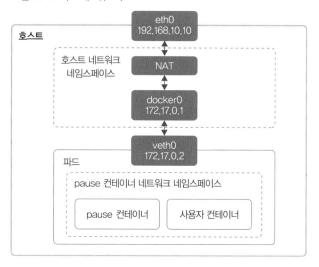

파드에 속한 컨테이너들은 veth0 하나를 공유합니다. 이 기능은 도커 네트워크 타입 중 링크를 사용해 구현했습니다. 그래서 같은 파드에 속한 컨테이너들은 모두 IP(pause 컨테이너 네트워크 네임스페이스의 인터페이스 IP) 하나를 갖는 것입니다. 그림의 pause 컨테이너가 파드의 기반인 인프라 컨테이너며 쿠버네티스가 생성하고 관리합니다.

파드의 veth0은 pause 컨테이너 네트워크 네임스페이스에 속한 장치입니다. 같은 파드 안 다른 컨테이너들은 해당 pause 컨테이너 네트워크 네임스페이스를 공유해 사용합니다. 그래서 pause 컨테이너가 변하지 않으면 사용자 컨테이너들은 재시작을 하더라도 veth0과 veth0에 할당된 IP를 사용합니다. 반대로 pause 컨테이너에 문제가 발생하면 veth0를 이용할 수 없으므로 다른 사용자 컨테이너가 정상이더라도 네트워크 통신을 할 수 없습니다.

파드 하나에 여러 개 컨테이너가 생성되더라도 컨테이너 각각에 할당된 IP는 변하지 않습니다. 같은 파드 안 컨테이너는 로컬 IP 주소(127.0.0.1)로 서로 통신할 수 있습니다.

그 예를 살펴보겠습니다. 먼저 컨테이너 2개(nginx, ubuntu)로 이루어진 파드를 생성하는 [코드 15-1]을 살펴보겠습니다.

코드 15-1 nginx, Ubuntu 컨테이너로 이루어진 파드 생성(networking/podtest.yaml)

```
apiVersion: v1
kind: Pod
metadata:
  name: podnet-01 ---- ❶
spec:
  containers:
  - name: web -------- ❷
    image: nginx
  - name: ubuntu ----- ❸
    image: ubuntu:16.04
    command: ["/bin/sh", "-c", "while : ;do curl http://localhost:80/; sleep 10;
              done"]
```

❶ 파드 이름인 .metadata.name 필드 값은 podnet-01로 설정하고 ❷ nginx 컨테이너는 첫 번째 .spec.containers[].name 필드 값을 web, 첫 번째 .spec.containers[].image 필드 값을 nginx로 설정합니다. ❸ ubuntu 컨테이너는 두 번째 .spec.containers[].name 필드 값을 Ubuntu, 두 번째 .spec.containers[].image 필드 값을 Ubuntu:16.04로 설정합니다.

vi podtest.yaml 명령을 실행해 [코드 15-1]을 입력해 저장하고 kubectl apply -f podtest.yaml 명령으로 클러스터에 적용합니다.

다음으로 컨테이너 2개가 같은 네트워크를 사용하는지 확인하겠습니다. 먼저 다음 명령을 실행해 nginx 컨테이너에 ip 명령어를 설치하고, ubuntu 컨테이너에 ip 명령어와 curl 명령어를 설치합니다.

```
$ kubectl exec podnet-01 -c web -- apt-get update
$ kubectl exec podnet-01 -c web -- apt-get install -y iproute2
$ kubectl exec podnet-01 -c ubuntu -- apt-get update
$ kubectl exec podnet-01 -c ubuntu -- apt-get install -y curl iproute2
```

이어서 kubectl exec 파드이름 -c 컨테이너이름 -- '/sbin/ip' 'a' 명령을 파드의 컨테이너 각각에 실행하는 방식으로 할당된 IP를 확인합니다.

```
$ kubectl exec podnet-01 -c web -- '/sbin/ip' 'a'
...
17: eth0@if18: <BROADCAST,MULTICAST,UP,LOWER_UP> mtu 1500 qdisc noqueue state UP
group default
    link/ether 8e:df:b0:60:9d:00 brd ff:ff:ff:ff:ff:ff link-netnsid 0
    inet 172.17.0.2/16 brd 172.17.0.0 scope global eth0
 ...
$ kubectl exec podnet-01 -c ubuntu -- '/sbin/ip' 'a'
...
17: eth0@if18: <BROADCAST,MULTICAST,UP,LOWER_UP> mtu 1500 qdisc noqueue state UP
group default
    link/ether 8e:df:b0:60:9d:00 brd ff:ff:ff:ff:ff:ff link-netnsid 0
    inet 172.17.0.2/16 brd 172.17.0.0 scope global eth0
 ...
```

컨테이너 각각에 할당된 IP가 같습니다. 이는 두 컨테이너가 같은 pause 컨테이너의 네트워크를 사용한다는 뜻입니다.

이번에는 명령 두 가지로 ubuntu 컨테이너에서 web 컨테이너의 nginx에 접근하겠습니다.

```
$ kubectl exec podnet-01 -c ubuntu -- 'curl' 'http://localhost'
 ...
<h1>Welcome to nginx!</h1>
<p>If you see this page, the nginx web server is successfully installed and
working. Further configuration is required.</p>
 ...
$ kubectl exec podnet-01 -c ubuntu -- 'ps'
  PID TTY          TIME CMD
    1 ?        00:00:00 sh
 4900 ?        00:00:00 sleep
 4901 ?        00:00:00 ps
```

kubectl exec podnet-01 -c ubuntu -- 'curl' 'http://localhost' 명령은 ubuntu 컨테이너에서 curl 명령어로 로컬 네트워크의 웹 서버에 요청을 보낸 결과를 나타낸 것입니다. 정상적으로 응답하는 것을 알 수 있습니다.

kubectl exec podnet-01 -c ubuntu -- 'ps' 명령은 ubuntu 컨테이너 안에서 실행 중인 프로세스 리스트를 나타낸 결과입니다. 웹 서버 프로세스(nginx)는 없는 것을 알 수 있습니다. 웹 서버 요청의 응답은 web 컨테이너에서 한 것인데 웹 서버 프로세스가 보이지 않는 것은 파드 안에 있는 컨테이너가 네트워크 네임스페이스만 공유하고 나머지 네임스페이스(프로세스, 파일 시스템 등)는 공유하지 않기 때문입니다.

이제 kubectl get pods -o wide 명령을 실행한 후 NODE 항목을 참고해 [코드 15-1]의 파드가 어떤 노드에 있는지 확인합니다. 그리고 exit 명령을 실행해 root 계정에서 잠시 로그아웃한 후 ssh 노드이름 -- 'sudo -i' 'docker ps' 명령을 실행해 해당 노드에서 [코드 15-1] 파드의 web 혹은 ubuntu의 컨테이너 ID를 확인합니다.

```
$ ssh instance-5 -- 'sudo -i' 'docker ps'
CONTAINER ID   IMAGE                              NAMES
9a01903e0085   9499db781771                       k8s_ubuntu_podnet-01_default_...
c09823cbd0e9   nginx               # 중간 생략      k8s_web_podnet-01_default_...
df5fe73909b5   k8s.gcr.io/pause:3.3               k8s_POD_podnet-01_default_...
```

다음으로 ssh 노드이름 -- 'sudo -i' 'docker inspect 컨테이너ID | grep Network' 명령으로 파드에서 사용 중인 컨테이너의 NetworkMode를 살펴보겠습니다.

```
$ ssh instance-5 -- 'sudo -i' 'docker inspect c09823cbd0e9 | grep Network'
        "NetworkMode": "container:ed9f1847236b ... 0847f0ea5c9a",
```

bridge나 host가 아닌 container입니다. ed9f1847236b... 문자열은 pause 컨테이너의 해시 값입니다. 즉, 이 컨테이너가 pause 컨테이너의 네트워크를 공유해서 사용한다는 뜻입니다. 참고로 파드에 접근할 때는 파드의 IP를 이용하고, 파드 안에서 컨테이너 사이의 구분은 포트port를 이용합니다.

지금까지는 노드 하나에서 파드 네트워크가 어떻게 구성되었는지 알아본 것입니다. 다음으로 노드 하나가 아닌 여러 대 노드에 나눠서 실행되는 파드 사이에 어떻게 통신하는지 알아보겠습니다. 먼저 여러 대 노드가 구성되었다고 생각했을 때 단순히 노드가 늘어난다고 생각하면 [그림 15-3] 같은 구조를 생각할 수 있습니다.

그림 15-3 멀티 노드 단순 네트워크의 예

멀티 노드 파드 네트워크 구조

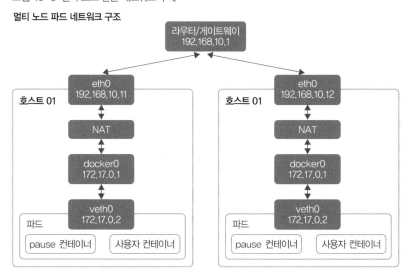

호스트가 2대 있고 서로 라우터/게이트웨이로 연결되어 있습니다. 호스트 각각의 IP(eth0의 192.168.10.11과 192.168.10.12)는 서로 다릅니다.

[그림 15-3]에서 봐야 할 부분은 호스트 안 IP들입니다. 단순히 호스트가 여러 대로 늘어난 구조라면 도커 브리지인 docker0의 IP는 두 호스트 모두 172.17.0.1로 같습니다. 호스트 각각에 있는 파드의 IP도 172.17.0.2로 같습니다.

쿠버네티스에서는 파드 각각이 모두 고유의 IP를 갖도록 구성한다고 했습니다. 그런데 [그림 15-3] 같은 구조라면 호스트 안 파드들은 서로 다른 IP를 갖겠지만, 호스트는 다르고 IP는 같은 파드가 있을지도 모릅니다. 그리고 파드 IP가 같으면 172.17.0.2라는 IP로 요청이 왔을 때 호스트 01과 호스트 02 중 어떤 호스트에 있는 파드로 패킷이 가야 할지 결정할 수 없습니다. 제대로 된 네트워크 구성이 아닙니다.

그럼 이러한 문제를 어떻게 해결할까요? [그림 15-4]와 같은 쿠버네티스의 멀티 노드 파드 네트워크를 살펴보겠습니다.

그림 15-4 CNI 기반의 멀티 노드 파드 네트워크

멀티 노드 파드 네트워크 구조

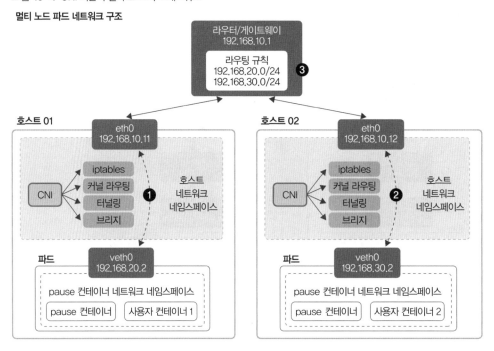

[그림 15-3]과 가장 큰 차이는 파드 IP가 호스트별로 다른 것(호스트 01의 veth0는 192.168. 20.2, 호스트 02의 veth0는 192.168.30.2)입니다. 그리고 [그림 15-4]의 **1**, **2**는 각각 다르게 할당된 파드 IP를 호스트의 인터페이스를 거쳐 다른 호스트로 보내고 받는 것을 뜻합니다.

이때 호스트 네트워크 네임스페이스의 각종 네트워크 기능들(iptables, 커널 라우팅, 터널링, 브리지)을 사용해야만 합니다. 이 역할을 하는 것을 쿠버네티스는 CNI^Container Network Interface^라고 합니다. 표준이기도 하고 플러그인의 이름이기도 합니다. 이전에 오픈스택이란 가상 머신 오케스트레이션 도구를 사용해보신 분이라면 이 표준 영역을 ML2라고 하고 다른 네트워크 벤더나 소프트웨어 회사가 네트워크 플러그인 개발에 참여할 수 있도록 했다는 사실을 기억할 것입니다.

쿠버네티스도 파드와 호스트 인터페이스를 연결하는 부분을 별도의 모듈로 분리해서 여러 네트워크 플러그인을 같이 사용할 수 있도록 했습니다. 네트워크 플러그인에 따라서 호스트 네트워크를 구성하는 방법과 특성이 천차만별입니다. 대표적인 플러그인에는 플라넬[2], 칼리코[3], 실리엄 등이 있습니다.

---

2 https://github.com/coreos/flannel
3 https://www.projectcalico.org

[그림 15-4] **3**은 특정 CNI가 커널 라우팅 기능과 동적 라우팅 기능으로 외부 라우터에 각 호스트 사이 라우팅을 정의해둔 것입니다. 이렇게 외부 라우터를 사용하면 기존 네트워킹 환경을 활용할 수 있다는 장점이 있습니다. 하지만 컨테이너 라우팅까지 고려한 네트워크를 만들어야 해서 고려할 점이 더 늘어 나는 단점도 있습니다. 그래서 CNI를 선택할 때는 쿠버네티스를 실행할 기존 환경들을 고려해야 합니다.

15.2 쿠버네티스 서비스 네트워킹

앞 절에서는 쿠버네티스 파드 사이에 어떻게 통신하는지 알아봤습니다. 그런데 쿠버네티스에서 실제 서비스용으로 앱 컨테이너를 사용한다면 단순히 파드와 파드 사이의 통신만 할 때는 잘 없습니다. 보통 여러 개 파드를 실행하고 해당 파드들의 앞에 쿠버네티스 서비스를 두고 사용합니다. 그래서 실제 클러스터 안에서 통신할 때는 쿠버네티스 서비스의 IP를 거치도록 합니다.

이 절에서는 쿠버네티스 서비스 IP를 ClusterIP나 NodePort 타입 서비스로 구성했을 때 어떤 과정으로 쿠버네티스 서비스를 거쳐서 실제 파드까지 패킷이 가는지 알아보겠습니다.

쿠버네티스는 파드용 CIDR^Classless Inter-Domain Routing**4**과 서비스용 CIDR을 별도로 지정합니다. 파드용 CIDR은 마스터용 컴포넌트들을 실행할 때 --cluster-cidr 옵션을 이용해서 설정합니다. 서비스용 CIDR은 --service-cluster-ip-range 옵션을 이용해서 설정합니다. 옵션이 다른 만큼 파드와 서비스는 서로 다른 IP 대역을 사용합니다.

그런데 15.1.2에서 살펴본 파드 네트워크 구성에서는 파드 각각의 이더넷 디바이스나 라우터 등의 장치에서 서비스용 IP 대역 정보를 찾을 수 없었습니다. 이건 어디서 처리할까요? [그림 15-5]를 살펴보겠습니다.

---

4 클래스 없는 도메인 사이의 라우팅 기법입니다. 주소들을 그룹으로 만든 후 라우팅 테이블 항목 하나에 넣어 라우팅을 실행합니다. https://ko.wikipedia.org/wiki/사이더_(네트워킹) 참고.

그림 15-5 쿠버네티스 서비스 네트워크

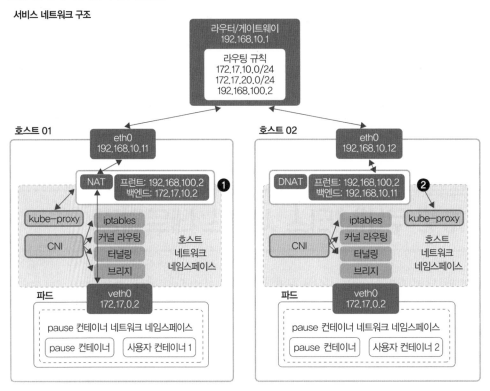

쿠버네티스에서 NodePort 타입 서비스를 생성하면 [그림 15-5] **1**처럼 쿠버네티스 서비스의 엔드포인트가 있는 호스트에 NAT 테이블이 생성됩니다. 사용자가 지정한 서비스용 IP 중의 하나를 파드의 IP와 연결시켜줍니다. 이 기능을 kube-proxy가 담당합니다.

외부에서 [그림 15-5]처럼 서비스 IP에 접근하면 호스트 01까지는 라우팅을 이용해 도달하고, 그 다음은 NAT를 이용해 파드로 접근할 수 있습니다. 쿠버네티스의 NodePort 타입 서비스에서는 쿠버네티스 슬레이브 중 어디로 접근하든 지정된 파드로 연결됩니다.

[그림 15-5] **2**처럼 지정된 파드가 없는 슬레이브로 접근하면 다시 지정된 파드가 있는 호스트로 패킷을 전달하려고 DNAT(목적지 주소를 바꿈)를 호스트 01로 합니다. 이 과정 역시 kube-proxy가 담당합니다.

실제 예로 좀 더 자세히 살펴보겠습니다. 먼저 NodePort 타입 서비스로 연결할 파드를 생성합니다. [코드 15-2]는 nginx를 80번 포트로 생성하는 파드의 예입니다.

코드 15-2 nginx로 구성된 파드 생성(networking/pod.yaml)

```
apiVersion: v1
kind: Pod
metadata:
  name: podnet-02
  labels:
    service-name: podnet-02
spec:
  containers:
  - name: my-nginx
    image: nginx          # nginx 이미지로 파드 구성
    ports:
    - containerPort: 80    # 80번 포트로 생성
```

다시 sudo -i 명령으로 root 계정으로 바꾼 후 vi pod.yaml 명령을 실행해 [코드 15-2]를 pod.
yaml로 저장합니다. 이어서 kubectl create -f pod.yaml 명령으로 클러스터에 쿠버네티스 파
드를 적용합니다.

파드 생성이 잘 되었으면 kubectl get pods 명령어로 확인합니다.

```
$ kubectl get pods
NAME         READY   STATUS    RESTARTS   AGE
podnet-02    1/1     Running   0          48m
```

STATUS 항목이 Running이므로 파드가 잘 생성된 것을 확인할 수 있습니다. 파드가 잘 생성되
었으면 이 파드를 외부로 노출시킬 서비스를 생성할 차례입니다. [코드 15-3]은 NodePort 타
입 쿠버네티스 서비스를 만드는 예입니다.

코드 15-3 NodePort 타입 서비스로 네트워크 구성(networking/service.yaml)

```
apiVersion: v1
kind: Service
metadata:
  name: nginx-nodeport
spec:
  type: NodePort
  selector:
    service-name: podnet-02   # podnet-02라는 이름의 파드를 서비스의 백엔드로 구성
  ports:
```

```
    - protocol: TCP           # TCP만 적용
      port: 80                # 호스트 각각에서 외부로 노출할 포트 번호
      targetPort: 80          # 컨테이너 포트 번호
```

vi 편집기로 [코드 15-3]을 service.yaml로 저장한 후 kubectl create -f service.yaml
명령으로 클러스터에 쿠버네티스 서비스를 적용합니다. 서비스 생성이 잘 되었으면 kubectl
describe service 서비스이름 명령으로 서비스 설정을 확인합니다.

```
$ kubectl describe service nginx-nodeport
Name:                     nginx-nodeport
Namespace:                default
Labels:                   <none>
Annotations:              <none>
Selector:                 service-name=podnet-02 ---- ❶
Type:                     NodePort
IP Family Policy:         SingleStack
IP Families:              IPv4
IP:                       192.168.15.19 ------------- ❷
IPs:                      192.168.15.19
Port:                     <unset>  80/TCP ---------- ❸
TargetPort:               80/TCP ------------------- ❹
NodePort:                 <unset>   31906/TCP ------- ❺
Endpoints:                192.168.5.148:80 --------- ❻
Session Affinity:         None
External Traffic Policy:  Cluster
Events:                   <none>
```

출력 결과의 주요 부분은 다음과 같은 뜻입니다.

❶ 쿠버네티스 서비스가 선택한 백엔드 파드 이름이 service-name=prodnet-02입니다.

❷ 쿠버네티스 서비스에서 사용할 수 있는 IP 중 192.168.15.19가 할당된 것입니다.

❸ 쿠버네티스 서비스용 포트가 할당된 것입니다.

❹ 컨테이너 포트입니다. 요청한대로 80번 포트와 서비스를 연결하도록 설정되어 있습니다.

❺ 실제 호스트에서 컨테이너와 매핑된 포트 번호를 나타냅니다. kube-proxy에서 생성한
   NAT가 포트로 연결될 것입니다.

❻ ❷의 조건을 만족하는 파드 IP입니다.

다음으로 파드가 실행되는 호스트로 접근해서 NAT 테이블을 확인하겠습니다. 먼저 노드를 확인하는 kubectl get pods -l 필터링조건 명령을 실행합니다.

```
$ kubectl get pods -l service-name=podnet-02 -o wide
NAME        READY   STATUS    RESTARTS   AGE    IP               NODE
podnet-02   2/2     Running   0          23h    192.168.5.148    instance-4
```

NODE 항목에서 파드가 위치한 호스트가 instance-4(IP는 192.168.5.148)임을 알려줍니다.

exit 명령으로 root 계정에서 로그아웃한 후 ssh 노드이름 -- 'sudo iptables -t nat -L' 명령을 실행합니다.

```
$ ssh instance-4 -- 'sudo iptables -t nat -L'
...
Chain KUBE-SERVICES (2 references)
target                       prot opt source
KUBE-SVC-37ROJ3MK6RKFMQ2B    tcp  --  0.0.0.0/0  192.168.15.19


destination
/* default/nginx-nodeport: cluster IP */ tcp dpt:80 -------------------- ❶
...
Chain KUBE-SVC-37ROJ3MK6RKFMQ2B (2 references)
target                       prot opt source
KUBE-SEP-UMS2IAWA6YJ2EDQE    all  --  0.0.0.0/0            0.0.0.0/0


destination
/* default/nginx-nodeport: */ ----------------------------------------- ❷
...
Chain KUBE-SEP-UMS2IAWA6YJ2EDQE (1 references)
target          prot opt source
KUBE-MARK-MASQ  all  --  192.168.5.148         0.0.0.0/0
DNAT            tcp  --  0.0.0.0/0             0.0.0.0/0


destination
/* default/nginx-nodeport: */
/* default/nginx-nodeport: */ tcp to:192.168.5.148:80 ----------------- ❸
```

❶ 목적지 주소가 192.168.15.19인 모든 패킷은 KUBE-SVC-37ROJ3MK6RKFMQ2B라
는 iptables 체인으로 전달합니다.

❷ 이곳의 iptables 체인으로 전달하는 모든 패킷은 KUBE-SEP-UMS2IAWA6YJ2EDQE로 전달합니다. SEP는 서비스 엔드포인트Service EndPoint의 줄임말입니다. ❶의 iptables 체인에서 바로 SEP에 패킷을 보내지 않는 이유는 서비스 엔드포인트가 2개 이상, 즉 2개 이상의 파드로 구성된 서비스일 때를 고려하는 것입니다. ❷의 iptables 체인에서 통계 기반으로 서비스 엔드포인트 각각에 패킷을 나눠줍니다. 로드밸런서가 엔드포인트 각각에 특정 방식(라운드로빈, 리스트 연결 등)으로 패킷을 분배하는 것과 같은 효과를 만듭니다.

❸ 이곳의 iptables 체인에서는 서비스 IP에서 전달받은 패킷의 목적지 주소를 목적지 파드 IP와 포트로 전달합니다.

NAT 영역의 설정은 kube-proxy가 담당합니다. kube-proxy가 kube-apiserver를 지켜보다가 파드에 변경 사항이 발생하면 설정된 서비스(프런트, 백엔드) 각각에 해당하는 NAT 규칙을 업데이트합니다. 그래서 쿠버네티스 클러스터 안 모든 노드에는 kube-proxy가 설치되어 있습니다.

쿠버네티스 초기에는 kube-proxy가 직접 패킷을 받아서 IP를 변환했으므로 성능 이슈가 있었습니다. 그래서 현재는 넷필터Netfilter 기반의 iptables를 이용하는 것이 기본 옵션입니다. kube-proxy가 직접 패킷을 변환하는 것이 아니라 iptables에 규칙만 업데이트합니다. 그런데 파드와 서비스가 많아져서 iptables에 업데이트하는 규칙이 수천 개 단위면 이마저도 성능에 이슈가 있습니다. 이 때문에 요즘은 IPVSIP Virtual Server를 사용하는 기능이 등장했습니다.

15.3 네트워크 플러그인

지금까지 소개한 쿠버네티스 네트워크 구조를 실제로 구성할 때는 CNI를 지원하는 네트워크 플러그인을 사용합니다. 상용 클라우드 서비스인 구글 클라우드 플랫폼, 아마존 웹 서비스, 애저 등을 사용할 때는 이런 네트워크 플러그인을 직접 설정하지 않고 클라우드 서비스 각각에서 제공하는 기능을 사용하면 됩니다.

하지만 쿠버네티스 클러스터를 직접 구성한다면 쿠버네티스 클러스터 네트워크도 직접 구성해야 합니다. 플라넬Flannel, 칼리코calico, 캐널canal(칼리코 + 플라넬), kube-router, 로마나romana, 위브넷weavenet, 실리엄cilium, 컨티브contiv, 멀터스multus 등 다양한 네트워크 플러그인을 사용할 수 있습니다. 그런데 처음 쿠버네티스를 배우는 분이라면 다양한 네트워크 플러그인 중에서 어떤 것을 선택할지 결정하는 것조차 부담일 것입니다. 쿠버네티스에 입문하는 사람 대부분은 네트워크 전문가가 아니라 쿠버네티스 위에 본인이 만든 앱 컨테이너를 사용하려는 개발자이기 때문입니다.

네트워크 플러그인은 자세하게 소개하려면 플러그인마다 책 한 권을 써야 할 만큼 내용이 방대합니다. 이 책에서는 자주 사용하는 몇 가지 네트워크 플러그인만 간단하게 소개하겠습니다.

참고로 네트워크 플러그인은 쿠버네티스 설치 도구인 Kubeadm이나 Kubespray의 옵션을 이용하면 간단하게 설치할 수 있습니다. Kubeadm 공식 문서의 'Installing a pod network add-on[5]'이나 Kubespray 깃허브 저장소의 네트워크 플러그인 관련 문서인 'Network Plugins[6]'를 참고하기 바랍니다.

15.3.1 플라넬

플라넬은 코어OS에서 만든 네트워크 플러그인입니다. 쿠버네티스 위에 레이어 3 네트워크를 구성할 수 있는 간단하고 쉬운 방법을 제공합니다. 파드의 IP를 관리하는 별도의 데이터베이스 등을 필요로 하지 않습니다. 오버레이 타입의 네트워크 구성 방법으로 VXLAN을 지원합니다. 네트워크를 구성하기 쉽지만 쿠버네티스에서 설정하려는 네트워크 정책 등을 지원하지 않는다는 단점이 있습니다.

15.3.2 칼리코

칼리코는 쿠버네티스 클러스터 네트워크를 직접 구성할 때 가장 기본으로 선택하는 플러그인입니다. Kubespray에서도 기본 네트워크 플러그인으로 선택했을 정도입니다.

쿠버네티스에서는 여러 가지 네트워크 정책을 설정할 수 있습니다. 그런데 일부 플러그인들은 그런 설정들을 모두 지원하지 못합니다. 하지만 칼리코는 쿠버네티스 네트워크 정책 대부분을

---

5 https://kubernetes.io/docs/setup/production-environment/tools/kubeadm/create-cluster-kubeadm/#pod-network
6 https://github.com/kubernetes-sigs/kubespray/blob/master/README.md#network-plugins

구현하고 있습니다. 그래서 실제 서비스에 쿠버네티스를 사용할 때 직접 네트워크를 구성해야 한다면 칼리코를 사용하는 것이 가장 좋은 선택으로 생각합니다.

칼리코는 BGP^Border Gateway Protocol[7] 기반의 레이어 3 네트워크를 구성할 수 있습니다. 보유한 네트워크 장비들이 BGP를 지원한다면 오버레이 타입의 네트워크를 구성하지 않고 네이티브^native 클러스터 네트워크를 구성할 수도 있습니다. 이는 클러스터의 파드로 접근할 때 서비스나 인그레스를 거치지 않고 클러스터 외부에서 직접 파드의 IP를 이용해 접근할 수 있다는 뜻입니다.

실제 서비스를 운영할 때 파드로 직접 접근할 일은 거의 없습니다. 하지만 이렇게 구성하면 오버레이 타입의 네트워크를 구성할 때 필요한 추가 부분들이 없어지므로 네트워크 성능이 좋아진다는 장점이 있습니다. 물론 이런 구성이 어려울 때는 오버레이 타입의 네트워크를 구성할 수도 있습니다. 이때는 IP-in-IP 모드의 터널 네트워크를 이용해 네트워크를 구성합니다.

15.3.3 실리엄

실리엄은 새롭게 주목하는 네트워크 플러그인입니다. 리눅스 커널에 포함된 BPF^Berkeley Packet Filter 기능을 이용합니다. BPF는 시스템을 재시작할 필요 없이 실행 중 필요한 기능을 커널에 추가하는 기술입니다. 실리엄은 BPF의 구현 중 하나인 XDP^eXpress Data Path를 이용해 시스템 실행 중 네트워크 경로를 조정합니다.

커널 수준에서 네트워크 경로를 조정할 수 있으므로 같은 노드에 있는 컨테이너들이라면 통신 성능이 많이 좋아집니다. 보통 같은 노드에 있는 컨테이너들이라도 컨테이너 2개가 통신하려면 패킷이 커널을 거쳐 네트워크 카드까지 갔다가 다시 커널을 거쳐 다른 컨테이너까지 갑니다. 하지만 실리엄을 사용하면 패킷이 커널까지 갔을 때 XDP 설정에 따라 같은 노드에 있는 컨테이너인지 확인합니다. 같은 노드에 있다면 네트워크 카드까지 패킷을 보내지 않고 중간에 가로채서 바로 다른 컨테이너 쪽으로 패킷을 전달할 수 있습니다.

이런 장점 때문에 실리엄을 사용할 때는 CPU, 메모리 등의 사양이 좋은 노드들로 클러스터를 구성하고 연관성이 있는 파드들을 같은 노드에 실행하도록 설정합니다. 네트워크 통신 부분에서 많은 이득을 볼 수 있습니다.

---

7 인터넷에서 주 경로 지정을 담당하는 프로토콜 종류 중 하나입니다. 인터넷에서 자율 시스템의 라우팅 및 도달 가능성 정보를 교환 하려고 설계했습니다. https://ko.wikipedia.org/wiki/경계_경로_프로토콜 참고.

16 쿠버네티스 DNS

이 장에서는 클러스터 안에서 DNS를 사용하는 방법, kube-dns와 CoreDNS의 질의 구조, 파드 안에 DNS를 직접 설정하는 방법 등 쿠버네티스 DNS의 여러 가지를 살펴봅 니다.

16.1 쿠버네티스 DNS

쿠버네티스에서는 클러스터 안에서만 사용하는 DNS를 설정할 수 있습니다. 그럼 파드 사이에 통신할 때 IP가 아닌 도메인을 사용할 수 있습니다.

예를 들어 어떤 클러스터에 적용한 템플릿에서 파드 사이 통신을 도메인으로 하도록 설정한다면 수정 없이 다른 클러스터에서 적용할 수도 있습니다. 또한 특정 파드나 디플로이먼트를 도메인으로 접근하도록 설정했다면 문제가 생겨서 파드나 디플로이먼트를 재생성할 때 자동으로 변경된 파드의 IP를 도메인에 등록합니다. 자연스럽게 새로 실행한 파드로 연결할 수 있습니다. IP로 통신하도록 설정했다면 IP 대역이 다를 때 템플릿에서 해당 IP 대역을 사용하도록 수정한 후 다른 클러스터에 적용해야 하므로 번거롭습니다.

DNS를 클라이언트나 API 게이트웨이가 호출할 서비스를 찾는 서비스 디스커버리^{service discovery} 용도로 사용할 수도 있습니다. 전문적인 서비스 디스커버리를 사용하려면 다른 서비스 디스커버리 도구를 사용해야 하겠지만, 파드가 삭제되었다가 같은 이름으로 재생성됐다거나 이와 비슷한 간단한 상황이라면 DNS를 이용할 수 있습니다.

쿠버네티스에서는 처음에 kube-dns라는 DNS를 사용했지만 버전 1.11부터 CoreDNS를 사용할 수 있도록 바뀌었습니다. 버전 1.13부터는 CoreDNS가 기본 DNS가 되었습니다. CoreDNS는 2019년 1월 CNCF의 네 번째 졸업 프로젝트가 되었습니다.

16.2 클러스터 안에서 도메인 사용하기

쿠버네티스에서 사용하는 내부 도메인은 서비스와 파드를 대상으로 사용하며 일정한 패턴이 있습니다. 쿠버네티스의 특정 서비스에 접근하는 도메인은 '서비스이름.네임스페이스이름.svc. cluster.local'처럼 구성합니다. 예를 들어 aname이라는 네임스페이스에 속한 bservice라는 서비스가 있다면 접근하는 도메인은 bservice.aname.svc.cluster.local입니다. bservice. aname 순서로 서비스 이름과 네임스페이스 이름을 연결한 후 svc.cluster.local을 붙인 것입니다.

특정 파드에 접근하는 도메인은 '파드IP주소.네임스페이스이름.pod.cluster.local'처럼 구성합니다. 예를 들어 default 네임스페이스에 속한 cpod(10.10.10.10)라는 이름의 파드에 접근하는 도메인은 10-10-10-10.default.pod.cluster.local입니다. 이때 cpod의 IP인 10.10.10.10에서 '.'을 '-'로 변경한다는 점에 주의합니다.

하지만 파드의 IP를 그대로 도메인에 포함시키면 도메인을 사용할 이유가 없습니다. 그래서 [코드 16-1]처럼 파드의 템플릿에 호스트네임과 서브 도메인을 설정해서 사용하는 것이 좋습니다.

코드 16-1 파드에 호스트네임과 서브 도메인 설정(addon/dns-deployment.yaml)

```
apiVersion: apps/v1
kind: Deployment
metadata:
  name: kubernetes-simple-app
  labels:
    app: kubernetes-simple-app
spec:
  replicas: 1
  selector:
    matchLabels:
      app: kubernetes-simple-app
  template:
    metadata:
      labels:
        app: kubernetes-simple-app
    spec:
      hostname: appname ---------------- ❶
      subdomain: default-subdomain ---- ❷
      containers:
      - name: kubernetes-simple-app
        image: arisu1000/simple-container-app:latest
        ports:
        - containerPort: 8080
```

❶ .spec.template.spec.hostname 필드 값으로 appname을 설정했고 ❷ .spec.template. spec.subdomain 필드 값으로 default-subdomain을 설정했습니다.

그럼 파드에 접근할 수 있는 도메인은 '호스트네임이름.서브도메인이름.네임스페이스이름.svc. cluster.local'입니다. [코드 16-1]이라면 appname.default-subdomain.default.svc. cluster.local로 생성됩니다. 여기서 기억할 점은 도메인의 마지막에 붙인 이름이 pod.cluster. local가 아니라 svc.cluster.local이라는 것입니다.

[코드 16-1]을 dns-deployment.yaml로 저장한 후 kubectl apply -f dns-deployment. yaml 명령으로 클러스터에 적용합니다. 실제로 앞 도메인 이름으로 파드에 접근할 수 있는지 확인하겠습니다. 먼저 kubectl get pods -o wide 명령을 실행합니다.

```
$ kubectl get pods -o wide
NAME                                      READY   STATUS    RESTARTS   AGE
kubernetes-simple-app-7fb9bb76c4-jlnn7    1/1     Running   0          38s


IP           NODE
10.1.7.41    docker-desktop
```

파드 이름과 IP를 확인한 다음에 kubectl exec 파드이름 -- nslookup appname.default-subdomain.default.svc.cluster.local 명령을 실행합니다.

```
$ kubectl exec kubernetes-simple-app-7fb9bb76c4-jlnn7 -- nslookup appname.
  default-subdomain.default.svc.cluster.local
nslookup: can't resolve '(null)': Name does not resolve

Name:      appname.default-subdomain.default.svc.cluster.local
Address 1: 10.1.7.41 appname.default-subdomain.default.svc.cluster.local
```

파드 안에서 nslookup 명령어를 실행해 appname.default-subdomain.default.svc.cluster. local이라는 도메인의 IP를 확인하는 것입니다. 앞 kubectl get pods -o wide 명령으로 확인한 파드 IP인 10.1.7.41을 출력하므로 도메인이 정상적으로 설정된 것입니다.

16.3 DNS 질의 구조

DNS 또한 쿠버네티스 클러스터 안에서 파드로 실행하는 것입니다. 그러므로 파드마다 안에서 도메인 이름을 어떤 순서로 질의할지 설정할 수 있습니다. 이때 .spec.dnsPolicy 필드를 사용합니다. 필드 값은 다음 네 가지가 있습니다.

- **Default:** 파드가 실행 중인 노드의 DNS 설정을 불러와서 사용합니다.
- **ClusterFirst:** cluster.local 같은 클러스터 안 도메인 형식과 일치하지 않는 www.example.com 같은 도메인을 사용할 때가 있습니다. 이때 클러스터 외부 DNS인 업스트림upstream DNS에 도메인 이름을 질의합니다.
- **ClusterFirstWithHostNet:** 파드를 호스트 모드로 사용하겠다고 설정하는 hostNetwork 옵션으로 파드를 실행할 때 반드시 사용해야 하는 필드 값입니다.
- **None:** 파드가 쿠버네티스 클러스터 안 DNS 설정을 무시합니다. 이때는 .spec.dnsConfig의 하위 필드로 별도의 DNS 설정을 해야 합니다.

16.3.1 kube-dns의 질의 구조

kube-dns 파드는 kubedns, dnsmasq, sidecar라는 컨테이너 3개가 있습니다. kubedns 컨테이너는 쿠버네티스 마스터를 바라보다watch가 서비스나 엔드포인트의 변경 사항이 있으면 메모리에 저장 중인 DNS 데이터를 변경합니다.

sidecar 컨테이너는 kubedns와 dnsmasq 컨테이너에 헬스 체크를 실행합니다. 다른 파드에서 도메인 이름을 조회하면 kube-dns 파드에 질의해서 해당 도메인의 IP를 확인합니다. 이때 kube-dns 파드 안 DNS 캐시인 dnsmasq 컨테이너로 질의합니다.

dnsmasq 컨테이너는 [그림 16-1] 같은 질의 구조로 동작합니다.

그림 16-1 dnsmasq 컨테이너의 질의 구조

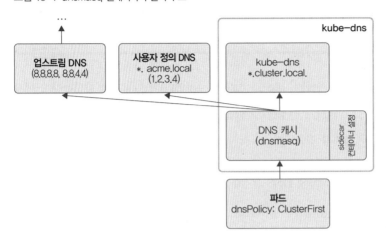

kube-dns 파드에 도메인 이름을 질의했을 때 원하는 결과를 찾을 수 없으면 사용자 정의[custom] DNS에 질의합니다. 사용자 정의 DNS에도 원하는 결과를 찾을 수 없으면 다시 업스트림 DNS 에 질의합니다.

16.3.2 CoreDNS의 질의 구조

CoreDNS는 모듈 형식이며 kube-dns와 다르게 파드 안에 coredns라는 컨테이너 하나만 있습니다. 또한 플러그인으로 새로운 기능을 추가할 수 있는 유연한 구조입니다. Corefile이라는 CoreDNS 자체의 설정 파일 형식에 맞춰서 DNS를 설정합니다.

쿠버네티스 안에서는 kube-system 네임스페이스에 coredns라는 컨피그맵으로 Corefile을 관리합니다. kubectl describe configmap coredns -n kube-system 명령으로 설정 내용을 확인할 수 있습니다.

```
$ kubectl describe configmap coredns -n kube-system
Name:         coredns
Namespace:    kube-system
Labels:       <none>
Annotations:  <none>


Data
====
Corefile:
----
```

```
.:53 {
    errors
    health {
        lameduck 5s
    }
    ready
    kubernetes cluster.local in-addr.arpa ip6.arpa {
        pods insecure
        fallthrough in-addr.arpa ip6.arpa
        ttl 30
    }
    prometheus :9153
    forward . /etc/resolv.conf {
        max_concurrent 1000
    }
    cache 30
    loop
    reload
    loadbalance
}

Events:  <none>
```

.:53의 하위 항목은 이 서버의 DNS 영역^{ZONE} 정보입니다. 맨 앞 '.'은 해당 도메인의 루트^{root} 영역을 뜻합니다. DNS 서버에서 가장 처음 방문하는 곳이 루트 영역입니다. 53은 포트 정보를 뜻합니다. DNS의 기본 포트가 53입니다.

중괄호({ })로 묶인 부분에서는 사용할 플러그인들을 명시합니다. CoreDNS는 다양한 플러그인을 사용할 수 있으며, 특징은 DNS 쿼리를 받았을 때 중괄호 안에 나열된 플러그인 순서대로 쿼리를 처리한다는 것입니다. 따라서 출력 결과의 플러그인 순서인 errors, health, kubernetes, prometheus, cache, loop, reload, loadbalance에 따라 쿼리를 처리합니다.

여기에 설정된 플러그인들은 다음 처리를 합니다.

- **errors:** 표준 출력^{stdout}으로 에러 로그를 남깁니다.

- **health:** http://localhost:8080/health로 CoreDNS의 헬스 체크를 할 수 있습니다. lameduck은 프로세스를 비정상 상태로 만든다는 뜻으로 여기에서는 프로세스가 종료되기 전 5초를 기다리도록 설정했습니다.

- **ready:** 8181 포트의 HTTP 엔드포인트가 모든 플러그인이 준비되었다는 신호를 보내면 200 OK를 반환합니다.

- **kubernetes:** 쿠버네티스의 서비스나 파드의 IP로 오는 쿼리에 응답합니다. 여기는 중괄호 ({ })로 묶은 하위 설정들이 있습니다.

  - **pods insecure:** kube-dns와의 하위 호환성 설정입니다. 이 부분을 pods verified로 변경하면 같은 네임스페이스에 속한 파드끼리만 A 레코드에 관한 DNS 쿼리에 응답할 수 있습니다.

  - **fallthrough:** 도메인을 찾는데 실패했을 때 어떻게 동작할지 설정합니다. 보통 도메인 찾기를 실패하면 NXDOMAIN 에러가 발생합니다. 이때 fallthrough가 설정되었다면 NXDOMIN 에러가 아니라 fallthrough의 설정에 따라 처리를 합니다. 여기에서는 in-addr.arpa와 ip6.arpa가 설정되어 있습니다. IPv4와 IPv6 주소 체계에 맞는 값을 설정하며 리버스 쿼리(IP 주소로 도메인을 찾는 쿼리)를 할 수 있음을 뜻합니다. 이 설정 덕분에 다음 명령을 실행해 파드의 IP로 도메인을 찾는 DNS 쿼리를 처리할 수 있습니다.

```
$ kubectl exec kubernetes-simple-app-764568dd7-qjkbz -- nslookup 10.1.0.43
nslookup: can't resolve '(null)': Name does not resolve

Name:     10.1.0.43
Address 1: 10.1.0.43 appname.default-subdomain.default.svc.cluster.local
```

  - **ttl:** 응답에 대한 사용자 정의 TTL을 지정합니다. 기본값은 5초, 허용되는 최소 TTL은 0 초고, 최대값은 3600초입니다. 레코드가 캐싱되지 않는다면 TTL을 0으로 설정합니다.

- **prometheus:** http://localhost:9153/metrics 주소로 프로메테우스 형식의 메트릭 정보를 제공합니다. 프로메테우스는 17.2.3에서 좀 더 자세히 설명합니다.

- **forward:** 쿠버네티스 클러스터 도메인으로 설정되지 않은 DNS 쿼리를 /etc/resolv.conf에 설정된 외부 DNS 서버로 보내서 처리합니다.

- **cache:** DNS 쿼리의 캐시 유지 시간을 30초로 설정합니다.

- **loop:** 순환 참조 구조가 있는지를 찾아서 CoreDNS 프로세스를 중지합니다.

- **reload:** Corefile이 변경됐는지 감지해서 자동으로 설정 내용을 반영합니다. 보통 컨피그 맵을 수정하더라도 파드를 재시작하지 않으면 컨피그맵의 변경 사항이 반영되지 않습니다. reload를 설정하면 컨피그맵을 변경했을 때 따로 파드를 재시작하지 않더라도 2분 정도 후 변경 사항을 반영합니다.

- **loadbalance:** 도메인에 설정된 레코드가 여러 개 있을 때 라운드로빈(순서대로) 방식으로 요청을 보낼 수 있도록 레코드 순서를 무작위로 섞습니다. 예를 들어 도메인 A에 10.10.10.10, 10.10.10.20이라는 레코드 2개가 등록되었고 항상 등록된 레코드 순서대로 DNS 쿼리에 응답한다고 생각해보겠습니다. 클라이언트에서 특별한 처리가 설정되지 않았다면 항상 앞에 위치한 10.10.10.10이라는 IP에 먼저 요청을 보내므로 부하가 발생할 것입니다. 이런 현상을 막으려고 도메인 하나에 여러 개 레코드가 있을 때 적절히 순서를 섞어서 응답하는 것입니다. 항상 IP 하나에만 요청이 몰리는 상황을 피할 수 있습니다.

참고로 https://coredns.io/plugins에서 이 책에서 소개한 것 이외의 다양한 플러그인을 살펴볼 수 있습니다.

16.4 파드 안에 DNS 직접 설정하기

파드 안 DNS를 사용자가 직접 설정할 수도 있습니다. [코드 16-2]는 파드에 직접 DNS를 설정하는 예입니다.

코드 16-2 파드에 직접 DNS를 설정하는 예(addon/dnsconfig-pod.yaml)

```
apiVersion: v1
kind: Pod
metadata:
  namespace: default
  name: dns-test
spec:
  containers:
  - name: dns-test
```

```
      image: arisu1000/simple-container-app:latest
   dnsPolicy: ClusterFirst
   dnsConfig:
     nameservers:
     - 8.8.8.8
     searches:
     - default.svc.cluster.local
     - example.com
     options:
     - name: name01
       value: value01
     - name: name02
```

.spec.dnsConfig의 하위 필드로 DNS를 직접 설정합니다. 이때 .spec.dnsPolicy 필드를 함께 설정할 수도 있습니다. 앞에서 언급한 것처럼 .spec.dnsPolicy 필드 값이 None일 때는 .spec.dnsConfig 필드 설정이 꼭 있어야 합니다.

.spec.dnsConfig의 하위에는 다음 세 가지 필드를 설정할 수 있습니다.

- **nameservers:** 파드에서 사용할 DNS의 IP입니다. .spec.dnsPolicy 필드 값이 None일 때는 필드 값을 필수로 1개 이상 설정해야 합니다. 최대 3개까지 설정할 수 있습니다.

- **searches:** DNS를 검색할 때 사용하는 기본 도메인 이름입니다. 여기에 svc.cluster.local이라고 설정하면 a.b.svc.cluster.local이라는 도메인을 사용할 때 a.b까지만 입력해도 svc.cluster.local를 포함해서 검색합니다. 최대 6개까지 설정할 수 있습니다.

- **options:** 하위에 .name과 .value 필드로 원하는 DNS 관련 옵션을 설정할 수 있습니다. .name은 필수로 있어야 하고 .value는 없어도 되는 필드입니다.

.spec.dnsConfig 필드에 설정한 값은 파드의 /etc/resolv.conf에 추가됩니다.

[코드 16-2]를 dnsconfig-pod.yaml로 저장한 후 kubectl apply -f dnsconfig-pod.yaml 명령으로 클러스터에 적용합니다. 그리고 kubectl exec dns-test -- cat /etc/resolv.conf 명령으로 파드 안 resolv.conf 파일 내용을 확인합니다.

```
$ kubectl exec dns-test -- cat /etc/resolv.conf
nameserver 10.96.0.10
nameserver 8.8.8.8
```

```
search default.svc.cluster.local svc.cluster.local cluster.local example.com
options name01:value01 name02 ndots:5
```

기본으로 설정된 nameserver IP인 10.96.0.10외에 `.spec.dnsConfig.nameserver` 필드 값으로 추가한 8.8.8.8이라는 IP를 확인할 수 있습니다. 또한 search 항목과 option 항목에도 [코드 16-1]의 DNS 설정 정보가 있음을 확인할 수 있습니다.

17 로깅과 모니터링

클러스터를 운영하면서 현재 상태가 어떤지 확인하는 것은 중요한 일입니다. 이 장에서는 클러스터의 상태를 확인하는 여러 가지 방법을 설명합니다. 여러 대 서버에 분산되어 있는 로그를 어떻게 수집하는지 살펴보고, 쿠버네티스에서 서버나 파드 상태를 확인하는 모니터링 구조를 살펴볼 것입니다.

17.1 로깅

클러스터 환경에서 앱 컨테이너를 운영할 때 주의해야 할 것 중 하나는 로그 처리입니다. 컨테이너 오케스트레이터를 사용하는 환경에서 로그를 수집할 때 주의해야 할 점 중 하나는 특별한 상황을 제외하고는 로그를 로컬 디스크에 파일로 저장하지 않아야 한다는 것입니다.

전통적인 애플리케이션 운영 환경에서는 로컬 파일 시스템의 지정된 위치에 파일로 로그를 저장하도록 구성합니다. 그리고 디스크를 더 이상 사용할 수 없을 때까지 로그를 저장하지 않도록 로그로테이트logrotate라는 프로그램을 사용하거나, 애플리케이션의 로그 관련 라이브러리 및 프레임워크에 옵션을 설정합니다. 로그를 일정 시간 이상 저장했거나 로그가 일정 용량이면 오래된 로그를 자동으로 삭제합니다.

이런 방식은 애플리케이션이 항상 지정된 장비에서 실행된다는 것을 가정에 둡니다. 그래서 문제가 발생하면 운영 중이던 장비에서 로그를 확인해 해결합니다. 그런데 운영 중인 장비가 많으면 모든 장비에서 로그를 확인하기 어렵습니다.

컨테이너 오케스트레이터를 사용하는 시스템이면 로그 확인이 더 어려울 수 있습니다. 컨테이너는 상황에 따라 클러스터 안 여러 노드를 옮겨 다니기 때문입니다. 이럴 때 특정 앱 컨테이너의 로그를 확인하려면 전체 클러스터의 노드 중 어떤 노드에 해당 컨테이너가 실행되었는지 확인해야 로그도 확인할 수 있습니다. 쿠버네티스는 다음부터 소개하는 여러 가지 기능으로 이런 어려운 작업을 쉽게 할 수 있습니다.

17.1.1 파드 로그 확인하기

쿠버네티스의 kubectl은 개별 노드에 접근하지 않고 직접 파드의 로그를 확인할 수 있습니다. 이때 kubectl logs -f 파드이름 명령을 사용합니다. 여기에서는 [코드 16-1]로 실행해두었던 kubernetes-simple-app 디플로이먼트가 생성한 파드의 로그를 확인하겠습니다.

먼저 kubectl get pods 명령으로 파드 이름을 확인한 후 kubectl port-forward pods/파드이름 8080:8080 명령으로 파드에 접근할 수 있는 포트 번호를 8080으로 설정합니다.

```
$ kubectl port-forward pods/kubernetes-simple-app-7fb9bb76c4-jtljd 8080:8080
```

그리고 새로운 셸을 열고 kubectl logs -f 파드이름 명령을 실행합니다.

```
$ kubectl logs -f kubernetes-simple-app-7fb9bb76c4-jtljd
[GIN-debug] [WARNING] Now Gin requires Go 1.6 or later and Go 1.7 will be
required soon.

[GIN-debug] [WARNING] Creating an Engine instance with the Logger and Recovery
middleware already attached.

[GIN-debug] [WARNING] Running in "debug" mode. Switch to "release" mode in
production.
 - using env:  export GIN_MODE=release
 - using code: gin.SetMode(gin.ReleaseMode)

[GIN-debug] GET    /                         --> main.setupRouter.func1 (3 handlers)
[GIN-debug] GET    /env                      --> main.setupRouter.func2 (3 handlers)
[GIN-debug] GET    /volume-config            --> main.setupRouter.func3 (3 handlers)
[GIN-debug] Environment variable PORT is undefined. Using port :8080 by default
[GIN-debug] Listening and serving HTTP on :8080
[GIN] 2019/08/20 - 06:04:02 | 200 |      945.798µs |       127.0.0.1 | GET      /
[GIN] 2019/08/20 - 06:17:44 | 200 |     1.737128ms |       127.0.0.1 | GET      /
```

-f 옵션은 실행 중인 로그를 지속해서 수집하는 테일링tailing을 실행합니다. 웹 브라우저에서
localhost:8080으로 해당 앱 컨테이너에 접속한 후 새로고침을 여러 번하면 로그가 업데이트
됨을 확인할 수 있습니다. kubectl logs 명령의 상세 옵션은 -h 옵션으로 확인할 수 있습니다.

17.1.2 일래스틱서치로 로그를 수집한 후 모아서 보기

로컬 디스크에 로그를 저장하면 용량 문제로 삭제한 예전 로그들을 확인할 수 없습니다. 트래픽
이 많은 서버는 저장하는 로그 용량도 많으므로 한 시간 단위, 어쩌면 그보다 더 빨리 로그를 삭
제할 수도 있습니다. 문제가 생긴 것을 인식해 로그를 확인하려고 서버에 접속했는데 이미 로그
가 삭제된 후 일지도 모릅니다.

몇 년 전부터 이런 문제점을 개선하려고 장비 각각에 저장한 로그를 한 곳에 모아서 살펴보도록
서버를 구축합니다. 이렇게 로그를 모아 살펴보도록 하는 오픈 소스 도구로는 카프카kafka, 플루
언트디fluentd, 로그스태시logstash, 일래스틱서치elasticsearch, 키바나kibana 등이 있습니다.

퍼블릭 클라우드 서비스라면 서비스 각각에서 제공하는 로그 수집 도구를 사용할 수도 있습니다. 하지만 그런 서비스들을 사용하지 못한다면 앞서 언급한 오픈 소스 도구로 직접 로그 수집 시스템을 구축해야 합니다. 여기에서는 쿠버네티스 클러스터 안에 직접 일래스틱서치로 로그 수집 시스템을 구축한 후 로그를 수집 및 확인하겠습니다.

로그 수집기에서 수집한 로그를 저장할 일래스틱서치와 로그를 조회할 키바나를 실행하겠습니다. [코드 17-1]은 일래스틱서치로 로그를 저장하는 디플로이먼트의 설정 예입니다.

코드 17-1 일래스틱서치로 로그를 저장하는 디플로이먼트 설정 예(logging/elasticsearch.yaml)

```
apiVersion: apps/v1
kind: Deployment
metadata:
  name: elasticsearch
  labels:
    app: elasticsearch
spec:
  replicas: 1 -------------------------------------- ❶
  selector:
    matchLabels:
      app: elasticsearch
  template:
    metadata:
      labels:
        app: elasticsearch
    spec:
      containers:
      - name: elasticsearch -------------------- ❷
        image: elastic/elasticsearch:6.4.0
        env: ---------------------------------
        - name: discovery.type                    ❸
          value: "single-node" ---------------
        ports: -------------------------------
        - containerPort: 9200                     ❹
        - containerPort: 9300 ----------------
---
apiVersion: v1
kind: Service
metadata:
  labels:
    app: elasticsearch
```

```
   name: elasticsearch-svc
   namespace: default
 spec:
   ports:
   - name: elasticsearch-rest
     nodePort: 30920
     port: 9200
     protocol: TCP
     targetPort: 9200
   - name: elasticsearch-nodecom
     nodePort: 30930
     port: 9300
     protocol: TCP
     targetPort: 9300
   selector:
     app: elasticsearch
   type: NodePort
```

❺

일래스틱서치는 클러스터 형태로 여러 대 노드에서 실행하도록 개발한 검색 엔진 시스템입니다. 여기에서는 실습 환경에 맞게 노드 하나에서만 실행되는 형태로 구성했습니다.

❶ 노드 하나로만 구성하는 일래스틱서치를 실행할 것이므로 `.spec.replicas` 필드는 1로 설정했습니다.

❷ `.spec.template.spec.containers[].image` 필드 값은 `elasticsearch`로 일래스틱서치의 컨테이너 이미지를 지정했습니다.

❸ 환경 변수인 `.spec.template.spec.containers[].env[]`의 하위 필드에는 `.name` 필드 값으로 `discovery.type`을 설정했고, `.value` 필드 값으로 `single-node`를 설정해서 노드가 하나인 일래스틱서치를 실행하도록 설정했습니다.

❹ `.spec.template.spec.containers[].ports[]`의 하위 `.containerPort` 필드 값 2개로는 일래스틱서치가 사용하는 포트인 9200, 9300을 설정했습니다.

❺ 서비스는 디플로이먼트에서 설정했던 9200, 9300포트를 각각 30920, 30930을 사용해서 접근할 수 있게 `.spec.ports[].nodePort` 필드 2개를 설정했습니다.

[코드 17-1]을 elasticsearch.yaml로 저장하고 `kubectl apply -f elasticsearch.yaml` 명령으로 클러스터에 파드를 실행합니다. 그리고 일정 시간이 지난 다음 웹 브라우저에서 http://

localhost:30920으로 접속한 후 JSON 뷰어 플러그인을 실행해 [그림 17-1] 같은 설정을 확인할 수 있으면 일래스틱서치가 정상적으로 실행된 것입니다.

그림 17-1 일래스틱서치 설정 확인

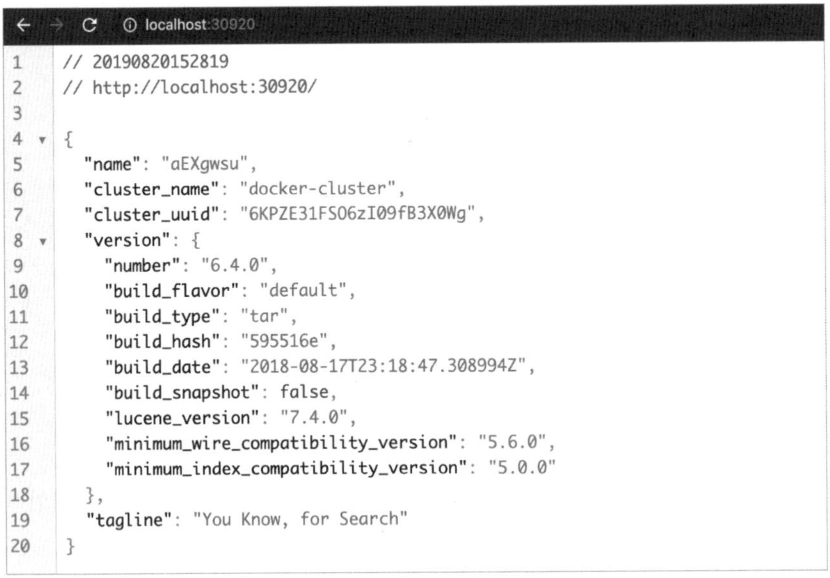

```
←  →  C  ⓘ localhost:30920

1    // 20190820152819
2    // http://localhost:30920/
3
4  ▼ {
5        "name": "aEXgwsu",
6        "cluster_name": "docker-cluster",
7        "cluster_uuid": "6KPZE31FSO6zI09fB3X0Wg",
8  ▼     "version": {
9            "number": "6.4.0",
10           "build_flavor": "default",
11           "build_type": "tar",
12           "build_hash": "595516e",
13           "build_date": "2018-08-17T23:18:47.308994Z",
14           "build_snapshot": false,
15           "lucene_version": "7.4.0",
16           "minimum_wire_compatibility_version": "5.6.0",
17           "minimum_index_compatibility_version": "5.0.0"
18       },
19       "tagline": "You Know, for Search"
20   }
```

이렇게 일래스틱서치를 실행만 해도 REST API를 이용하면 로그 데이터를 저장하고 검색해서 확인할 수 있습니다. 그런데 로그 데이터를 시각적으로 편하게 확인하기는 어렵습니다. 그래서 일래스틱서치 전용 대시보드 UI인 키바나를 함께 사용합니다.

[코드 17-2]는 키바나를 실행하는 디플로이먼트 설정 예입니다.

코드 17-2 키바나를 실행하는 디플로이먼트 설정 예(logging/kibana.yaml)

```
apiVersion: apps/v1
kind: Deployment
metadata:
  name: kibana
  labels:
    app: kibana
spec:
  replicas: 1
  selector:
    matchLabels:
      app: kibana
```

```
      template:
        metadata:
          labels:
            app: kibana
        spec:
          containers:
          - name: kibana
            image: elastic/kibana:6.4.0
            env:
            - name: SERVER_NAME
              value: "kibana.kubenetes.example.com"
            - name: ELASTICSEARCH_URL
              value: "http://elasticsearch-svc.default.svc.cluster.local:9200"  ❶
            ports:
            - containerPort: 5601
---
apiVersion: v1
kind: Service
metadata:
  labels:
    app: kibana
  name: kibana-svc
  namespace: default
spec:
  ports:
  - nodePort: 30561
    port: 5601
    protocol: TCP
    targetPort: 5601
  selector:
    app: kibana
  type: NodePort
```

키바나는 일래스틱서치의 데이터를 검색하므로 접근할 도메인을 알아야 합니다. 그래서 ❶ 두 번째 .spec.template.spec.containers[].env.name과 .value 필드 값으로 ELASTICSEARCH_URL와 http://elasticsearch-svc.default.svc.cluster.local:9200을 설정했습니다.

.value 필드 값의 도메인은 쿠버네티스 안에서 제공하는 도메인입니다. 도메인 체계를 살펴 보면 로컬(local)이라는 클러스터(cluster)에 있는 서비스(svc) 중 default 네임스페이스의

elasticsearch-svc를 가리킵니다. 이 주소를 이용하면 elasticsearch-svc 서비스에 있는 클러스터 IP로 elasticsearch 파드에 접근할 수 있습니다.

물론 .value 필드 값으로 elasticsearch-svc 서비스의 클러스터 IP를 설정해도 괜찮습니다. 하지만 매번 elasticsearch-svc 서비스를 생성할 때마다 클러스터 IP가 변경되므로 kibana.yaml의 .value 필드 값도 변경해야 합니다. 따라서 도메인으로 elasticsearch-svc 서비스의 클러스터 IP에 상관없이 키바나를 사용하도록 설정한 것입니다.

[코드 17-2]를 kibana.yaml로 저장한 후 `kubectl apply -f kibana.yaml` 명령으로 클러스터에 적용합니다. 키바나는 처음 실행해 초기화하는 데 일정 시간이 필요합니다. 약간의 시간 간격을 두고 웹 브라우저에서 http://localhost:30561로 접속하면 [그림 17-2] 같은 키바나 실행 화면을 확인할 수 있습니다.

그림 17-2 키바나 실행 화면

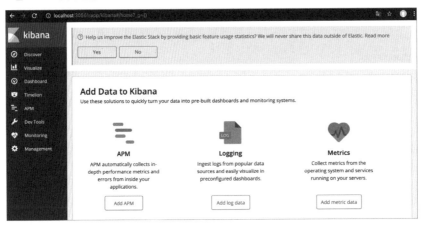

이제 로그 데이터를 저장하고 검색하는 일래스틱서치와 키바나 준비를 마쳤습니다.

17.1.3 클러스터 레벨 로깅

컨테이너가 비정상 종료되거나 노드에 장애가 있더라도 앱 컨테이너의 로그를 확인할 수 있어야 합니다. 그러므로 컨테이너, 파드, 노드의 생명 주기와 분리된 스토리지를 구축해야 합니다.

쿠버네티스에서는 생명 주기와 분리된 스토리지를 구축하는 아키텍처를 클러스터 레벨 로깅이라고 합니다. 쿠버네티스 자체에서 클러스터 레벨 로딩 도구를 제공하지는 않으므로 다양한 외부 도구로 클러스터 레벨 로깅 시스템을 구축합니다. 여기에서는 본격적으로 로그를 수집하기 전 로그가 어떻게 생성/관리되는지 명확히 이해해보겠습니다.

17.1.3의 실습에서 출력되는 메시지를 제대로 확인하려면 2.4.2에서 살펴본 구글 클라우드 플랫폼의 Kubespray 환경에서 진행하기 바랍니다.

컨테이너 로그

컨테이너의 로그 수집은 컨테이너 런타임(보통 도커)이 담당합니다. 앱 컨테이너가 stdout과 stderr이라는 표준 스트림으로 로그를 출력한다면 컨테이너 런타임은 표준 스트림 2개를 특정 로그 드라이버로 리다이렉트하도록 설정되어 있습니다. 도커는 다양한 로그 드라이버(syslog, journal, json-file)를 지원하며 기본으로 json-file을 사용합니다.

2.4.2에서 구축한 Kubespray의 instance-1 인스턴스에 SSH로 연결합니다(67쪽 참고). sudo -i 명령을 실행해 root 계정으로 접속한 후 docker ps 명령으로 이미 생성한 컨테이너의 ID 하나를 기억합니다. 그리고 docker inspect 기억한컨테이너ID 명령을 실행해 컨테이너 런타임이 로그를 어떻게 다루는지 확인합니다.

```
$ docker inspect 9dd190a67e92
[
    {
    # 중간 생략
    "LogPath": "/var/lib/docker/containers/컨테이너ID/컨테이너ID-json.log"
    # 중간 생략
    "HostConfig": {
        # 중간 생략
        "LogConfig": {
            "Type": "json-file",
            "Config": {
                "max-file": "5",
                "max-size": "50m"
            }
            # 중간 생략
        },

    # 이후 생략
```

"LogPath" 항목은 컨테이너 관련 메타 데이터들을 저장한 심볼릭 링크입니다. "LogConfig" 항목은 로그 설정입니다. 여기에서는 하위 "Type" 항목은 json-file이 설정되어 있고 "Config"의 하위 항목은 최대 파일 개수를 뜻하는 "max-file" 항목이 5, 최대 파일 크기를 뜻하는 "max-size" 항목이 50m으로 설정되었습니다.

kubelet은 /var/lib/docker/containers/컨테이너ID/컨테이너ID-json.log 파일에 관해 다음 심볼릭 링크들을 생성하고 로그를 관리합니다.

- /var/log/containers/파드이름_파드네임스페이스이름_컨테이너이름컨테이너ID.log
- /var/log/pods/파드UID/컨테이너이름/0.log

플루언트디 등의 로그 수집기는 앞 심볼릭 링크들을 테일링해 로그 내용을 수집하고, 파일 이름으로부터 필요한 메타데이터(파드, 컨테이너, 네임스페이스) 정보를 얻습니다. 플루언트디는 곧 설명할 것이므로 지금은 다음 명령을 실행해 설치해둡니다.

```
$ kubectl apply -f https://raw.githubusercontent.com/fluent/fluentd-kubernetes-
  daemonset/master/fluentd-daemonset-syslog.yaml
```

이제 kubectl get podts -n kube-system 명령을 실행해 플루언트디 파드 이름 하나를 기억해 둡니다. 그리고 /var/log/containers 디렉터리로 이동해 tail -n 1 파드이름_kube-system_fluentd-XXX~.log 명령으로 파일 내용을 확인하겠습니다.

```
$ tail -n 1 fluentd-4g5rv_kube-system_fluentd-6574b1d270c51694bb1b2f7dab97c58b3d4
  2f2766d3418c99d43e444ac35933a.log
{"log":"2021-01-20 07:35:53 +0000 [warn]: #0 ...,"stream":"stdout","time":"2021-
01-20T07:35:53.797584778Z"}
```

로그 내용("log"), 표준 스트림 종류("stream": "stderr"), RFC3339Nano 시간 정보("time")를 JSON 형식으로 출력함을 알 수 있습니다. 여기까지가 컨테이너 런타임의 역할입니다.

로그가 노드의 스토리지를 과도하게 사용하는 문제가 발생하면 도커 런타임에서 로그로테이트 관련 설정을 확인해야 합니다. exit 명령을 실행해 컨테이너 접속을 해제한 후 ps -ef | grep dockerd 명령을 실행합니다.

```
root@instance-1:~# ps -ef | grep dockerd
root   4595 11293  0 07:39 pts/0  00:00:00 grep --color=auto dockerd
root  17811     1  1 Jan12 ?      02:00:31 /usr/bin/dockerd --iptables=false
--exec-opt native.cgroupdriver=systemd --data-root=/var/lib/docker
--log-opt max-size=50m --log-opt max-file=5 --dns 10.233.0.3
--dns 169.254.169.254 --dns-search default.svc.cluster.local

# 이후 생략
```

--log-opt max-size, --log-opt max-file의 설정값을 확인한 후 필요하다면 해당 설정
을 조정할 필요가 있습니다.

시스템 컴포넌트 로그

쿠버네티스의 시스템 구성 요소 중 일부(kubelet, docker 등)는 컨테이너 기반으로 동작하지
않습니다.

예를 들어 systemd는 기본 설정인 systemd-journald로 로그를 관리합니다. 그렇지 않은 상
황에서는 /var/log/ 디렉터리에 로그를 남깁니다. 이때 반드시 노드에 로그로테이트 관련 설정
이 있어야 합니다.

시스템 구성 요소들의 로그 관련 동작은 컴포넌트별로 차이가 있습니다. 예를 들어 kubelet이
라면 systemctl status kubelet.service 명령으로 확인할 수 있습니다.

```
root@instance-1:~# systemctl status kubelet.service
CGroup: /system.slice/kubelet.service
  ▶ 24582 /usr/local/bin/kubelet --logtostderr=true --v=2 --node-ip=10.128.0.17

# 이후 생략
```

--logtostderr는 systemd-journald가 로그를 표준 스트림인 stderr로 출력할 것인지를 나
타내는 것입니다. true이므로 stderr로 출력합니다. --v는 로그 레벨을 나타냅니다. 현재 로
그 레벨은 2로 설정되었습니다. --node-ip는 해당 노드의 ip 주소를 알려줍니다. 현재는
10.128.0.17입니다.

395

17.1.4 플루언트디를 이용해서 로그 수집하기

이번에는 플루언트디를 이용해 쿠버네티스에서 발생한 로그를 일래스틱서치에 저장하겠습니다. 플루언트디는 쿠버네티스와 같은 CNCF에서 관리하는 범용 로그 수집용 오픈소스 프로젝트입니다. 루비 기반으로 개발했고 다양한 플러그인을 사용할 수 있습니다. 쿠버네티스 이외의 인프라 환경에서도 사용할 수 있지만 같은 CNCF에서 관리하므로 쿠버네티스와의 연계가 잘 되어 있습니다.

플루언트디를 쿠버네티스에서 사용할 때는 Fluentd Daemonset for Kubernetes[1]를 참고합니다. 쿠버네티스용으로 만들어진 다양한 Dockerfile과 yaml 파일들이 있습니다. 기본적으로 로그를 수집해서 다양한 외부 스토리지에 저장할 수 있습니다.

여기에서는 일래스틱서치용 플루언트디 설정 템플릿인 fluentd-daemonset-elasticsearch. yaml의 설정을 [코드 17-3]처럼 수정해서 사용하겠습니다.

코드 17-3 일래스틱서치용 플루언트디 설정 예(logging/fluentd-kubernetes-daemonset.yaml)

```
apiVersion: apps/v1
kind: DaemonSet --------------------------------------------- ❶
metadata:
  name: fluentd
  namespace: kube-system ----------------------------------- ❷
  labels:
    k8s-app: fluentd-logging
    version: v1
    kubernetes.io/cluster-service: "true"
spec:
  selector:
    matchLabels:
      k8s-app: fluentd-logging
      version: v1
  template:
    metadata:
      labels:
        k8s-app: fluentd-logging
        version: v1
        kubernetes.io/cluster-service: "true"
      spec:
```

---

1 https://github.com/fluent/fluentd-kubernetes-daemonset

```
    tolerations:
    - key: node-role.kubernetes.io/master
      effect: NoSchedule
    containers:
    - name: fluentd
      image: fluent/fluentd-kubernetes-daemonset:elasticsearch ----- ❸
      env: ----------------------------------------------------------
      - name:  FLUENT_ELASTICSEARCH_HOST
        value: "elasticsearch-svc.default.svc.cluster.local"
      - name:  FLUENT_ELASTICSEARCH_PORT
        value: "9200"                                                   ❹
      - name: FLUENT_ELASTICSEARCH_SCHEME
        value: "http"
      - name: FLUENT_UID
        value: "0" ----------------------------------------------------
      resources:
        limits:
          memory: 200Mi
        requests:
          cpu: 100m
          memory: 200Mi
      volumeMounts: -------------------------------------------------
      - name: varlog
        mountPath: /var/log                                          ❺
      - name: dockercontainerlogdirectory
        mountPath: /var/lib/docker/containers ----------------------
        readOnly: true
    terminationGracePeriodSeconds: 30
    volumes:
    - name: varlog
      hostPath:
        path: /var/log
    - name: dockercontainerlogdirectory
      hostPath:
        path: /var/lib/docker/containers
```

❶ .kind 필드 값으로는 daemonset을 설정했습니다. 로그 수집기는 여러 대 노드로 구성된 클러스터 모두에 실행해서 로그를 수집해야 합니다. 이때 로그 수집기인 플루언트디를 처음 실행할 때 데몬세트 컨트롤러가 관리하면 클러스터의 노드가 5개였다가 나중에 10개로 늘어나더라도 로그 수집기가 자동으로 새로 추가된 노드에 실행됩니다. 클러스터 관리자나 사용자가 신경 쓰지 않아도 되므로 편리합니다.

❷ .metadata.namespace 필드 값은 kube-system으로 설정했습니다. 이는 로그 수집기를 사용자가 직접 실행한 앱 컨테이너와 분리해 관리하려는 것입니다.

❸ .spec.tamplate.spec.containers[].image 필드 값으로는 컨테이너 이미지인 fluent/fluentd-kubernetes-daemonset:elasticsearch를 설정했습니다. 컨테이너 이미지는 별도의 수정을 하지 않고 플루언트디에서 제공하는 기본 이미지를 사용했습니다. 만약 컨테이너 이미지를 수정해야 한다면 fluentd-kubernetes-daemonset 깃허브 저장소[2]에 있는 Dockerfile을 다운로드해 수정한 후 컨테이너 이미지를 직접 빌드해서 사용합니다.

❹ .spec.template.spec.containers[].env[]의 하위 필드는 .name과 .value 필드쌍 4개가 있습니다. 첫 번째 .name 및 .value 필드 값으로는 FLUENT_ELASTICSEARCH_HOST 환경 변수와 elasticsearch-svc.default.svc.cluster.local이라는 도메인을 설정했습니다. [코드 17-1]에서 설정했던 일래스틱서치 디플로이먼트에 로그를 보내는 것입니다. 네 번째 .name 및 .value 필드 값으로는 FLUENT_UID 환경 변수와 "0"을 설정했습니다. 플루언트디를 실행하는 사용자 ID를 0으로 설정하면 로그를 저장하는 디렉터리에 접근할 권한이 있는 것입니다.

❺ 첫 번째와 두 번째 .spec.template.spec.containers[].volumeMounts[].mountPath 필드 값은 노드에서 실제 로그를 저장하는 경로인 /var/log와 /var/lib/docker/containers를 설정해 볼륨으로 마운트했습니다. /var/log에는 쿠버네티스에서 사용 중인 시스템용 프로세스들의 로그를 저장합니다. /var/lib/docker/containers에는 쿠버네티스에서 실행한 파드들에서 출력하는 로그를 저장합니다.

[코드 17-3]을 fluentd-kubernetes-daemonset.yaml로 저장한 후 kubectl apply -f fluentd-kubernetes-daemonset.yaml 명령을 실행해 클러스터에 적용해 플루언트디를 실행합니다. 약간의 시간이 흐르면 일래스틱서치에 로그를 저장하기 시작합니다.

kubectl get pods -n kube-system 명령으로 [코드 17-3]에서 생성한 파드 이름을 확인하고 kubectl exec -it 파드이름 -n kube-system -- sh 명령을 실행하면 플루언트디를 실행하는 파드에 접속해 실제로 로그를 저장하는지 확인할 수 있습니다.

---

2 https://github.com/fluent/fluentd-kubernetes-daemonset/blob/master/docker-image/v1.9/debian-elasticsearch6/Dockerfile

```
$ kubectl exec -it fluentd-7khr5 -n kube-system -- sh
/home/fluent # ls -alF /var/log
total 64
drwxr-xr-x    4 root     root       360 Aug 20 08:38 ./
drwxr-xr-x    1 root     root      4096 Sep 11  2018 ../
drwxr-xr-x    2 root     root       300 Aug 20 08:40 containers/
-rw-r--r--    1 root     root        66 Aug 20 08:38 fluentd-cluster-autoscaler.log.pos
-rw-r--r--    1 root     root      2246 Aug 20 08:41 fluentd-containers.log.pos
-rw-r--r--    1 root     root        54 Aug 20 08:38 fluentd-docker.log.pos
-rw-r--r--    1 root     root        52 Aug 20 08:38 fluentd-etcd.log.pos
-rw-r--r--    1 root     root        52 Aug 20 08:38 fluentd-glbc.log.pos
-rw-r--r--    1 root     root        62 Aug 20 08:38 fluentd-kube-apiserver.log.pos
-rw-r--r--    1 root     root        71 Aug 20 08:38 fluentd-kube-controller-manager.log.pos
-rw-r--r--    1 root     root        58 Aug 20 08:38 fluentd-kube-proxy.log.pos
-rw-r--r--    1 root     root        62 Aug 20 08:38 fluentd-kube-scheduler.log.pos
-rw-r--r--    1 root     root        55 Aug 20 08:38 fluentd-kubelet.log.pos
-rw-r--r--    1 root     root        59 Aug 20 08:38 fluentd-rescheduler.log.pos
-rw-r--r--    1 root     root        55 Aug 20 08:38 fluentd-salt.pos
-rw-r--r--    1 root     root        61 Aug 20 08:38 fluentd-startupscript.log.pos
-rw-r--r--    1 root     root        79 Aug 20 08:38 kube-apiserver-audit.log.pos
drwxr-xr-x   15 root     root       300 Aug 20 08:38 pods/
```

플루언트디가 로그 파일을 어디까지 읽었는지를 기록해두려고 사용하는 파일들인 'fluentd-현재노드에있는컨테이너들의이름.log.pos'라는 형태의 파일들과 docker-ce.log, kubelet.log 등 다양한 로그 파일을 확인할 수 있습니다.

```
/home/fluent # ls -alF /var/lib/docker/containers/
total 120
drwx------   30 root       root          4096 Aug 26 03:10 ./
drwxr-xr-x    3 root       root          4096 Aug 26 03:10 ../
drwx------    4 root       root          4096 Aug  7 12:27 034ca7d66cf3e75f72d39cbe
998e5a8eae9157024dc88d6a4e801c75c9f7bd4b/
drwx------    4 root       root          4096 Aug  7 12:27 0450848cab9db1f41106628b
23bd9466446f178d6d2364c70c8cce96fe95cede/
```

/var/lib/docker/containers의 하위 디렉터리들은 실제 컨테이너들이 데이터를 저장하려고 사용합니다. 플루언트디 컨테이너에 이 디렉터리가 마운트되어 로그 데이터들을 수집할 수 있습니다.

이렇게 저장한 로그를 키바나에서 조회하겠습니다. 먼저 키바나에서 일래스틱서치의 특정 인덱스들 데이터를 조회하는 인덱스 패턴index pattern을 만들어야 합니다. 웹 브라우저에서 http://localhost:30561로 키바나에 접속한 후 왼쪽 메뉴에서 [Management]를 누릅니다. 화면에 있는 [Kibana] 항목의 [Index Patterns]를 누르면 인덱스 패턴을 생성할 수 있는 화면이 나옵니다.

그림 17-3 인덱스 패턴 만들기 1

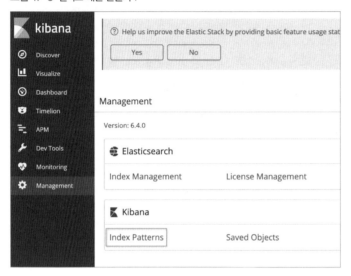

이제 해당 인덱스의 데이터를 조회하도록 [Index pattern] 항목에 logstash-*를 입력합니다. 키바나에서 logstash라는 접두어가 있는 모든 인덱스를 한꺼번에 조회할 수 있는 인덱스 패턴을 만드는 것입니다.

그림 17-4 인덱스 패턴 만들기 2

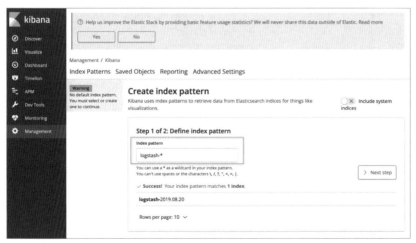

일래스틱서치와 키바나를 함께 사용할 때는 주로 날짜별 인덱스를 조회하는 인덱스 패턴을 만듭니다. 일래스틱서치에 날짜 단위로 로그를 저장하면 로그가 많을 때 오래된 날짜의 인덱스만 삭제해서 디스크 용량을 확보합니다. 〈Next step〉을 눌러 다음 화면으로 이동합니다.

이번에는 검색할 수 있는 시간대를 옵션으로 사용할 수 있도록 중앙 드롭다운 메뉴에서 @timestamp를 선택합니다. 〈Create index pattern〉을 눌러 인덱스 패턴을 생성합니다.

그림 17-5 인덱스 패턴 만들기 3

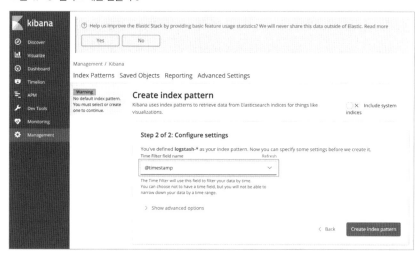

logstash-*라는 이름으로 인덱스 패턴이 만들어졌습니다.

이제 logstash-* 인덱스 패턴에서 로그 데이터를 검색하겠습니다. 왼쪽 메뉴에서 [Discover]를 누릅니다. 현재 로그를 수집해서 보내는 중이므로 약 15분 후부터 저장된 로그 데이터를 확인할 수 있습니다.

그림 17-6 로그 데이터 검색

로그 내용을 확인해보면 쿠버네티스 클러스터 정보들이 kubernetes.* 항목으로 저장되어 있습니다. 위에 있는 검색창에서 '*' 같은 조건을 넣어 필요한 로그들만 필터링해서 볼 수도 있습니다.

17.1.5 스턴을 이용한 실시간 로그 모니터링

지금까지 kubectl을 이용해서 파드 하나의 로그를 보거나 여러 개 파드의 로그를 수집한 후 키바나로 로그를 보는 방법을 소개했습니다. 그런데 실무에서는 실시간으로 여러 개 파드의 로그를 지켜보고 싶을 때가 있습니다.

이러한 실시간 로그 모니터링 도구에는 스턴stern이 있습니다. 스턴은 셸에서 바로 여러 개 파드의 로그를 실시간으로 볼 수 있어 서비스 개발을 진행하는 중 파드 상태를 확인할 때 유용합니다.

스턴 깃허브 저장소[3]에서 윈도우, 리눅스, macOS용 바이너리를 다운로드할 수 있습니다. 별다른 설치 과정 없이 자신의 플랫폼에 맞는 바이너리를 받아서 바로 실행합니다.

> (TIP)
> 윈도우라면 파일을 다운로드한 후 stern_운영체제이름_비트이름 형식의 파일 이름을 stern으로 바꾼 후 사용하기 바랍니다.

stern kube -n kube-system 명령을 실행하면 로그를 확인할 수 있습니다.

```
$ stern kube -n kube-system
+ kube-apiserver-docker-desktop > kube-apiserver
+ kube-controller-manager-docker-desktop > kube-controller-manager
+ kube-proxy-k2x88 > kube-proxy
+ kube-scheduler-docker-desktop > kube-scheduler
kube-controller-manager-docker-desktop kube-controller-manager Flag --port has
been deprecated, see --secure-port instead.
kube-controller-manager-docker-desktop kube-controller-manager
 I0113 12:12:20.524131  1 serving.go:331] Generated self-signed cert in-memory
kube-controller-manager-docker-desktop kube-controller-manager
 I0113 12:12:21.015348  1 controllermanager.go:175] Version: v1.21.1
kube-controller-manager-docker-desktop kube-controller-manager
# 이후 생략
```

-n 옵션으로 네임스페이스를 설정할 수 있습니다. 여기서는 많은 로그를 확인하려고 시스템 네임스페이스인 kube-system을 설정했습니다. kube-system 네임스페이스에 kube로 시작하는 파드들의 로그를 모두 살펴본다는 뜻입니다. 참고로 macOS에서는 파드별 로그가 색깔로 구분되어 있어서 보기가 편합니다.

---

3 https://github.com/wercker/stern/releases

이외에도 자주 사용하는 옵션은 다음과 같습니다.

- **--all-namespaces**: 모든 네임스페이스에 있는 로그를 한번에 출력합니다.
- **-l, --label**: 특정 레이블의 파드들 로그만 선택해서 출력합니다.
- **-o**: 출력 형식을 변경할 수 있습니다. -o json을 사용하면 JSON 형식으로 로그를 출력합니다.
- **--template**: 출력 형식을 마음대로 변경해서 원하는 항목만 확인할 수 있습니다. stern --template '{{.Message}} ({{.Namespace}}/{{.PodName}}/{{.ContainerName}})' kube -n kube-system 같은 형태로 명령을 실행합니다.

더 다양한 옵션의 사용 방법은 stern 혹은 stern -h 명령을 실행하면 확인할 수 있습니다. 로그는 지속해서 수집할 것이니 실행 중인 프로세스를 강제 종료합니다.

17.2 쿠버네티스 대시보드

여러분은 지금까지 쿠버네티스를 다루면서 커맨드라인 인터페이스인 kubectl을 사용했습니다. 클러스터 관리, 파드 생성/삭제/업데이트를 모두 kubectl로 할 수 있습니다.

한편 쿠버네티스는 웹 UI 기반인 쿠버네티스 대시보드Kubernetes Dashboard[4]를 제공합니다. 쿠버네티스 대시보드를 사용하려면 먼저 쿠버네티스 대시보드 깃허브에서 recommended.yaml을 다운로드[5]한 후 dashboard-recommended.yaml로 이름을 바꿉니다. 그리고 [코드 17-4]처럼 파일 안에 볼드 표시한 부분을 추가합니다.

---

4 https://github.com/kubernetes/dashboard
5 https://raw.githubusercontent.com/kubernetes/dashboard/master/aio/deploy/recommended.yaml

```
apiVersion: v1
kind: Namespace
metadata:
  name: kubernetes-dashboard
---
apiVersion: v1
kind: ServiceAccount
metadata:
  labels:
    k8s-app: kubernetes-dashboard
  name: kubernetes-dashboard
  namespace: kubernetes-dashboard
---
apiVersion: v1
kind: ServiceAccount
metadata:
  name: admin-user
  namespace: kubernetes-dashboard
---

# 중간 생략

---
apiVersion: rbac.authorization.k8s.io/v1
kind: ClusterRoleBinding
metadata:
  name: kubernetes-dashboard
roleRef:
  apiGroup: rbac.authorization.k8s.io
  kind: ClusterRole
  name: kubernetes-dashboard
subjects:
  - kind: ServiceAccount
    name: kubernetes-dashboard
    namespace: kubernetes-dashboard
---
apiVersion: rbac.authorization.k8s.io/v1
kind: ClusterRoleBinding
metadata:
  name: admin-user
roleRef:
```

```
    apiGroup: rbac.authorization.k8s.io
    kind: ClusterRole
    name: cluster-admin
subjects:
- kind: ServiceAccount
    name: admin-user
    namespace: kubernetes-dashboard
---

# 이후 생략
```

볼드 표시한 부분은 쿠버네티스 대시보드를 클러스터에 적용한 후 베어리[Bearer] 토큰을 만들어 관리자 로그인하는 데 필요한 서비스 계정과 클러스터롤바인딩 설정 부분입니다.

[코드 17-4]를 kubectl apply -f dashboard-recommended.yaml 명령으로 클러스터에 적용한 후 kubectl proxy 명령을 실행합니다. 그리고 웹 브라우저에서 http://localhost:8001/api/v1/namespaces/kubernetes-dashboard/services/https:kubernetes-dashboard:/proxy/로 접속하면 [그림 17-7]과 같은 쿠버네티스 대시보드 화면을 볼 수 있습니다.

그림 17-7 쿠버네티스 대시보드 첫 화면

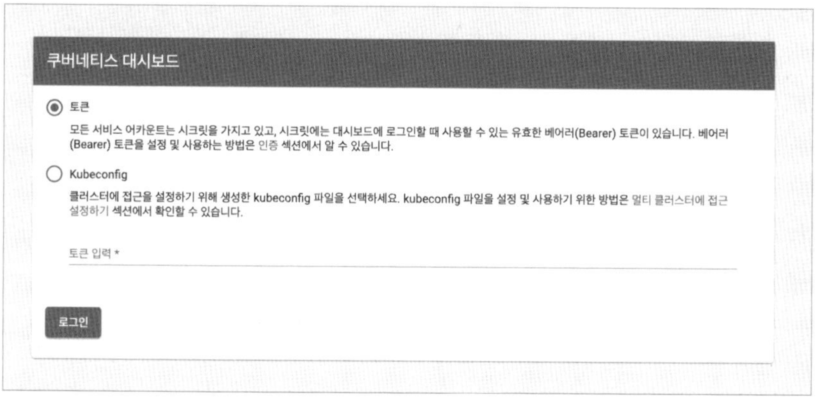

다음으로 로그인에 필요한 토큰을 만들 차례입니다. 다음 명령을 실행하면 토큰이 생성됩니다.

```
$ kubectl -n kubernetes-dashboard get secret $(kubectl -n kubernetes-dashboard
  get sa/admin-user -o jsonpath="{.secrets[0].name}") -o go-template="{{.data.
  token | base64decode}}"
eyJhbGciOiJSUzI1NiIsImtpZCI6ImVxTjRqRYXlWVW00cmJsSlB...
```

출력된 토큰을 드래그해서 복사해 [그림 17-7]의 [토큰 입력 *] 부분에 붙여넣기한 후〈로그인〉을 누르면 대시보드 첫 화면이 열립니다.

대시보드 화면 왼쪽에는 각종 메뉴가 있습니다. 위부터 차례로 워크로드 관련 메뉴, 서비스 관련 메뉴, 컨피그 및 스토리지를 확인할 수 있는 메뉴 등이 있습니다. 화면 오른쪽에는 현재 워크로드의 전체 상태를 한눈에 확인할 수 있습니다.

그림 17-8 워크로드의 전체 상태 확인

이 상태에서 오른쪽 위 〈+〉를 누른 후 [텍스트 입력으로 생성]에서 직접 설정을 작성한 후 파드를 실행할 수 있습니다.

그림 17-9 설정 작성

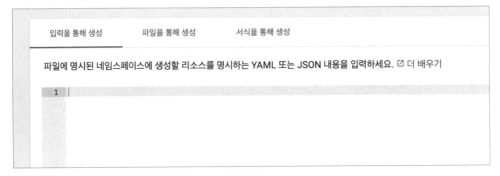

또는 현재 실행 중인 파드 설정을 수정할 수도 있습니다. [워크로드] → [디플로이먼트]를 선택하면 현재 실행 중인 디플로이먼트들이 보입니다. 이중에서 설정을 변경하고 싶은 디플로이먼트를 선택하면 해당 디플로이먼트의 상세 화면이 보입니다. 여기서 오른쪽 위 연필 아이콘을 선택하면 현재 디플로이먼트의 설정을 편집할 수 있는 창이 열립니다.

그림 17-10 디플로이먼트 편집

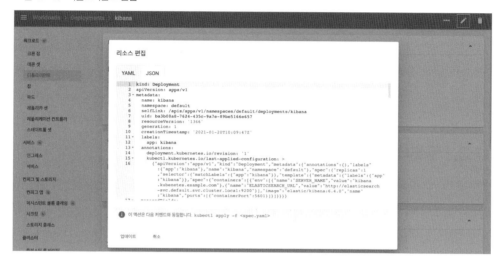

왼쪽 메뉴에서 [워크로드] → [파드]를 선택한 후 오른쪽 파드 목록에서 특정 파드를 선택하면 [그림 17-11]처럼 오른쪽 위에 [EXEC]와 [로그]가 있습니다. [EXEC]를 선택하면 셸이 실행되면서 대시보드에서 실행 중인 파드의 컨테이너로 직접 접속할 수 있습니다. 여기서 필요한 명령을 실행해서 컨테이너 안 상태를 바로 확인할 수 있습니다. [로그]를 선택하면 마찬가지로 대시보드에서 실행한 셸로 직접 컨테이너의 로그를 확인할 수 있습니다.

그림 17-11 대시보드에서 실행한 셸로 컨테이너의 상태와 로그 확인

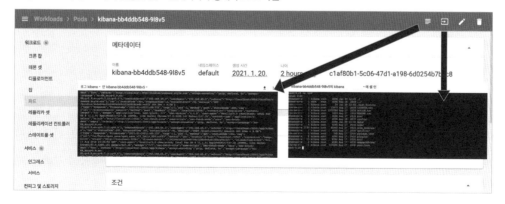

17.3 쿠버네티스 클러스터 모니터링

클러스터에서 애플리케이션을 운영하다 보면 현재 클러스터나 앱 컨테이너의 상태가 어떤지 모니터링하는 것이 중요합니다. 기본적인 시스템 메트릭인 CPU, 메모리부터 애플리케이션의 특수한 메트릭 정보까지 많은 것을 모니터링해야 합니다. 이 절에서는 쿠버네티스 클러스터의 상태와 클러스터 안에 실행 중인 파드들을 모니터링하는 방법을 살펴보겠습니다. 우선 쿠버네티스의 모니터링 아키텍처 전체를 살펴본 후 메트릭 서버, 프로메테우스 등 모니터링 도구의 실제 사용 방법도 알아보겠습니다.

17.3.1 쿠버네티스 모니터링 아키텍처

쿠버네티스 모니터링은 시스템 메트릭system metrics과 서비스 메트릭service metrics을 수집해서 확인할 수 있습니다. 쿠버네티스 구성 요소들을 직접 관리하는 코어 메트릭 파이프라인core metric pipeline과 클러스터 사용자들에게 필요한 정보를 모니터링하는 모니터링 파이프라인monitoring pipeline을 살펴봅니다.

시스템 메트릭

시스템 메트릭은 노드나 컨테이너의 CPU, 메모리 사용량 같은 시스템 관련 메트릭입니다. 시스템 메트릭은 다시 코어 메트릭core metrics과 비코어 메트릭non-core metrics으로 나뉩니다.

코어 메트릭은 쿠버네티스 내부 컴포넌트들이 사용하는 메트릭입니다. 현재 클러스터 안이나 내장 오토스케일링(18장 참고)에서 사용할 수 있는 자원이 얼마인지 파악합니다. 17.2에서 설명한 대시보드나 자원 사용량을 알려주는 kubectl top 같은 명령에서 보여주는 CPU/메모리 사용량, 파드/컨테이너의 디스크 사용량 등은 코어 메트릭값입니다. 비코어 메트릭은 쿠버네티스가 직접 사용하지 않는 다른 시스템 메트릭을 뜻합니다.

서비스 메트릭

서비스 메트릭은 애플리케이션을 모니터링할 때 필요한 메트릭입니다. 서비스 메트릭은 다시 쿠버네티스 인프라용 컨테이너에서 수집하는 메트릭과 사용자 애플리케이션에서 수집하는 메트릭으로 나뉩니다.

쿠버네티스 인프라 컨테이너에서 수집하는 메트릭은 클러스터를 관리할 때 참고해 사용합니다. 사용자 애플리케이션에서 수집하는 메트릭은 웹 서버 응답 시간^{response time} 관련 값이나 시간당 HTTP 500 에러가 몇 건이나 나타났는지 등 서비스 관련 정보를 파악합니다. 참고로 서비스 메트릭은 18장에서 설명할 HPA^{Horizontal Pod Autoscaling}에서 사용자 정의 메트릭으로 사용할 수 있습니다.

코어 메트릭 파이프라인

코어 메트릭 파이프라인은 쿠버네티스 관련 구성 요소를 직접 관리하는 파이프라인입니다. 코어 시스템 메트릭을 수집해 핵심^{core} 요소의 모니터링을 담당합니다. kubelet, 메트릭 서버, 메트릭 API 등으로 구성되어 있습니다. 여기서 제공하는 메트릭은 시스템 컴포넌트에서 사용합니다. 주로 스케줄러나 HPA 등에서 작업할 때의 기초 자료로 활용합니다. 별도의 외부 서드파티 모니터링 시스템과 연계하지 않고 독립적으로 운영됩니다.

kubelet에 내장된 cAdvisor는 노드/파드/컨테이너의 사용량 정보를 수집합니다. 메트릭 서버는 이 정보들을 kubelet에서 불러와 메모리에 저장합니다. 이렇게 저장한 메트릭 정보는 마스터의 메트릭 API를 이용해 다른 시스템 컴포넌트가 조회할 수 있습니다. 단, 메모리에 저장하므로 저장 용량에 한계가 있어 짧은 기간의 정보만 보관합니다.

모니터링 파이프라인

모니터링 파이프라인은 기본 메트릭을 포함한 여러 가지 메트릭을 수집합니다. 여기서 수집한 메트릭은 쿠버네티스 시스템보다는 클러스터 사용자에게 필요한 모니터링에 사용합니다. 쿠버네티스는 모니터링 파이프라인을 직접 관리하지 않습니다. 이런 부분까지 쿠버네티스에서 직접 개발 및 유지하려면 부담이 크므로 외부 모니터링 시스템을 연계하는 것입니다.

모니터링 파이프라인은 시스템 메트릭과 서비스 메트릭 모두 수집할 수 있습니다. 코어 메트릭 파이프라인과는 분리되었으므로 원하는 모니터링 도구를 조합해서 사용하면 됩니다. 모니터링 파이프라인으로 사용할 수 있는 도구 조합은 다음과 같습니다.

- cAdvisor + 힙스터^{heapster} + 인플럭스DB^{influxDB} [6]
- cAdvisor + 프로메테우스

---

[6] 수집한 메트릭을 저장하는 스토리지 백엔드입니다.

- cAdvisor[7] + collectd + 힙스터

- snapd + 힙스터[8]

- snapd + SNAP cluster-level agent

- Sysdig

현재 cAdvisor + 힙스터 + 인플럭스DB를 많이 사용하지만 힙스터는 앞으로 사용을 권하지 않는 상황이므로 곧 cAdvisor + 프로메테우스 조합을 많이 사용할 것으로 생각합니다.

모니터링 아키텍처의 전체 구조

지금까지 살펴본 모니터링 아키텍처의 전체 구조는 [그림 17-12]와 같습니다. 회색 부분이 모니터링 파이프라인입니다.

그림 17-12 모니터링 아키텍처의 전체 구조

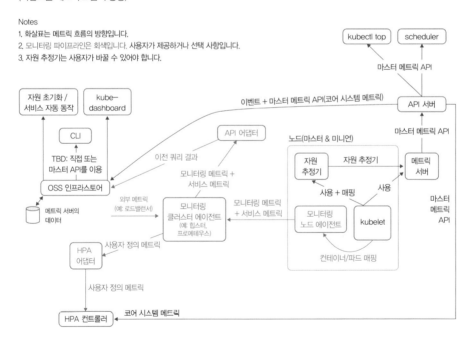

7 노드 각각의 kubelet에 접근해 컨테이너 각각의 메트릭을 수집하는 도구입니다.
8 쿠버네티스 버전 1.12까지의 기본 모니터링 도구였습니다.

17.3.2 메트릭 서버

메트릭 서버[metrics-server]는 쿠버네티스 모니터링 아키텍처에서 코어 메트릭 파이프라인을 효율적으로 사용하려고 힙스터 대신 모니터링 표준으로 도입한 것입니다. 힙스터를 간소화한 것으로 생각하면 됩니다.

메트릭 서버는 kubelet으로 수집해 메모리에 저장한 파드나 노드의 메트릭 데이터를 kube-apiserver로 조회하는 메트릭 API[Metrics API]를 제공합니다. 사실 쿠버네티스에 필요한 핵심 데이터들 대부분은 etcd에 저장됩니다. 그런데 메트릭 데이터까지 etcd에 저장하면 etcd의 부하가 너무 커지므로 메모리에 저장하는 것입니다. 단, 메트릭 서버용으로 실행한 파드를 재시작하면 수집됐던 데이터가 사라집니다. 데이터 보관 주기를 길게 하려면 별도의 외부 스토리지를 사용해야 합니다.

메트릭 서버는 Kubernetes Metrics Server[9] 깃허브 저장소의 releases 페이지에서 제공하는 components.yaml 파일을 이용해 설치하고 사용합니다. 단, 도커 데스크톱용 쿠버네티스에서 메트릭 서버를 사용하려면 [코드 17-5]처럼 components.yaml의 디플로이먼트 설정에서 `.spec.template.spec.containers[].args[]` 필드의 굵은 글씨로 표시한 부분을 추가합니다.

코드 17-5 인증서 설정 변경 예(monitoring/metrics-server/components.yaml)

```
# 이전 생략
---
apiVersion: apps/v1
kind: Deployment
metadata:
  labels:
    k8s-app: metrics-server
  name: metrics-server
  namespace: kube-system
spec:

# 중간 생략

  template:
    metadata:
```

---

9 https://github.com/kubernetes-sigs/metrics-server

```
    labels:
      k8s-app: metrics-server
  spec:
    containers:
    - args:
      - --cert-dir=/tmp
      - --secure-port=4443
      - --kubelet-preferred-address-types=InternalIP,ExternalIP,Hostname
      - --kubelet-insecure-tls
      - --kubelet-use-node-status-port
      - --metric-resolution=15s
      image: k8s.gcr.io/metrics-server/metrics-server:v0.5.0
      imagePullPolicy: IfNotPresent
```

이후 생략

--kubelet-insecure-tls는 쿠버네티스 클러스터에서 사용하는 인증서가 공인 인증서가 아니라 사용자 정의 인증서이므로 보안 에러가 발생하지 않도록 무시하는 옵션입니다.

도커 데스크톱이 아닌 kubespray 같은 쿠버네티스 클러스터라면 다음 명령을 실행해 메트릭 서버를 설정할 수도 있습니다.

```
$ kubectl apply -f https://github.com/kubernetes-sigs/metrics-server/releases/
  latest/download/components.yaml
```

[코드 17-5]를 저장한 후 kubectl apply -f components.yaml 명령을 실행합니다. 처음 메트릭 데이터를 수집하는데 시간이 좀 필요합니다. 잠시 기다렸다가 kubectl top node와 kubectl top pod 명령을 실행합니다.

```
$ kubectl top node
NAME            CPU(cores)   CPU%   MEMORY(bytes)   MEMORY%
docker-desktop  213m         3%     1628Mi          86%
$ kubectl top pod
NAME                             CPU(cores)   MEMORY(bytes)
elasticsearch-d7cf7b886-tl8sl    12m          674Mi
kibana-798cff5d4d-26djq          3m           151Mi
```

노드와 파드의 CPU 및 메모리 사용량을 확인할 수 있습니다.

curl 명령어로 사용 가능한 메트릭 서버의 메트릭 API 목록을 요청할 수 있습니다. 먼저 메트릭 서버로 API 목록을 요청할 수 있도록 다음 명령으로 포트 포워딩을 설정합니다.

```
$ kubectl port-forward svc/metrics-server -n kube-system 30443:443
```

메트릭 API는 쿠버네티스 API를 이용하므로 인증 정보가 필요합니다. 앞 명령을 실행 중인 상태에서 새로운 셸을 하나 열고 다음 명령으로 default 네임스페이스에 있는 default 서비스 계정의 토큰 정보를 얻습니다.

```
$ TOKEN=$(kubectl describe secret $(kubectl get secrets | grep default | cut -f1
  -d ' ') | grep -E '^token' | cut -f2 -d':' | tr -d ' ')
```

윈도우에서는 다음처럼 명령을 나누어서 실행해 토큰 정보를 확인할 수 있습니다.

```
$ kubectl get secrets
NAME                  TYPE                                   DATA    AGE
default-token-ngchg   kubernetes.io/service-account-token    3       19d
kube-book-secret      kubernetes.io/tls                      2       18d
myuser-token-669z8    kubernetes.io/service-account-token    3       9d
$ kubectl describe secret default-token-ngchg
Name:        default-token-ngchg
Namespace:   default
Labels:      <none>
Annotations: kubernetes.io/service-account.name=default
             kubernetes.io/service-account.uid=bc615386-893f-11e9-ada5-
             00155d001e05


Type:  kubernetes.io/service-account-token


Data
====
ca.crt:     1066 bytes
namespace:  7 bytes
token:      eyJhbGciOiJSUzI1……
```

다음 명령을 실행해 사용 가능한 API 목록을 확인합니다.

```
$ curl -k -H "Authorization: Bearer $TOKEN" https://localhost:30443/
{
  "paths": [
    "/apis",
    "/apis/metrics.k8s.io",
    "/apis/metrics.k8s.io/v1beta1",
    "/healthz",
    "/healthz/livez",
    "/healthz/log",

    # 중간 생략

    "/openapi/v2",
    "/readyz",
    "/readyz/informer-sync",
    "/readyz/livez",
    "/readyz/log",
    "/readyz/ping",
    "/readyz/poststarthook/generic-apiserver-start-informers",
    "/readyz/readyz",
    "/readyz/shutdown",
    "/version"
  ]
}
```

경로 형식으로 다양한 API 목록을 볼 수 있습니다.

이어서 다음 명령을 실행해 메트릭 API 정보를 확인합니다. 앞에서 확인한 API 목록 중 /metrics 하위의 API 목록을 확인하는 것입니다.

```
$ curl -k -H "Authorization: Bearer $TOKEN" https://localhost:30443/metrics

# 이전 생략
# HELP process_cpu_seconds_total Total user and system CPU time spent in seconds.
# TYPE process_cpu_seconds_total counter
process_cpu_seconds_total 7.69
# HELP process_max_fds Maximum number of open file descriptors.
# TYPE process_max_fds gauge
process_max_fds 1.048576e+06
```

```
# HELP process_open_fds Number of open file descriptors.
# TYPE process_open_fds gauge
process_open_fds 14
# HELP process_resident_memory_bytes Resident memory size in bytes.
# TYPE process_resident_memory_bytes gauge
process_resident_memory_bytes 4.737024e+07
# HELP process_start_time_seconds Start time of the process since unix
# epoch in seconds.
# TYPE process_start_time_seconds gauge
process_start_time_seconds 1.61118826789e+09
# HELP process_virtual_memory_bytes Virtual memory size in bytes.
# TYPE process_virtual_memory_bytes gauge
process_virtual_memory_bytes 7.64059648e+08
# HELP process_virtual_memory_max_bytes Maximum amount of virtual memory
# available in bytes.
# TYPE process_virtual_memory_max_bytes gauge
process_virtual_memory_max_bytes -1
```

HELP라는 필드에 데이터 각각이 어떤 값인지 설명합니다. TYPE에는 데이터 각각이 어떤 종류인지 나와 있습니다. 마지막으로 각 데이터의 이름과 값이 나옵니다.

여기까지 확인을 마쳤으면 실행 중이던 kubectl port-forward 명령을 강제 종료합니다.

17.3.3 프로메테우스

모니터링 도구로 최근 가장 많이 주목받는 것은 프로메테우스[Prometheus]입니다. 프로메테우스는 사운드클라우드[SoundCloud]에서 처음 개발했고 현재는 CNCF에서 관리하는 프로젝트입니다. CNCF의 여러 가지 프로젝트 중에서 쿠버네티스가 첫 번째 졸업 프로젝트고 프로메테우스가 두 번째 졸업 프로젝트일 정도로 많은 주목을 받고 있습니다.

프로메테우스의 주요 기능

프로메테우스에는 시계열[time series] 데이터를 저장할 수 있는 다차원[multi-dimensional] 데이터 모델과 데이터 모델을 효과적으로 활용할 수 있는 PromQL이라는 쿼리 언어가 있습니다. 기본적인 모니터링 데이터 수집은 프로메테우스 서버가 수집하려는 대상에서 데이터를 가져오는 풀[PULL] 구조입니다.

수집 대상은 정적으로 혹은 서비스 디스커버리^{service discovery}를 이용해 동적으로도 설정할 수 있습니다. 외부에서 직접 푸시^{push}한 모니터링 데이터를 푸시 게이트웨이^{push gateway}로 받아서 저장할 수도 있습니다. 모니터링 데이터는 단순하게 디스크에 저장하며, 필요할 때는 외부 스토리지에 저장할 수도 있습니다.

수집한 데이터의 시각화는 내장된 웹 UI를 이용하거나 그라파나와 연결해 볼 수도 있습니다.

프로메테우스의 아키텍처

프로메테우스의 전체 아키텍처는 [그림 17-13]입니다.

그림 17-13 프로메테우스의 전체 아키텍처

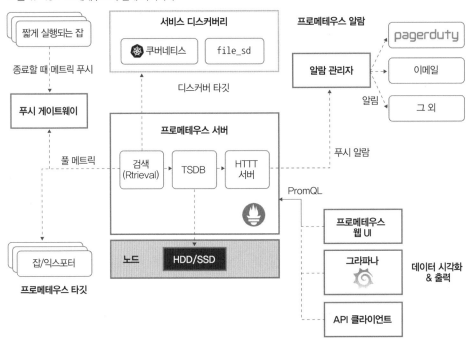

다음 소개하는 여러 가지 컴포넌트가 있습니다.

- **프로메테우스 서버(Prometheus server):** 시계열 데이터를 수집해서 저장합니다.
- **클라이언트 라이브러리(Client library):** 애플리케이션을 개발할 때 프로메테우스에서 데이터를 수집하도록 만드는 라이브러리입니다.

- **푸시 게이트웨이(Push gateway)**: 클라이언트에서 직접 프로메테우스로 데이터를 보낼 때 받는 역할입니다.

- **익스포터(exporter)**: 프로메테우스 클라이언트 라이브러리를 내장해 만들지 않은 애플리케이션에서 데이터를 수집합니다. 100개가 넘는 다양한 익스포터가 있으므로 거의 모든 애플리케이션에서 데이터를 수집할 수 있다는 것이 프로메테우스의 장점입니다.

- **알람 관리자(Alertmanager)**: 알람을 보낼 때 중복 처리, 그룹화 등을 하며 알람을 어디로 보낼지 관리합니다.

프로메테우스 사용하기

프로메테우스를 실행하려면 먼저 쿠버네티스용 설정 파일이 있어야 합니다. 프로메테우스 깃허브 저장소[10]의 documentation/examples 디렉터리를 보면 prometheus-kubernetes.yml 파일[11]을 볼 수 있습니다.

prometheus라는 디렉터리를 하나 만들어서 해당 파일을 다운로드한 다음 prometheus-kubernetes-config.yaml이라고 파일 이름을 바꿉니다. 그리고 [코드 17-6]에서 소개하는 굵은 글씨의 설정을 추가합니다.

코드 17-6 프로메테우스와 메트릭 데이터 연동(monitoring/prometheus/prometheus-kubernetes-config.yaml)

```
# 이전 생략

# Scrape config for nodes (kubelet).
# 중간 생략
- job_name: 'kubernetes-nodes'

  # Default to scraping over https. If required, just disable this or change to
  # `http`.
  scheme: https

  # 중간 생략
  # <kubernetes_sd_config>.
```

---

10 https://github.com/prometheus/prometheus
11 https://github.com/prometheus/prometheus/blob/master/documentation/examples/prometheus-kubernetes.yml

```yaml
tls_config:
  ca_file: /var/run/secrets/kubernetes.io/serviceaccount/ca.crt
  # 중간 생략
  # insecure_skip_verify: true
bearer_token_file: /var/run/secrets/kubernetes.io/serviceaccount/token

kubernetes_sd_configs:
- role: node

relabel_configs:
- action: labelmap
  regex: __meta_kubernetes_node_label_(.+)
- target_label: __address__
  replacement: kubernetes.default.svc:443
- source_labels: [__meta_kubernetes_node_name]
  regex: (.+)
  target_label: __metrics_path__
  replacement: /api/v1/nodes/${1}/proxy/metrics

# Scrape config for Kubelet cAdvisor.

# 중간 생략

# This job is not necessary and should be removed in Kubernetes 1.6 and
# earlier versions, or it will cause the metrics to be scraped twice.
- job_name: 'kubernetes-cadvisor'

  # Default to scraping over https. If required, just disable this or change to
  # `http`.
  scheme: https

  # 중간 생략
  metrics_path: /metrics/cadvisor

  # 중간 생략
  # <kubernetes_sd_config>.
  tls_config:
    ca_file: /var/run/secrets/kubernetes.io/serviceaccount/ca.crt
    # 중간 생략
    # insecure_skip_verify: true
  bearer_token_file: /var/run/secrets/kubernetes.io/serviceaccount/token
```

```
    kubernetes_sd_configs:
    - role: node

    relabel_configs:
    - action: labelmap
      regex: __meta_kubernetes_node_label_(.+)
    - target_label: __address__
      replacement: kubernetes.default.svc:443
    - source_labels: [__meta_kubernetes_node_name]
      regex: (.+)
      target_label: __metrics_path__
      replacement: /api/v1/nodes/${1}/proxy/metrics/cadvisor

  # Example scrape config for service endpoints.
  # 이후 생략
```

첫 번째 굵은 글씨 부분은 kubelet과 관련된 메트릭 관련 정보를 가져오는 설정이고 두 번째 굵은 글씨 부분은 컨테이너 각각의 메트릭을 수집하는 cadvisor의 정보를 가져오는 설정입니다. 해당 설정이 있어야 프로메테우스에서 메트릭 서버와 cadvisor의 메트릭 데이터를 사용할 수 있습니다.

이제 다음 명령을 실행해서 컨피그맵을 생성합니다.

```
$ kubectl create configmap prometheus-kubernetes --from-file=./prometheus-
  kubernetes-config.yaml
```

그리고 [코드 17-7]처럼 프로메테우스용 디플로이먼트와 서비스를 설정합니다.

코드 17-7 프로메티우스용 디플로이먼트와 서비스 설정 예(monitoring/prometheus/prometheus-deployment.yaml)

```
apiVersion: apps/v1
kind: Deployment
metadata:
  name: prometheus-app
  labels:
    app: prometheus-app
spec:
  replicas: 1
  selector:
    matchLabels:
```

```
      app: prometheus-app
  template:
    metadata:
      labels:
        app: prometheus-app
    spec:
      containers:
      - name: prometheus-app
        image: prom/prometheus:v2.27.1 ------ ❶
        args:
        - "--config.file=/etc/prometheus/prometheus-kubernetes-config.yaml" --- ❷
        ports:
        - containerPort: 9090
        volumeMounts: --------------------------
        - name: config-volume
          mountPath: /etc/prometheus          ❹
        - name: storage-volume
          mountPath: /prometheus/ -----------
      volumes: --------------------------------
      - name: config-volume
        configMap:
          name: prometheus-kubernetes         ❸
      - name: storage-volume
        emptyDir: {} ----------------------
---
apiVersion: v1
kind: Service
metadata:
  labels:
    app: prometheus-app
  name: prometheus-app-svc
  namespace: default
spec:
  ports:
  - nodePort: 30990 -------------- ❺
    port: 9090
    protocol: TCP
    targetPort: 9090
  selector:
    app: prometheus-app
  type: NodePort
```

❶ `.spec.template.spec.containers[].image` 필드 값은 컨테이너 이미지로 `prom/prome`
`theus:v2.27.1`을 설정했습니다.

❷ `.spec.template.spec.containers[].args[]` 필드 값은 프로메테우스의 설정 파일로
`--config.file=/etc/prometheus/prometheus-kubernetes-config.yaml`을 지정했습
니다. 프로메테우스의 설정 파일인 prometheus-kubernetes-config.yaml은 앞서
prometheus-kubernetes라는 컨피그맵으로 미리 만들어 뒀습니다.

❸ `.spec.template.spec.volumes[]`의 하위 필드에 볼륨을 설정합니다. 첫 번째 `.name`
필드 값으로 `config-volume`을 설정했고 `.configMap.name` 필드 값으로 `prometheus-`
`kubernetes`를 설정해 컨피그맵을 사용할 수 있도록 했습니다. 두 번째 `.name` 필드 값으로
`storage-volume`을 설정했습니다. `.emptyDir` 필드 값은 {}로 설정했습니다. 즉, emptyDir
볼륨을 사용하겠다는 것입니다.

❹ `.spec.template.spec.containers[].volumeMounts[]`의 하위 필드로 ❸에서 설정한 볼
륨을 컨테이너에 마운트했습니다.

❺ 서비스 설정의 `.spec.ports[].nodePort` 필드에서 30990 포트를 설정해서 웹 브라우저
에서 30990 포트로 접근할 수 있게 설정했습니다.

[코드 17-7]을 prometheus-deployment.yaml로 저장해 `kubectl apply -f prometheus-`
`deployment.yaml` 명령으로 클러스터에 적용합니다. 적용 시간은 꽤 소요된다는 점을 기억해둡
시다.

적용 완료 후에는 웹 브라우저에서 http://localhost:30990으로 접속합니다. 그러면 [그림
17-14]처럼 프로메테우스의 웹 UI를 확인할 수 있습니다.

여기서 위의 [Graph] 메뉴를 선택한 후 아래의 [Graph]와 [Console] 탭 중 [Graph] 탭을 선
택합니다. 그리고 〈Execute〉 왼쪽 검색 창에 실행하는 메트릭으로 'kubelet_running_pods'
를 입력한 후 〈Execute〉를 눌러서 현재 실행 중인 파드 개수를 확인합니다.

그림 17-14 프로메테우스 웹 UI에서 현재 실행 중인 파드 개수 확인

이 상태에서 kubectl scale deploy 디플로이먼트이름 --replicas=설정파드개수 명령으로 파드 개수를 조정하면 그림 오른쪽처럼 그래프가 변합니다.

프로메테우스와 그라파나 연동

프로메테우스의 기본 웹 UI 이외에 저장된 모니터링 데이터를 조회할 때는 대시보드 도구인 그라파나Grafana[12]를 많이 사용합니다. 이 그라파나를 프로메테우스와 연결할 수 있습니다. [코드 17-8]은 설정 예입니다.

코드 17-8 프로메테우스에 그라파나를 연결하는 설정 예(monitoring/prometheus/grafana.yaml)

```
apiVersion: apps/v1
kind: Deployment
metadata:
  name: grafana-app
spec:
  selector:
    matchLabels:
      k8s-app: grafana
```

---

12 https://grafana.com, https://github.com/grafana/grafana

```
    replicas: 1
    template:
      metadata:
        labels:
          k8s-app: grafana
      spec:
        containers:
        - name: grafana
          image: grafana/grafana:8.0.2 ··········· ❶
          ports:
          - containerPort: 3000
            protocol: TCP
          env: ·······································
          - name: GF_SERVER_HTTP_PORT
            value: "3000"
          - name: GF_AUTH_BASIC_ENABLED
            value: "false"
          - name: GF_AUTH_ANONYMOUS_ENABLED      ❷
            value: "true"
          - name: GF_AUTH_ANONYMOUS_ORG_ROLE
            value: Admin
          - name: GF_SERVER_ROOT_URL
            value: / ·······························
---
apiVersion: v1
kind: Service
metadata:
  labels:
    kubernetes.io/name: grafana-app
  name: grafana-app
spec:
  ports:
  - port: 3000
    targetPort: 3000
    nodePort: 30300 ··························· ❸
  selector:
    k8s-app: grafana
  type: NodePort
```

❶ .spec.template.spec.containers[].image 필드 값으로 grafana/grafana:8.0.2라는
컨테이너 이미지를 설정해 그라파나를 사용하도록 했습니다.

423

❷ `.spec.template.spec.containers[].env[]`의 하위 필드에는 여러 개 `.name`과 `.value` 필드 값으로 그라파나의 기본 환경 변수들을 설정했습니다. `GF_SERVER_HTTP_PORT`는 사용할 포트인 3000을 설정했고, `GF_AUTH_BASIC_ENABLED` 변수는 그라파나를 인증없이 사용하도록 false를 설정했습니다. `GF_AUTH_ANONYMOUS_ENABLED` 변수는 익명 사용자가 그라파나를 사용하도록 만드는 옵션으로 true를 설정했습니다. 인증없이 그라파나를 사용할 수 있습니다. `GF_AUTH_ANONYMOUS_ORG_ROLE` 변수는 Admin으로 설정해서 익명 사용자가 관리자 권한으로 그라파나를 사용하도록 했습니다. `GF_SERVER_ROOT_URL` 변수는 루트 경로를 지정하는 옵션으로 /를 설정했습니다.

❸ 서비스에서는 `.spec.ports[].nodePort` 필드 값을 30300으로 설정해서 NodePort 타입 서비스로 웹 브라우저에서 30300 포트를 사용해서 접근하도록 했습니다.

[코드 17-8]을 grafana.yaml로 저장한 후 `kubectl apply -f grafana.yaml` 명령을 실행해 그라파나를 실행합니다.

웹 브라우저에서 http://localhost:30300으로 접속하면 그라파나 화면을 확인할 수 있습니다. [그림 17-15]처럼 〈DATA SOURCES〉를 누릅니다.

그림 17-15 그라파나에 프로메테우스 소스 추가 1

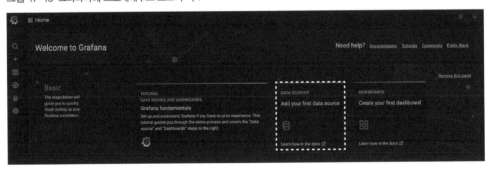

[그림 17-16]을 참고해 'Add data source' 바로 아래에 있는 Prometheus 항목 오른쪽의 〈Select〉를 선택해 모니터링 데이터 소스로 프로메테우스를 추가합니다.

그림 17-16 그라파나에 프로메테우스 소스 추가 2

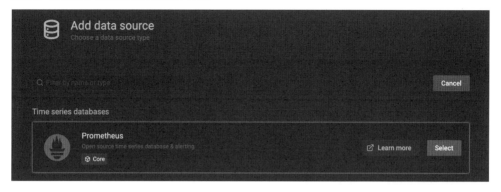

프로메테우스의 데이터 소스를 설정합니다. [Name] 항목에는 Prometheus-1이라는 이름
을 설정하고 [URL] 항목에는 프로메테우스 데이터 소스에 접근할 수 있는 도메인인 http://
prometheus-app-svc.default.svc.cluster.local:9090을 설정합니다. 이외의 설정은 그대
로 두고 〈Save & Test〉를 누릅니다.

그림 17-17 프로메테우스 모니터링 데이터 소스 접속

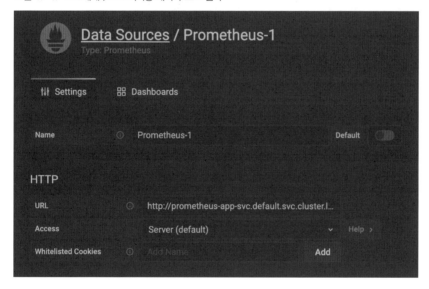

[그림 17-18]처럼 왼쪽의 [+] 메뉴를 선택한 후 [Create] → [Dashboard]를 선택해서 새로운
대시보드를 만듭니다.

그림 17-18 그라파나 대시보드 생성

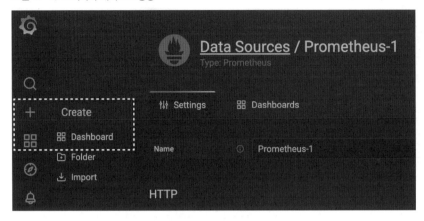

[그림 17-19]를 참고해 New dashboard 화면에서 〈Add an empty panel〉을 누릅니다.

그림 17-19 New dashboard에서 Graph 타입의 새 패널 생성

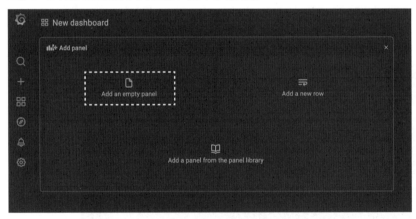

추가한 프로메테우스 데이터 소스를 이용해서 [그림 17-21]이나 [그림 17-23]처럼 다양한 대시보드를 만들 수 있습니다.

먼저 [그림 17-20]을 참고해 앞에서 만든 프로메테우스 데이터 소스를 선택합니다.

그림 17-20 프로메테우스 데이터 소스 선택

[그림 17-21]은 화면 아래 [Metric] 탭에 프로메테우스에서 쿼리할 수 있는 값인 container_cpu_usage_seconds_total을 입력하고 오른쪽의 눈 모양 버튼을 눌렀을 때 나오는 그래프입니다(여러분의 클러스터 상태에 따라 그래프 형태는 다를 수 있습니다).

그림 17-21 컨테이너의 초당 CPU 사용률을 보여주는 패널

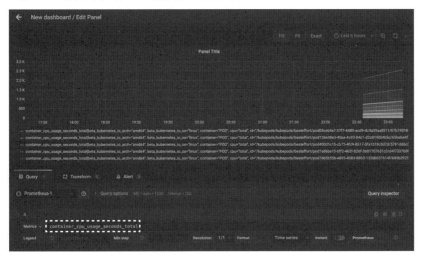

원하는 항목을 검색하려고 입력 창에 일부 단어를 입력하면 [그림 17-22]처럼 선택 가능한 메트릭 항목들을 제시해줍니다.

그림 17-22 패널에서 보여줄 수 있는 데이터 예

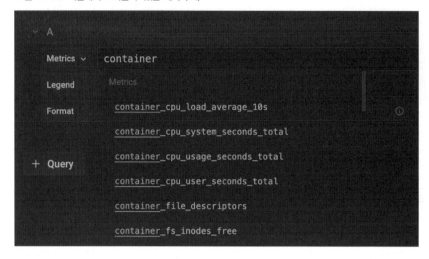

[그림 17-23]은 비슷한 방법으로 여러 가지 다양한 패널을 추가해 대시보드 하나에서 보는 예입니다.

그림 17-23 여러 가지 패널이 있는 대시보드 예

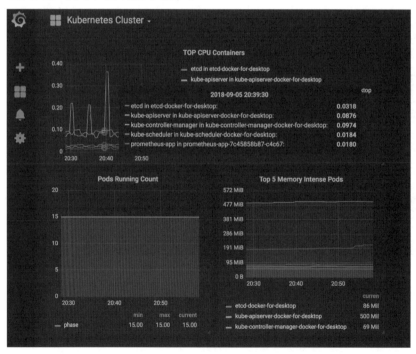

프로메테우스에서 수집하는 많은 메트릭 데이터 중에서 어떤 것들을 모니터링용으로 사용할지 선별하는 것도 어려운 일입니다. 이때 그라파나는 다른 사람이 기존에 만든 대시보드를 불러와 서 사용할 수 있는 장점이 있습니다.

그라파나 공식 사이트의 Dashboards[13]의 [Name / Description] 항목에 kubernetes라는 검 색어를 입력하면 [그림 17-24]처럼 사용자들이 쿠버네티스용으로 미리 만들어 놓은 대시보드 를 여러 개 볼 수 있습니다.

그림 17-24 그라파나 공식 사이트의 Dashboards 쿠버네티스 대시보드

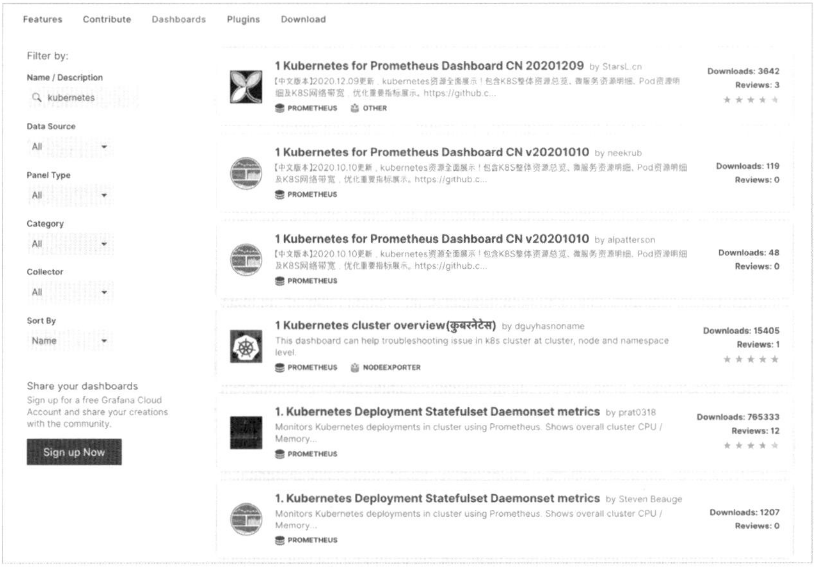

이 중에서 마음에 드는 것을 선택한 후 불러와서 사용하면 대시보드를 직접 만들지 않고도 클 러스터를 모니터링할 수 있습니다. 이 대시보드들 중 [Kubernetes Deployment Statefulset Daemonset metrics]를 선택하면 대시보드의 상세한 설명과 함께 오른쪽 [Get this dashboard] 항목을 볼 수 있습니다. [그림 17-25]를 참고하면 오른쪽 아래에 8588이라는 숫 자가 보입니다.

---

13 https://grafana.com/dashboards

그림 17-25 대시보드 정보

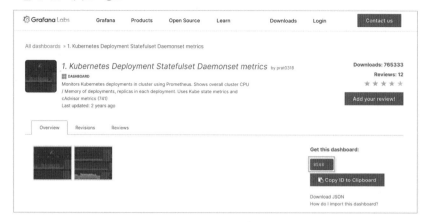

[그림 17-26]을 참고해 그라파나의 [+] → [Create] → [Import]를 선택한 후 열리는 Import 화면의 [Grafana.com Dashboard] 항목에 8588이라는 숫자를 입력하고 〈Load〉를 누릅니다.

그림 17-26 그라파나 불러오기 화면

화면이 곧 [그림 17-27]처럼 변합니다. 이 상태에서 [Options] 아래 [Prometheus] 항목의 드롭다운 메뉴에서 Prometheus-1을 선택한 후 〈Import〉를 눌러서 대시보드를 불러옵니다.

그림 17-27 그라파나 대시보드 불러오기 정보

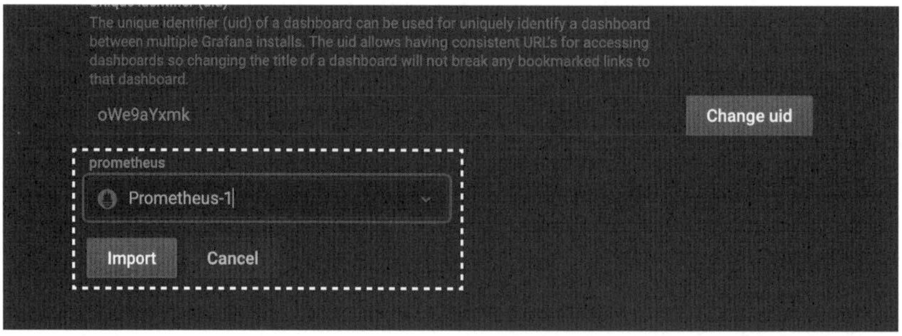

[그림 17-28]처럼 불러온 대시보드 화면을 볼 수 있습니다(클러스터 상태에 따라서 표시되는 정보는 다를 수 있습니다).

그림 17-28 불러오기한 대시보드

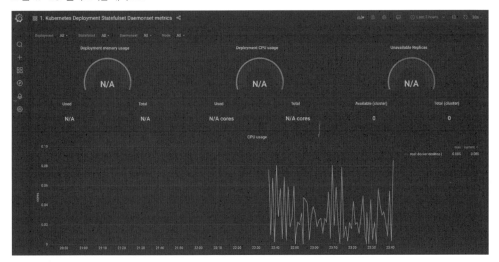

18 오토스케일링

클라우드 컴퓨팅의 유용한 기능 중 가장 많이 언급하는 것은 오토스케일링autoscaling이 아닐까 합니다. 컨테이너 오케스트레이션에서는 컨테이너만 잘 준비되었다면 오토스케일링이 더 쉽습니다. 쿠버네티스에서도 수평적 파드 오토스케일러Horizontal Pod Autoscaler, HPA라는 기본 오토스케일링 기능이 내장되어 있습니다. HPA는 CPU 사용률 기반으로 디플로이먼트를 이용해 실행된 파드 개수를 늘리거나 줄여 줍니다.

18.1 HPA의 구조

HPA는 컨트롤러 매니저(kube-controller-manager) 안에서 주기적으로 실행하면서 설정된 HPA의 상태를 확인합니다. [그림 18-1]은 HPA의 전체 구조입니다.

그림 18-1 HPA의 전체 구조

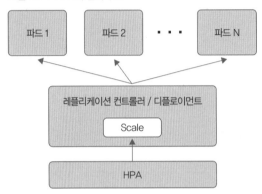

HPA가 디플로이먼트에 속한 파드들의 상태를 모니터링하다가 지정된 조건에 이르면 디플로이먼트를 스케일scale해서 파드 개수를 늘리거나 줄입니다. 실행할 때마다 지정된 자원의 사용량을 쿠버네티스 API로 확인한 후 설정된 HPA 조건에 맞을 때 오토스케일링을 실행합니다. 기본 반복 실행 시간은 --horizontal-pod-autoscaler-sync-period 옵션으로 설정할 수 있으며 기본값은 30초입니다.

어떤 기준으로 오토스케일링하는지는 다음 식으로 계산합니다.

대상 파드 개수 = (현재 파드의 CPU 사용률을 모두 더한 값 / 목표 CPU 사용률)을 올림한 값

실제로 어떻게 스케일링하는지를 생각해보겠습니다. 타깃 CPU 사용률을 60이라고 설정한 HPA가 있을 때 파드 2개가 있다고 가정하고 CPU 사용률 각각이 50, 80이라고 하겠습니다. 앞 계산식에 따르면 파드 각각의 CPU 사용률을 더한 50 + 80 = 130을 타깃 CPU 사용인 60으로 나눕니다. 130/60은 2.17입니다. 2.17을 올림하면 대상 파드 개수는 3입니다. 즉, 기존 파드 개수 2개에 추가로 1개의 파드를 더 실행하는 것입니다.

오토스케일링할 때 기준인 자원 사용량은 현재 시점의 데이터만 사용합니다. 그래서 오토스케일링한 후 실제 파드 개수가 늘어나는 중에 다시 오토스케일링해서 파드를 늘리라고 요청할 수도 있습니다. 그래서 일단 한번 오토스케일링한 후 일정 시간 동안은 추가로 오토스케일링하지 않도록 대기 시간을 설정할 수 있습니다.

파드가 늘어날 때의 기본 대기 시간은 3분이고 --horizontal-pod-autoscaler-downscale-delay 옵션으로 조정할 수 있습니다. 파드가 줄어들 때의 기본 대기 시간은 5분이고 --horizontal-pod-autoscaler-downscale-delay 옵션으로 조정할 수 있습니다.

18.2 HPA 설정하기

[코드 18-1]은 오토스케일링의 설정 예입니다.

코드 18-1 오토스케일링 설정 예(autoscaling/autoscaling.yaml)

```
apiVersion: autoscaling/v1
kind: HorizontalPodAutoscaler ----------- ❶
metadata: ........................
  name: kubernetes-simple-app-hpa      ❷
  namespace: default ----------------
spec:
  maxReplicas: 10 -------------------- ❸
  minReplicas: 1 -------------------- ❹
  scaleTargetRef: .....................
    apiVersion: apps/v1
    kind: Deployment                  ❺
    name: kubernetes-simple-app ------
  targetCPUUtilizationPercentage: 30 ---- ❻
```

❶ .kind 필드 값은 HPA 기능을 뜻하는 HorizontalPodAutoscaler로 설정했습니다.

❷ .metadata.name 필드 값은 HPA의 이름을 뜻하는 kubernetes-simple-app-hpa를 설정했고, .metadata.namespace 필드 값은 기본 네임스페이스인 default를 설정했습니다.

❸ 실제 HPA 관련 설정은 .spec의 하위 필드입니다. .spec.maxReplicas 필드는 오토스케일링이 적용되어서 최대 몇 개까지 파드 개수를 늘릴 수 있는지 설정합니다. 여기에서는 10개까지 늘릴 수 있도록 설정했습니다.

❹ .spec.minReplicas 필드는 반대로 파드 개수를 줄일 때 최소 설정 개수 만큼의 파드를 실행합니다. 여기에서는 1로 설정했습니다.

❺ 실제 어떤 대상을 오토스케일링할 것인지는 .spec.scaleTargetRef의 하위 필드에서 설정합니다. .kind 필드 값은 디플로이먼트를 오토스케일링할 것이므로 Deployment를 설정했고 .name 필드 값은 kubernetes-simple-app이라는 디플로이먼트 이름을 설정했습니다.

❻ .spec.targetCPUUtilizationPercentage 필드는 CPU 사용률이 얼마일 때 오토스케일링을 적용할지 설정합니다. 여기에서는 30%를 뜻하는 30을 설정했습니다.

[코드 18-1]을 autoscaling.yaml로 저장한 후 kubectl apply -f autosclinging.yaml로 클러스터에 적용합니다. 그리고 [코드 12-5] deployment/deployment-sample.yaml도 다시 클러스터에 적용해둡니다. 참고로 [코드 18-1]의 설정을 템플릿으로 저장해 적용하지 않고 다음 kubectl 명령으로 클러스터에 적용할 수도 있습니다.

```
$ kubectl autoscale deployment kubernetes-simple-app --cpu-percent=30 --min=1
--max=10
```

HPA의 상태는 kubectl get hpa 명령으로 확인할 수 있습니다.

```
$ kubectl get hpa
NAME                          REFERENCE                            TARGETS   MINPODS
kubernetes-simple-app-hpa     Deployment/kubernetes-simple-app     0%/30%    1


MAXPODS    REPLICAS    AGE
10         1           25s
```

TARGETS 항목에서 '현재 CPU 사용률/오토스케일링 기준 CPU 사용률' 형태로 CPU 사용률을 알 수 있습니다. 참고로 '현재 CPU 사용률'이 〈unknown〉이라면 kubectl top pods 명령으로 메트릭 서버가 정상적으로 실행 중인지, 파드 CPU 사용률을 정상적으로 모니터링하는지 확인해야 합니다.

kubectl top pods 명령이 정상적으로 실행되는 데도 HPA가 CPU 사용률을 확인하지 못한다면 디플로이먼트의 .spec.template.spec.containers[].resources.requests.cpu 필드 값이 설정되었는지 확인합니다. 해당 필드가 없으면 HPA가 CPU 사용량에 필요한 계산을 할 수 없습니다. 그래서 상태가 〈unknown〉으로 나타나도 합니다.

18.3 오토스케일링 테스트하기

오토스케일링하는지 확인하려면 앱에 부하를 발생시켜야 합니다. 먼저 다음처럼 계속해서 요청을 보내는 간단한 셸 스크립트를 실행해서 부하를 발생시키겠습니다.

```
$ while true;do curl localhost:30080;done
```

윈도우에서는 다음 스크립트를 load.bat라는 파일로 저장한 후 실행해서 부하를 발생시킬 수 있습니다.

```
for /L %%i IN () DO (
    curl 127.0.0.1:30080
)
```

스크립트를 실행한 후 CPU 사용률이 업데이트될 때까지 조금 기다려야 합니다.

kubectl get hpa 명령과 kubectl get pods 명령으로 파드 개수와 HPA 상태를 모니터링해보겠습니다.

```
$ kubectl get hpa
NAME                        REFERENCE                          TARGETS   MINPODS
kubernetes-simple-app-hpa   Deployment/kubernetes-simple-app   88%/30%   1


MAXPODS   REPLICAS   AGE
10        1          25s
```

```
$ kubectl get pods
NAME                                      READY   STATUS    RESTARTS   AGE
kubernetes-simple-app-5f6c98fcc7-q6tmr    1/1     Running   0          22m
kubernetes-simple-app-5f6c98fcc7-kvhr8    1/1     Running   0          22s
kubernetes-simple-app-5f6c98fcc7-z9rcn    1/1     Running   0          22s
```

TARGETS 항목을 보면 CPU 사용률이 기준보다 높아진 것을 확인할 수 있습니다. 그래서 kvhr8, z9rcn이라는 파드가 2개 늘어난 것을 확인할 수 있습니다. 파드가 늘어난 후에는 요청을 분산해서 받으므로 약간의 시간이 지난 후 kubectl get pods와 kubectl get hpa 명령을 실행하면 TARGETS 항목의 CPU 사용률이 다시 낮아짐을 확인할 것입니다.

이 상태에서 부하를 발생시키던 셸 스크립트를 중지하면 TARGETS 항목의 CPU 사용률이 줄어듭니다. 일정 시간이 지난 후 다시 kubectl get pods와 kubectl get hpa 명령을 실행하면 파드 개수를 의미하는 MINPODS 항목이 1이 될 것입니다. 즉, 파드 하나만 남기는 것입니다.

19 사용자 정의 자원

쿠버네티스는 잘 구조화한 API를 정의했으므로 뛰어난 확장성이 있습니다. 그래서 쿠버네티스에서 제공하는 내장 자원뿐만 아니라 사용자에게 필요한 자원을 쿠버네티스 안에 정의해 사용할 수 있습니다. 이를 사용자 정의 자원(CustomResource)이라고 합니다.

사용자 정의 자원은 쿠버네티스 시스템 안에서 kubectl 같은 쿠버네티스 기본 명령어들과 함께 다룰 수 있습니다. 사용자 정의 자원을 이용하는 자신만의 API 컨트롤러를 만드는 사용자 정의 컨트롤러도 이용할 수도 있습니다. 쿠버네티스는 사용자가 원하는 모든 기능을 기본 기능으로 제공하는 것이 비효율적이라고 판단하는 것 같습니다. 그래서 자신이 필요한 기능을 직접 추가해서 사용하는 사용자 정의 자원과 사용자 정의 컨트롤러를 제공합니다.

19.1 사용자 정의 컨트롤러

사용자 정의 자원 자체는 구조화한 데이터입니다. 사용자 정의 자원을 이용해서 원하는 동작을 하려면 사용자 정의 컨트롤러로 API를 만들어야 합니다. 사용자 정의 자원으로 원하는 상태를 선언하면 사용자 정의 컨트롤러가 해당 상태를 맞추는 데 필요한 처리를 합니다.

쿠버네티스에서 사용자 정의 컨트롤러를 사용하는 방법 중 유명한 것으로는 코어OS에서 소개한 오퍼레이터Operator 패턴과 구글에서 개발하기 시작한 서버리스 플랫폼인 K네이티브Knative 등이 있습니다.

그럼 어떤 상황에서 사용자 정의 컨트롤러를 이용해 API를 만들까요? 다음 몇 가지 조건을 만족해야 합니다.

- 추가하려는 API가 선언적Declarative 형식이다
- 추가한 사용자 정의 자원을 kubectl로 다룰 수 있어야 한다
- 추가한 타입을 쿠버네티스 대시보드 같은 UI에서 모니터링할 수 있어야 한다
- 기존에 동작 중인 API를 쿠버네티스에 추가하는 것이 아니라 새로운 API를 개발 중이다
- 쿠버네티스의 기본 API 그룹과 네임스페이스 형식을 맞춰서 새로운 API를 만들 수 있다
- 추가하려는 사용자 정의 자원이 쿠버네티스 클러스터 안이나 특정 네임스페이스 안에서만 동작해야 한다
- 쿠버네티스가 제공하는 기본 API 지원 기능들을 활용할 수 있다

사용자 정의 자원을 사용할 때 주의해야 할 점으로는 추가 저장 공간이 필요하다는 것과 사용자 정의 컨트롤러에 버그가 있어 예상치 못한 장애가 발생할 수도 있다는 것입니다.

Column 선언적 API란 어떤 형태일까요?

선언적 API는 API가 작은 오브젝트(자원)들의 조합으로 이루어진 형태를 뜻합니다. 오브젝트들의 조합으로 쉽게 모델링할 수 없는 API는 특정 동작을 하는 것이므로 '선언적'이 아닙니다.

오브젝트들은 애플리케이션이나 인프라의 설정을 정의하는 것이지 특정 동작을 하도록 요청하지 않습니다. 정의한 오브젝트는 CRUD(creating-생성, reading-읽기, updating-업데이트, deleting-삭제)를 요청해 동작시키는 것입니다. 따라서 트랜잭션을 엄수해야 하는 정확한 상태를 명령하는 형식이면 안 됩니다. 오브젝트들이 어떻지 바라는 상태만 나타내야 합니다.

예를 들어 "파드 2개를 더 **생성하세요**"는 시스템에 명령을 요청하는 것입니다. 이는 '선언적'이 아닙니다. 클러스터에 일시적인 장애가 발생한다면 사라져 버릴 수 있는 명령입니다. "파드 2개가 **실행되어야 합니다**"가 '선언적'입니다. 이런 형식의 명령은 클러스터에 일시적인 장애가 있더라도 나중에 다시 확인해서 파드 개수가 2개가 아니라면 2개로 맞출 수 있습니다.

사용자 정의 컨트롤러는 처음부터 직접 만드는 것보다 미리 어느 정도 정의한 템플릿을 사용해 만드는 것이 좀 더 수월합니다. 쿠버네티스 초기에는 sample-controller[1]라는 템플릿을 제공했습니다. 현재는 사용자 정의 컨트롤러를 개발을 좀 더 손쉽게 해주는 다음 도구들이 있습니다.

- **Kubebuilder:** kubernetes-sig에서 관리하는 사용자 정의 컨트롤러입니다.[2]
- **operator-sdk:** 코어OS에서 오퍼레이터 프레임워크의 일부로 내놓은 사용자 정의 컨트롤러입니다.[3]
- **metacontroller:** GCP에서 제공하는 사용자 정의 컨트롤러입니다.[4]

이런 도구를 이용하면 사용자 정의 컨트롤러 개발을 좀 더 쉽게 할 수 있습니다.

---

1 https://github.com/kubernetes/sample-controller
2 https://github.com/kubernetes-sigs/kubebuilder
3 https://github.com/operator-framework/operator-sdk
4 https://github.com/GoogleCloudPlatform/metacontroller

19.2 사용자 정의 자원과 컨피그맵

사용자 정의 자원이 오브젝트의 조합이라면 컨피그맵과 무엇이 다른지 궁금할 수도 있습니다. 컨피그맵을 사용해야 할 때와 사용자 정의 자원을 사용해야 할 때는 다음처럼 나눕니다.

컨피그맵을 사용해야 할 때의 조건은 다음과 같습니다.

- 형식이 잘 정리된 설정 파일 사용(예: mysql.cnf, pom.xml)

- 전체 설정 파일 내용을 컨피그맵에 키 하나로 등록해서 사용

- 설정 파일의 주 용도가 파드 안 프로그램을 실행하는 것

- 쿠버네티스 API가 아닌 파드 안 파일이나 환경 변수 형태로 설정 파일을 사용

- 설정 파일이 업데이트되면 디플로이먼트로 롤링업데이트해야 함

사용자 정의 자원을 사용해야 할 때의 조건은 다음과 같습니다.

- 새 자원을 만들거나 업데이트할 때 쿠버네티스 클라이언트 라이브러리와 CLI를 사용

- kubectl을 이용해 자원 사용

- 오브젝트의 업데이트를 지켜보다가 다른 오브젝트를 CRUD하거나 다른 오브젝트가 업데이트되었을 때 사용자 정의 자원을 CRUD하는 자동화를 만들고 싶은 상황

- 오브젝트를 업데이트하는 자동화를 만들고 싶은 상황

- 쿠버네티스 API에서 제공하는 .spec, .status, .metadata 등의 필드 사용

- 관리하는 자원이나 다른 자원 모음을 추상화한 오브젝트를 사용

이러한 조건을 잘 구분해서 사용자 정의 자원과 컨피그맵을 나눠서 사용하기 바랍니다.

19.3 사용자 정의 자원 정의하기

사용자 정의 자원을 정의하는 방법은 CRD(CustomResourceDefinitions)을 이용하는 것과 Aggregated API를 이용하는 것이 있습니다.

CRD를 이용할 때의 특징은 다음과 같습니다.

- 템플릿을 만들 수 있습니다. 사용자는 템플릿과 원하는 언어로 CRD 컨트롤러를 만들고 관리할 수 있습니다.

- 쿠버네티스 기본 마스터 컴포넌트 이외 CRD를 관리하는 추가 서비스가 없어도 됩니다. 사용자 정의 자원은 kube-apiserver가 관리합니다.

- CRD는 기본 쿠버네티스 업그레이드와 버그 수정 등에 포함되는 항목이므로 관리가 쉽습니다. Aggregated API를 이용하면 쿠버네티스 최신 버전과의 호환성을 맞추려고 사용자가 만든 소스를 변경해야 할 수도 있습니다.

Aggregated API를 이용할 때의 특징은 다음과 같습니다.

- Go 프로그래밍 언어로 바이너리와 이미지를 만들어야 합니다.

- 추가 서비스를 만들어야 합니다.

- 주기적으로 쿠버네티스 소스 중 upstream 부분을 가져와 변경 사항을 반영하고 새로운 API 서버 바이너리를 만드는 작업을 직접 진행해야 합니다.

이러한 특징을 참고해 사용자 정의 자원을 정의하기 바랍니다.

19.4 CRD를 활용한 사용자 정의 컨트롤러 사용하기

CRD를 활용해 사용자 정의 자원을 정의할 때는 [코드 19-1]과 같은 템플릿을 이용합니다.

코드 19-1 CRD를 활용한 사용자 정의 자원 API 정의 예(customresourcedefinition/crd-mypod-spec.yaml)

```
apiVersion: apiextensions.k8s.io/v1beta1
kind: CustomResourceDefinition
metadata:
  name: mypods.crd.example.com ---- ❶
spec:
  group: crd.example.com --------- ❷
  versions:
  - name: v1 ------------------- ❸
    served: true --------------- ❹
    storage: true -------------- ❺
    schema:
      openAPIV3Schema:
        type: object
        properties:
          spec:
            type: object
            properties:          ❻
              cronSpec:
                type: string
              image:
                type: string
              replicas:
                type: integer ---
  scope: Namespaced ------------- ❼
  names:
    plural: mypods -------------- ❽
    singular: mypod ------------- ❾
    kind: MyPod ----------------- ❿
    shortNames: ----------------- ⓫
    - mpod
    categories: ----------------- ⓬
    - all
```

mypod라는 새로운 사용자 정의 자원을 정의하는 것입니다. 주요 설정은 다음과 같습니다.

❶ .spec.names.plural 필드 값과 .spec.group 필드 값을 조합한 값을 설정합니다. 따라서 mypods.crd.example.com을 설정합니다.

❷ REST API용 그룹 이름을 설정합니다. /apis/〈group〉/〈version〉 형식으로 작성합니다.

❸ CRD에서 지원하는 사용자 정의 자원의 버전 정보를 설정합니다. 여기에서는 v1으로 설정 했습니다.

❹ 해당 버전을 사용 가능한지 설정합니다. 여기에서는 사용 가능이라는 뜻의 true를 설정했 습니다.

❺ 스토리지 버전으로 지정되어야 하는 버전은 true로 설정합니다. 스토리지 버전은 하나만 있어야 합니다.

❻ 사용자 지정 자원 오브젝트의 유효성을 검사하는 스키마 관련 필드 부분입니다.

❼ 네임스페이스(Namespaced)나 클러스터(Cluster) 등의 사용자 정의 자원이 적용될 범위를 표시합니다.

❽ API를 요청하는 도메인에서 사용할 복수형 이름입니다. /apis/〈group〉/〈version〉/ 〈plural〉 형식으로 작성합니다.

❾ CLI에서 사용할 사용자 정의 자원의 단수형 이름입니다.

❿ 실제 사용자 정의 자원을 만들 때 .kind 필드에 설정할 단수형 단어. 카멜케이스 형식으 로 설정합니다.

⓫ CLI에서 단축 명령어로 사용할 줄인 단어입니다.

⓬ 사용자 정의 자원이 속할 자원 그룹들의 목록입니다.

[코드 19-1]을 crd-mypod-spec.yaml로 저장한 후 kubectl apply -f crd-mypod-spec. yaml 명령을 실행해 클러스터에 적용합니다.

사용자 정의 자원을 정의했으니 실제로 사용자 정의 자원을 사용해보겠습니다. [코드 19-2]는 사용자 정의 자원을 사용하도록 설정하는 예입니다.

```
apiVersion: "crd.example.com/v1" --------- ❶
kind: MyPod ------------------------------ ❷
metadata:
  name: my-new-pod-object
spec:
  image: my-awesome-cron-image:latest
  ports:
  - containerPort: 8080
```

❶ .apiVersion 필드 값으로는 [코드 19-1]에서 .spec.gourp 필드 값으로 설정했던 crd. example.com과 .spec.version 필드 값으로 설정했던 v1을 조합했습니다.

❷ .kind 필드 값은 .spec.names.kind 필드 값으로 설정한 MyPod를 설정해서 새로운 사용 자 정의 자원을 사용할 것입니다.

[코드 19-2]를 crd-mypod-sample.yaml로 저장한 다음에 kubectl apply -f crd-mypod-sample.yaml 명령을 실행해서 클러스터에 적용해봅니다. 이제 kubectl get이나 kubectl describe 명령을 실행해 사용자 정의 자원의 정보나 상태를 확인할 수 있습니다.

```
$ kubectl get mypod
NAME               AGE
my-new-pod-object  16s
$ kubectl describe mypod
Name:         my-new-pod-object
Namespace:    default
Labels:       <none>
Annotations:  <none>
API Version:  crd.example.com/v1
Kind:         MyPod
Metadata:
  Creation Timestamp:  2019-08-20T13:58:22Z
  Generation:          1

# 중간 생략
```

```
   Resource Version:      18164
   UID:                   924fbebc-c352-11e9-8e8e-025000000001
Spec:
   Image:  my-awesome-cron-image:latest
Events:                 <none>
$ kubectl get mpod
NAME               AGE
my-new-pod-object   48s
```

기본적으로는 [코드 19-1]에서 `.spec.names.singular` 필드 값으로 설정한 mypod를 이용하는 `kubectl get mypod`나 `kubectl describe mypod` 명령을 실행해 사용자 정의 자원의 정보나 상태를 확인할 수 있습니다.

또한 `.spec.names.shortNames` 필드 값으로 설정한 mpod를 이용해서도 해당 파드의 정보나 상태를 확인할 수 있습니다.

19.5 자원 유효성 검사

[코드 19-2]의 `.spec.image` 필드는 [코드 19-1]에 설정하지 않았습니다. CRD로 자원 API를 정의할 때는 `.spec`의 하위 필드에 구체적으로 어떤 자원을 사용할지 정의하지 않습니다. 실제로 [코드 19-2]처럼 사용자 정의 자원을 사용할 때 자유롭게 설정합니다.

쿠버네티스 1.13부터는 사용자 정의 자원을 사용하도록 만드는 템플릿의 `.spec` 하위 필드에 어떤 내용을 설정할 수 있는지 검증하는 유효성 검사(`.spec.versions[].schema` 필드)가 추가되었습니다. 베타 기능으로 출발했지만 1.21 기준으로는 정식 기능입니다.

예를 들어 [코드 19-1]의 `.spec` 하위 필드로 [코드 19-3] 필드를 추가하면 [코드 19-2]에서 MyPod라는 사용자 정의 자원을 사용할 때 `.spec.image`에 설정한 자원 정보가 정규표현식 패턴에 맞는 자원 이름인지 확인할 수 있습니다.

```
# 이전 생략
    schema:
        # openAPIV3Schema는 사용자 정의 객체의 유효성을 검사하는 스키마
        openAPIV3Schema:
            type: object
            properties:
                spec:
                    type: object
                    properties:
                        cronSpec:
                            type: string
                        image:
                            type: string
                            pattern: '^[a-zA-Z0-9_.-]*$'

# 이후 생략
```

`.spec.versions.schema.openAPIV3Schema.properties.spec.properties.image`의 하위 필드로 string 타입을 뜻하는 `type: string`과 정규표현식에 맞는 형식의 문자열이어야 한다는 `pattern: '^[a-zA-Z0-9_.-]*$'`를 설정했습니다.

19.6 사용자 정의 자원의 정보 추가하기

`kubectl get` 명령으로 사용자 정의 자원의 정보를 확인하면 NAME 항목과 AGE 항목만 확인할 수 있습니다. 이것만으로는 사용자 정의 자원의 정보를 파악하는 데 불충분합니다.

쿠버네티스 1.11부터는 CRD로 사용자 정의 자원을 정의할 때 `.spec.additionalPrinterColumns[ ]` 필드를 이용해 필요한 정보를 추가할 수 있습니다. [코드 19-4]는 설정 예입니다.

```
# 이전 생략
  additionalPrinterColumns:
  - name: Age
    type: date
    # 중요도를 표시. 0이면 kubectl get 명령으로 확인 가능
    priority: 0
    jsonPath: .metadata.creationTimestamp
  - name: Image
    type: string
    description: my-awesome-cron-image:latest  # MyPod에서 사용할 IMAGE 항목 정보
    priority: 1
    jsonPath: .spec.image
```

.spec.additionalPrinterColumns[]의 하위 필드로는 priority, .type, .jsonPath 등이 있습니다.

.priority 필드 값을 0으로 설정하면 일반적인 kubectl get을 했을 때의 자원 정보가 보입니다. 0보다 크게 설정하면 -o wide 옵션을 실행했을 때의 자원 정보를 확인할 수 있습니다. [코드 19-4]에서는 첫 번째 .spec.additionalPrinterColumns[].name 필드 값을 Age로 설정했고, .priority 필드 값을 0으로 설정했습니다. 두 번째 .spec.additionalPrinterColumns[].name 필드 값은 Image로 설정했고, .priority 필드 값은 1로 설정했습니다.

[코드 19-4]를 crd-mypod-spec-additional-partition.yaml로 저장한 후 kubectl apply -f crd-mypod-spec-additional-partition.yaml 명령을 실행해 클러스터에 적용합니다.

kubectl get 파드이름 명령을 실행하면 Age 항목 정보까지만 보이고 -o wide 옵션까지 붙여 실행하면 IMAGE 항목 정보까지 보입니다.

```
$ kubectl get mypod
NAME                 AGE
my-new-pod-object    6m10s
$ kubectl get mypod -o wide
NAME                 AGE      IMAGE
my-new-pod-object    6m14s    my-awesome-cron-image:latest
```

`.spec.additionalPrinterColumns[].type` 필드는 kubectl get 명령을 실행했을 때의 AGE, IMAGE 같은 항목 값의 데이터 타입을 설정합니다. 다음 값을 설정할 수 있습니다.

- **integer**: 정수형 숫자

- **number**: 실수형 숫자

- **string**: 문자열

- **boolean**: true 또는 false

- **date**: 생성된 시간

`.spec.additionalPrinterColumns[].jsonPath` 필드는 사용자 정의 자원을 만들 때 해당 필드가 템플릿의 어떤 경로에 있어야 하는지를 지정합니다. [코드 19-4]의 마지막에 있는 `.jsonPath` 필드 값은 `.spec.image`입니다. IMAGE 항목값은 `.spec.image` 필드 값이어야 한다는 것입니다. [코드 19-2]를 보면 실제로 IMAGE 항목값이 `.spec.image` 필드에 설정된 것을 볼 수 있습니다.

19.7 프로메테우스 오퍼레이터 사용하기

사용자 정의 컨트롤러를 사용하는 대표적인 예로 코어OS의 오퍼레이터라는 프레임워크가 있습니다. 특정 애플리케이션의 생명 주기를 자동으로 관리한다는 개념입니다.

보통 오픈 소스 애플리케이션을 도입할 때는 전문가가 관리하는 것이 가장 좋습니다. 하지만 그런 여건을 마련할 수 없으면 오퍼레이터를 사용하는 것도 좋습니다. 오퍼레이터에는 오픈 소스 애플리케이션을 운영한 경험이 녹아 있으므로 처음 해당 애플리케이션을 도입하더라도 어느 정도 안정적인 운영이 가능합니다.

오퍼레이터를 이용한 쿠버네티스의 애플리케이션 관리 사례 중 가장 많이 알려진 것이 프로메테우스입니다. 17.3.3에서 프로메테우스를 살펴보면서 여러 가지 설정을 직접 했습니다. 이 절에서는 오퍼레이터를 사용하면 어떤 차이점이 있는지 살펴보겠습니다.

프로메테우스 오퍼레이터는 prometheus-operator라는 깃허브 저장소[5]에 공개되어 있습니다. 참고로 루트 디렉터리에는 프로메테우스만 관리하는 bundle.yaml이 있습니다. contrib/kube-prometheus 디렉터리에는 다른 모니터링 도구까지 한번에 설치할 수 있는 kube-prometheus[6]로 이동하는 링크가 있습니다.

> **TIP**
> 프로메테우스 오퍼레이터 설치 전 17장에서 설치했던 프로메테우스와 그라파나 설정과 연관되어 문제가 생길 수도 있으므로 kubectl delete deploy,svc grafana-app prometheus-app prometheus-app-svc 명령을 실행해 미리 관련 자원을 삭제하기 바랍니다.

먼저 git clone 명령을 이용해 kube-prometheus를 클론합니다.

```
$ git clone https://github.com/prometheus-operator/kube-prometheus.git
```

kube-prometheus 디렉터리로 이동합니다. 그리고 kubectl create -f manifests/setup 명령으로 manifests/setup 디렉터리에 있는 yaml 파일들을 클러스터에 적용합니다.

```
$ cd kube-prometheus
$ kubectl apply -f manifests/setup
amespace/monitoring created
customresourcedefinition.apiextensions.k8s.io/alertmanagerconfigs.monitoring.
coreos.com created

# 이후 생략
```

다음 명령을 실행해서 No resources found가 출력되면 클러스터 적용이 완료된 것입니다. 이어서 kubectl create -f manifests/ 명령을 실행합니다.

```
$ until kubectl get servicemonitors --all-namespaces ; do date; sleep 1; echo ""; done
No resources found
$ kubectl apply -f manifests/
alertmanager.monitoring.coreos.com/main created
secret/alertmanager-main created

# 이후 생략
```

5 https://github.com/prometheus-operator/prometheus-operator
6 https://github.com/prometheus-operator/kube-prometheus

monitoring이라는 네임스페이스를 생성한 후 프로메테우스 오퍼레이터 사용에 필요한 파드 및 설정을 생성하는 것입니다.

kubectl get all -n monitoring 명령을 실행하면 monitoring 네임스페이스의 모든 필요한 자원 생성을 확인할 수 있습니다.

```
$ kubectl get all -n monitoring
NAME                                      READY     STATUS     RESTARTS    AGE
pod/grafana-7ff58449bb-cxfc5              1/1       Running    0           1m
pod/kube-state-metrics-5846545d67-6gt2k   4/4       Running    0           45s

# 중간 생략

NAME                         TYPE         CLUSTER-IP       EXTERNAL-IP    PORT(S)     AGE
service/alertmanager-main    ClusterIP    10.96.146.248    <none>         9093/TCP    7m
service/grafana              ClusterIP    10.108.109.228   <none>         3000/TCP    7m

# 중간 생략

NAME                            DESIRED   CURRENT   READY   UP-TO-DATE   AVAILABLE
daemonset.apps/node-exporter    1         1         0       1            0

NODE SELECTOR                  AGE
beta.kubernetes.io/os=linux    7m

NAME                                   READY   UP-TO-DATE   AVAILABLE    AGE
deployment.apps/grafana                0/1     0            0            9m10s
deployment.apps/kube-state-metrics     0/1     0            0            8m27s

# 중간 생략

NAME                                             DESIRED   CURRENT   READY   AGE
replicaset.apps/grafana-7ff58449bb               1         1         1       7m
replicaset.apps/kube-state-metrics-5846545d67    1         1         1       6m
# 이후 생략
```

한꺼번에 많은 자원을 생성하므로 시간이 좀 필요합니다.

일정 시간이 지난 후 다시 kubectl get all -n monitoring 명령을 실행해 모든 자원이 실행 되었는지 확인합니다. 일반적인 리눅스 시스템이라면 모든 자원이 잘 실행되었겠지만 도커 데 스크톱에서는 pod/node-exporter-xxxxx의 STATUS 항목이 CrashLoopBackOff입니다. node-exporter가 데몬세트로 실행되었기 때문입니다.

관련 필드를 조금 수정해보겠습니다. kubectl edit daemonset.apps/node-exporter -n monitoring 명령을 실행합니다. 그리고 .spec.template.spec.containers[].volumeMounts. mountPropagation 필드 값을 HostToContainer에서 None으로 바꿉니다.

```
spec:
  # 중간 생략
  template:
    # 중간 생략
    spec:
      containers:
      # 중간 생략
        volumeMounts:
        - mountPath: /host/sys
          mountPropagation: None
          name: sys
          readOnly: true
        - mountPath: /host/root
          mountPropagation: None
          name: root
          readOnly: true
```

다시 kubectl get all -n monitoring 명령을 실행해 pod/node-exporter-xxxxx의 STATUS 항목이 Running이면 node-exporter까지 정상적으로 실행된 것입니다.

이제 kubectl get pods -n monitoring 명령을 실행해 프로메테우스 오퍼레이터의 파드 이름 을 확인한 후 kubectl logs 파드이름 -n monitoring -c prometheus-operator 명령을 실행 해 로그를 확인합니다.

```
$ kubectl get pods -n monitoring -l app.kubernetes.io/name=prometheus-operator
NAME                                    READY   STATUS    RESTARTS   AGE
prometheus-operator-69bd579bf9-g9tlb    1/1     Running   0          7m14s
```

```
$ kubectl logs prometheus-operator-69bd579bf9-g9tlb -n monitoring -c
  prometheus-operator
level=info ts=2021-01-22T00:16:58.438068333Z caller=operator.go:425
component=prometheusoperator msg="CRD API endpoints ready"
```

프로메테우스 오퍼레이터로 CRD를 만들고 관리함을 확인할 수 있습니다.

이번에는 프로메테우스 서비스와 대시보드에 접근하도록 다음 명령들을 실행해 포트포워딩하겠습니다.

```
# 프로메테우스 접근 설정
$ kubectl --namespace monitoring port-forward svc/prometheus-k8s 9090
# 그라파나 접근 설정
$ kubectl --namespace monitoring port-forward svc/grafana 3000
# 알림 관리자 접근 설정
$ kubectl --namespace monitoring port-forward svc/alertmanager-main 9093
```

프로메테우스는 http://localhost:9090, 그라파나는 http://localhost:3000, 알림 관리자는 http://localhost:9093으로 접속하도록 포트포워딩한 것입니다. 웹 브라우저를 실행해 각각의 주소로 접근할 수 있으면 서비스들이 정상적으로 실행된 것입니다.

예를 들어 그라파나는 아이디 admin, 비밀번호 admin으로 로그인합니다. 이제 17장에서 살펴본 기능 등을 활용해 [그림 19-1] 같은 모니터링 그래프를 확인할 수 있습니다.

그림 19-1 그라파나의 모니터링 그래프

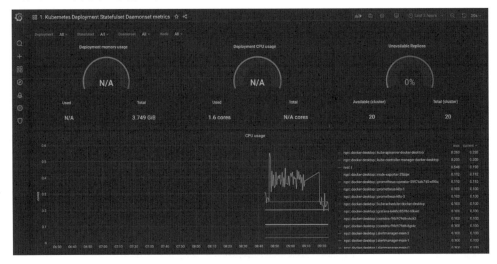

20 쿠버네티스 기반으로
워드프레스 앱 실행하기

이 장에서는 프런트엔드 웹 페이지와 데이터베이스로 구성된 멀티티어[multi-teir] 앱인 워드프레스를 쿠버네티스 기반으로 배포하고 서비스 중단없이 파드를 스케일 업/다운시켜보겠습니다.

20.1 워드프레스 앱의 구성

이 장의 실습 환경으로는 2.2에서 설치한 도커 데스크톱의 쿠버네티스를 사용합니다. 그리고 워드프레스용 파드 3개와 MySQL용 파드 1개를 쿠버네티스에 배포한 후 이 둘을 연결해서 쿠버네티스 기반으로 웹 서비스 애플리케이션을 만듭니다. 대략적인 구성은 [그림 20-1]과 같습니다.

그림 20-1 쿠버네티스 기반의 워드프레스 앱 구성

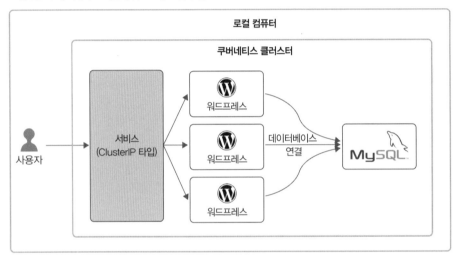

20.2 MySQL 비밀번호를 시크릿에 등록하기

먼저 다음 명령을 실행해 MySQL에서 사용할 비밀번호 'test-passwd'을 저장한 password.txt 라는 텍스트 파일을 만들고 쿠버네티스의 시크릿(11장 참고)으로 등록합니다.

```
# macOS와 리눅스
$ echo -n test-passwd > ./password.txt
```

```
# 윈도우
$ echo | set /p="test-passwd" > ./password.txt

$ kubectl create secret generic mysql-pass --from-file=./password.txt
secret/mysql-pass created
```

시크릿은 쿠버네티스 클러스터에서 디플로이먼트, 스테이트풀세트, 크론잡 등 다양한 컨트롤러에 연결해 비밀번호를 노출하지 않으면서 쉽게 전달하고 수정/재배포하는 역할입니다.

시크릿이 정상적으로 등록되었는지는 kubectl get secret 명령으로 확인합니다.

```
$ kubectl get secret
NAME                  TYPE                                  DATA   AGE
default-token-njmqs   kubernetes.io/service-account-token   3      12m
mysql-pass            Opaque                                1      16s
```

이어서 kubectl describe secret 시크릿이름 명령으로 시크릿 설정 내용을 확인합니다.

```
$ kubectl describe secret mysql-pass
Name:         mysql-pass
Namespace:    default
Labels:       <none>
Annotations:  <none>


Type:  Opaque


Data
====
password.txt:  11 bytes
```

실행 결과처럼 password.txt이라는 11바이트 크기의 파일이 mysql-pass 시크릿에 등록된 것을 확인할 수 있습니다.

20.3 데이터베이스에 사용할 볼륨 만들기

이제 [코드 20-1]과 같은 설정으로 MySQL에 사용할 볼륨을 만들겠습니다.

코드 20-1 MySQL 볼륨을 만드는 설정 예(wordpress/local-volume.yaml)

```
apiVersion: v1
kind: PersistentVolume
metadata:
  name: local-volume
  labels:
    type: local
spec:
  capacity:
    storage: 2Gi -------------------------------- ❶
  accessModes:
  - ReadWriteOnce ---------------------------- ❷
  hostPath:
    path: /tmp/test-lv -------------------- ❸
  persistentVolumeReclaimPolicy: Recycle ---- ❹
```

볼륨은 15장에서 자세하게 다뤘으므로 일단 대략적인 내용만 설명하겠습니다.

❶ 볼륨의 용량은 2Gi로 설정했습니다.

❷ 접근 모드는 노드 하나에만 볼륨을 읽기/쓰기 하도록 ReadWriteOnce 설정으로 마운트했습니다.

❸ 볼륨의 경로는 /tmp/test-lv로 설정했습니다.

❹ 볼륨 초기화 정책은 데이터를 삭제하고 새로운 볼륨을 사용하는 Recycle로 설정했습니다.

[코드 20-1]을 local-volume.yaml로 저장합니다. 그리고 kubectl create -f local-volume.yaml 명령으로 클러스터에 적용합니다. kubectl get pv 명령으로 생성된 볼륨을 확인해봅시다.

```
$ kubectl get pv
NAME            CAPACITY    ACCESS MODES    RECLAIM POLICY
local-volume    2Gi         RWO             Recycle

STATUS      CLAIM   STORAGECLASS    REASON  AGE
Available                                   15s
```

STATUS 항목이 Available이면 볼륨이 제대로 만들어진 것입니다. CAPACITY, ACCESS MODES, RECLAIM POLICY 항목이 앞 템플릿대로 설정되었음도 확인할 수 있습니다.

20.4 mysql 파드 실행하기

볼륨을 준비했으니 mysql 파드를 실행시켜봅시다. [코드 20-2]는 mysql 파드의 템플릿입니다. mysql에 접근할 때 엔드포인트 역할을 하는 서비스 설정, 앞에서 만든 볼륨과 연결할 때 필요한 정보를 요청하는 퍼시스턴트 볼륨 클레임 설정(14.2 참고), 실제 MySQL을 배포할 때 필요한 정보를 담은 디플로이먼트 설정을 담아 파드를 만듭니다.

코드 20-2 mysql 파드의 설정 예(wordpress/mysql.yaml)

```
---
apiVersion: v1
kind: Service
metadata:
  name: mysql
  labels:
    app: mysql
spec:
  ports:
  - port: 3306
  selector:
    app: mysql
---
apiVersion: v1
kind: PersistentVolumeClaim
```

```
metadata:
  name: mysql-lv-claim
  labels:
    app: mysql
spec:
  accessModes:
  - ReadWriteOnce
  resources:
    requests:
      storage: 2Gi
---
apiVersion: apps/v1
kind: Deployment
metadata:
  name: mysql
  labels:
    app: mysql
spec:
  replicas: 1
  selector:
    matchLabels:
      app: mysql
  strategy:
    type: Recreate
  template:
    metadata:
      labels:
        app: mysql
    spec:
      containers:
      - image: mysql:5.6
        name: mysql
        env:
        - name: MYSQL_ROOT_PASSWORD ------- ❶
          valueFrom:
            secretKeyRef:
              name: mysql-pass ------------ ❷
              key: password.txt ---------- ❸
        ports:
        - containerPort: 3306
          name: mysql
          resources:
```

```
        requests:
           cpu: 25m
        limits:
           cpu: 50m
      volumeMounts:
      - name: mysql-local-storage ------ ❹
        mountPath: /var/lib/mysql ------ ❺
    volumes:
    - name: mysql-local-storage --------- ❻
      persistentVolumeClaim:
        claimName: mysql-lv-claim -------- ❼
```

[코드 20-2]에서 주목할 부분은 시크릿과 볼륨을 파드에 전달하는 설정 부분입니다. 시크릿을 파드에 전달하는 설정 부분은 ❶~❸입니다.

❶ 환경 변수 MYSQL_ROOT_PASSWORD에 MySQL의 root 비밀번호를 전달합니다.

❷ 비밀번호가 있는 mysql-pass라는 이름의 시크릿을 설정합니다.

❸ 비밀번호를 password.txt에서 가져오도록 설정합니다.

다음으로 사용할 볼륨을 파드에 설정하는 부분인 ❹~❼도 살펴봅니다.

❹ volumeMounts.name 필드에서는 컨테이너 파일 시스템에 있는 mysql-local-storage 볼륨을 설정합니다.

❺ mysql-local-storage 볼륨을 /var/lib/mysql에 마운트해 사용하겠다고 설정합니다.

❻ volumes 필드에서 mysql-local-storage 볼륨을 사용하겠다고 설정합니다.

❼ mysql-local-storage 볼륨을 mysql-lv-claim이라는 이름의 퍼시스턴트 볼륨 클레임으로 사용한다고 설정합니다.

이제 [코드 20-2]를 mysql.yaml로 저장한 후 kubectl create -f mysql.yaml 명령을 실행해 MySQL 데이터베이스를 만듭니다. kubectl get pods 명령을 실행해 mysql-xxxxxxxxx-xxxxx라는 이름의 파드가 실행 중이면 mysql 파드가 정상적으로 실행되는 것입니다.

```
$ kubectl get pods
NAME                      READY   STATUS    RESTARTS   AGE
mysql-5576c49995-vvkx4    1/1     Running   0          102s
```

kubectl exec -it 파드이름 -- bash 명령으로 파드에 접속합니다.

```
$ kubectl exec -it mysql-5576c49995-vvkx4 -- bash
root@mysql-5576c49995-vvkx4:/#
```

앞 실행 결과처럼 프롬프트가 바뀌었으면 mysql 컨테이너에 접속한 것입니다.

MySQL에 root 접속을 하겠습니다. mysql -uroot -p 명령을 실행하면 'Enter password'라는
메시지와 함께 비밀번호를 묻습니다. 처음 설정했던 'test-passwd'를 입력하고 [Enter] 키를
누르면 다음 실행 결과처럼 접속됩니다.

```
root@mysql-5576c49995-vvkx4:/# mysql -uroot -p
Enter password:
Welcome to the MySQL monitor.  Commands end with ; or \g.
Your MySQL connection id is 1
Server version: 5.6.51 MySQL Community Server (GPL)

Copyright (c) 2000, 2021, Oracle and/or its affiliates. All rights reserved.

Oracle is a registered trademark of Oracle Corporation and/or its
affiliates. Other names may be trademarks of their respective
owners.

Type 'help;' or '\h' for help. Type '\c' to clear the current input statement.

mysql>
```

show databases; 명령으로 데이터베이스를 조회해봅시다.

```
mysql> show databases;
+--------------------+
| Database           |
+--------------------+
| information_schema |
| mysql              |
| performance_schema |
+--------------------+
3 rows in set (0.01 sec)
```

정상적으로 동작하는 것을 확인했다면, exit 명령어를 두 번 실행해 다시 로컬 컴퓨터의 프롬프트로 돌아옵니다.

```
mysql> exit
Bye
root@mysql-7f649cdc6-54x76:/# exit
exit
$
```

20.5 워드프레스 앱을 실행하고 데이터베이스 연결하기

워드프레스 앱을 실행해 MySQL에 연결시켜보겠습니다. [코드 20-3]은 워드프레스 앱을 실행하는 서비스와 디플로이먼트 설정 예입니다.

코드 20-3 워드프레스 앱 서비스 및 디플로이먼트 설정 예(wordpress/wordpress.yaml)

```
---
apiVersion: v1
kind: Service
metadata:
  name: wordpress
  labels:
    app: wordpress
spec:
  type: NodePort ----------------------- ❶
  ports:
  - port: 80
    targetPort: 80 ----------------------- ❷
    nodePort: 30180 ----------------------- ❸
  selector:
    app: wordpress
```

```
---
apiVersion: apps/v1
kind: Deployment
metadata:
  name: wordpress
  labels:
    app: wordpress
spec:
  selector:
    matchLabels:
      app: wordpress
  template:
    metadata:
      labels:
        app: wordpress
    spec:
      containers:
      - image: wordpress:latest ------------------------ ❹
        name: wordpress
        env:
        - name: WORDPRESS_DB_HOST
          value: mysql ------------------------------- ❺
          # - name: WORDPRESS_DB_USER
          #   value: admin --------------------------- ❻
        - name: WORDPRESS_DB_PASSWORD
          valueFrom:
            secretKeyRef:
              name: mysql-pass ---------------------- ❼
              key: password.txt --------------------- ❽
        ports:
        - containerPort: 80
          name: wordpress
        resources:
          requests:
            cpu: 25m
          limits:
            cpu: 50m
```

워드프레스 앱에는 별도의 볼륨을 사용하지 않을 것이므로 서비스와 디플로이먼트 설정만 포함
되어 있습니다. 주요 설정 부분은 다음과 같습니다.

❶ wordpress 파드는 외부에서 접속해야 하므로 서비스 타입(`.spec.type` 필드)을 NodePort 로 설정했습니다.

❷ `.spec.ports.targetPort` 필드값은 80번 포트로 설정합니다.

❸ `.spec.ports.nodePort` 필드값은 30180번 포트로 설정합니다. ❷~❸ 설정으로 클러스터의 어떤 노드든 30180번 포트로 접속하면 워드프레스 컨테이너의 80번 포트로 연결됩니다.

❹ 워드프레스 컨테이너 이미지의 최신 버전을 사용하도록 설정합니다.

❺ `WORDPRESS_DB_HOST` 환경 변숫값으로 `mysql`을 설정해 워드프레스가 MySQL을 사용하도록 합니다.

❻ `WORDPRESS_DB_USER` 환경 변숫값으로 `admin`을 설정해 워드프레스에서 admin이라는 사용자 이름으로 접속할 수 있게 합니다.

❼ `WORDPRESS_DB_PASSWORD` 환경 변수에는 비밀번호가 있는 시크릿 이름인 `mysql-pass`를 설정합니다.

❽ 비밀번호를 password.txt에서 가져오도록 설정합니다.

[코드 20-3]을 wordpress.yaml로 저장한 후 `kubectl apply -f wordpress.yaml` 명령으로 클러스터에 적용합니다. `kubectl get pods` 명령으로 wordress 파드의 STATUS 항목이 Running인지 확인합니다.

```
$ kubectl get pods
NAME                         READY   STATUS    RESTARTS   AGE
mysql-5576c49995-vvkx4       1/1     Running   0          8m35s
wordpress-7994667dfb-jkh4j   1/1     Running   0          2m22s
```

이제 웹 브라우저에서 http://localhost:30180로 접속해서 워드프레스가 동작하는지 확인해봅시다. [그림 20-2]처럼 언어 선택 화면이 나온다면 성공적으로 설치된 것입니다. [한국어]를 선택하고 〈계속〉을 눌러 사용자 정보 설정으로 이동합니다.

그림 20-2 워드프레스 앱 초기 화면 접속

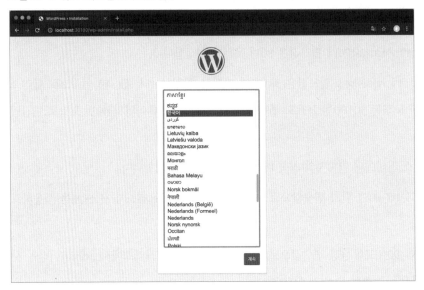

[그림 20-3]처럼 [사이트 제목], [사용자명], [암호], [이메일] 항목에 원하는 설정 내용을 입력한 후 〈워드프레스 설치하기〉를 누릅니다. 이때 비밀번호가 짧으면 [비밀번호 확인]의 [취약한 암호 사용 확인] 체크박스를 활성화합니다.

그림 20-3 워드프레스 사용자 정보 설정

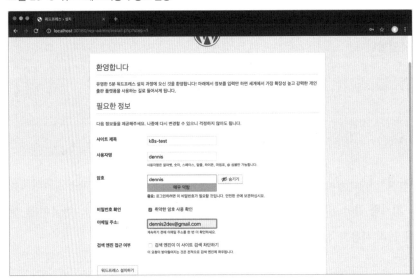

이후 간단한 환영 메시지를 확인한 후 〈로그인〉을 눌러 로그인 페이지로 이동합니다. [그림 20-3]에서 입력한 사용자 이메일 주소와 암호를 입력한 후 〈로그인〉을 누릅니다. 로그인에 성공하면 [그림 20-4] 같은 사이트 초기 설정 페이지를 확인할 수 있습니다.

그림 20-4 워드프레스 초기 설정 화면 접속

20.6 모니터링 도구 이용하기

워드프레스 앱을 실행해봤으니 이제 해당 앱의 쿠버네티스 대시보드를 확인하고 프로메테우스를 이용한 모니터링 방법을 간단히 살펴보겠습니다.

17.2를 참고해 쿠버네티스 대시보드를 실행합니다. 이미 대시보드를 설정했다면 [그림 20-5]처럼 wordpress 및 mysql 디플로이먼트와 파드 등을 확인할 수 있습니다.

그림 20-5 쿠버네티스 대시보드에서 워드프레스 앱 확인

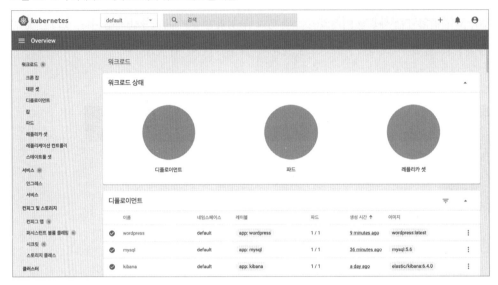

다음으로 19.7을 참고해 프로메테우스 오퍼레이터를 실행합니다. 이미 프로메테우스 오퍼레이터를 설정했다면 다음 명령을 실행한 후 http://localhost:3000으로 그라파나에 접속합니다(사용자명과 비밀번호는 admin/admin입니다).

```
$ kubectl --namespace monitoring port-forward svc/grafana 3000
```

그라파나에 접속하면 왼쪽 위 [Home]을 누릅니다. 그리고 위쪽 검색창에 'kubernetes'라고 입력한 후 [Enter] 키를 누르면 쿠버네티스 모니터링에 필요한 여러 항목을 확인할 수 있습니다. 여기에서는 [그림 20-6]처럼 [Kubernetes / Compute Resources / Pod]를 선택합니다.

그림 20-6 그라파나에서 Kubernetes / Compute Resources / Pod 선택

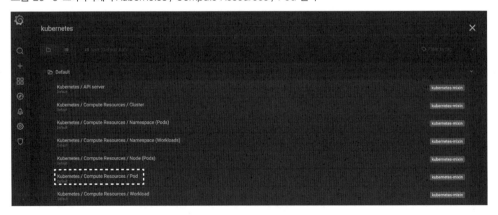

이제 워드프레스 앱을 모니터링해야 합니다. [그림 20-7]을 참고해 왼쪽 위 [datasource] 항목은 prometheus를 선택하고, [namespace] 항목은 default 네임스페이스를 선택합니다. [pod] 항목은 앞에서 생성한 wordpress 파드를 선택합니다.

그림 20-7 워드프레스 앱 모니터링 설정

이제 20.8에서 워드프레스 앱 파드의 연산량을 모니터링할 준비가 끝났습니다.

20.7 wordpress 파드 늘리기

지금은 wordpress 파드 하나가 MySQL 데이터베이스 하나를 이용하는 구조로 동작합니다. 그림 wordpress 파드를 3개로 늘렸을 때 정상적으로 동작하는지 확인해보겠습니다.

먼저 kubectl scale deployment wordpress --replicas 3 명령으로 wordpress 파드를 3개로 늘립니다.

```
$ kubectl scale deployment wordpress --replicas 3
deployment.apps/wordpress scaled
```

kubectl get pods 명령으로 파드가 3개로 늘어났는지와 실행 중인지 확인합니다.

```
$ kubectl get pods
NAME                         READY   STATUS    RESTARTS   AGE
mysql-7f649cdc6-54x76        1/1     Running   0          27m
wordpress-7994667dfd-jkh4j   1/1     Running   0          27m
wordpress-7994667dfd-wxg59   1/1     Running   0          49s
wordpress-7994667dfd-x4fgq   1/1     Running   0          49s
```

앞 출력 결과처럼 워드프레스 파드 3개의 STATUS 항목이 Running이라면 웹 브라우저에 실행시킨 워드프레스 사이트를 여러 번 새로고침해봅니다. 여전히 워드프레스 사이트에 정상적으로 접속된다면 wordpress 파드 3개로 워드프레스 앱을 성공적으로 실행하는 것입니다.

실제 서비스였다면 서버마다 들어가서 워드프레스를 설치하고 데이터베이스 연결 정보를 일일이 설정해줘야 했겠지만 쿠버티스 기반으로 서비스한다면 이렇게 배포와 확장이 편리합니다.

20.8 wordpress 파드 오토스케일링 테스트하기

이번에는 18.3에서 살펴본 오토스케일링 테스트를 실행해보겠습니다. [코드 20-4]는 워드프레스 앱의 오토스케일링 설정 예입니다.

코드 20-4 워드프레스 앱 오토스케일링 설정 예(autoscaling/wordpress-autoscaling.yaml)

```
apiVersion: autoscaling/v1
kind: HorizontalPodAutoscaler
metadata:
  name: wordpress-hpa
  namespace: default
spec:
  maxReplicas: 10
  minReplicas: 1
  scaleTargetRef:
    apiVersion: apps/v1
    kind: Deployment
    name: wordpress
  targetCPUUtilizationPercentage: 90
```

.metadata.name 필드 값을 wordpress-hpa로 설정했고, .spec.scaleTargetRef.name 필드 값을 wordpress로 설정해 wordpress 디플로이먼트를 오토스케일링할 수 있도록 했습니다.

[코드 20-4]를 wordpress-autoscaling.yaml로 저장하고 kubectl apply -f wordpress-autoscaling.yaml 명령을 실행해 클러스터에 적용합니다. 그리고 kubectl get hpa 명령으로 현재 자원 사용 상태를 확인합니다.

```
$ kubectl get hpa
NAME              REFERENCE            TARGETS   MINPODS   MAXPODS   REPLICAS   AGE
wordpress-hpa     Deployment/wordpress 0%/90%    1         10        1          30m
```

현재는 별다른 자원 사용이 없습니다.

while true;do curl localhost:30180;done 명령으로 부하를 발생시키겠습니다. 약간 시간이 흐른 후 kubectl get hpa 명령과 kubectl get pods 명령을 실행해 상태를 확인합니다.

```
$ kubectl get hpa
NAME                         REFERENCE                         TARGETS    MINPODS
kubernetes-simple-app-hpa    Deployment/kubernetes-simple-app  122%/90%   1


MAXPODS   REPLICAS   AGE
10        1          32m
$ kubectl get pods
NAME                           READY   STATUS             RESTARTS   AGE
mysql-7f649cdc6-54x76          1/1     Running            0          32m
wordpress-856c8bdd57-bp6qg     0/1     ContainerCreating  0          5s
wordpress-856c8bdd57-d4cn9     0/1     ContainerCreating  0          5s
wordpress-856c8bdd57-m9wsh     1/1     Running            0          2m23s
wordpress-856c8bdd57-zk8gm     0/1     ContainerCreating  0          5s
```

새로운 파드를 늘릴 준비를 하는 것을 확인할 수 있습니다.

좀 더 시간이 지난 후 kubectl get hpa 명령과 kubectl get pods 명령을 실행해 상태를 확인합니다.

```
$ kubectl get hpa
NAME                         REFERENCE                         TARGETS    MINPODS
kubernetes-simple-app-hpa    Deployment/kubernetes-simple-app  160%/90%   1


MAXPODS   REPLICAS   AGE
10        10         36m
```

```
$ kubectl get pods
NAME                         READY   STATUS      RESTARTS   AGE
mysql-7f649cdc6-54x76        1/1     Running     0          36m
wordpress-856c8bdd57-6sb4c   1/1     Running     0          4m36s
wordpress-856c8bdd57-97xff   1/1     Running     0          4m20s
wordpress-856c8bdd57-bp6qg   1/1     Running     0          5m6s
wordpress-856c8bdd57-d4cn9   1/1     Running     0          5m6s
wordpress-856c8bdd57-gfsnx   1/1     Running     0          4m36s
wordpress-856c8bdd57-jfcxv   1/1     Running     0          4m36s
wordpress-856c8bdd57-m9wsh   1/1     Running     0          7m24s
wordpress-856c8bdd57-skpnb   1/1     Running     0          4m20s
wordpress-856c8bdd57-wzcpd   1/1     Running     0          4m36s
wordpress-856c8bdd57-zk8gm   1/1     Running     0          5m6s
```

자원 사용량이 160%에 이르렀고 최대 10개의 파드를 생성해 실행 중임을 확인할 수 있습니다.
쿠버네티스 대시보드에서 wordpress 파드 하나를 선택한 후 [로그]를 누르면 [그림 20-8] 같
은 로그를 확인할 수 있습니다.

그림 20-8 쿠버네티스 대시보드의 파드 로그

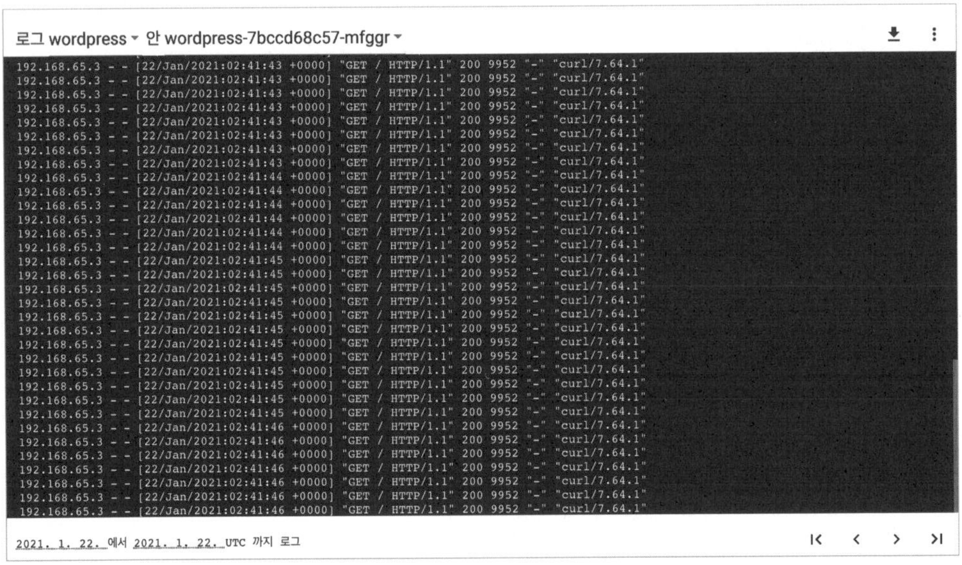

이번에는 while true;do curl localhost:30180;done 명령을 강제로 종료한 후 20.6에서 열
어둔 그라파나의 그래프도 확인해보겠습니다. [그림 20-9]입니다.

그림 20-9 그라파나의 파드 연산 자원 그래프

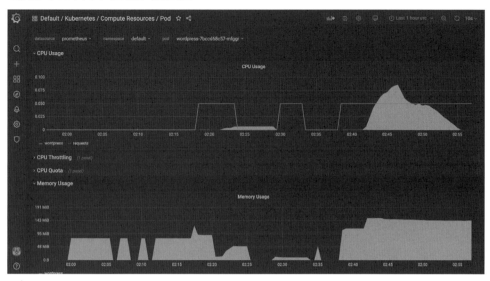

그림 오른쪽 부분을 살펴보면 CPU 이용량이 급격하게 올랐다가 다시 급격하게 내려간 것을 볼 수 있습니다. 참고로 메모리 이용량도 확인할 수 있습니다. 이렇게 오토스케일링 상황의 연산 자원 사용을 모니터링할 수 있습니다.

모든 테스트가 끝났으니 이제 자원을 정리합시다. 삭제는 다음 명령들을 실행하면 됩니다.

```
$ kubectl delete -f wordpress.yaml
service "wordpress" deleted
deployment.apps "wordpress" deleted
$ kubectl delete -f mysql.yaml
service "mysql" deleted
persistentvolumeclaim "mysql-lv-claim" deleted
deployment.apps "mysql" deleted
$ kubectl delete -f local-volume.yaml
persistentvolume "local-volume" deleted
$ kubectl delete secret mysql-pass
secret "mysql-pass" deleted
```

21 헬름

이 장에서는 쿠버네티스의 템플릿들을 모아 관리하는 헬름이라는 패키지 매니저 도구를 살펴봅니다. 또한 헬름에서 생성한 차트와 차트 압축 파일 등으로 필요한 애플리케이션을 빠르게 설치하는 방법도 살펴봅니다.

21.1 헬름 소개

쿠버네티스를 사용하다 보면 결국 수많은 템플릿을 관리해야 합니다. 헬름^{helm}은 이런 템플릿 파일들의 집합(차트라고 함)을 관리하는 쿠버네티스 패키지 매니저 도구입니다. 쿠버네티스의 하위 프로젝트로 시작되었다가 2018년 6월 CNCF의 정식 프로젝트로 승격되었습니다.

헬름은 차트와 차트 압축 파일(tgz)을 만들 수 있습니다. 그리고 차트 저장소^{chart repository}와 연결해 쿠버네티스 클러스터에 차트를 설치하거나 삭제할 수 있습니다. 헬름 차트들의 배포 주기를 관리할 수도 있습니다.

헬름을 이용하면 잘 정리된 차트들로 필요한 애플리케이션들을 빠르게 설치할 수 있습니다. Helm Charts라는 깃허브 저장소[1]에는 incubator와 stable 디렉터리 아래 수많은 차트가 준비되어 있습니다. MySQL, 레디스^{Redis}, 젠킨스^{Jenkins}, 하둡^{Hadoop}, 일래스틱서치 등 많은 애플리케이션을 쉽게 설치해서 사용할 수 있습니다.

헬름을 본격적으로 알아보기 전 다음 세 가지 주요 개념을 기억하기 바랍니다.

- **차트(chart):** 쿠버네티스에서 실행할 애플리케이션을 만드는 데 필요한 정보 묶음입니다.
- **컨피그(config):** 패키지한 차트에 넣어서 배포 가능한 오브젝트를 만들 때 사용할 수 있는 설정이 있습니다.
- **릴리즈(release):** 특정 컨피그를 이용해 실행 중인 차트의 인스턴스입니다.

21.2 헬름 2와 헬름 3

헬름 2는 커맨드라인 인터페이스인 헬름 클라이언트^{helm client}와 쿠버네티스 클러스터 안에서 헬름 클라이언트의 명령을 받아 쿠버네티스 API와 통신하는 틸러 서버^{Tiller Server}로 구성되어 있습니다.

---

1 https://github.com/helm/charts

헬름 클라이언트는 로컬 서버에 차트를 만들거나, 차트 저장소들과 클러스터에 실행 중인 애플리케이션(헬름 차트로 실행) 릴리즈를 관리하는 데 필요한 요청을 하는 역할입니다. 틸러 서버는 헬름 클라이언트의 요청을 받아 실제로 처리하는 역할입니다. 차트나 릴리즈를 만드는 것, 차트와 설정의 조합, 클러스터의 차트와 릴리즈의 설치, 관리를 담당합니다. 틸러 서버와는 gRPC를 이용해 통신합니다.

그런데 헬름 3에서는 틸러 서버가 없어졌습니다. 틸러를 이용하면 틸러가 설치된 네임스페이스 이외의 다른 네임스페이스에 차트를 설치할 수가 있어서 쿠버네티스의 RBAC 구조 체계와 어긋나는 부분이 있었기 때문입니다. 즉, 쿠버네티스의 RBAC를 따르도록 하기 위해서 틸러 서버가 없어진 것입니다. 헬름 3에서는 차트를 설치할 때 네임스페이스를 명시해주어야 합니다.

틸러에서 관리하던 차트 설치 정보는 차트가 설치된 네임스페이스의 시크릿에 저장된다는 점과 차트의 의존성 정보를 관리하던 requirements.yaml와 requirements.lock을 없애고 차트 정보를 관리하는 Chart.yaml와 Chart.lock에 통합했다는 변경 사항도 있습니다.

21.3 헬름 설치하고 사용하기

운영체제별로 다음 명령을 실행해 헬름 클라이언트를 설치할 수 있습니다.

```
# macOS
$ brew install helm
# 우분투 리눅스
$ sudo snap install helm --classic
# 윈도우
> choco install kubernetes-helm
```

설치가 잘 안 된다면 헬름의 깃허브 저장소 Releases 페이지[2]에서 헬름 클라이언트 파일을 직접 다운로드해 사용합니다.

---

2 https://github.com/helm/helm/releases

헬름 2 사용자라면 차트 저장소를 업데이트하기 전 틸러 서버를 설치해야 합니다. `helm init` 명령으로 간단하게 설치할 수 있습니다. 다음으로 `kubectl get pods -n kube-system` 명령을 실행해 tiller-deploy-xxxxxxxxxx-xxxxx 형태로 틸러용 파드가 실행 중인지 확인하기 바랍니다.

이제 `helm repo add stable https://charts.helm.sh/stable` 명령으로 헬름에서 사용할 차트 저장소를 추가합니다.

```
$ helm repo add stable https://charts.helm.sh/stable
"stable" has been added to your repositories
```

별도의 차트 저장소를 운영하지 않는다면 stable이라는 차트 저장소가 추가됩니다. `helm repo list` 명령으로 저장소 목록을 확인합니다.

```
$ helm repo list
NAME          URL
stable        https://charts.helm.sh/stable
```

stable과 로컬 서버에서 저장소를 알 수 있는 도메인을 함께 볼 수 있습니다.

사용할 수 있는 차트들을 확인할 때는 `helm search repo stable` 명령을 실행합니다. 수많은 차트를 확인할 수 있습니다.

```
$ helm search repo stable
NAME                         CHART VERSION  APP VERSION
stable/acs-engine-autoscaler 2.2.2          2.1.1
stable/aerospike             0.3.5          v4.5.0.5
stable/airflow               7.13.3         1.10.12
stable/ambassador            5.3.2          0.86.1
stable/anchore-engine        1.7.0          0.7.3

DESCRIPTION
DEPRECATED Scales worker nodes within agent pools
DEPRECATED A Helm chart for Aerospike in Kubern...
DEPRECATED - please use: https://github.com/air...
DEPRECATED A Helm chart for Datawire Ambassador
Anchore container analysis and policy evaluatio...
# 이후 생략
```

여기에서는 차트를 이용해 MySQL을 설치하겠습니다. 먼저 `helm repo update` 명령으로 차트 저장소 정보를 업데이트 합니다.

```
$ helm repo update
Hang tight while we grab the latest from your chart repositories...
...Successfully got an update from the "stable" chart repository
Update Complete. *Happy Helming!*
```

그리고 `helm install my-mysql stable/mysql` 명령을 실행합니다.

```
$ helm install my-mysql stable/mysql

# 이전 생략

To get your root password run:

    MYSQL_ROOT_PASSWORD=$(kubectl get secret --namespace default my-mysql -o
jsonpath="{.data.mysql-root-password}" | base64 --decode; echo)

To connect to your database:

1. Run an Ubuntu pod that you can use as a client:

    kubectl run -i --tty ubuntu --image=ubuntu:16.04 --restart=Never -- bash -il

2. Install the mysql client:

    $ apt-get update && apt-get install mysql-client -y

3. Connect using the mysql cli, then provide your password:
    $ mysql -h my-mysql -p

To connect to your database directly from outside the K8s cluster:
    MYSQL_HOST=127.0.0.1
    MYSQL_PORT=3306

    # Execute the following command to route the connection:
    kubectl port-forward svc/my-mysql 3306

    mysql -h ${MYSQL_HOST} -P${MYSQL_PORT} -u root -p${MYSQL_ROOT_PASSWORD}
```

참고로 my-mysql은 차트 이름입니다. 만약 차트 이름을 설정하지 않고 임의의 이름을 만들려고 한다면 --generate-name이라는 플래그를 사용합니다. 즉, helm install stable/mysql --generate-name 명령을 실행합니다.

MySQL 실행에 사용된 암호는 kubectl get secret --namespace default my-mysql -o jsonpath="{.data.mysql-root-password}" | base64 --decode 명령으로 확인할 수 있습니다.

> **TIP**
>
> 윈도우라면 예제 파일 mysql 디렉터리에서 제공하는 base64.exe 파일을 이용해 앞 명령을 실행하기 바랍니다.

정상적으로 MySQL을 설치했다면 kubectl get pods 명령을 실행했을 때 MySQL 관련 파드가 쿠버네티스 클러스터에 실행되었음을 확인할 수 있습니다.

```
$ kubectl get pods
NAME                          READY   STATUS    RESTARTS   AGE
my-mysql-7d9db8b8c9-grr7c     1/1     Running   0          4m43s
```

kubectl get pods 명령뿐만 아니라 helm ls 명령으로도 현재 실행 중인 차트 상태를 확인할 수 있습니다.

```
$ helm ls
NAME       NAMESPACE   REVISION   UPDATED                                STATUS
my-mysql   default     1          2021-01-22 14:15:34.969072 +0900 KST   deployed

CHART        APP VERSION
mysql-1.6.9  5.7.30
```

NAME 항목의 차트 이름을 기억했다가 helm del 차트이름 명령으로 실행 중인 차트를 삭제할 수 있습니다. del 대신 uninstall을 사용할 수도 있습니다.

```
$ helm del my-mysql
release "my-mysql" uninstalled
```

21.4 헬름 차트의 구조

헬름에서 사용하는 차트는 디렉터리 하나에 포함된 파일들의 집합입니다. 디렉터리 이름을 차트 이름으로 지정하고 그 안에 필요한 파일들을 넣습니다.

디렉터리 안 파일들은 대략 다음과 같은 구조입니다.

```
mysql/
 ├─charts/            # 이 차트와 관련 있는 차트들을 포함한 디렉터리
 ├─templates/         # 쿠버네티스 매니페스트 파일들로 변환될 템플릿을 포함한 디렉터리
 ├─Chart.yaml         # 차트 정보 및 의존성을 명시하는 파일
 ├─LICENSE            # 차트 라이선스 정보 파일(옵션)
 ├─README.md          # 차트 설명 파일(옵션)
 ├─values.yaml        # 이 차트에서 사용하는 기본 설정
 └─templates/NOTES.txt # 짧은 사용법 설명 파일(옵션)
```

helm create 차트이름 명령으로 기본 구조의 차트를 만들 수 있습니다.

```
$ helm create sample
Creating sample
```

tree 차트이름 명령으로 디렉터리 구조를 확인할 수 있습니다.

```
$ tree sample      # 윈도우에서는 tree /f sample로 실행
sample
├── Chart.yaml
├── charts
├── templates
│   ├── NOTES.txt
│   ├── _helpers.tpl
│   ├── deployment.yaml
│   ├── hpa.yaml
│   ├── ingress.yaml
│   ├── service.yaml
│   ├── serviceaccount.yaml
│   └── tests
│       └── test-connection.yaml
```

```
└── values.yaml

3 directories, 10 files
```

21.5 헬름 차트 수정해 사용하기

보통 헬름은 잘 만들어진 차트를 바로 가져와서 사용합니다. 하지만 차트를 수정해서 사용해야
하거나 원하는 애플리케이션의 차트가 없다면 수정해 사용할 수도 있습니다.

여기에서는 차트를 수정해 설치하는 과정을 살펴보겠습니다. helm fetch stable/mysql 명령
으로 mysql 차트를 다운로드합니다.

```
$ helm fetch stable/mysql
```

다운로드한 파일은 tgz 확장명의 압축 파일입니다. tar zxvf mysql-버전숫자.tgz 명령을 실
행해 파일 압축을 풉니다.

```
$ tar zxvf mysql-1.6.9.tgz
x mysql/Chart.yaml
x mysql/values.yaml

# 중간 생략

x mysql/.helmignore
x mysql/README.md
```

tree mysql 명령으로 차트 내용을 볼 수 있습니다.

```
$ tree mysql  # 윈도우는 tree /f mysql 실행
mysql
├── Chart.yaml
├── README.md
├── templates
```

```
|       ├── NOTES.txt
|       ├── _helpers.tpl
|       ├── configurationFiles-configmap.yaml
|       ├── deployment.yaml
|       ├── initializationFiles-configmap.yaml
|       ├── pvc.yaml
|       ├── secrets.yaml
|       ├── serviceaccount.yaml
|       ├── servicemonitor.yaml
|       ├── svc.yaml
|       └── tests
|           ├── test-configmap.yaml
|           └── test.yaml
└── values.yaml

2 directories, 15 files
```

여기에서는 굵은 글씨로 나타낸 values.yaml과 Chart.yaml을 변경하겠습니다. 원래 values. yaml은 이 차트 안 values.yaml 내용을 수정하는 방식이 아니라 차트를 설치할 때 helm install stable/mysql 명령의 옵션으로 values.yaml을 지정하도록 되어 있습니다. 그러나 차트를 변경해 사용하는 것을 연습하려고 직접 수정하는 것입니다. Chart.yaml을 변경하는 이유는 다시 패키지해서 차트로 만들려는 것입니다.

[코드 21-1]은 mysql 차트의 values.yaml에서 수정할 부분을 정리한 것입니다.

코드 21-1 mysql 차트의 values.yaml 일부(helm/mysql/values.yaml)

```
# 이전 생략
## Specify password for root user
##
## Default: random 10 character string
mysqlRootPassword: mypassword

# 이후 생략
```

values.yaml의 .mysqlRootPassword 필드 값으로 mypassword를 설정하는 것입니다.

[코드 21-2]는 mysql 차트의 Chart.yaml에서 수정할 부분을 정리한 것입니다.

코드 21-2 mysql 차트의 Chart.yaml 일부(helm/mysql/Chart.yaml)

```
# 이전 생략
sources:
- https://github.com/kubernetes/charts
- https://github.com/docker-library/mysql
version: 0.1.0
```

차트를 패키지하려고 .version 필드 값에 원래 설정된 버전 번호를 0.1.0으로 바꿉니다.

차트는 helm install mysql디렉터리경로 --generate-name 명령으로 간단하게 설치할 수 있습니다. 작업했던 디렉터리 경로를 명시합니다.

```
$ helm install ./mysql --generate-name
# 이전 생략
To connect to your database directly from outside the K8s cluster:
    MYSQL_HOST=127.0.0.1
    MYSQL_PORT=3306

    # Execute the following command to route the connection:
    kubectl port-forward svc/mysql-1611293594 3306

    mysql -h ${MYSQL_HOST} -P${MYSQL_PORT} -u root -p${MYSQL_ROOT_PASSWORD}
```

설치한 후 helm ls 명령을 실행해 CHART 항목을 확인하면 버전이 0.1.0으로 변경되었습니다.

```
$ helm ls
NAME      NAMESPACE  REVISION  UPDATED                               STATUS
my-mysql  default    1         2021-01-22 14:33:17.303059 +0900 KST  deployed


CHART       APP VERSION
mysql-0.1.0 5.7.30
```

변경한 비밀번호가 정상적으로 적용됐는지 확인할 때는 mysql 차트를 설치하면서 나온 안내 문구의 명령을 참고해 다음 명령을 실행합니다. 앞에서 변경했던 mypassword를 출력함을 확인할 수 있습니다.

```
$ kubectl get secret --namespace default mysql-1611293594 -o jsonpath="{.data.
  mysql-root-password}" | base64 --decode
mypassword
```

21.6 헬름 차트 저장소를 직접 만들어 사용하기

내가 사용하는 차트를 다른 사람과 공유해서 사용하려면 어떻게 해야 할까요? 우선 수정한 차트를 깃허브에 반영하도록 코드를 제출해서 사용하는 방법을 생각할 수 있습니다. 하지만 사내에서만 사용하거나 특정 조직에서만 사용하는 차트는 깃허브에 반영할 수 없습니다. 이때는 헬름 차트 저장소를 직접 운영하는 방법도 생각할 수 있습니다.

헬름에서는 차트뮤지엄^{ChartMuseum}[3]이라는 오픈 소스 차트 저장소를 제공합니다. 이를 이용해서 헬름 차트 저장소를 만들어보겠습니다. 다음을 참고해 운영체제별 실행 파일을 다운로드합니다.

```
# 리눅스(amd64)
$ curl -LO https://get.helm.sh/chartmuseum-v버전번호-linux-amd64.tar.gz

# macOS(Intel)
$ curl -LO https://get.helm.sh/chartmuseum-v버전번호-darwin-amd64.tar.gz

# 윈도우
> curl -LO https://get.helm.sh/chartmuseum-v버전번호-windows-amd64.zip
```

리눅스나 macOS라면 다음 명령으로 실행 권한을 설정하고 어느 디렉터리에서든 사용하도록 chartmuseum 실행 파일을 /usr/local/bin 디렉터리로 옮깁니다.

```
$ tar zxvf chartmuseum-v버전번호-darwin-amd64.tar.gz
$ chmod +x ./운영체제이름-아키텍처이름/chartmuseum
$ mv ./운영체제이름-아키텍처이름/chartmuseum /usr/local/bin
```

차트뮤지엄은 차트 저장소 역할을 하므로 실행할 때 차트를 저장할 스토리지를 지정해야 합니다. AWS S3, 구글 클라우드 스토리지, 애저 Blob 스토리지, 알리바바 클라우드 OSS 스토리지, 오픈스택 오브젝트 스토리지 등 다양한 클라우드 저장소를 사용할 수 있습니다.

---

3 https://github.com/helm/chartmuseum/releases

여기서는 로컬 디스크에 차트를 저장하도록 지정하고 실행합니다. 다음 명령으로 간단하게 차트뮤지엄을 실행할 수 있습니다.

```
$ chartmuseum --debug --port=8080 --storage="local" --storage-local-rootdir="./
   chartstorage"
```

명령을 실행한 후 셸을 종료하지 않은 상태로 웹 브라우저에서 http://localhost:8080으로 접속하면 [그림 21-1] 같은 차트뮤지엄 초기 화면을 볼 수 있습니다.

그림 21-1 차트뮤지엄 접속 초기 화면

이제 셸을 하나 더 실행한 후 curl http://localhost:8080/api/charts 명령을 실행하면 차트뮤지엄에서 제공하는 API로 현재 저장된 차트들을 확인할 수 있습니다.

```
$ curl http://localhost:8080/api/charts
{}
```

현재는 등록한 차트가 없으므로 빈 값인 {}만 출력합니다.

이제 차트를 등록하는 방법도 살펴보겠습니다. [코드 21-2]의 .name 필드를 mysql-addct로, .version 필드를 0.1.1로 수정하고 helm install ./mysql --generate-name 명령을 실행합니다. 그리고 수정한 mysql-addct 차트를 패키지합니다. 버전 이름을 수정했으므로 mysql-addct-0.1.1.tgz라는 파일로 패키지합니다.

```
$ helm package mysql
Successfully packaged chart and saved it to: mysql/mysql-addct-0.1.1.tgz
```

curl --data-binary "@mysql-0.1.1.tgz" http://localhost:8080/api/charts 명령을 실행해 차트뮤지엄의 /api/charts api를 이용하도록 요청하면 차트뮤지엄에 차트가 등록됩니다.

```
$ curl --data-binary "@mysql-addct-0.1.1.tgz" http://localhost:8080/api/charts
{"saved":true}
```

다시 curl http://localhost:8080/api/charts 명령으로 차트 목록을 확인하면 등록한 차트를 확인할 수 있습니다.

```
$ curl http://localhost:8080/api/charts
# 이전 생략
"mysql-addct":[{"name":"mysql-addct","home":"https://www.mysql.com/",
"sources":["https://github.com/kubernetes/charts","https://github.com/docker-
library/mysql"],"version":"0.1.1","description":"DEPRECATED - Fast, reliable,
scalable, and easy to use open-source relational database system.","keywords":["
mysql","database","sql"],"icon":"https://www.mysql.com/common/logos/logo-mysql-
170x115.png","apiVersion":"v1","appVersion":"5.7.30","deprecated":true,"urls":
["charts/mysql-addct-0.1.1.tgz"],"created":"2021-01-22T15:02:39+09:00","digest":
"98e2a3bfc0193c3f5e4c1f9e0b053e118eb724e2bad1162f663bb31a55de12a4"}]}
```

차트뮤지엄의 차트 저장소를 이용해서 mysql-addct 차트를 설치할 때는 다음 명령들을 차례로 실행합니다. 먼저 helm repo add chartmuseum http://localhost:8080 명령으로 여러분이 실행한 차트뮤지엄을 새로운 헬름 차트 저장소로 추가합니다.

```
$ helm repo add chartmuseum http://localhost:8080
"chartmuseum" has been added to your repositories
```

helm search repo chartmuseum 명령으로 차트 저장소가 제대로 등록됐는지 확인합니다.

```
$ helm search repo chartmuseum
NAME                        CHART VERSION   APP VERSION
stable/chartmuseum          2.14.2          0.12.0
chartmuseum/mysql-addct     0.1.1           5.7.30

DESCRIPTION
DEPRECATED Host your own Helm Chart Repository
DEPRECATED  Fast, reliable, scalable, and easy...
```

chartmuseum/mysql과 chartmuseum/mysql-addct라는 차트를 확인할 수 있습니다.

차트를 설치할 때는 helm install chartmuseum/mysql --generate-name 명령을 실행합니다.

```
$ helm install chartmuseum/mysql-addct --generate-name

# 이전 생략
To connect to your database directly from outside the K8s cluster:
    MYSQL_HOST=127.0.0.1
    MYSQL_PORT=3306

    # Execute the following command to route the connection:
    kubectl port-forward svc/mysql-addct-1611295973 3306

    mysql -h ${MYSQL_HOST} -P${MYSQL_PORT} -u root -p${MYSQL_ROOT_PASSWORD}
```

새로운 차트가 정상적으로 설치될 것입니다. 마지막으로 chartmuseum 관련 명령을 강제 종료합니다.

찾아보기